Basler Stadtbuch 1999

Redaktion: Dr. Beat von Wartburg
Produktion: Claus Donau

Christoph Merian Stiftung (Hg.)

Basler Stadtbuch 1999

Ausgabe 2000

120. Jahr

Christoph Merian Verlag

Beraterinnen und Berater der Redaktion

Dr. Rolf d'Aujourd'hui
Bodenforschung, Urgeschichte

Dr. Thomas Bürgi
Bildung und Erziehung

Prof. Dr. Alfred Bürgin
Industrie

Yolanda Cadalbert Schmid
*Gewerkschaften, Arbeitnehmerinnen
und Arbeitnehmer*

Christian Fluri
Theater, Musik

Rolf Furrer
Architektur, Urbanismus

Dr. Rudolf Grüninger
Bürgergemeinde, Städtisches

Christian Haefliger
Regio, Partnerschaft

Prof. Dr. Leo Jenni
Wissenschaft

Gerhard Kaufmann
Riehen, Bettingen

Marc Keller
Gewerbe, Handwerk

Dr. Beat Münch
Universität

Dr. Xaver Pfister
Kirchliches, Religion

Max Pusterla
Sport

Prof. Dr. Martin Schaffner
Geschichte

Dr. Jürg Tauber
Basellandschaft

Dr. Géza Teleki
Wirtschaft, Arbeitgeber

Dr. Bettina Volz-Tobler
Museen, Sammlungen

Verena Zimmermann
Film

Impressum

Sophia Müller
Lektorat

giger, hartmann, bopp ag,
konzepter und gestalter, basel
Gestaltung und Satz

Crista Ziegler
Foto Umschlag

Werner Druck AG, Basel
Lithos und Druck

Buchbinderei Flügel, Basel
Einband

© 2000 by Christoph Merian Verlag
ISBN 3-85616-122-8
ISSN 1011-9930

Von der beschleunigten Zeit

Vorwort zum 120. Basler Stadtbuch

Das 20. Jahrhundert verabschiedet sich, das 21. Jahrhundert steht vor der Tür; wir befinden uns an der Schwelle. Im Gegensatz zur Geschichte kennt die Evolution keine Zeitordnung: «Was da kreucht und fleucht, kann sich keinen Gott denken, der einmal genau 2000 Jahre alt wird. Der Löwe fängt der Löwin keine Gazelle zum Hochzeitstag. Weil er nicht weiss, dass er Hochzeitstag hat», schreibt Robert Stalder in diesem Stadtbuch. Trotzdem haben uns der drohende Millenniums-Bug, Prognosen und Weissagungen sensibilisiert für eine Standortbestimmung, für ein Nachdenken über die Zeit.

«Der Engel der Geschichte liegt auf dem Rücken», stellt Friederike Kretzen in ihrem Beitrag fest und erinnert an Walter Benjamins ‹Engel der Geschichte›, den ein «Sturm vom Paradiese her», der Fortschritt nämlich, unaufhaltsam in die Zukunft treibt. Bei Benjamin kehrt der Engel der Zukunft den Rücken zu, während der Trümmerhaufen der Geschichte «vor ihm zum Himmel wächst» – bei Friederike Kretzen liegt er, vom Fortschritt überfahren, auf dem Rücken. Der Sturm bläst mit immer höherer Geschwindigkeit, und der «Tigersprung in die Geschichte» – auch in die eigene – bereitet zunehmend «Schwellenangst».

Ungewiss und beschwerlich ist der Weg des «Weiss-der-Kuk-kuck-Wohin» für Jan Lurvink. Ist der Blick in die Zukunft nicht durch die Informationsflut verstellt? «Die Geschichte von morgen lässt sich nicht mehr beschreiben … überall schieben sich Bilder über das Alphabet, Bilder ohne Worte, aber voller Bedeutungen: Kauf mich, glaub mir, Emotionen, Versprechen, Assoziationen», beschreibt Daniel Hagmann die Filme seiner alltäglichen Wahrnehmung. Bei all dem aber auch Nachdenken über den Raum, wie bei Max Küng: «Was willst Du noch in Basel?» In Basel, diesem «Wegguckort am Rande der Schweiz». «Als ich mit meinem Monolog … fertig bin und wieder zu Alice blicke, bemerke ich, dass sie gegangen ist. Hoffentlich bloss aufs Klo und nicht nach Zürich.»

Schriftsteller und Schriftstellerinnen, Historiker, Journalisten, Werber und Fotografinnen erinnern sich des 20. Jahrhunderts, beschreiben die Stimmung an der Schwelle und blicken ins nächste Millennium – ein spannender Versuch, auf einem begrenzten Raum über die unbegrenzte Zeit zu reflektieren.

Die Vorsatzblätter der Stadtbuchausgaben 1990 bis 1999 waren von Basler Kunstschaffenden gestaltet und die dazugehörenden Originalgrafiken in einer kleinen Auflage verkauft worden. Jetzt ist die gesamte Edition in einer Mappe erhältlich. Auch zukünftig möchten wir nicht auf Kunst und auf eine Kunstaktion verzichten, und so hat die Basler Künstlerin Daniela Keiser exklusiv fürs Basler Stadtbuch vier Kunstfotografien geschaffen; Sie finden sie im Buch ab Seite 60. Die vier Fotografien sind als C-Prints in einer kleinen Auflage zu einem günstigen Preis erhältlich und bilden, sofern die Aktion erfolgreich verläuft, den Auftakt zu einer Folge-Edition über Fotografie.

Wir wünschen Ihnen viel Vergnügen bei der Lektüre des Basler Stadtbuchs 1999.
Beat von Wartburg

Inhalt

An der Schwelle

Am Rande
des Jahrhunderts

Das 20. Jahrhundert hat die Welt verändert wie keines zuvor. Es hat die Zeit gleichsam beschleunigt und in jeder Hinsicht neue, quantitative Massstäbe gesetzt: demografisch, wissenschaftlich, technisch, wirtschaftlich, ökologisch ...

An der Schwelle zum neuen Jahrtausend wollten wir im Sinne des Chronikcharakters des Stadtbuches eine Bestandesaufnahme der Lebensgefühle, der Stimmungen in Basel vornehmen. Wir luden den Historiker Daniel Hagmann ein, das Gestern und Heute zu reflektieren. Den Journalisten Max Küng befragten wir nach dem heutigen Lifestyle und den Werber Robert Stalder nach dem Lebensgefühl von morgen. Wir baten zwei Schriftstellerinnen und einen Schriftsteller: Martina Hügli, Friederike Kretzen und Jan Lurvink, zu erzählen, was sie am Ende des 20. Jahrhunderts beschäftigt hat.

Schliesslich beteiligte sich auch die Fotokünstlerin Crista Ziegler an der ‹mentalen Bestandesaufnahme›: Sie porträtierte Menschen und mit ihnen alltägliche Szenen in den Strassen von Basel.
Red.

Lust auf gestern? *Daniel Hagmann*

Arten zu erinnern

Wenn dann die Millenniums-Klippe endgültig umschifft sein wird, im Januar 2001, ist es Zeit für eine grosse Bilanz. Was ist jetzt anders, was ist gleich geblieben? Dann werden nicht mehr Trendforscher die Illustriertenseiten füllen, sondern die Historikerinnen. Sie werden Antworten geben müssen auf die Frage, wie unser jetziges, dann bereits das ‹letzte› geheissene, Jahrhundert zu erinnern sei. Schon heute legt sich musealer Staub auf die Gegenwart, die so bald Vergangenheit sein wird. Am Ende eines Jahrhunderts, das wie noch keines zuvor auf Veränderung getrimmt wurde, bleibt wenig Zeit zum Begreifen. Individuelle Erfahrung, kollektives Wissen und kulturelle Überlieferung driften immer weiter auseinander. Wer zählt all die Denkmäler, die Memoiren, die Anstrengungen ‹wider das Vergessen›? Wir leben in einer Informations- und Mediengesellschaft, deren Bedarf an Interpretation und Erinnerung exponentiell zu der Menge an verfügbarem und immer flüchtigerem Wissen wächst. Als Historiker schreibe ich mit am Gedächtnis unserer Gesellschaft, soll die Unmengen an Informationen und widersprüchlichen Bedeutungen in eine verständliche Form bringen. Wie kann man dieses ‹Zeitalter der Extreme› erinnern?

Memory

Im Gespräch mit meiner Grossmutter. Ich möchte begreifen, was sie in den bisher knapp neunzig Jahren ihres Lebens erfahren hat. Sie holt alte Aufnahmen hervor, beginnt aus ihrer Jugend zu erzählen. Die Geschichte ihres Lebens folgt zunächst einer klaren Linie: Herkunft aus dem Badischen, Aufwachsen in den Arbeiterquartieren Kleinbasels; Umzug in das ersparte Reihenhaus der Eltern, Einbürgerung, Begegnung mit der künstlerischen Avantgarde der zwanziger Jahre; Hochzeit, Kriegsjahre und der Rückzug ins Familienleben, später Wohlstand. Und dann, unter dem Eindruck der aktuellen Debatte über die schweizerische Kriegs- und Nachkriegszeit, fängt meine Grossmutter an, ihre Geschichte zu kommentieren, zu interpretieren und neu darzustellen. Jahrzehntelang gab es nur eine kollektive Version, die Geschichte dieser Jahre war geschrieben. Jetzt löst sich diese grosse, überpersönliche Erzählung langsam auf in viele, teilweise widersprüchliche Geschichten. Im Gespräch prallen mein Wissen und ihre Erfahrung aufeinander. Sie nennt Namen, Daten, erweckt Bilder: Mir bedeuten sie nichts oder dann etwas Abstraktes, Anderes. Ich versuche diese Begegnung zwischen zwei unterschiedlichen Gedächtnissen zu begreifen. Deshalb fange ich an, Karteikarten zu beschriften, Ordnungen zu finden. Es stehen Gesprächszitate neben eigenen Eindrücken, Sätze aus meiner Erinnerung neben neu formulierten Geschichten meiner Grossmutter. Der Karteikasten wird zur Werkstatt, zu meiner Form des Erinnerns und des Geschichte-Schreibens.

Mir kommen jene anderen Lebensgeschichten in den Sinn. Einfache Menschen aus dem ländlichen Laufental, Bäuerinnen und Fabrikarbeiter, nicht gewohnt, von sich zu erzählen. Ich bin dagesessen und habe ihnen zugehört. Fremd war mir die Welt, die sie beschrieben, fremd die Art, wie sie erzählten. Ich wüsste mich nicht mehr so zu plazieren in meiner Welt, im Beziehungsgeflecht zwischen Dorfnachbarn und Verwandtschaften, Kinderpflicht und Arbeitszwang. Ich stolpere über die vielen «man» und «wir» in ihrer Geschichte, suche unwillkürlich nach dem Ich. Ich wundere mich über die ausgebliebene Bitterkeit, auch jener, die nicht glücklich geworden sind.

Im nachhinein bin ich froh, dass sie nicht auch meine Geschichte hören wollten. Vielleicht hätte ich ihnen anstelle einer Erzählung einige jener vielen Bilder gezeigt, welche ich von mir besitze. Seit Kinderjahren bin ich von meinen Eltern fotografiert worden, habe mich selbst immer wieder auf den Drehsessel im Passbildautomaten gesetzt. Es kostet mich eine Kleinigkeit, ganze Filmrollen mit mir zu füllen. Systematisch wächst mein Bildgedächtnis heran. So persönlich auch die Geschichten sein mögen, die diese Erinnerungsbilder in mir wachrufen, es sind mechanische Kopien der Wirklichkeit. Im Zeitalter der technischen Reproduzierbarkeit der Bilder ist eine visuelle Erinnerungsindustrie herangewachsen. Video- und Internetkameras dokumentieren den Wandel im Minutentakt. Die Porträtgalerien der Vergangenheit, die Fotoalben des bürgerlichen Zeitalters, sie haben sich längst ins Unendliche vervielfältigt.

Ich stehe vor dem Nachlass eines lokalen Fotografen: Schachtel um Schachtel mit ganzen Jahrgängen von Erstkommunikanten, Hochzeitspaaren, Junggesellen, Patriarchen. Die grossformatigen Negative verkörpern in ihrer unaufhörlichen Abfolge, in ihrer düsteren Schattenhaftigkeit eine Erinnerung, die nach Tod riecht, nach Vergänglichkeit. Die hier porträtierten Menschen haben keine Stimme, keine Vergangenheit. Fotos sind Zitate, schrieb John Berger. Sie erzählen keine Geschichte, sie sind selbst ausgeschnittene Geschichte, fragmentierte Momente. Mit der Menge der Bilder wächst das Gefühl der Beliebigkeit und Verlorenheit. «Gebt der Erinnerung Namen», forderte Saul Friedländer in seiner Dankesrede zur Verleihung des Geschwister-Scholl-Preises 1998. Erst wenn die Vergangenheit ein individuelles Gesicht erhält, eine persönliche Geschichte, gewinnt das Erinnern eine humane Form. Am Ende des 20. Jahrhunderts droht die Dokumentation des Schreckens in ihrer Monumentalität eine ähnliche Flucht ins rasche Vergessen zu provozieren wie die Bilderflut des Alltags.

Ohne Worte

Noch wird die Welt in Worten beschrieben. Doch die Texte selbst nähern sich den Gravitationszentren der Typografen und Gestalterinnen, bis auch sie zu visuellen Ereignissen geraten. Ich bin in einer Welt der Schrift aufgewachsen und hinübergerutscht in das Reich der Benutzeroberflächen, Piktogramme und der Bild-Schirme. Ich habe gelernt, Schriften zu lesen, Texte zu entschlüsseln, selber mich in Worten mitzuteilen. Und jetzt beschleicht mich manchmal ein Gefühl der Unzulänglichkeit, hebe ich den Kopf aus den Aktenbänden. Die Geschichte von morgen lässt sich nicht mehr nur be-schreiben, denke ich, überall schieben sich Bilder über das Alphabet. Bilder ohne Worte, aber voller Bedeutungen: Kauf mich, glaub mir, Emotionen, Versprechen, Assoziationen.

In unruhigen Nächten laufen die ganzen Filmrollen meiner täglichen Wahrnehmungen ab in meinem Kopf, Bildergeschichten ohne Worte. Vielleicht sind das die neuen Formen, sich zu erinnern, sich mitzuteilen? – frage ich mich.

Ich erinnere mich an die Installation ‹Memory›, ein gemeinsames Projekt mit meiner Schwester. Eine Künstlerin und ein Historiker versuchen mit ihren jeweils sprachlichen oder fotografischen Medien Erinnerung fassbar zu machen. Grossformatige Farbbilder, Chiffren für die Erinnerungen der Enkelin, kontrastieren mit den schwarzweissen Albumfotos der Grossmutter. Nur selten beziehen sich Text und Fotografie sichtbar aufeinander. Die Bilder besitzen ihre eigene Geschichte. Und in der künstlerischen Verarbeitung wird Erinnerung als metaphorische Bildersprache begreifbar: Nicht historisches Wissen wird in den Fotografien vermittelt, sondern die Möglichkeit assoziativer, eben bildhafter Rekonstruktion von Erfahrungen. Und die nicht überbrückbare Distanz zwischen historischer und gegenwärtiger Wahrnehmung. Ist es Zufall, dass das Thema der Erinnerung in der Kunst zur Zeit viele auf ganz verschiedenen Ebenen beschäftigt? Religion, Rhetorik, Literatur und Wissenschaft, die bisherigen Gralshüter des Erinnerns, erhalten Verstärkung durch neue, künstlerische Formen des Gedenkens.

Richtungen

«Ist nicht die Erinnerung die Impotenz des Verlangens?» zitiert Vásquez Montalbáns Privatdetektiv Carvalho den Dichter Cernuda. Das gegenwärtig unübersehbare Interesse an Geschichte freut die Memoirenschreiber und Romanciers. Doch die Beschäftigung mit Vergangenem scheint allzu oft motiviert durch eine immanente Unlust an der Gegenwart und an der Zukunft. Wenn die Ideologien zerfallen, mag niemand mehr eine Utopie entwickeln. Und die Zukunft wird, wie die Erfolgsgeschichte der Science Fiction-Saga ‹Star Wars› beweist, nur noch als das Ewig-Gestrige im technologisch neuen Gewand gedacht. Die rekonstruierte Vergangenheit, in Gedenkfeiern, Museen, Filme und Bilder gebannt, ist gegenwärtiger denn je. Als solle das Erinnern die Gegenwart mit der Vergangenheit versöhnen und beides zusammenbringen. Rückwärtsgewandte Prophetie, entschärft und in Buchform gebracht. Geschichte als Konsumartikel, Infotainment? Vielleicht schafft es der Verzicht auf Worte, die künstlerische Verarbeitung, den erlebten Schrecken in Erinnerung zu halten: als unbequemes Mahnmal der Distanz und Nähe, die uns mit dem 20. Jahrhundert verbindet.

Aussichten · *Max Küng*

Ein Gespräch am Rande eines Samstagabends
am Rande des Jahrhunderts am Rande der Schweiz

«Hier in Basel zu leben, nun, das ist wie Kellog's Optima Fruit'n Fibre essen.»

Alice guckt krumm: «Hä?»

«Na ja, eigentlich schmecken mir Kellog's Optima Fruit'n Fibre total gut, aber es hat zu viele Rosinen drin, weisst du, getrocknete Rosinen, und die muss ich immer raussuchen.»

«Du meinst, das Leben in Basel ist zu süss?»

«Nein.»

«Das Leben ist zu getrocknet?»

«Nun, eher, aber auch nicht wirklich.»

«Was meinst du denn?»

«Willst du noch etwas trinken?»

Samstag. Mit Alice sitze ich im Valentinos an der Feldbergstrasse. Ich war noch nie im Valentinos. Im Sommer sass ich ein paarmal draussen. Jetzt aber, im Oktober, wenn es wirklich kühl wird, wenn man die Kartons mit den dicken Pullis vom Estrich holt und sich gedanklich mit gemütlichen Fondue-Fun-Abenden zu beschäftigen anfängt, dann muss man ja wieder drinnen sitzen. Alice hockt hinter einem Einerli Rotwein, was ein bisschen ein bedrückendes Bild abgibt, denn Einerli sehen bedrückend aus. Hinter Einerli sitzen sonst nur AHV- oder noch eher IV-Bezüger und -Bezügerinnen, die aber dafür den ganzen lieben langen Tag lang. Das Publikum im Valentinos ist jung, ich kenne niemanden, ausser in einer Ecke eine Schauspielerin, die sich mit jemandem einen halben Roten teilt. Es ist gemütlich hier, unangestrengt, und da mir Ort und Menschen fremd sind, fühle ich mich fast ein bisschen, als wäre ich in einer freundlichen, fremden Stadt zu Besuch. Herzogenbuchsee oder so. Die Einrichtung ist nicht unbedingt nach meinem Geschmack, aber sie ist liebevoll gemacht. Hier wollte nicht jemand eine coole Bar für coole people machen, sondern einfach das, was die Person machen wollte, weil sie es machen wollte. Das find ich gut.

Ich musste weg von diesem Kellog's-Gespräch, das spürte ich, da war ich in unserer Diskussion über die Befindlichkeit zur Zeit in Basel auf dem Holzweg, und also fing ich in einem hastigen Monolog an, alle mir bekannten Menschen aufzuzählen, die der Stadt Basel den Rücken gekehrt hatten.

«Alle zogen weg in diesem Jahr. Als müsste man sich noch schnell verdrücken aus Basel vor dem Jahr 2000. Als fiele hier dann ein grosser Monolith aus den dunklen Tiefen des Alls herunter auf unsere schöne kleine Stadt, um zu begraben, was begraben gehört. Gottes gerechte Strafe für das Puppenhausmuseum oder den Umstand, dass man sich hier nur für tote Künstler engagiert. Anoushka zog nach Zürich. Ebenso Wendy, Tobi, Dani, Lori und Andrea. Dann, lass mich nachdenken: Nicole, Peps und Valerie zogen nach London. Julia und Claudia nach New York. Micha nach Berlin. Franziska, Alexa, Casper und Betty auch. Edit ging gar nach Australien, wo ganz nebenbei auch mein Lieblingstier wohnt: der Beutelteufel. Nur ich bleibe hier. Und das mit Gründen. Gerne setze ich mich in den Zug und fahre nach Zürich, wo ich gemütlich ein Bier trinken kann, und höre den fragenden Gesichtern zu: ‹Wann kommst denn du? Was willst du noch in Basel? Basel ist doch tot. Eine Stadt für geistig Invalide, nix für Individualisten.› Nein, nein, ich bleibe hier. Denn in Basel kann auch ein durchschnittlich begabter und mittelmässiger Mensch Karriere machen. Das gefällt mir. Basel hat einen Flughafen, von dem man direkt nach New York fliegen kann. Okay, nicht JFK, aber Newark. Ha, und in sieben Minuten bin ich mit meinem Pinarello-Rad mit Sprintlenker an einem Ort, wo es ganz anders ist und ich in einer Sprache, die ich nicht beherrsche, meinen Lieblingskäse ordern kann. Wenn ich in Zürich will, dass es ganz anders ist, dann bleibt mir ja bloss die Einnahme von chemischen Substanzen. Apropos chemische Substanzen: Gibt es in Basel wegen der hier ansässigen Chemie eigentlich mehr Legitimation, Drogen zu konsumieren? Ist der Konsum von Drogen in Basel nicht etwas wie ein inneres Bekenntnis zum Chemiestandort Basel?»

Ich wartete nicht Alices Reaktion auf meinen faden Witz ab und machte schnell weiter.

«Trotz all dem ist es doch ein wenig beunruhigend, dass all die Leute wegziehen. Das muss ich gestehen. Was ist denn los hier? Und die, die hier

sind, die klagen über Kopfschmerzen. Basel gilt als Stadt der Kopfschmerzen. Migränen-City könnte man sie nennen, wäre sie nicht so klein. Und die Luft sei auch schlecht hier. Manchmal rieche es komisch. In meinem Quartier, dem St. Johann, riecht es auch komisch. Wenn der Wind schlecht steht, dann riecht es nach Tod vom Schlachthof her. Oder nach Fettgebäck. Manchmal riecht es hinter dem Voltaplatz nach Berliner, und dann muss ich an Alexa und Casper denken. Und am Voltaplatz riecht es in erster Linie natürlich nach Abgasen. Manchmal denke ich, dass die Basler das St. Johann vergessen haben. Terra incognita oder wie man sagt. Ein Wegguckort. Ich lebe seit Jahren in einer Baustelle und habe mich an diesen Lärm gewöhnt. Aber viermal täglich über den Voltaplatz – ‹Folterplatz› – zu spazieren, das ist auch nicht eben eine Sache minderer Meditation.

Aber kennst du Ueli? DJ Ueli? Also Ueli hat seine 3-Zimmer-Altbau-Wohnung neu definiert und umfunktioniert. Immer sonntags gibt es einen Klub, oder eine Bar, oder wie man das Ding ohne Namen auch immer nennen will. Ein der elektronischen Musik gewidmeter Salon. Manchmal sind es fünf Nasen, manchmal zwanzig, manchmal sogar mehr, die den Weg am Sonntag zu Ueli finden. Meist sind es leider Männer, ein Phänomen, das mir in Basel stark auffällt: Im öffentlichen Raum hat es rund fünfmal mehr Männer als Frauen. Frauen nehmen ihre sozialen Pflichten nicht wahr, und ich frage mich, was die eigentlich tun. Zuhause Saxophon üben? Dinge aus TV-Kochshows nachbrutzeln? Anyway. Die Bar hat keinen Namen, es gibt keine Flyers, die Theke ist ein in den Türrahmen geklemmtes Brett, und hinter dem Kühlschrank steht gleich Uelis Bett. In zwei Zimmern stehen Sofas, vier Stück, vom Brockenhaus, darin Menschen, für die das Wochenende auch sonntags um Mitternacht noch nicht zu Ende ist. Alles sehr ad hoc und very bohemian auf eine entspannte Art und Weise. Wenn ich dann heimspaziere und unter der Dreirosenbrücke der Nebel in Schwaden vom Rhein hochsteigt, dann verstehe ich die urbane Romantik eines Douglas Coupland ganz gut, und ausserdem mag ich dann Basel ziemlich. Und dann bin ich ja auch schon bald bei mir zu Hause. Zwei Zimmer. Zentralheizung. Playstation. Video. Was ein Mensch braucht in diesen Zeiten. Keine Haustiere. Badewanne. Aus der Telefonbuchse hole ich am Boden sitzend mit dem Powerbook auf dem Schoss meine Emails aus der Mailbox. Claudia und Julia schrieben mir kürzlich aus dem Big Apple, dass es dort schön warm sein soll, aber auch problematisch, denn die Stadt wird von einer Killermoskitoplage heimgesucht. Ausserdem glaubt man dort, dass diese Killermoskitos von den Irakis losgelassen wurden. Eine neue Art der Kampfführung. Ha. Diese Amerikaner sind schon plemplem. Aber das grösste Problem in New York ist, wenigstens für Julia und Claudia, sich schnell genug hinter Supermarktregalen zu verstecken, damit man nicht von nun dort wohnenden Schweizerinnen und Schweizern angesprochen werden kann. Es soll von denen nur so wimmeln. Vielleicht werden die ja auch von den Irakis losgelassen.»

Als ich mit meinem Monolog, während dem ich immerzu aus dem Fenster guckte, fertig bin und wieder zu Alice blicke, bemerke ich, dass sie gegangen ist. Hoffentlich bloss aufs Klo und nicht nach Zürich. Aber man weiss nie. Ich winke die Bedienung herbei, bezahle und verlasse das Lokal.

Ändert sich die Welt? *Robert Stalder*

Ich werde nie eine Prognose stellen. Wer hat nur schon gesagt, von der Zukunft halte er nicht viel, auf jeden Fall sei in ihr noch gar nichts passiert? Wer ist schon gerne ein Seher? Wenn der Prophet nicht nur im eigenen Land nichts gilt? Wer möchte schon vorher klug sein, da ja alle hinterher immer klüger sind? In der Wissenschaft muss man zuerst wohl ein bisschen spekulieren, sonst kann man die Irrtümer nicht ausschliessen. Voraussagen sind aber keine Spekulationen. Da behauptet einer nur, fast sicher zu wissen, da sehr zu ahnen. Annahmen sind immer etwas, das noch zu beweisen sein wird. Von wem?

Gesetzt den Fall, ich nehme einmal an, wie sich die Gesellschaft im nächsten Jahrtausend entwickeln wird – den Beweis kann nicht ich selbst führen, den muss mir die Gesellschaft liefern. Ich weiss nicht, wie ‹das Lebensgefühl› und ‹die Stimmung› am Ende des 2. Jahrtausends sind. Meine persönliche Stimmung ist die, dass ich keine Thesen aufstellen mag, die kaum zu begründen sind. Ein Zukunftsforscher kann nicht sagen: Da es

sich früher so entwickelt hat, wird es sich in Zukunft wohl so entwickeln. Selbst das Extrapolieren nützt nichts. Denn erstens kommt es anders und zweitens als man denkt. Die harmlosen Humoristen sind meistens pointierter als die sogenannt grossen Denker. Busch hat zwar den Nachteil, Sätze zu schreiben, die jeder einigermassen versteht, aber auch den Vorteil, dass dann eben doch nicht ganz alle diese Sätze ganz genau verstehen. Man weiss nicht, ob Heidegger den Nationalsozialismus eher vorausgesehen oder ihm eher zu viel nachgesehen hat.

Es kommt erstens anders und zweitens auch als die grossen Denker gedacht haben. Im nachhinein haben sie es dann meistens nicht so gemeint.

The future's not ours to see. Was kümmert die Vögel unter dem Himmel der morgige Tag? Alles, was da kreucht und fleucht, weiss nicht, dass es einen 9.9.1999 gibt, und heiratet also irgendwie zu irgendeinem Zeitpunkt. Was da kreucht und fleucht und nach Gutdünken geboren wird und vom Schöpfer aller Dinge zur Paarung getrieben wird und zufälligerweise an einem zufälligen Tag von ihm zu sich gerufen wird, weiss nicht, dass nächstens bei einer Jahreszahl nach einer Zwei drei Nullen stehen. Die Evolution kennt keine Abschnitte, die nur symbolische Bedeutung haben. Was da kreucht und fleucht, kann sich keinen Gott denken, der einmal genau 2000 Jahre alt wird. Der Löwe fängt der Löwin keine Gazelle zum Hochzeitstag. Weil er nicht weiss, dass er Hochzeitstag hat. Was da im Strom des Unterbewussten schwimmt, will nicht wissen, dass es eine Jahrtausend-Schnelle zu überspringen gilt. Che sarà, sarà? Es wird sein Heulen und Zähneklappern. Aber auch lauter Sonnenschein. Es werden kommen die sieben fetten Jahre nach den sieben mageren Jahren. 7 ist eine Symbolzahl. So viel ich weiss, ist 2000 keine Symbolzahl. Es ist einfach eine runde Zahl. Eine runde Zahl ist deshalb gut, weil das Rad schon erfunden ist. Das Jahr 2000 wird (aber das nur symbolisch) keine Ecken und Kanten haben. Warum verlangen die Journalisten von den Sportlern und Politikern immer, dass die Ecken und Kanten haben? Die Welt hat keine Ecken und Kanten. Die Welt war mal eine Scheibe, die sogenannte Weltscheibe, und jetzt ist die Welt eine Kugel, die Weltkugel, die sich auch noch um sich selber dreht. Die katholische Kirche hat uns das kürzlich versichert. Sie hat nämlich gesagt, dass Galileo Galilei, der nach den Folterungen gesagt haben soll, dass sie sich halt doch drehe, recht gehabt habe. Er wurde vor ein paar Jahren rehabilitiert. Wer mag da schon Prognosen oder Feststellungen machen? Am Schluss bekommt man erst in 500 Jahren recht. Und für die Genugtuungssumme ist dann keiner mehr aufzutreiben.

Irgendwie besteht die Menschheit (oder sagen wir die schreibende, sich mitteilen wollende oder müssende Menschheit) aus Leuten, die (ständig völlig aufgeregt) neue Trends erkennen. Die glauben nicht, dass es nichts Neues unter der Sonne gibt. Im ganzen schon nicht, sagen die, aber im Detail geschieht Gewaltiges. Wenn ständig im Detail Gewaltiges geschehen würde, wäre schon lange im Prinzip Gewaltiges geschehen. Man hat mir 1960, da war ich zwanzig, schon gesagt, ich sei reizüber-

flutet. Heute sagen sie es mir wieder. Die Globalisierung wird alle verändern. Hat nicht schon im alten Griechenland einer gesagt, er sei nicht Bürger von Athen, sondern Bürger der Welt? Ist die Welt dank der neuen Verkehrsmittel kleiner und also anders geworden? Goethe hat ja ganze Italienreisen gemacht ohne Flugzeug. Hätte er sie mit dem Flugzeug machen können, hätte er mehr Orte in kürzerer Zeit besuchen können. Und was hätte er dort mit der Zeit gemacht, die er an Reisezeit gewonnen hat? Er hätte gezeichnet und geschrieben oder gegessen oder sonstwas, also das gemacht, was er auf der Reise auch gemacht hat oder hätte machen können. Ich bin auch schon nach St. Moritz in die Ferien gefahren. Das dauert ziemlich lange von Basel aus mit dem Zug. Und natürlich habe ich schon gedacht: Ach, wie schön wäre es, reich zu sein: schnell nach Samaden fliegen, mit dem Auto abgeholt werden und gleich im Hotel oder der eigenen Wohnung sein. Und was würde ich dann dort tun? Eben, auch nur das, was ich im Zug tue: Lesen, einen Kaffee trinken und später wieder lesen und vielleicht einen Zweier trinken. Oder hätte ich ferngeschaut? Tu' ich am Tag nie. Oder hätte ich gleich nach der Ankunft hektisch die Landschaft verspaziert? Und wenn die Welt kleiner geworden ist! Und wenn ich global denke! Wer von uns allen hat gewusst, wo Osttimor ist? Die meisten wissen ja auch nicht, was ganz in der Nähe ist. Wer von Ihnen weiss, wo Plagne (auf berndeutsch: Pläntsch) ist? Es ist übrigens ein wunderschönes Dörfchen. Genau das richtige für Sonntagsausflüge mit dem Liebchen mein.

Wird die Verweiblichung des Mannes zunehmen – und wenn ja, in welchen Gegenden? Wird das Sexualverhalten der Jugendlichen weiterhin in irgendwie geordneten Bahnen verlaufen – oder werden die Schwellkörper an der Schwelle des nächsten Jahrtausends etc. Ich weiss nichts und ich sehe keine Trends. Alle paar Jahre gewinnt die Ehe an Bedeutung und verliert sie dann wieder. Wie eine Gesellschaft sich verändert oder sich entwickelt, sieht man mit einer Verzögerung von etwa fünfzig Jahren den Gesetzen an, die sie sich neu gegeben hat. Sagen Sie mir, welche Gesetze im

Jahr 2050 neu und wie formuliert worden sind, und ich sage Ihnen, wohin unsere Gesellschaft tendieren wird.

Gehen wir doch einfach so ins dritte Jahrtausend, wie wir das zweite am besten verlassen: ohne Prognosen, aber neugierig auf das, was da kommen oder auch nicht kommen wird.

Schau'n mer mal.

Der Fuss auf dem Regal:
Brief an meine Schwester *Martina Hügli*

Als Du mir neulich davon erzähltest, konnte ich mich auch gleich an den Gipsabguss des Fusses unseres Onkels erinnern.* Wir hatten damals das Gefühl, der Abguss sei der Fuss selber, der tote nämlich, der zur Erinnerung aufbewahrt worden sei. Und – ja, Du hast recht, die grosse Zehe war nach oben gestreckt, gleichsam im Todeskrampf, obwohl es sich doch um einen Abguss des noch lebendigen Fusses handelte. Vor dem Schlafengehen schob ich jeweils den Gipsklotz, der auf dem Regal überm Bett stand, vorsichtig zur Seite, damit er mir des Nachts nicht übers Gesicht spaziere. Die Allgegenwart des Todes unseres Onkels und die eigenartige Atmosphäre von Stillstand, die durch das Festhalten an seiner Abwesenheit im Haus der Grossmutter entstanden war, liess alle Dinge gleichsam aus der Zeit kippen, liess sie unheimlich werden, und es war, als ob man zwischen ihnen durchfallen und einfach verschwinden könnte. So wie der Junge in der Geschichte, die Du so mochtest, auf dem Teppich von Insel zu Insel hüpft und irgendwann einfach durchs Teppich-

muster hindurch gefallen sein muss.

Als Kind war ich dem Unheimlichen ausgeliefert, und die Erwachsenen konnten mir keine Alternative dazu zeigen, kein wirkliches Zuhausesein auf der Erde vermitteln. Das Unheimliche scheint mir heute ein Parasit zu sein, der auf einem Verwechslungsphänomen sitzt. Ich verwechsle die materielle Welt, in der ich mein physisches Dasein führe, mit meiner eigentlichen Heimat, in der allein mich geborgen zu fühlen mir auch im Irdischen ein gewisses Mass an Häuslichkeit vermitteln könnte. Ich nehme die Dinge und Menschen auf eine einseitige Weise für wahr, nämlich als Stillleben, und versuche mich mit ihnen einzurichten, so gut es eben geht. Das Eingreifen des Unheimlichen ist nun damit verbunden, dass die Stillleben-Strategie nicht reibungslos aufgeht: Ich kann mich zwar in der materiellen Welt einigermassen zurechtfinden, lebe jedoch mit einer tiefen Melancholie, deren Untergrund mir unzugänglich ist. Ab und zu streift mich eine Sehnsucht nach grösserer Lebendig-

* Dieser Onkel war kurz nach der Verewigung seines Fusses, einen Tag vor seinem dreizehnten Geburtstag, bei einem Autounfall ums Leben gekommen.

keit oder Beweglichkeit, nach einer Dynamik von Annäherung und Distanzierung. Ich weiss allerdings nicht, wie diese Sehnsüchte einzulösen sein sollten.

Werden die Dinge, mit denen ich mich arrangiert habe, auf einmal gleichsam lebendig, verschlingen mich oder spucken mich aus, so empfinde ich auf der einen Seite Entsetzen, andererseits grosse Lust, auf jeden Fall aber vergesse ich meine Traurigkeit. Das vorübergehende Aufheben falscher Gewissheiten befreit mich innerlich, lässt mich meinen eigenen Atem – wie auch sein Stocken – spüren. Davon kann ich gar nicht genug bekommen: Die gespenstischen Ereignisse müssen sich überschlagen, müssen quasi auf Endlosband laufen, damit ich nicht gleich in meine bewegungslose, erstickende Existenz zurückfalle. Gleichzeitig übertönt die Faszination am Unheimlichen mit ihrem lustvollen Schrecken aber auch eine tiefer liegende Angst davor, die Stilleben-Welt ganz loszulassen und nach anderen Erfahrungen oder Zugängen zum Leben zu suchen. Ich habe Angst vor dem ‹Anderen›, was auch immer dieses sei, denn ich fühle mich ja nicht wirklich in meinem Kern lebendig und spontan, vertraue deshalb meiner Intuition nicht besonders. Ich lasse mich von den Dingen bewegen, und bewegen sie sich nicht, bleibt es in mir stumm.

Die Beschäftigung mit dem Unheimlichen kann also durchaus auch zu einer Beschäftigungstherapie werden, die davor schützt, den eigenen Ängsten und innerer Leere begegnen zu müssen. Ich nehme die Schatten der Dinge anstelle der Dinge für wahr, dabei zeigen mir die Schatten der Dinge eigentlich nur, dass auch die Dinge selbst nicht ganz wirklich sind. Sie weisen mich darauf hin, dass noch irgend etwas anderes da sein muss, was Dinge und Schatten erst ermöglicht. Das Unheimliche kann mich also darauf stossen, dass ich im Materiellen bei weitem nicht so sehr zu Hause bin, wie ich zuvor vielleicht glaubte. Darin hat es seine Funktion und Wichtigkeit.

Mich hat der Umgang mit dem Unheimlichen über Jahre meines Lebens verstört, krank gemacht, zugleich habe ich es aber auch in tiefen Zügen ge-

nossen, war richtig süchtig danach. Ich habe ein ganzes Buch über meine unheimlichen Erfahrungen geschrieben. Schreiben war für mich die einzige Möglichkeit, Erlebnisse wie dasjenige mit dem Gipsfuss handzuhaben. Später aber kehrte sich das, was zunächst als Befreiung kam, gegen mich selber um. Ich spürte, wie stark der Sog des Unheimlichen ist. Seine Kraft hatte mich im Griff, mich, die ich meinte, *sie* zu gestalten. Ich bekam es mit der Angst zu tun: Was führt mich da? Was bin *ich* denn noch, wenn ich nur Medium bin für eine Kraft, die mich benutzt, um Gedichte zu schreiben?

Die Absage an das Unheimliche stellte sich aber als nicht ganz einfach heraus. Es zeigte sich nämlich, dass dieses mich mochte, mich zu brauchen schien, und – dies war verheerend – auch ich brauchte es! Seine Macht wuchs mit dieser Erkenntnis, es schüttelte mit grosser Wucht meine Träume und Spaziergänge durch. Mein Schwanken zwischen «Komm!» und «Geh!» liess die unheimlichen Wesen noch aufdringlicher, aggressiver werden.

Der Grund, warum ich die aufsässigen Wesen nicht sofort zurückweisen konnte, lag darin, dass die Kraft des Unheimlichen, eine Elementarkraft, mir auch sehr viel zu schenken vermochte. Ich war in ihrer Gegenwart ungleich gewitzter und intelligenter als ohne sie. Und mir kamen brillante Bilder hoch, die mich selber staunen machten. Wenn ich das Unheimliche in Schranken wies, musste ich also auch auf etwas verzichten, ohne vorderhand noch Gegenkräfte zu kennen. Schliesslich aber empfand ich mehr und mehr die Lügenhaftigkeit dessen, was mir die gespenstischen Bilder zuspielten. Ich versank in immer tiefere Trauer, entfernte mich von meiner Lebendigkeit, von meiner eigenen Sprache. Ich fühlte mich gehetzt und zugleich innerlich unbewegt, kalt.

Also hörte ich eines Tages ganz auf, mit den Kräften des Unheimlichen zu liebäugeln. Es dauerte eine Weile, bis sie mich losliessen. Sie versuchten im Traum als verführerische Luftwirbel mit mir zu tanzen, mich dann aus mir herauszuziehen. Sie zeigten sich mir in der Gestalt von Ängsten,

Ängsten um meine Gabe der Phantasie, um die Meinung anderer Menschen, ja eigentlich um das Gelingen meines Lebens.

Dann liessen sie von mir ab. Nun blieb mir nichts mehr, nicht einmal der Kampf gegen sie, und ich wusste nicht wie weiterleben. Es war furchtbar, ich konnte keine Zeile mehr schreiben, kein Bild mehr finden. Manchmal hörte ich vor dem Einschlafen den Spott der Wesen, die ich von früher so gut kannte, «na, da hast du's, wir haben es dir ja gesagt.» Dann tauchten die Ängste wieder auf. Aber sie verschwanden auch wieder, sie hatten keinen Griff mehr an mir. Ich liebte die mich früher bedrängenden Wesen nicht mehr, ich hasste sie auch nicht mehr, und so hatten sie ihre Macht über mich verloren. Ich erinnerte mich daran, wie das Unheimliche mich auf die Notwendigkeit hingewiesen hatte, mich dem Geistigen zuzuwenden, das die Dinge überhaupt erst ins Leben ruft, und begann dies zu tun. Ich fing an, dem Wind zuzuhören, dem Pulsschlag der Zeit und dem Summen der Stille in mir. Dies stellte sich als wesentlich erfüllender heraus, als pausenlos und zwanghaft schreiben, produzieren zu müssen. Ich schloss Frieden mit der Leere in mir, mit meiner Unproduktivität. Und begann, vielleicht zum ersten Mal, mich wohl zu fühlen im Leben. Ich hatte Lust, mich zu bewegen, zu tanzen, und entdeckte in und um meinen Körper überhaupt erst einen realen, nicht halluzinativen Raum.

In letzter Zeit werden mir manchmal wieder Bilder geschenkt; Gedichte, leisere vielleicht als früher. Ich bin heute wacher, wenn ein Bild auftaucht, aber nicht im Sinne einer Kontrolle des Vorgangs – denn wer wollte das Schöpferische im Griff haben, das die Bilder aus dem Unbewussten aufsteigen lässt. Kontrolle geht mit Lebendigkeit nicht überein. Ich lasse aus meinem Inneren hochkommen, was kommen will, versuche, nicht zu zensieren. Aber indem ich nach und nach zu einem präziseren Gebrauch meiner selbst finde, meine Seinszustände besser kennenlerne, vermag ich dem Wort oder Bild intensiver nachzulauschen, spüre nach, woher es wohl seinen Gang genommen hat, aus welcher Stimmung oder Ausrichtung. So muss ich mich den Bildern nicht willenlos ausgeliefert fühlen, sondern kann mit ihnen ins Gespräch kommen.

Es ist heute weniger eine Sucht, die ich am Schreiben erlebe, als – nur ein einziger Laut hat sich geändert – eine Suche. Ich kann ein Bild kommen lassen, mich an ihm freuen, es auch wieder gehen lassen, wenn es nicht stimmig ist, kann besser schweigen und warten als zuvor. Das ist die Wende, nach der Du mich fragst, Regina, in meinem dreissigsten Jahr, das zugleich das Jahr der Jahrtausendwende ist. Ich spüre, wie sich alles bewegt, in mir und um mich, und wie die fest konturierten Dinge sich aus dieser grossen Bewegung heraus geformt haben, deshalb aber doch nicht aus ihr herausfallen. Das bedrohliche Teppichmuster hat sich geschlossen in ein unablässiges Strömen der Muster, das mich trägt. Und der Fuss auf dem Regal – den kann ich in Frieden lassen, wo ich die Bewegung meiner eigenen Füsse auf der Erde spüre.

Die Quappe, der Raubfisch und der kopflose Zweck *Jan Lurvink*

Auf dem beschwerlichen Weg in die Chemiestunde zweigten wir, Schüler des Gymnasiums Münchenstein, im vierten Stock für kurz ins Biologiemagazin ab, siebten als Experiment eine Kaulquappe aus ihrem Glasteich und liessen sie über den Rand eines Raubfischbeckens springen. Sogleich wurde die Fremde von den Einheimischen bemerkt und ohne viel Aufhebens totgebissen. In anderen Becken hatte die Bewohnerschaft sie höchstens beschnuppert, links schwimmengelassen und auf die Dauer gesehen vielleicht unterdrückt.

Mit dieser Kaulquappe auf dem Gewissen sassen wir danach vor unserem weisshaarigen Chemielehrer, gegen unsere Lausbuben-und-mädchen-Gewohnheit still und stumm wie das Männlein im Walde, als Gegenleistung nämlich für seine Prüfungsfragen, die leicht wie Sauerstoff waren und die guten Noten unter der Klasse geradezu verhökerten. An jenem Morgen kam er im weissen Kittel ins Zimmer, liess den aktuellen Stoff ausser acht und redete vom Sauerstoffhaushalt der Erde. Dieser nehme in seiner Konzentration rapide

ab, erklärte er und schrieb aus Untersuchungen hervorgegangene Zahlen an die Tafel. Dann rechnete er vor, wie lange der Sauerstoff auf Erden fürs Leben noch ausreichen würde; er kam auf sechzig Jahre.

Es war zu fragen, wie eine solche Ernsthaftigkeit sich hatte einschleichen können ins Schulgebäude, in dem laut Lehrplan bloss Haupt- und Nebenfächer zugelassen waren, die es gerademal in die Ranzen von uns Schülern schafften, aber doch nicht in unsere Leben. Ein Eindringling, der von der Pausenglocke prompt hochkantig aus dem Haus geworfen wurde. Danach folgte ein Kapitel aus der unergründlichen Geschichte des Subjonctifs oder ein erneuter Abstecher in die wunderliche Welt des Sonderbundkriegs.

Dies begab sich so und nicht anders knapp zwanzig Jahre vor dem Grossen Kollaps. Und wir waren, trotz der bescheidenen Habe von erst achtzehn Jahren auf dem Lebenskonto, schon hart geworden im Nehmen (und im Geben, siehe Kaulquappe). Aus jedem Kasten plärrte irgendein Vorhersager eine neue

Katastrophe herbei, und der Jahrtausendwechsel stellte das Schwarze Brett, an dem alle diese Prognosen festgepinnt wurden; sie übertrafen sich an Schwärze stündlich. Der Wald und die Gewässer und der Golfstrom würden es bis dahin nicht mehr machen, dafür die Menschen miteinander umso eifriger; im Jahr 2000 würde es zehn Milliarden von ihnen geben, und unzählige würden ihre Beine unter die dürren Arme nehmen und dem Hunger davon nordwärts auf Europa und die USA zuwandern.

Ich rechnete: Im Jahr 2000 würde ich 35 Jahre alt sein. Das ergäbe schon einmal eine Katastrophe für sich. Ich wäre verheiratet, hätte mein erstes Jubiläum am Arbeitsplatz, womöglich eigene Kinder und demzufolge mein Leben so gut wie hinter mir. Hätte ich dann überhaupt noch die Kraft, geschweige denn Lust, meinen Kühlschrank gegen verhungernde Afrikaner zu verteidigen? Läge das Heimatland meines Vaters, die Niederlande, noch im Trockenen oder würde es bereits wie Atlantis von Miesmuscheln und Korallen besetzt sein? (Oder sogar von den Russen, wie mir das wenig später allen militärischen Ernstes ausgemalt und unter den Rekrutenhelm geschoben wurde.) Wären wir dann alle miteinander schon einträchtig am Röcheln?

Eine Übeinheit im Röcheln bekamen wir dann im November 1986 von der Sandoz gratis und frei Haus gesponsert. Die toten Fische im Rhein erinnerten mich an eine gewisse Kaulquappe, die einst langsam wie ein leckgeschlagenes U-Boot mit aufgerissenem Bauchbeutel und verdrehten Augen niedergesunken war auf den Boden der Tatsache ‹Tod›.

Das Jahr 2000 ist mit der Elefanz über uns hereingebrochen, die allen Bevorständen nun einmal anhaftet. Und wir leben noch!

Gut, wir husten oft und pfeifen beim Atmen ein bisschen und die Augen tränen womöglich. Aber wir röcheln nicht! Und unsere Kühlschränke sind unangefochten. Das ist doch nicht nichts! Im elektrischen Drahtverhau ‹Welt› brummen zwar schon die Schädel der Sechsjährigen, doch haben wir halt Strom im Überfluss, und auch der Golfstrom ist soweit ein Braver. Ich habe das Einschiffen in den Ehehafen noch vor, mein erstes Jubiläum am Arbeitsplatz allerdings schon hinter mir. Soweit meine Jahrtausendbilanz. Vielen Dank.

In Anbetracht der Vorhersagen aus den siebziger und achtziger Jahren dürfen wir nicht meckern, sondern uns frei nach der letzten Seite des Instruktionsbüchleins über einen russischen Atomarangriff gegenseitig zurufen: Weiterarbeiten!

Weiter am Fortschritt arbeiten, heisst das. Also an den Gebrauchsgegenständen herumtüfteln und den menschlichen Erfindergeist zur Gänze an ihnen abwetzen, den allgemeinen Benutzbarkeitsgrad aller Dinge erhöhen und die Geschwindigkeiten natürlich. Auch wenn wir dabei die Streben der Dinge, ihren inneren Zusammenhalt, gleich wie die Rotoren eines Propellers aus den Augen verlieren und beinahe anfangen zu glauben, sie seien gar nicht vorhanden.

Wenn ich an der Schwelle zum neuen Jahrtausend, im Schweif der letzten Silvesterrakete sozusagen, doch noch ein kleines privates Gemecker steigen lassen dürfte, dann das folgende:

Die Nutzbarkeit eines Dinges liegt in seiner Stofflichkeit begraben, das Wesen aber immer anderswo. Denn was ist der Mensch? Und woraus sind Freundschaft, Charakter oder Bosheit beschaffen? Das kann man doch nicht sagen, oder vielleicht soviel: die Wissenschaftler arbeiten daran. Das Wesenlose war bislang an seiner Anfassbarkeit zu erkennen, daran, dass es Material ist. Nun hat sich die Wirt- oder Wissenschaft aufgemacht, einerseits das Wesenlose zu entstofflichen (z.B. das unsichtbare Geld der Kreditkarte, der unsichtbare Umschlags- und Handelsplatz, der draht- und gesichtslose Umgang) und andererseits die Wesenheiten zu materialisieren (die Suche nach dem Ursprung des Lebens mit dem Weltraumteleskop, nach den Eigenschaften und Entwicklungsmöglichkeiten im mikroskopischen Gengerüst), so dass auf Dauer das eine vom andern nicht mehr zu unterscheiden ist. Die Wesenheiten werden über den Zweckleisten geschlagen (z.B. «Musikunterricht im Kindesalter schärft die Aufnahmefähigkeit für Sprache und verbessert das schulische Leistungsvermögen.») und das Nützliche über den

Sinnleisten («Wir können grenzenlos und ohne Zeitverlust miteinander sprechen» – bloss, worüber?) und beidem geht die jeweilige Eigenart flöten. Das Wort ‹Zweck› bleibt vor und erinnert nicht zufällig an einen kleinen Blutsauger, der sich so festbeisst, dass man ihn kaum mehr aus dem Fleisch kriegt und wenn, dann ohne Kopf. Der kopflose Zweck, das Millenniumtierchen.

So bekommen die Gebrauchsgegenstände endlich das glitzernde Sinn-Kleid übergeworfen, und die Lebensdinge werden auf ihren Nutzen herunterkupiert. Und völlig schleierhaft wird, worauf wir auf Erden eigentlich hinauswollen.

Schleierhaft, was ein sogenannter ‹Schädling› in unserer Fauna und Flora eigentlich zu suchen hat, warum es Krankheiten gibt, weshalb Träume allen Amerikanern zum Trotz sich nicht verwirklichen lassen, was das ist: Leid, und wie es kommt, dass soviel Schubkraft und Licht und Grösse aus dem Leiden, aus Versagen und Behinderung gekommen und auf das Leben elixierend übergegangen sind.

In den Rechnungen, mit deren Hilfe wir durchs Leben stöbern, tauchen diese schleierhaften Dinge bloss noch als Subtrahierbares auf. Eines Tages werden wir sie schon aus der Welt geschafft haben – und dann vermutlich in einen Bereich der Teufelsküche vorgestossen sein, in dem so etwas Handfestes wie ein Ozonloch oder ein Reaktorunfall geradezu rührig erscheint.

Auf dem beschwerlichen Weg Weiss-der-Kukkuck-Wohin siebten wir als Experiment die Kaulquappe ‹Lebenswesen› aus ihrem Glasteich und warfen sie ins Raubfischbecken ‹Materialismus›. Und den ‹Materialfisch› lassen wir im Transzendenzglas schwimmen.

Beide werden sie schätzungsweise leckschlagen und mit aufgerissenem Bauchbeutel und verdrehten Augen niedersinken auf den Boden der Tatsache ‹Leben›.

Schwellenangst *Friederike Kretzen*

Ich hatte mir das so nicht vorgestellt. Wie soll ich all das Grosse in mein Leben kriegen, das da vor der Tür steht und nicht klopft, sondern gleich reinkommt. Was also bedeutet es mir, an dieser Schwelle zu liegen und der Kopf schwillt, die Beine. Wie soll ich für all das Grosse empfänglich sein? In meinem Alter? Früher als Dornröschen träumte ich von bedeutenden Männern. Die würde ich kennenlernen, und dann wäre ich auch schon bedeutend. Und bedeutend würde ich sofort erkennen, aha, ich gehe in ein neues Jahrtausend. Aber dann hat es ja nicht geklappt mit den Bedeutungen und den bedeutenden Männern. Die wollten ihre Bedeutung immer nur für sich selber haben. Ermunterten mich aber durchaus, es auch zu versuchen. Gaben sogar zu, wie schwer es ist, bedeutend zu sein und all der Neid und die Grösse sei auch eine Verantwortung. Nun ja, ich war ja steppentauglich und dornbuschzerfranst. Klar und verwirrt.

So werde ich zur Jahrtausendwende weggehen. Wie ich es schon bei der Mondfinsternis oder Sonnenfinsternis, oder was auch immer es war, machen wollte. Aber dann wurde es ganz dunkel, und ich dachte an die Tiere, die jetzt schlafen gingen, und dann ging auch ich raus ins Café. Wo die Serviertöchter und Verkäuferinnen auf der Strasse standen und mit einem Auge die Kasse und mit dem anderen die Finsternis am Himmel beobachteten. Ich kam mir vor wie kurz nach dem Krieg. Wir stehen in den Ruinen und gucken, wo denn all die anderen geblieben sind. Und die sind das, wonach ich noch immer gucke und frage. Auch wenn ich zur Jahrtausendwende weggehe.

Ich gehe einfach nicht hin. Schwirr ab, Jahrtausend. Mach die Mücke. Spricht so ein Kind? Eine Heldin der Geschichte? Ich wäre so gerne ein Ritter geworden. Mit roten Handschuhen. Wegen sanftem aber kräftigem Begreifen. Ich will nicht übergehen.

Dann laufe ich am Rhein. Ich bin ein Auslaufmodell. Aus der Mode. Ich war noch nie drin. Nachmittags versuche ich, mich ins Reine zu schreiben. Irgendwer muss hier doch aufräumen. Reinen Tisch machen mit Indianern, Haubentauchern und Pferden. Auch mit meiner Mutter. Vom Vater ganz zu schweigen. Ich muss sie mir immer wieder neu erfinden. Ich werde eben älter. Ich meine, ich werde jünger. Und ich frage mich, wie wurde ich gemacht. Jeden Tag.

Mein erstes Kreuz war das Bayer-Kreuz. Darunter lag ich 1956 auf der Welt. Meine Mutter hatte mich rund um ihren Bauch getragen. In horizontaler Lage. So sah es keiner. Das Früchtchen. Und wegen Steppenlage. Kind der Ebene. Der Arzt hat es ihrem Vater verraten. Ihre Älteste nun doch noch ein Kind. Ein Steppenkind. In Leverkusen. Meine Krippe im Haus meiner Grossmutter neben Hund Lumpi und dem Rotkehlchen. Ich rannte in den Dornbusch. Kopfscheu. Weiter. Ich meine wieder. Es gibt keine Wiederholung. Es gibt Beharren. Eisern den Weg der Wunder der Wirtschaft weiter schreiten. Du hast keinen Grund zu schreien. Sagen die Frauen. Meine Mutter, die vielen Tanten. Keine weint. Der Metzger auf der Hauptstrasse hiess Stahlberg. Den hiess es nehmen. Den Stahlberg. Am Ende für ein Stück Fleischwurst. Ich schrie aus dem Dornbusch. Ich bin nicht Dornröschen. Diese Wunschnummer zieht nicht mehr. Im Zirkus sind sie ratlos.

Bin ich also eine Schwelle. Schwellung. Eine Schwellenangst im Geisterreich. Ich knospe. Mit all meinen Schwellkörpern. Sie wollen blühen. Zarte Blüten treiben. Noch immer. Die Triebe. Sie brennen darauf zu blühen. Und treiben. Die Geister. Sie wollen an mir blühen. Daher die Schwellung. Wie soll ich aus der wieder raus kommen. Ich meine runter. Wer tritt über mich? Wurde ich als Kind den Geistern auf die Schwelle gelegt? So geschwollen pflückt mich keiner. Oh diese Unverwirklichung. Zwischen Küche und Schlafzimmer beispielsweise.

Ich kam nach Basel. Ich nahm alle Furcht mit, die da so herum lag, wo ich herkomme. Und die nicht schläft und nie mehr schläft und weiter fürchtet. Als wäre die Furcht ein Ort. Unscheinbar. Noch nicht einmal ein Etwas. Als wäre die Furcht eine Arbeiterin. Die Furcht ist eine Aufmerksamkeit. Eine andere als der Wahnsinn. Oder als

der Himmel. In einer Nacht in Basel sitze ich am Tisch und weiss nicht weiter. Ich finde keinen Schlaf. Ich habe keinen Gedanken. Nur den des Nichtfindens. Was draussen rauscht beispielsweise. Ich sitze da so in der Nacht und denke, nie mehr kann ich da so sitzen. Nie mehr den Tag erwarten. Nicht sein, denke ich. Auf dem Tisch Äpfel, eine Flasche Wasser. Es ist alles da und alles ist was es ist. Vor dem Fenster das Haus der Rechtsanwälte. Wo kein Hund und kein Fuchs sich gute Nacht sagen. Wo sie sich nicht gute Nacht sagen, sage ich nicht guten Tag. Und sitze da und denke, ohne zu denken. Mit dem Stift auf den Block schreibe ich einen Satz. Dass ich müde bin, dass ich nicht schlafen kann. War da was, fragen die Tiere. Sie haben ein Gespür dafür. Und sind nicht halb so traurig, wie alle sagen, dass Orpheus singt.

Ich also im Dornbusch. Voll Dornen. Schon ganz zerfranst. Die Lungenästchen, auf die sich keiner hinauslassen sollte. Das Herz in Fetzen runtergeschält. Tief unten dran die Rehfüsschen. In Tigerschlappen. Mit denen ich den Tigersprung in die Geschichte übe. Der Engel der Geschichte liegt da hinten auf dem Rücken. Angesichts der Unmenschlichkeit der Welt den Schwierigkeitsgrad der Kunst erhöhen, beschliessen die Artisten in Alexander Kluges ‹Die Artisten in der Zirkuskuppel: ratlos›. Tigerschlappen erhöhen den Schwierigkeitsgrad der Kunst nicht.

Ich möchte weg sein wie all die anderen, die nicht da sind, auch wenn sie nicht weg wären. Das möchte ich sein können: Diese doppelte Abwesenheit, die eine Anwesenheit ist. Und die schreiben. Ich möchte der Geschichte gewachsen sein. Was nicht geht, aber wächst.

Ich möchte an all die Toten denken können, die da waren und nicht mehr sind. Wo ich jetzt bin, wo wir jetzt sind. An deren Stelle. Dabei weiss ich gar nicht, ob ich da bin. Vielleicht ja, vielleicht nein.

Denn wo bei uns ist, was ist, sitzen doch die Toten. Und sind stärker als die Lebenden. Die es nicht gut mit ihnen meinen. Es sei denn, sie würden eine gemeinsame Arbeit finden. Beispielsweise die Arbeit, den Schwierigkeitsgrad der Kunst zu erhöhen. Was tun wir mit all dem Zerstörten in uns,

mit der Erfahrung der grenzenlos gewordenen
Möglichkeit von Zerstörung. Um Grenzen bitten?
Um Beharren?

So wie sich in der Apokalypse die Tiere versam-
meln und alle Knochen und Sehnen und Augen
und Muskeln wieder herauswürgen, die sie ver-
schlungen haben. Und dann liegt da das Sehnen,
die Knochen, das arme Fleisch. Und eines wird
zum anderen gelegt, bis sich die verschlungenen
und zerrissenen Körper von Menschen und Tieren
wieder zusammenfügen lassen.

So will ich aus mir all die Häuser, Strassen,
Plätze, die im Krieg und später als seine Fortsetzung mit anderen Mitteln zerstört wurden, wieder hinstellen. In ihren Namen und Umrissen und
mit ihren Geschichten. Die nicht schön und auch
nicht nicht schön sind. Die nicht bedeutend sind,
aber da, wo ich bin, wo ich nicht da bin. Denn sie
fehlen mir und mit ihnen ich mir. Ich bin da und
fehle. Hinter den braunen Scheiben des Barcelona.
In der Nachmittagsvorstellung des Capitols. Vor
der Theke mit den trockenen Teilchen bei Vossens.
Schweineohren und Amerikaner. Durch die Licht-
strasse gehen, die eigentlich Leichenstrasse heisst.
An der Herz Jesu Kirche kehre ich wieder um. Auf
plötzlich sehr kleinen Beinen. Meine Andachts-
beinchen. Mit denen ich unterwegs bin ins nächste
Jahrtausend.

Hast du da was verloren. ruft meine Mutter von
weitem. Eins und eins sind zwei, nur nicht für
Mütter und Töchter. Ich komme ja schon auf Reh-
füssen. In Tigerschlappen und springe in die Geschichte aus ihr heraus. Das war nicht als ich ein
Kind war. Kindsein ist eine Ausrede. Die Kinder
sitzen bei den Geistern auf der Schwelle. Die Vögel
singen tirili.

Schauplatz Basel *Crista Ziegler*

Der Korpuscharakter meiner Grossstadtbilder ist entscheidend: Erst in der Summe der Aufnahmen manifestiert sich das Netz der möglichen Beziehungen. Wenn ich meinen Blick immer wieder anders auf diese Menschenansammlungen richte und dabei potentielle Geschichten konstruiere, möchte ich illustrative Bilder vermeiden. Durch den Bildausschnitt schaffe ich Verbindungen, die in der Wirklichkeit ungewiss bleiben. Mit dieser Art des Erzählens will ich auf die begrenzten und zugleich fiktiven Möglichkeiten des fotografischen Abbilds hinweisen.

Zuweilen haben die Aufnahmen auch etwas Zersetzendes. Niemandem ist eindeutig eine Rolle zuzuordnen. Es geht mir darum aufzuzeigen, wie gesellschaftliche Kräfte wirksam werden. Weil sich so etwas Abstraktes wie ‹Gesellschaft› aber nicht fotografieren lässt, kann ich mich nur über zahlreiche Fragmente annähern.

Die Fotos auf den vorangegangenen Seiten hat Crista Ziegler eigens für das Basler Stadtbuch 1999 gemacht. Der Text stammt aus einem Interview mit Catherine Hürzeler, veröffentlicht in: Schauplatz Public Scene, Christoph Merian Verlag, Basel 1999.

Die letzten 48 Tage
Das Tagesnotizen-Projekt von Cristina Stotz

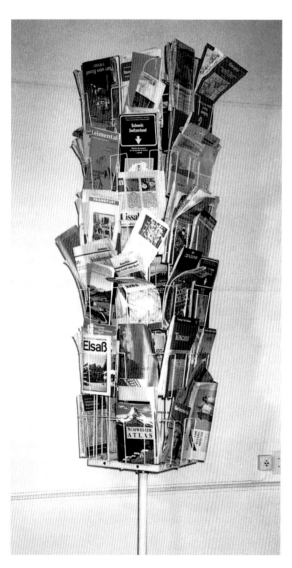

Cristina Stotz ist Kulturschaffende, Lehrerin, Mutter, Bewohnerin von Kleinhüningen. Was sie tut, tut sie geistreich und phantasievoll und vor allem mit grossem Engagement. Sie liebt es, Verbindungen herzustellen, Fäden zu verknüpfen, Kontakte zu schaffen, Beziehungen zu vernetzen. «Kommunikation fasziniert mich», sagt Cristina Stotz. Anfang November schrieb sie einer Anzahl von Bekannten und Freunden

«Liebe Freunde,
liebe Bekannte,
mit der heutigen Post möchte ich euch einladen, an einem Projekt mitzumachen. Die Idee dazu gab mir ein alter Zeitungsständer.

Es war Donnerstag, der 23. September, irgendwann am Nachmittag. An diesem Donnerstagnachmittag begannen meine ersten Ferienstunden. Gewisse Reisegedanken beflügelten mich, da sie mir Ferientage versprachen. So suchte ich eine Karte vom Elsass. Leider verunmöglichte mir meine Ordnung in allen Strassen-, Orts-, Wander-, Velo-, Länder- und Stadtkarten einen schnellen Zugriff dazu. Zudem erging es mir wie beim Suchen einer Telefonnummer: ich blieb bei den vielen Zeitungsausschnitten hängen, die zwischen den Karten lagen. So las ich zu verschiedensten Gegenden passende Kulturtipps, Wander- und Beizenvorschläge. Ich entdeckte Erbauliches, Sehens- und Liebenswertes, fand jedoch nicht das Gesuchte.

Dabei war mal die Ordnung in meinen Karten dank eines ausgesonderten Kartenständers eines Kiosks von der Kleinhüningerstrasse sehr übersichtlich.

In solchen Momenten verwerfe ich gerne meine gewohnten Ordnungsstrategien.

Ich fing an den Ständer zu leeren. Da kam der Moment, wo alles anfing. Je mehr das leicht vergilbte Drahtgestell zum Vorschein kam, desto klarer wurde mir, dass ich dem Ständer seine alte kommunikative Funktion zurückgeben will, die er einst am Kiosk hatte.»

So entwickelte Cristina Stotz die Idee, den Kartenständer wieder zum Zeitungsständer zu machen. In die 48 Fächer sollten statt Strassenkarten Nachrichten der letzten 48 Tage dieses Jahrhunderts gesteckt werden. Sie bat 48 Freunde und Bekannte, auf ein schwarzes Brettchen (13 x 22 cm) mit weissem Stift Nachrichten, Ereignisse, Gedanken oder eigene Erlebnisse zu notieren. Jede und

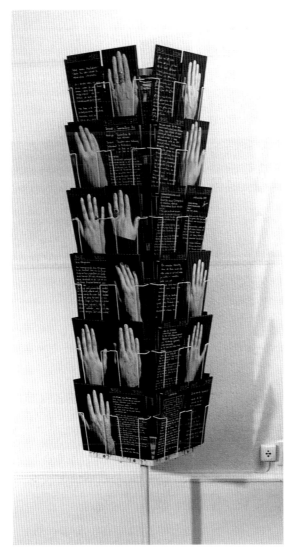

jeder erhielt zu diesem Zweck einen bestimmten Tag zwischen dem 14. November und dem 31. Dezember 1999 zugeteilt.

«Mich bewegt, dass die manuelle Art des Schreibens und die direkte Art von Nachrichtenaustausch im 21. Jahrhundert durch den Einsatz elektronischer Medien an Bedeutung verlieren wird. So stehen die Tafeln für etwas Archaisches, erinnern an Schiefertafeln, vielleicht auch an römische (oder noch ältere) Tontafeln. Die Handschrift unterstreicht das Persönliche der Mitteilung. Die weisse Schrift auf schwarzem Grund zeigt zudem die Umkehrung des gewohnten Zeitungsbildes.»

Zuletzt fotografierte Cristina Stotz mit Christine Camenisch die Hände aller, die sich am Projekt beteiligt hatten, und klebte die Fotografien auf die Rückseite der entsprechenden Tagesnotizplättchen.

Uns von der Redaktion des Stadtbuches faszinierte das Tagesnotizen-Projekt, weil hier 48 Bewohnerinnen und Bewohner Basels – verschiedenen Alters, unterschiedlicher sozialer, beruflicher und geografischer Herkunft – die letzten Tage des Jahrhunderts ‹beschreiben›. Frei in der Themenwahl, vermitteln die Autorinnen und Autoren mal ‹Weltbewegendes› und Politisches, mal Alltägliches und Persönliches und zeichnen damit ein eindrückliches Bild der subjektiven und kollektiven Stimmungen Ende 1999.
Red.

Tagesnotizen *Cristina Stotz*

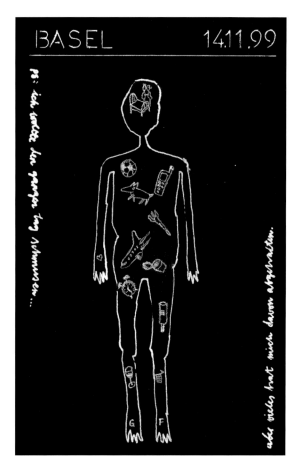

14.11.99
PS: ich wollte den ganzen Tag
schmusen ...
Aber vieles hat mich davon
abgehalten.
gf 24 w

15.11.99
Montagmorgen. Ein ganz schön
grauer. Auch wer lieber im Bett bleiben und die Faulheit leben würde,
muss los und ins Büro. Gnadenlos.
Immerhin wird der Velofahrer am
Rheinsprung von einer Fussgängerin
vor der Polizeikontrolle gewarnt.
Zuverlässig und charmant. Das ist
schon besser. Überhaupt weicht das
Morgen-Selbstmitleid nun langsam
einer gewissen Leichtigkeit. Der Tag
beginnt.
ap 34 m

16.11.99
Grosse Firmen verlassen die Schweiz,
Arbeitsplätze gehen verloren – aber
kleine Firmen entstehen neu!
Eine Pandemie könnte sich über den
Globus tödlich ausbreiten – wachsam
sein?!?
Über die Hälfte der jungen italienischen Männer lebt noch zuhause im
‹Hotel Mama›! Es ärgert mich, wenn
vor allem die verwöhnenden Mütter
beschuldigt werden. Wo sind die
erwachsenen Väter und Männer??
kb 46 w

17.11.99
Nächtlicher Leonidenschauer.
Heute nacht könnten die Stern-
schnuppen tanzen. Der Höhepunkt
des himmlischen Feuerwerks wird
zwischen 2 und 3 Uhr erwartet.
In der Hoffnung, dass sich ein Meteo-
renpartikelchen auf die Erde verirrt,
will der französische Forscher Michel
Maurette am Montblanc ein riesiges
Segeltuch aufspannen, um damit den
funkensprühenden Kometenstaub
aufzufangen.
Hat er vergeblich gewartet?
Näheres auf http//www.leonids-
live.com
sw 51 w

18.11.99
Hurra, jetzt haben wir die funktionalen Lebensmittel, welche irgendwo
zwischen Nahrung und Pharmaprä-
parat angesiedelt sind! Viva ‹Aviva›!
Anderseits suchte ein Biologe 4 Jahre
nach dem Pflänzchen ‹Kleinling›.
Dieses Ackerbegleitkraut ist stark
gefährdet, weil ihm der Lebensraum
fehlt. Seine Blüten sind kaum millimeterlang und weiss-rosa.
jg 47 w

Montagmorgen. Ein ganz schön grauer. Andy wer lieber im Bett bleiben und die Faulheit leben würde, uns los + ins Büro. Gnadenlos.

Immerhin wird der Velofahrer am Rheinsprung von einer Fussgängerin vor der Polizeikontrolle gewarnt. Zuverlässig + charmant. Das ist schon besser. Überhaupt weicht das Morgen-Selbstmitleid einer angram neu gerissenen Wichtigkeit. Der Tag beginnt.

A.P.

Grosse Firmen verlassen die Schweiz, Arbeitsplätze gehen verloren — aber kleine Firmen entstehen neu!

Eine Pandemie könnte sich über den Globus tödlich ausbreiten — wachsam sein?!?

Über die Hälfte der jungen Italienischen Männer lebt noch zuhause im "Hotel Mama"! Es ärgert mich, wenn vor allem die verwöhnenden Mütter beschuldigt werden. Wo sind die erwachsenen Väter u. Männe??

Hurra, jetzt haben wir die funktionalen Lebensmittel, welche irgendwo zwischen Nahrung und Pharmaprä- parat angesiedelt sind! Viva „Aviva"!

Andererseits suchte ein Biologe 4 Jahre nach dem Pflänzchen „Kleinling". Dieses Ackerbegleitkraut ist stark gefährdet, weil ihm der Lebensraum fehlt. Seine Blüten sind kaum millimeterlang und weiss-rosa.

J. G.

● Holzmann-Pleite würde 50.000 Stellen gefährden. ● Starmaster kauft Quinton. ● AD trau... habe einen Schutt- haufen produ- ziert ● Trench Switzer- land entläßt 65 Mit- arbeiter Der Konzern Lasse sich nur über den Abbau von kapazi- täten optimie- ren. ● Die gewerk- schaften fordern Couchepin "Wir zählen auf Sie!" ● AD traut. Nach dem Schut- haufen müss wieder Vertrauen aufgebaut werden! ● Stellen- abbau bei Novartis"

EIN MÄUSEKONZERN

Träumen - Glauben - Wagen - Tun
Die vier Säulen des Walt-Disney!

W. Disney verstand es in hohem Masse, Menschen in den Bann seiner Träume und Visionen zu ziehen. Er wagte es, seinem In- stinkt zu folgen – das Risiko kalkulierbar zu halten. Er wußte um den Unterschied von ausreichend und excellent. Der schöpfe- rische Geist + das Engage- ment seiner Mitarbeiter waren ihm wichtig. So bil- dete er seine Mitarbeiter aus, so waren Führungssti und zusammenarbeit ge- prägt: Sich Trauen und Lebendigkeit!
"Warum sollten wir wegen ein paar Dollars unseren guten Ruf aufs Spiel setzen!"

● Übernahme: Danzas will mit dem Kauf v. Vindo Logistik die Markt- position Österreichs stärken!
Oder doch besser 91,25% FÜR URSCHREY

19.11.99

Sich Wandelndes – wohin?

Auf dem einen Radiosender höre ich, dass der ausgerottete Bär in unserem Land von Italien kommend bald wieder heimisch werden könnte, auf dem anderen wird Mozartmusik gesendet. Als die Hausglocke läutet, steht ein blondes Mädchen engelgleich in der Tür. Was würde Mozart dazu sagen, dass der braune Teddybär in seinen Armen nach ihm benannt ist? «Er heisst Mozart», meint das Kind auf meine Frage strahlend. Wird es, grossgeworden mit Mozarts Musik, noch etwas anfangen können mit dem nächsten Jahrtausend? Das Mädchen wächst ein paar Häuser von uns entfernt als Einzelkind ohne Vater auf. Nein, dieser ist nicht weggegangen, auch nicht weggeschickt worden. Des Kindes Mutter wollte zwar ein Kind, aber keinen Mann. Es gibt den Vater so nicht. So geht das Mädchen denn, wenn seine Mutter arbeitet, zu einer Tagesmutter, in deren Hauseingang zu diesen voradventlichen Tagen ein kitschiger Plastikbär mit Flügeln aufgehängt ist, ein Bär-Engel, wie das Kind ihn nennt.

bm 50 m

20.11.99

Holzmann-Pleite würde 50 000 Stellen gefährden. Starmaster kauft Quinton. ADtranz habe einen Schutthaufen produziert.
Trench Switzerland entlässt 65 Mitarbeiter. Der Konzern lasse sich nur über den Abbau von Kapazitäten optimieren.

EIN MÄUSEKONZERN
Träumen – Glauben – Wagen – Tun
Die vier Säulen des Walt-Disney!

W. Disney verstand es in hohem Masse, Menschen in den Bann seiner Visionen zu ziehen. Er wagte es, seinem Instinkt zu folgen – das Risiko kalkulierbar zu halten. Er wusste um den Unterschied zwischen ausreichend und excellent. Der schöpferische Geist und das Engagement seiner Mitarbeiter waren ihm wichtig. So bildete er seine Mitarbeiter aus, so waren Führungsstil und Zusammenarbeit geprägt: Sich trauen und Lebendigkeit!
«Warum sollten wir wegen ein paar Dollars unseren guten Ruf aufs Spiel setzen?»

Die Gewerkschaften fordern Couchepain «Wir zählen auf Sie!»
ADtranz «Nach dem Schutthaufen muss wieder Vertrauen aufgebaut werden!»
Stellenabbau bei Novartis!!
Übernahme: Danzas will mit dem Kauf v. Vindo Logistik die Marktposition Österreichs stärken!
Oder doch besser: 91,25 % FÜR URSCHREY
ls 43 w

21.11.99

… auch heute morgen in die Pantoffeln geschlüpft, Kaffeewasser aufgesetzt, die Treppe runtergetappt, die Zeitung aus dem Briefkasten gefischt. – Von Fastfood, Functional-, Designer- und Convenience Food handelt die Kolumne. – Ich schlürfe meinen Kaffee und strecke mich …
ars 49 w

22.11.99

Ein kalter Wintertag. Ich besuchte meine Freundin, die mit ihren Kindern in einem Reiheneinfamilienhaus

in einem Basler Aussenquartier lebt. Wir sprachen über ihren Nachbarn. Dieser hatte sie vor drei Tagen als ‹Judensau› beschimpft. Sie hatte ihn beim absichtlichen Umwerfen des Fahrrads ihrer Tochter beobachtet und zur Rede gestellt.
bt 48 m

23.11.99

Ich bestaune ihn.
Schlaflose Nächte.
Einmal im Monat.
Romantische Stunden.
Ein lachendes Gesicht.
Leuchtend rund steht er am Himmel.
Manchmal umgibt ihn ein Hof.
Wolfsgeheule ouh …
Warzen verschwinden, wenn Schnecken bei besagter Zeit darüberkriechen.
ns 24 w bei Vollmond

24.11.99

Heute hat eine Frau
in Belgrad
ihren Stuhl verbrannt,
damit sie ein wenig
warm hat.
Ihr Nachbar
sei
bereits bei seinen
Lieblingsbüchern.
sv 40 w

25.11.99

Es gibt noch Land zu entdecken: Forscher entdeckten in der Arktis eine Inselgruppe vor der grönländischen Küste. Der vielleicht letzte Inselfund dieses Jahrtausends, der nach einem Schlittenhundführer benannt ist, heisst: Tobias-Inseln.
bm 48 w

BASEL 21.11.99

... auch heute morgen in die Pantoffeln geschlüpft, Kaffeewasser aufgesetzt, die Treppe runter getappt, die Zeitung aus dem Briefkasten gefischt. – Von Fast food, Functional-, De-signer und Convenience Food handelt die Kolumne. – Ich schlürfe meinen Kaffee und strecke mich ...

26.11.99
Katzen haben viel Zeit und ein weiches Fell, nicht nur im Winter. Lucy, wenn sie zuhause ist, entgeht nichts. Ihre Verführungslust ist gross und immer wieder neu. Ihrem Sonnemann legt sie sich zu Füssen und weiss, irgend einmal gibt es eine Belohnung.
uc 49 w

27.11.99
Das sportliche Ereignis
17. Stadtlauf in der weihnachtlich-festlich beleuchteten Innenstadt. Spitzenläufer A. Weyermann und A. Bucher auch am Start. Bedenkenswerter Kontrast zwischen echter Eigenleistung und Konsumanimation. Das gesellschaftliche Ereignis Zunftessen E. E. Bürger-Korporation Kleinhüningen. Treffliche Meisterrede mit Rückblick auf Herausgabe des Buches ‹Kleinhüningen FischerHafen-IndustrieQuartierStadtDorf› und auf die erstmalige Advents- und Weihnachtsbeleuchtung zweier Brücken über die Wiese in diesem Jahr. Hochrangige Ehrengäste aus Zunft, Politik, Wirtschaft und Verwaltung. Gepflegter Dorfgeist im weltoffenen Kleinhüningen.
pk 66 m

28.11.99
1. Advent
Nach dem alten christlich liturgischen Kalender beginnt mit dem heutigen Tag, dem 1. Advent, das neue Kirchenjahr.
Damit wären wir im Jahr 2000. Manchmal frage ich mich, was damals, vor 2000 Jahren war. Was wäre anders gekommen, wenn das mit +

um Jesus Christus nicht geschehen oder nicht bekannt geworden wäre? Viel Leid, Hass, Unterdrückung, Verfolgung + Krieg wären der Menschheit erspart geblieben – oder war die Religion stets nur Vorwand? Vielleicht wäre vieles von dem, was heute ‹humanitäres Wirken› genannt wird, nicht geschehen. Wichtige kulturelle Impulse hätten gefehlt in der Architektur, Kunst, Literatur, Geistesgeschichte. Ein anderes Werksystem wäre entstanden. Das Christliche in seiner Vielfalt war entscheidend für unsere Welt in den letzten 2000 Jahren.
Wäre das nicht gewesen, wäre anderes entstanden.
Heute beginnt das Kirchenjahr 2000. Ob es jetzt gelingt, dass Religion dem Menschen eine Hilfe zur Menschlichkeit ist?
fc 40 m

29.11.99
Aus Tokio
Prüfungskrieg bis zum Mord
So weit kann Prüfungswahn und mütterlicher Ehrgeiz in Japan gehen: ein zweijähriges Mädchen, das kaum sprechen konnte, wurde vergangene Woche umgebracht, nur weil es das Examen für einen prestigeträchtigen Kindergarten bestanden hatte. Die Tochter der Mörderin jedoch nicht. (BaZ S. 10)
Alles vergessen? – Japanische Börse in Hochform.
Das Umfeld an Nippons Aktienmarkt ist einfach so günstig wie wohl noch nie in diesem Jahrzehnt. Die Regierung heizt mit einer weiteren Konjunkturspritze die Kursphantasie an. Vergessen scheinen die schwierigen

Heute hat eine Frau
in Belgrad
ihren Stuhl verbrannt,
damit sie ein wenig
warm hat.
Ihr Nachbar
sei
bereits bei seinen
Lieblingsbüchern.

sv

Zeiten und die immer noch aktuellen
Probleme. (BaZ S. 11)
bs 40 w

30.11.99

Heute war für mich ein grosser Tag.
Ich erhielt den Auftrag, Butterfly ein-
zukleiden. Butterfly wird mit andern
Prominenten am 6. Dez. 1999 das
Teilstück Horburg der Basler Nordtangente eröffnen!
Obwohl grau sehr modern ist, entschied ich mich für beigen Flanell. Um
Butterflys schöne Ohren besser zur
Geltung zu bringen, verzichtete ich
auf jeglichen Kopfschmuck. Ich werde
also nur die beige Flanellsatteldecke
mit Fellstücken verzieren, schlicht
und elegant. –
Ich denke, auch Esel fühlen sich heutzutage schnell overdressed!
ts 44 w

1.12.99

Normaltag. Meissle 3 Std. an einem
Chorkonzept für 7–70jährige. Schleife
2 Std. an meinen Songs für den Gig
am Mittwoch. Baue 5 Std. an einer
Internetstory für eine Globalfirma.
Ein Comic soll es werden. Zum
Lachen. Aber political correct, d. h.
mit Menschen ohne Hautfarben, ohne
Geschlecht, ohne Charakter, d. h.
ohne Menschen. Kurz: Kleingedruckt
– global umgesetzt. Zukunft heute.
Strample seit genau 25 Jahren ohne
Beruf. Jage solo nach Gigs + Jobs, um
nicht zu ertrinken in der Wüste. Glo-
balisierung in Kleinhüningen. Gut für
die Guten. Schlecht für die Schlechten.
Zum Lachen. Aber political correct.
MAKE LAUGH, NICHT WAHR!
Heute geht's mir gut.
aeb 50 m

2.12.99

Il y a quelque chose
de bizarre en nous
Un trouble qui vient
de je ne sais où
Une impression qui laisse croire
que le bonheur fait place
    au désespoir
Il y a des sourires
    qui ne valent plus la peine
Des vies qui ne valent plus le coup
Comme lorsque
    quelqu'un vous manque …
lorsque quelqu'un vous manque …
Im heutigen Brief von S. aus T.
im 44 w

3.12.99

Gespräch eines jungen Paares am
Nebentisch im Café ‹Fumare›.
Er: Ich habe meine Bedürfnisse ver-
nachlässigt, ich muss jetzt zu mir
schauen.
Sie: Meine Identität ist fremdbesetzt.
Wer bin ich? Ich will mich frei fühlen,
ich brauche Raum.
Er: Ich habe genug Kompromisse
gemacht, ich mache keine Kompromisse mehr.
Sie: Meine Angst, verbindlich zu werden, lähmt mich.
Er: Ich muss mir nehmen, was ich
brauche, ich will geniessen, ich habe
das Recht dazu.
Sie: Körperlichkeit ja, aber bitte keine
Liebesbeziehung.
Er: Auch ich will mich nicht auf-
geben, nicht verlieren, nicht abhängig
sein.
Sie: Es hat keinen Sinn. Der Zeitpunkt unserer Begegnung war un-
günstig.
Er: Was bleibt, ist die Sehnsucht.

PS. Heute gemeldet:
Novartis gründet mit einem britisch-
schwedischen Konzern das neue
Riesenunternehmen ‹Syngenta›, die
künftige Nummer 1 im Pflanzen-
schutzmarkt.
bw 40 m

4.12.99

Heute ist Barbaratag, also mein
Namenstag.
Ich habe wieder einmal die Legende
der heiligen Barbara gelesen. Weil sie
von ihrem Vater in einen Turm ge-
sperrt wurde, wird sie oft mit einem
Turm dargestellt.
Barbara ist auch die Schutzheilige
der Artilleristen, darum werden an
diesem Tag Böllerschüsse abgefeuert.
Ob dies immer noch stattfindet auf
der St. Johanns-Schanze? Oft haben
Leute deswegen reklamiert.
Am Barbaratag soll man Forsythien-
zweige im Garten schneiden, ins
Wasser stellen und an Weihnachten
blühen sie.
bc 37 w

5.12.99

Heutzutage sieht man das nicht mehr
so eng.
Es gibt ja auch viel mehr, Tausende,
sie warten in Vorfreude, in Angst.
Wir sind etwa 20 Leute, die Hälfte
davon Kinder. Die Zeit des Wartens
vertreiben wir uns damit, unzählige
Erdnüsse und Orangen zu verschlingen. «So zwischen 18.00 und 19.00
Uhr» hiess es, dabei ist es jetzt schon
bald acht.
Doch endlich das Glöcklein, die Kinder zucken zusammen, rennen wild
durcheinander. Wir Erwachsenen
zucken auch ein wenig zusammen ...
was für Einer ist es wohl? ... auf

jeden Fall Irgendeiner aus dem Dorf,
und jetzt, unsere ausgefüllten Zettel ...
hoffentlich interpretiert er sie nicht
allzu moralisch, nicht allzu frömm-
lich. Na ja, es kommt wie es kommt.
Sonntag, 5. Dezember.
Glück gehabt. Auch der Schmutzli
war o.k. Für den 6. Dezember waren
wir nämlich wieder mal zu spät.
«Ausgebucht», hiess es. Egal.
Uns Erwachsenen kam der Sonntag
sowieso viel gelegener.
ib 44 w

6.12.99

«Man muss über das Geschehene
sprechen.»
In Pristina wird heute der zweiteilige,
viele hundert Seiten umfassende
Schlussbericht der Organisation für
Sicherheit und Zusammenarbeit in
Europa (OSZE) über die Menschen-
rechtsverletzungen in Kosovo veröffentlicht. Unter dem Titel «Kosovo/
Kosova – As Seen, As Told» werden
die planmässigen ethnischen Säube-
rungen durch Serbien bis zum März
dieses Jahres dargestellt. Aus Hun-
derten, wenn nicht Tausenden von
Interviews haben die OSZE die Verbrechen dokumentiert – vom Köpfen
von Kindern über das Schlagen von
Schwangeren, die Ermordung junger
Männer und alter Frauen bis zur
Lösegeld-Erpressung, Plünderung
und Zerstörung von Häusern. Genaue
Belege zuhanden des Haager Kriegs-
verbrecher-Tribunals sind in Anmerkungen verschlüsselt. Die Verbrechen
waren von oben angeordnet und hatten einen politischen Zweck!
tb 48 m

7.12.99

7.12. ZUKUNFT
7.12. VERGANGENHEIT
WO WAR DIE GEGENWART?
HUSCH, VORBEI.
ZURÜCKHOLEN GEHT NICHT –
EINFACH BESSER AUFPASSEN AUF
DIE TAGE, DIE WERTVOLLEN.
SONST SEHEN WIR PLÖTZLICH
ALT AUS ... IN JEDER BEZIEHUNG.
pz 54 w

8.12.99

Thema meines Arbeitstages:
Frauen tun sich schwer in männ-
lichen Strukturen.
Ich: dunkel wenn ich gehe, dunkel
wenn ich nach Hause komme – meine
Kraft ist aufgebraucht. Wie sehr
sehne ich mich nach Vorweihnachts-
stimmung.
Man kann sich auch in selbstgemach-
ten Strukturen knechten und mit
Erfolg das Leben verpassen.
db 57 w

9.12.99

Ich sitze am Küchentisch, draussen
ist es noch dunkel. Ich zünde eine
Kerze an und trinke Kaffee. Es ist
noch ganz still. Ich liebe diese
STILLE, Gedanken kommen und
gehen.
DEZEMBER → ENGELZEIT ALLTAG
ENGELTAG → EINMALIGER → TAG
Ich denke mir 9 Engel für HEUTE
10 ENGEL für morgen
11 ENGEL für übermorgen
12 ENGEL für überübermorgen
13 ENGEL ... ...
bis zum 31. Gibt das ein GROSSES
GEDRENGEL!
Manchmal fallen meine Gedanken
unter den Tisch, bleiben liegen und
ich finde sie erst nach vielen Tagen

wieder … zum Beispiel am 28.12.! und dann ist der einmalige, besondere 9.12. ENGELTAG schon lange vorbei. Jeder Tag ist ein ENGELTAG.
vr 60 w

10.12.99

H und A heiraten!
Sie sind beide 77 Jahre alt. Sonst nichts:
Die Kriege gehen weiter, Regierungen werden gestürzt oder bestätigt, der Champagner perlt, wie er immer schon perlte.
td 45 m

11.12.99

TATORT: THEATERFALLE BS
Anzeige: Theaterfalle BS, Ruth Widmer
Tatort: Theater + priv. Wohnung
Tatbestand: 2 x Diebstahl
Tatzeit: 11. Dez. ca. 14.00 Uhr, 11. Dez. ca. 22.00 Uhr
Tatvorgehen:
Die Täterschaft gelangte auf unbekannte Weise in die Räumlichkeiten des Theaters und entwendete die Billettkasse mit Fr. 1680.–. Es waren die Einnahmen von der Dernière von ‹Hau den Lukas›. 4 Stunden später drangen unbekannte Täter in die priv. Wohnung der Leiterin der Theaterfalle. Hinterliessen eine grosse Verwüstung. Fazit: Fr. 4000.– + verlorene Familiengeschichte von 60 Jahren!!!
rw 43 w

12.12.99

Ich sitze im Auto.
Draussen stürmt es.
Ein mildes Wolkenbild stellt sich dar.
Wenn ich auf den Rücksitz schaue, erblicke ich meine beiden Kinder. Sie sind ruhig und zufrieden. Neben mir sitzt mein Mann. Meine Hand ruht auf seinem Hals.
Kraftvolle Energie fliesst.
Ruhe und Sturm – gleichzeitig erlebt.
nsch 28 w

13.12.99

Post aus Brooklyn/New York.
K. N. schickt mir ein Foto aus dem Tagesanzeiger, geschnürte Kleiderbündel, die verlassen auf einer Mauer liegen. Ein Foto des Bundesarchivs von 1939. Die Bündel erinnern an meine geschnürten Kissen, die Bestandteil einer Zeichnungsinstallation in der Kunsthalle sind.
md 52 w

14.12.99

Beim Mittagessen.
Eine Vorortsgemeinde. Beim Mittagessen in der ‹Dorfbeiz› sitzt ein ländlich gekleideter Mann gegenüber. Wir finden leicht Kontakt. Mit listig blinzelnden Augen beschreibt er uns, wie er ein amtliches Standardformular ausgefüllt hat.
Die Frage nach seinem Beruf, erzählt er lächelnd, hätte er mit ‹Schärmuser› beantwortet. Nun aber laut lachend verrät er seine Antwort auf die nächste Frage. Die Frage nach seiner beruflichen Stellung: «Herjeh – kniend natürlich, was gäbs denn in der heutigen Zeit noch anderes.»
ur 46 m

15.12.99

Die patente gute alte Pastinake ist wieder da. Dieses fast vergessene Wurzelgemüse gehört zu den ältesten Sammelpflanzen Europas. Es wurde im 18. Jh. von Kartoffeln und Karotten verdrängt und war bis zu diesem

BASEL 15.12.99

Die patente gute alte Pastinake ist wieder da. Dieses fast vergessene Wurzelgemüse gehört zu den ältesten Sammelpflanzen Europas. Er wurde im 18. Jahr. von Kartoffeln und Karotten verdrängt und war bis zu diesem Zeitpunkt ein grundnahrungsmittel unserer Vorfahren. Die Pastinaken haben ein intensives, süsslich Aroma und eignen sich für die Zubereitung von Suppen, Pürees und gemüseflans. Pastinaken sehen aus wie weisse Karotten. SW

BASEL 16.12.99

Ich habe mir diesen Tag gewünscht.
Es ist der Geburtstag meiner Schwester
Ich mag sie. Lange vor diesem
Tag habe ich mir überlegt was ich
zum Thema „Geschwisterliebe"
schreiben könnte; z. Bsp „Geschwisterliebe - das befriedigt meine Triebe."
??????????????..............................
Befriedigt aber nicht die Erwartung
die ich an mich als jüngste Teil-
nehmerin und Tochter der Projektleiterin habe eine „perfekte Notiz"
abzuliefern. So wollte ich diesen Tag
besonders aufmerksam sein um möglichst viel um mich herum aufzunehmen. Doch das habe ich
nicht geschafft, da ich den ganzen Tag damit beschäftigt war
das Geburtstags fest meiner
Schwester zu organisieren und es
schliesslich zu geniessen.   M.S.

Zeitpunkt ein Grundnahrungsmittel
unserer Vorfahren. Die Pastinaken
haben ein intensives, süssliches
Aroma und eignen sich für die Zubereitung von Suppen, Purées und
Gemüseflans. Pastinaken sehen aus
wie weisse Karotten.
sw 41 w

16.12.99
Ich habe mir diesen Tag gewünscht.
Er ist der Geburtstag meiner
Schwester. Ich mag sie. Lange vor
diesem Tag habe ich mir überlegt,
was ich zum Thema ‹Geschwisterliebe› schreiben könnte, z.Bsp.
«Geschwisterliebe – das befriedigt
meine Triebe.»
??????????????? ....
Befriedigt aber nicht die Erwartung,
die ich an mich als jüngste Teilneh-
merin und Tochter der Projektleiterin
habe, eine ‹perfekte Notiz› abzuliefern. So wollte ich diesen Tag besonders aufmerksam sein um möglichst
viel um mich herum aufzunehmen.
Doch das habe ich nicht geschafft, da
ich den ganzen Tag damit beschäftigt
war, das Geburtstagsfest meiner
Schwester zu organisieren und es
schliesslich zu geniessen.
ms 18 w

17.12.99
Gelassenheit ist angesagt. Blochers
‹Philippika›, verhallt in den Gängen
des Bundeshauses, ist heute allenfalls
Grund zur Glosse. Mehr nicht. Kon-
kordanz und Zauberformel? –
Ich hätte heute lieber einen Zauber-
stab, damit liesse sich leichter texten …
Apéro bei George in der Papiermühle
als Auftakt zum Wochenabschluss:

auch das ein Stück Wirtschaftsförde-
rung in Basel.
hg 45 m

18.12.99
HEUTE, EIN TAG
WIE JEDER
ANDERE.
GOTT SEI DANK!
ab 56 w

19.12.99
Ich blicke zum Fenster hinaus. Eine
dünne Schneeschicht bedeckt Bäume,
Sträucher und Dächer.
– Erholsame Stille –
Ich greife zu einem Buch und lese,
was einer vor hundert Jahren geschrieben hat:
«Wäre es uns möglich, weiter zu
sehen, als unser Wissen reicht, und
noch ein wenig über die Vorwerke
unseres Ahnens hinaus, vielleicht
würden wir dann unsere Traurigkeit
mit grösserem Vertrauen ertragen als
unsere Freuden. Denn sie sind die
Augenblicke, da etwas Neues in uns
eingetreten ist, etwas Unbekanntes;
unsere Gefühle verstummen in scheu-
er Befangenheit, alles in uns tritt
zurück, es entsteht eine Stille
und das Neue, das niemand kennt,
steht mitten darin und schweigt.»
Rainer Maria Rilke, Flugsand der
Stunden
ns 41 w

20.12.99
Heute hat Alfredo einen Unfall ge-
baut. Es ist halt Advent – nach
Ladenschluss hasten die Menschen,
schwer beladen mit Geschenken und
Schinken, kreuz und quer über den
Claraplatz.

Alfredo musste zwei derart Eilenden ausweichen und rammte dabei eine Eisenstange. Zum Glück ist Alfredo ganz geblieben.
Kaputt ist nur sein Rollstuhl.
so 42 w

21.12.99

«Basler Kantonalbank übernimmt Coop Bank»
... und schon wieder eine Banken-fusion!
Was mich dabei nachdenklich stimmt, ist die Tatsache, dass die Mitarbeiter zeitgleich mit der Öffentlichkeit vor dieses ‹fait accompli› gestellt werden.
Welch frohe Botschaft so kurz vor den Festtagen!
rsch 29 m

22.12.99

Nur noch wenige Tage bis zum Jahr-hundertwechsel (auch Millennium genannt). Jeder Silvester ist wieder Anlass, gute Vorsätze zu fassen und ich habe es nach 22 Jahren ketten-rauchend mitten im [Jahr] 1999 ge-schafft, fröhliche Nichtraucherin zu werden. Ohne Verzicht- oder Mangel-gefühle geniesse ich die neue Lebens-qualität. Eine Raucherin kann sich nicht vorstellen, wie das Leben ohne Glimmstengel ein genussvolles Leben sein soll. Dass das Unvorstellbare wahr geworden ist, dafür bin ich dankbar, auch heute.
Andere gute Vorsätze umzusetzen wird mir das neue Jahrtausend Gelegenheit geben.
zb 38 w

23.12.99

Gerüchte, die nun zwei Wochen in den Gängen des Departements d'Architecture zwischen Studenten, Assistenten und Professoren kursie-ren, bestätigen sich heute:
Die für die Architektur bestimmten Neubauten auf dem Campus der ETH Lausanne werden anderen, ‹boomen-den und rentablen› Studienrichtun-gen zugeschrieben. 80 Mio. Schwei-zer Franken für Departements, die näher mit der Wirtschaft verbunden sind, die sich autofinanzieren.
Ob man eine Schule sozusagen pri-vatisieren kann und zu welchem Preis fragt sich niemand, oder wer diese Entscheidung trifft ... nicht die Profs, auch nicht die Studenten.
is 22 m

24.12.99

Weihnachtswünsche nach Zimbabwe.
Rumbizai, meine 5jährige Nichte nimmt den Hörer ab.
«Merry Christmas, Rumbi» wünsche ich ihr.
«This year we do not celebrate X-mas, we celebrate a funeral. But don't worry, I am also allowed to sing and there will be some nice food.»
Gestorben ist die 33jährige Tante, die vierte junge Person im engsten Fami-lienkreis innerhalb eines Jahres ...
Ich werde heute Nacht 4 brennende Kerzen vor unser Fenster stellen.
Eine für die Verstorbenen, eine für die Kranken, eine für die zurückge-bliebenen Kinder und eine für die HOFFNUNG.
Merry Christmas Rumbizai
em 49 w

25.12.99

Weihnachten 1999
KEINE ZEITUNG
KEINE NACHRICHTEN
RUHE
ZEIT ZUM LESEN!

BASEL   18.12.99

HEUTE, EIN TAG
WIE JEDER
ANDERE
GOTT SEI DANK!
A.B.

BASEL 25.12.99

Weihnachten 1999

KEINE ZEITUNG
KEINE NACHRICHTEN
RUHE
ZEIT ZUM LESEN:

„Ich stelle mir den Himmel vor.
Er ist so gross, dass ich sofort
einschlafe, um mich zu beruhigen.
Beim Aufwachen weiss ich,
dass Gott etwas kleiner ist
als der Himmel. Sonst
würden wir beim Beten vor
Schreck dauernd einschlafen."

aus: Aglaja Veteranyi,
Warum das Kind in
der Polenta kocht

AS

«Ich stelle mir den Himmel vor. Er ist
so gross, dass ich sofort einschlafe,
um mich zu beruhigen.
Beim Aufwachen weiss ich, dass Gott
etwas kleiner ist als der Himmel.
Sonst würden wir beim Beten dauernd einschlafen.»
aus: Aglaja Veteranyi, Warum das
Kind in der Polenta kocht
as 41 w

26.12.99
Ein normaler Nachmittag, wenn der
Sturm nicht wäre. Alles scheint er mit
sich reissen zu wollen – machtlos
stellen wir fest.
Das meiste hält stand; etliches muss
seiner Stärke weichen.
Und obwohl die Zerstörung gross sein
mag, so sind es gerade diese Momente in denen ich geniessen und
über die Naturgewalt staunen kann.
sb 31 m

27.12.99
Glauben Sie Bildern kein Wort!
Misstrauen Sie ihnen grundsätzlich
und freuen Sie sich an der Illusion.
Sie ist es, die Ihnen eine neue Erfahrung schenkt, denn die Täuschung
ist nicht immer von der Wirklichkeit
zu unterscheiden.
Zitat Weltwoche: H. U. Schweizer
cc 42 w

28.12.99
Kälte und Schneeregen.
Graumilchiges Zwielicht.
Ich habe mit Roberto abgemacht.
Treffpunkt Barfüsserplatz, 9.00 h.
Ein halbstündiges gegenseitig
Aufeinanderwarten.
Er hat unter dem ‹Casino› Dach ge-
wartet.
Die Telefonkabinen versperrten uns

gegenseitig das Blickfeld.
Für ihn bedeute ‹Barfi› immer ‹Casino›. Für mich bedeutet ‹Barfi› immer
‹Tramhaltestelle›.
Resultierende Erfahrungserkenntnis
einer Alltagsbanalität: Das gleiche
Wort beinhaltet oft verschiedenes.
Wir suchen und sehen nur da, wo wir
etwas erwarten.
Einer dieser ‹Dazwischentage› vor
dem Jahrtausendwechsel, der mich
zwischen Rück- und Vorwärtsblicken
alles etwas tiefgründiger angehen
lässt.
rb 43 w

29.12.99
Im Zug – 3 Tage nach dem Sturm-
wind ‹Lothar› – Rückreise aus dem
Kandertal:
Die gezackten Baumstrünke, ausge-
rissenen Wurzeln, gefallenen Bäume
nun sanft verpackt unter der halb-
meterhohen Schneedecke. Ich staune,
fühle mich ohnmächtig und demütig,
ein seltener und tröstlicher Gemüts-
zustand, unterbrochen durch das
schlechte Gewissen über menschliche
Zerstörung der Natur.
«Ein Wunder, dass so wenig Menschen umkamen», so die alte Frau
aus den Bergen, die vor 3 Tagen
einen Freund unter einem Baum verloren hatte.
as 48 w

30.12.99
LABYRINTH
DURCHQUEREN SIE DAS LABY-
RINTH. GEHEN SIE KEINEN TEIL
DES WEGES MEHR ALS EINMAL.
Heute habe ich meinen Weg gefun-
den: Ich bin im Zentrum angelangt.
Äusseres Zeichen: Arbeitszimmer
aufgeräumt. Inneres: Ruhe, Platz für

Neues und Freude auf Kommendes.
Auch auf vier weitere Aufführungen
des Basler Lehrerinnen- und Lehrer-
THEATERS.
Ich wünsche Dir und Ihnen span-
nungsvolle Wege ins Freie ...
dg 39 w

31.12.99
Zeitenwende – Wendezeit

Wende die Zeit
verwende die Zeit
Zeit – zu wenden
Was?
das Heft.

Wende der Zeit
Ende der Zeit?
Zeit ohne Ende?
aber mit einem Anfang:
Verheissung und Anstoss
einer neuen Zeit.
ib 31 w

Orthografie und Grammatik der
Transkription entsprechen den
Original-Notizen.

Expedition Genua 1.1.00 *Daniela Keiser*

Bilder vom ‹Jahrhundertwechsel›

«Bei Daniela Keisers Arbeiten gibt es keinen Anfang. Ihre Reisen in Details kennen keinen Ausgangspunkt, sie beginnen mitten, unvermittelt in einer anderen Geschichte. Nicht Lustlosigkeit, auch keine Nonchalance und kein postmoderner Zynismus begleiten ihre Assoziationen, eher eine bewegliche Skepsis, die selbst den politisch korrekten Weg der Kritik erfasst hat. Jeder Aspekt dieser Arbeit ist infiltriert vom Mangel an Gewissheiten, nicht an der Präzision, deren Abwesenheit zu orten. ‹Ich suche nicht, ich finde›, war die potente Haltung des modernen Malers. ‹Ich finde nicht, ich suche nicht, und trotzdem geschieht es› – diese Haltung liegt jenseits von Getriebenheit und Sich-treiben-Lassen. Eine geschärfte Aufmerksamkeit auf das Ereignis unterläuft jegliche Konzepte, ohne bedenkenlos zu werden. Durch Überlagern, Verschmelzen, Verdichten oder Überblenden gehen aus Keisers Bildern Bilder hervor.»

Hans Rudolf Reust, in: Gute Reise, hg. v. Museum für Gegenwartskunst, der Öffentlichen Kunstsammlung Basel und der Emanuel Hoffmann-Stiftung.

Wirtschaft, Arbeit und Bildung

Über die Bücher

Reinhardt Stumm
Kurt Wyss

Das Arbeitsfeld der Volcker-Kommission

«Es war der grösste Revisionsprozess, den ich je verfolgt habe», sagte Paul Volcker, der Präsident des Committee of Eminent Persons, das eingesetzt worden war, um das Verhalten der Banken bezüglich nachrichtenloser Vermögenswerte von Holocaust-Opfern zu untersuchen. Die Bilder auf diesen Seiten lassen ahnen, wieviel Intelligenz und Mühe nötig waren, um zum Ziel zu kommen.

Mit spürbar grimmiger Genugtuung stellt der Geschäftsbericht 1998 fest, dass sich die Basler Kantonalbank «bezüglich der bei ihr vorhandenen nachrichtenlosen Vermögenswerte jederzeit korrekt verhalten» hat. Das ist mehr, als manche andere von sich behaupten durften. Mit spürbarem Grimm vermerken die Erläuterungen zur Geschäftstätigkeit, dass die ausserordentliche Revision, die diese Gewissheit begründete – verursacht durch ein 1996 beschlossenes ‹Memorandum of Understanding› –, bis Ende 1998 allein externe Kosten von ungefähr 5 Millionen Franken verursachte.

Im Mai 1999 gab das ‹Schiedsgericht für nachrichtenlose Konten in der Schweiz› in Zürich eine Pressemitteilung heraus. Chairman Prof. Dr. Hans Michael Riemer wehrte sich gegen den Vorwurf, das Schiedsgericht arbeite zu langsam, zu teuer und zu formalistisch: «Die Frage lautet nicht, wie teuer ist die Rückgabe der nachrichtenlosen Vermögenswerte … Die Aufarbeitung dieser Vergangenheit und die überzeugende Ausräumung von Spekulationen erfordert

Containerweise treffen Unterlagen aus den einzelnen Instituten ein (UBS).

Der interne Bereich, dreifach gesichert. Rein kann fast alles, raus nichts (UBS).

Der Eingangs-bereich zur Tresor-etage, gesichert (UBS).

seriöse Abklärung, deren Aufwand sich nicht an der Höhe der jeweiligen Kontenbeträge orientiert, sondern für alle Konten, ob gross oder klein, derselbe ist.»

Es war – es ist – der Clinch zwischen Ethik und Ökonomie. Zu dem gehört auch, was auf Seite 2 dieser Pressemitteilung steht. «Niemand ahnte, dass eine grössere Anzahl von Ansprüchen auf dasselbe Konto nicht die Ausnahme, sondern die Regel bilden würde.»

Aber alle wussten bis dahin, welcher geradezu furchterregende Aufwand nötig war, um die relevanten Dokumente überhaupt erst lesbar zu machen, aus denen die Antworten auf die gestellten Fragen kommen sollten. Die Bilder von Kurt Wyss auf diesen Seiten muss niemand verdeutlichen, sie sprechen für sich.

Von 1931 bis zur Fusion von Bankverein und Bankgesellschaft zur UBS im Jahr 1998 sind direkt oder indirekt allein im Schweizerischen Bankverein 107 schweizerische Institute mit Banklizenzen aufgegangen. Jedes dieser Institute hatte sein vorgeschriebenes Archiv, jedes Archiv wurde irgendwann für diese Revision nach Basel verlegt und dem Bestand beigesellt, der sich da angesammelt hatte. Da weder einem handschriftlich geführten Journal – als dem laufenden Hauptbuch der abgewickelten Geschäfte – noch den einzelnen Kartons oder Dossiers von aussen anzusehen war, was drinsteht, war die erste Aufgabe, diese Dokumente zu erschliessen und lesbar zu machen.

Scanner sind Maschinen, die Bilder und Texte optisch erfassen, damit sie dann digital in EDV-Systemen gespeichert werden können. In jedem

Kontobücher, Hauptbücher, Depotbücher ... (BKB).

Faxgerät steckt so ein Ding. Um grosse Daten-
mengen in sehr kurzer Zeit erfassen zu können,
wurden bei der UBS modernste Hochleistungs-
scanner eingesetzt. Bis zu siebzig Hilfskräfte –
Techniker, EDV-Spezialisten – waren für die Vorbereitung des Archivmaterials und die Bedienung
der Scanner und Computer nötig. Die Mehrheit
dieser Leute wurde vorübergehend von Drittfirmen
engagiert, weil es im eigenen Haus gar nicht genug
Fachkräfte gab.

Eine beispiellos grosse Arbeit war das Auf-
schlüsseln (Indexieren) der eingescannten Dokumente – erst dann kann eine EDV-Maschine finden,
was gesucht wird. In der Spitzenzeit waren viele
Menschen damit beschäftigt, das zu bewältigen,
was intern als Indexiervorgang bezeichnet wurde.
Bis zum 8. Juni 1999 legten die Informatiker mit
Hilfe der Lesemaschinen die ganz und gar unbe-
greifliche Menge von etwa fünfzig Millionen Seiten
in den Datenbänken ab. Um die verschiedenen
Dokumente überhaupt entziffern zu können,
mussten sie auch noch lesen lernen, weil in den
Unterlagen Handschriften wie Sütterlin oder Hulli-
ger stehen, die längst nicht mehr gebraucht werden. Alle diese Vorbereitungen, die die Arbeit der
Revisoren ja erst möglich machten, wurden im
Zwei-, manchmal sogar im Dreischichtenbetrieb
erledigt.

Ziel dieser Anstrengung – die in ähnlicher
Weise überall in der Schweiz unternommen wurde –
war, auf den Computern ein Suchprogramm so zu
füttern, dass stattfinden konnte, was man ‹name-
matching› nennt: ein und denselben Namen in den
verschiedensten Quellen zu finden. Damit konnten die Revisoren bei 254 Schweizer Banken in
4,1 Millionen Konten nach den Namen von fünfeinhalb Millionen Holocaust-Opfern suchen.

Das Ergebnis ihrer Suche nennt der Volcker-
Bericht vom 6. Dezember 1999: 53 886 Konten stehen wahrscheinlich oder möglicherweise in Bezug
zum Holocaust.

Archivregale in Kilometerlänge (UBS).

Davon kann das Staatsarchiv nur träumen! 26 Scanner und EDV-Stationen machen lesbar, was aus dem Keller kommt (UBS).

Konversions-tafeln als Arbeits-hilfen – wer kann heute noch Sütterlinschrift lesen?

Auch die Akten-bündel von Einzelgeschäfts-vorgängen der Vermögensver-waltung müssen gelesen werden, weil niemand weiss, was drin-steht (UBS).

Die Mikrofilm-kartons für die Revisoren stehen bereit (BKB).

Wirtschaft, Arbeit und Bildung

Der Finanzplatz im Wandel *Jürg Bürgi*

**Die Basler Kantonalbank erwarb die Mehrheit an der Coop-Bank –
die freilich als selbständiges Institut bestehen bleibt.
Und die Basellandschaftliche Staatsbank übernahm die Vermögensverwalter
von Atag Asset Management (AAM).**

Wenn sie eine gute Gelegenheit aufgespürt haben, benutzen Manager am liebsten das Telefon. Es gibt nichts Schnelleres – und vor allem nichts Diskreteres: Wenn nichts aus dem Geschäft wird, ist alles rasch vergessen.

Im November 1999 griff Werner Sigg, Direktionspräsident der Basler Kantonalbank (BKB) zum Hörer, um Hansueli Loosli, den Konzernchef der Coop, zu fragen, ob die Coop-Bank zu kaufen sei. Das traditionsreiche Geldhaus des Detailhandelsriesen und der Gewerkschaften mit seinen Geschäftsstellen in der ganzen Schweiz passe, fand Sigg, ausgezeichnet zur Basler Staatsbank, die auf dem kleinen Kantonsgebiet kaum Möglichkeiten zur Expansion hat. Hansueli Loosli zierte sich nicht lange. Tatsächlich, bestätigte er dem Fragenden, wolle sich Coop künftig mit Leib und Seele dem Detailhandel

verschreiben. Zwei Tage vor Weihnachten war der Kauf besiegelt und einer verblüfften Öffentlichkeit präsentiert. Die Basler Kantonalbank übernimmt 51 Prozent der Stimmrechte und 40,7 Prozent des Kapitals der Coop-Bank. Die beiden Geldhäuser arbeiten auf eigene Rechnung weiter – ohne Abbau der je rund 600 Stellen: Kooperation statt Fusion, lautet die Devise.

Es blieb nicht bei der einen vorweihnachtlichen Überraschung. Am Tag nach dem Coop-Coup verkündete Paul Nyffeler, der Direktionspräsident der Basellandschaftlichen Kantonalbank (BLKB), den Erwerb der Vermögensverwaltungsfirma Atag Asset Management.

So unvermutet die Mitteilungen vom Expansionswillen der Bank-Chefs in Basel und Liestal auch in die Jahresend-Hektik platzten, so folgerichtig erscheint im Rückblick die zupackende Dynamik. Die angekündigte Ausweitung der Geschäftsfelder ist ja nicht der Anfang, sondern der vorläufige Höhepunkt einer «aggressiven Nischenstrategie» (Basler Zeitung), die den Finanzinstituten der beiden Basel im

Wettbewerb Kraft und Grösse geben soll – und damit die Chance für eine eigenständige Zukunft.

Angebot folgt Nachfrage

Seit er im August 1993 von der Volksbank kommend die Leitung der Basler Kantonalbank übernahm, führte Werner Sigg den Staatsbetrieb wie ein privatwirtschaftliches Unternehmen. Er beobachtete den Markt, passte sich den Wünschen der Kunden an, suchte Möglichkeiten, das Geschäft auszuweiten. Als erster Staatsbankier in der Schweiz gründete er im Herbst 1996 eine Brokerfirma mit speziell preisgünstigem Service, die Discount Direct AG (DDAG). Ein Jahr später richtete er in Zürich eine Niederlassung für die Vermögensverwaltung ein. Zudem förderte er konsequent das Anlagegeschäft, unter anderem mit der Einrichtung eines eigenen Handelszentrums. 1998 folgte ein weiterer Stützpunkt für das Private Banking in Olten. Im November 1999 schliesslich übernahm Sigg die Vermögensverwaltungs-Sparte der MFC Merchant Bank in Genf – ein Deal, der der BKB nicht nur ein Domizil in bester Geschäftslage, sondern auch ein bewährtes Team von Mitarbeitern mit Kundendepots von 370 Millionen Franken einbrachte. Mit Recht behauptet BKB-Bankratspräsident Willi Gerster: «Unsere strategische Grundüberlegung, Dienstleistungen dort anzubieten, wo sie nachgefragt werden, hat sich bewährt.»

Selbstverständlich verlief die rasante Entwicklung nicht ohne Konflikte. Wegen Meinungsverschiedenheiten mit der Bankleitung verliessen der Chef der Handelsabteilung und neun weitere Mitarbeiter das Haus. Doch das Geschäft florierte: 1998 schloss die Bank bei einer Bilanzsumme von 10 742 Millionen Franken mit einem Reingewinn von 46,6 Millionen Franken ab. Dies waren knapp 24 Prozent mehr als im Vorjahr. Die Brokerfirma DDAG verdoppelte ihre Kundenzahl und nahm mit 9,5 Millionen Franken auch knapp doppelt soviel Courtagen ein wie 1997.

Auch 1999, 100 Jahre nach der Gründung der BKB, stieg die Bilanzsumme weiter. Im ersten Semester kletterte sie auf 11,4 Milliarden Franken (+ 6%). Der Zinssaldo erreichte die Rekordmarke

von 72 Millionen Franken (+ 17,2 %). Für das Geschäftsjahr 1999 erwartet das Institut einen Gewinn, der über dem Vorjahres-Ergebnis liegt. Nun kommt die Coop-Bank (Bilanzsumme 1998: 9174 Millionen Franken, Reingewinn: 33 Millionen Franken) mit ihrem soliden Kleinkundengeschäft an landesweit 39 Standorten hinzu. Damit steigt die BKB-Gruppe im Jahr 2000 zur Nummer sechs im Schweizer Geldgewerbe auf, hinter UBS, CS-Group, dem Raiffeisen-Konzern, der Zürcher und der Waadtländer Kantonalbank.

Gesamtschweizerische Ambitionen

Mit der Übernahme der Coop-Bank, applaudierte der Berner ‹Bund›, sei der Rubikon überschritten: «Die Basler melden als erste Kantonalbank gesamtschweizerische Ambitionen an.» Weniger begeistert reagierten einige Staatsbanken-Kollegen. Ein Sprecher der Zürcher Kantonalbank sprach von einer «neuen Eskalationsstufe im Wettbewerb der Kantonalbanken». Und tatsächlich ist die Ausweitung des Privatkundengeschäfts auf die ganze Schweiz ein Novum – im Gegensatz zur Expansion im Bereich der Vermögensverwaltung, wo die Kantonalbanken der beiden Basel mit ihrer Stützpunkt-Politik in guter Gesellschaft sind. So bieten in Zürich mittlerweile auch die Bündner, Luzerner, Genfer und Waadtländer einer betuchten Klientel ihre Dienste an. Bei der Ausweitung ihrer Geschäfte auf das ganze Land jedoch sorgten die Basler im Kantonalbanken-Verband für heisse Köpfe. Plötzlich ist damit zu rechnen, dass sich Staatsinstitute im Geschäft mit Kleinkunden und Kleinunternehmern Konkurrenz machen. Die neue Lage, kündigte ein Sprecher der Zürcher Kantonalbank an, müsse im Verband diskutiert werden.

Auch andere Gewissheiten stellte der Coop-Coup in Frage: Kaum war er bekannt, lag auch die Frage nach Sinn und Berechtigung der Staatsgarantie wieder auf dem Tisch. Zwar versichert Werner Sigg, die Coop-Bank werde wegen der Übernahme durch die BKB nicht zu einem staatsgarantierten Institut, für dessen Verluste der Steuerzahler aufkommen müsse. Richtig ist aber, dass sich Umstände ausdenken lassen – zum Bei-

spiel der Konkurs der Coop-Bank –, unter denen
die öffentliche Hand finanzielle Verantwortung
übernehmen müsste. «Faktisch», vereinfacht Beat
Bernet, Professor am Bankeninstitut der Universität St. Gallen, «übernimmt der Basler Steuerzahler die Coop-Bank.» BKB-Chef Sigg hält die
Konkursfrage für «theoretisch» und verweist auf
ein Gutachten, wonach die Staatsgarantie nicht auf
die Kunden der Coop-Bank ausgedehnt werde.

Kommt der Geldkonzern beider Basel?

An der privilegierten Stellung der Staatsbanken
wird vorderhand wohl nicht gerüttelt. Kurzfristig
interessanter ist die Frage, wie sich der Basler
Finanzplatz, der in den letzten Jahren viel an
Bedeutung verloren hat, weiter entwickelt: Hinter
Zürich, Genf und Lugano trägt Basel nur noch die
Nummer vier. Neuerdings scheint aber die Kunde
von der ausgezeichneten Lage an der Euro-Grenze
auch bis an die Limmat zu dringen. Weshalb sonst
hätte die Bank Bär eine Niederlassung am Rheinknie errichtet?

Logisch, dass da die dynamischen Chefs der
Kantonalbanken beider Basel den Markt mit Argus-
augen beobachten, wie sie beide betonen. Wie
lange wollen sie noch getrennt marschieren? Die
Erweiterung der BKB-Gruppe um die Coop-Bank
und die Akquisition der Atag Asset Management
durch die BLKB beflügeln Phantasien von einem
gemeinsamen Geldkonzern beider Basel. Sibyl-
linisch kommentierte BLKB-Chef Paul Nyffeler in
der Basler Zeitung: «Das ist etwas, worüber immer
wieder spekuliert wird, und das wird auch im
neuen Jahr so bleiben.»

Neuer Leader im Agro-Geschäft

Jürg Bürgi

Die Agro-Divisionen von Novartis und AstraZeneca bilden Syngenta

Novartis gliedert das Agro-Geschäft aus. Zusammen mit der Landwirtschafts-Division des britisch-schwedischen Chemie-Riesen AstraZeneca wird daraus die neue Firma Syngenta, weltweit erste im Pflanzenschutz- und drittgrösste im Saatgutgeschäft.

Industrielle Partnerschaften, mögen sie aus wirtschaftlichen Gründen noch so zwingend erscheinen, zeigen ihre Vorteile oft nur langsam – oder gar nie. Wie zahlreiche Untersuchungen belegen, kann nur eine Minderheit fusionierter Firmen die beim Zusammenschluss errechneten Vorteile in einen überzeugenden Geschäftserfolg ummünzen. Gleichwohl scheinen Umstrukturierung und Umbau vielen Managern die einzige Möglichkeit, im globalen Wettbewerb mitzuhalten. Novartis-Präsident Daniel Vasella war schon im Frühling 1999 klar, dass er sich vom Landwirtschaftsgeschäft – Pflanzenschutz, Schädlingsbekämpfung, Saatgut – trennen will. Die Agrodivision war vor allem wegen einer Rezession in der Branche zum ‹Sorgenkind des Unternehmens› geworden, wie die Neue Zürcher Zeitung anmerkte. 1998 sank der Gewinn um 9 Prozent, im ersten Halbjahr 1999 sogar um 41 Prozent. Weltweit abnehmende Anbauflächen und die Verarmung vieler Bauern in der Dritten Welt durch Dürre oder Überschwemmungen liessen das Geschäft nachhaltig schrumpfen. Hinzu kam die Unsicherheit über die Zukunft manipulierter Lebensmittel. Wiewohl persönlich felsenfest vom künftigen Erfolg der gentechnologisch veränderten Organismen (GVO) überzeugt, musste Heinz Imhof, der Leiter der Agrodivision von Novartis, in den USA alle nicht GVO-freie Babynahrung aus dem Handel nehmen. «Der Markt für diese Produkte existiert noch nicht», stellte Imhof ernüchtert fest, «da die Akzeptanz beim Endverbraucher noch zu klein ist.» Probleme dieser Art plagten Michael Pragnell, Imhofs Kollegen beim britisch-schwedischen Chemie-Multi AstraZeneca (AZ), bisher nicht. Die AZ-Agrodivision stellt selbst kein Saatgut her. Hingegen litt ihr Pflanzenschutzgeschäft ebenfalls unter dem Konjunktureinbruch in der Landwirtschaft. Im ersten Halbjahr

1999 musste Pragnell einen Umsatzeinbruch von 5 Prozent und einen Gewinnrückgang von 10 Prozent hinnehmen.

Auf Forschung und Entwicklung basiert

Die Fusion der beiden durchaus profitablen Konzernteile zum neuen Agro-Multi Syngenta erscheint den beteiligten Managern als logischer Schritt. «Durch diese Transaktion», begeisterte sich Daniel Vasella am 2. Dezember 1999, «schaffen wir die erste rein auf Forschung und Entwicklung basierende Agrogesellschaft der Welt und sind damit absoluter Leader.» Tatsächlich wird der Syngenta-Konzern, wenn er im zweiten Halbjahr 2000 seine Tätigkeit aufnimmt, mit 23 500 Beschäftigten weltweit die Nummer eins im Pflanzenschutz-Geschäft sein und dazu der drittgrösste Anbieter von Saatgut. Der Marktanteil von Fungiziden, Herbiziden und Insektiziden sowie Saatgut und Biotechnologie zusammen erreicht 24 Prozent. Der Umsatz soll knapp acht Milliarden Dollar und der Bruttogewinn (vor Zinsen, Steuern und Abschreibungen) über anderthalb Milliarden Dollar erreichen.

Die Fusionspartner haben ausgerechnet, dass ihr Zusammenschluss jährlich 525 Millionen Dollar einspart – nicht zuletzt durch die Eliminierung von weltweit 3000 Arbeitsplätzen innerhalb von drei Jahren. Sie sollen, wie Heinz Imhof und Michael Pragnell versicherten, möglichst durch die Ausnützung der natürlichen Fluktuation und ein Frühpensionierungs-Programm abgebaut werden. Das Unternehmen will 850 Millionen Dollar für die Restrukturierung ausgeben. Wie es ihre Pflicht ist in solchen Fällen, meldeten die Gewerkschaften ihre Zweifel an. Die Fusion bezeichnete ein Sprecher der Gewerkschaft Bau und Industrie (GBI) als «Kniefall vor dem Shareholder-Value». Der Ton der Proteste in Basel, Stein und Monthey blieb aber erstaunlich moderat, wer weiss, ob aus Einsicht oder Resignation. Der zuständige Regierungsrat, Volkswirtschaftsdirektor Ralph Lewin, bedauerte den Stellenabbau ebenfalls, freute sich aber, dass das neue Unternehmen seinen Hauptsitz in Basel – im früheren Ciba-Gebäude auf dem Rosenthal-Areal – haben wird.

Juristisch erfolgt der Zusammenschluss, indem Novartis Agribusiness die AstraZeneca Agrichemicals übernimmt und anschliessend Syngenta gründet. Die Aktionäre von Novartis haben Anspruch auf 61 Prozent, die von AstraZeneca auf 39 Prozent der Aktien des neuen Unternehmens. Londoner Analysten kommentierten den Fusionsentscheid mit positiven Worten – vor allem, weil Novartis und AstraZeneca damit von ihren ‹Bremsklötzen› befreit würden. «Mr. Vasella», zitierte die Basler Zeitung einen Börsenmann, «hat eingesehen, dass sein Life-Science-Konzern ein Fehler war. Aber die Zukunft ist verheissungsvoll.»

Wie gut das Agrogeschäft in Zukunft tatsächlich laufen wird, hängt weitgehend von der Akzeptanz der Produkte ab, die das Unternehmen anzubieten hat. Das gilt nicht nur für gentechnisch verändertes Saatgut, dem langfristig eine grosse Zukunft vorausgesagt wird, sondern auch für die hochwirksamen Pestizide, die noch lange Zeit, vor allem in der Dritten Welt, als erste Wahl zum Schutz von landwirtschaftlichen Kulturen eingesetzt werden.

Gefährliche Stoffe

Es ist kein Zufall, dass der künftige Leiter der Abteilung Pflanzenschutz, John Atkin, in einer neuen Publikation auf die immensen Probleme der «sicheren und wirkungsvollen Anwendung von Pflanzenschutzmitteln» hinweist.* Sieben Jahre lang liessen John Atkin und Klaus Leisinger, Leiter der ‹Novartis Stiftung für nachhaltige Entwicklung›, in Indien, Zimbabwe und Mexico Bauern in der sicheren Anwendung von giftigen Spritzmitteln unterweisen und über ihre Arbeit befragen. Die Ergebnisse dieser ersten derartigen wissenschaftlichen Untersuchung sind ernüchternd: Zwar wissen die Anwender, dass sie mit gefährlichen Stoffen hantieren, die ihre Gesundheit gefährden können. Doch zwischen Wissen und täglicher Praxis bestehen grosse Unterschiede. In allen drei Ländern hielten sich die Landwirte nur mangelhaft an die Sicherheitsvorschriften. Unterweisungen und Demonstrationen, mit populären Medien wie Film, Radio und Volkstheater vermittelt, zeigten zwar Wirkung. Doch mit wachsendem zeitlichem Abstand zur Schulung verblassten die Eindrücke und Nachlässigkeit nahm wieder überhand. Erschwerend kommt hinzu, dass die Eigenverantwortlichkeit offensichtlich auch durch die wirtschaftliche Lage der Bauern bestimmt ist: Je schlechter es ihnen geht, desto weniger vorsichtig verhalten sie sich – sei es, weil sie sich keine Schutzkleidung leisten können, sei es, dass sie ein billiges Spritzmittel verwenden, dessen Zusammensetzung und Wirkungsweise nicht kontrollierbar ist.

Aufgrund ihrer Forschungsergebnisse verlangen Atkin und Leisinger eine «branchenweite Anstrengung» zur Lösung des Problems der unvorsichtigen Anwendung von Pestiziden. Isolierte Bemühungen einzelner Hersteller führen ihrer Ansicht nach nicht zum Ziel. Neben den Produzenten der Pestizide fordern sie auch Händler, Behörden und NGOs (Nichtstaatliche Organisationen) zur Zusammenarbeit auf, um in den wichtigsten Anbaugebieten der Dritten Welt permanente Schulungsprogramme einzurichten. Und sie warnen: «Jeder Pestizid-Produzent, der den sicheren Umgang und Gebrauch mit Produkten der Giftklassen 1A und 1B nicht garantieren kann, sollte diese vom Markt nehmen.»

Unruhige Jahre

Die Studie von Atkin und Leisinger wirft ein grelles Licht auf das steinige Terrain, auf dem sich die neue Syngenta bewähren muss. Sie muss einerseits riesigen Aufwand für Forschung und Entwicklung treiben und anderseits die Anwendung ihrer giftigen Stoffe unter schwierigen Bedingungen unter Kontrolle halten. «Die konjunkturellen Einbrüche und die gesellschaftspolitischen Probleme des Pflanzen- und Saatgutgeschäfts», kommentierte die Neue Zürcher Zeitung die Ankündigung der Syngenta-Gründung, «lassen sich nicht wegfusionieren.» Daniel Vasella hatte darum Recht, als er seinen Mitarbeiterinnen und Mitarbeitern zum Neuen Jahr nicht nur frohe Festtage, sondern auch die Gelassenheit wünschte, «die für die unruhigen und bewegten nächsten Jahre nötig sind».

Anmerkung

* John Atkin/Klaus Leisinger, Safe and Effective Use of Crop Protection Products in Developing Countries, Oxon (UK) 2000.

Die Sozialpartnerschaft
auf der Probe

‹Öffnung der Märkte›, ‹Liberalisierung›, ‹Globalisierung› sind zu stark strapazierten Schlagwörtern geworden; dennoch verweisen sie auf reale wirtschaftliche Entwicklungen. Der Druck, dem besonders die kleinen und mittleren Unternehmen ausgesetzt sind, nimmt zu – und damit auch der Druck auf das Personal. Es kommt vermehrt zu Konflikten zwischen Arbeitgebern und Arbeitnehmern. Sozialpartnerschaft und Arbeitsfrieden sind nicht mehr sakrosankt.

Zwei Exponenten der beiden Parteien, ein Vertreter des Volkswirtschaftsbundes und ein Gewerkschafter, äussern sich zum grössten Arbeitskonflikt des Jahres 1999 und zu den Gründen, die zum vertragslosen Zustand im Basler Bau- und Holzgwerbe geführt haben.
Red.

Der vertragslose Zustand im Basler Bau- und Holzgewerbe

Dieter Eglin

Nach sechsmonatigem vertragslosem Zustand im Basler Bau- und Holzgewerbe trat am 1. Juli 1999 ein neuer Gesamtarbeitsvertrag in Kraft – ein Zeichen, dass trotz divergierender Interessen von Arbeitgebern und Arbeitnehmern die Sozialpartnerschaft immer noch hochgehalten wird.

Infolge der anhaltenden Rezession hat auch in der Baubranche der Konkurrenzdruck massiv zugenommen.

Der Gesamtarbeitsvertrag (GAV) für das Basler Bau- und Holzgewerbe ist eine Vereinbarung zwischen Arbeitgeber- und Arbeitnehmerverbänden über die Arbeitsverhältnisse in den Branchen des Ausbaugewerbes. Dazu gehören etwa das Maler-, Schreiner-, Dachdecker- oder Parkettgewerbe. Auf Arbeitgeberseite steht der Basler Volkswirtschaftsbund als regionaler Dachverband, der die einzelnen Branchenverbände vertritt; auf der Seite der Arbeitnehmerverbände finden sich die Gewerkschaft Bau & Industrie (GBI) sowie die Gewerkschaft syna.

Der Gesamtarbeitsvertrag für das Basler Bau- und Holzgewerbe hat eine lange Tradition und geht auf entsprechende Vertragsschlüsse des Basler Volkswirtschaftsbundes vom Dezember 1947 und vom Mai 1948 zurück. Er umfasst heute 267 Firmen, welche insgesamt 1400 Arbeitnehmer beschäftigen.

Die Ausgangslage

Im Frühjahr 1998 wurde zwischen den Sozialpartnern eine auf Dezember des gleichen Jahres befristete Zusatzvereinbarung zum GAV ausgehandelt. Dies bedeutete, dass die Vertragsparteien bis spätestens Ende 1998 einen gemeinsamen Nenner finden mussten, ansonsten ein vertragsloser Zustand im Basler Ausbaugewerbe Realität würde.

Die wirtschaftliche Lage zu Beginn der Verhandlungen im Spätsommer 1998 liess den Arbeitgebervertretern kaum Spielraum für Konzessionen an die Gegenseite. Viele Firmen – fast alle gehören zu den kleinen und mittleren Unternehmen (KMU) – wurden durch die langanhaltende Rezession schwer gebeutelt und sahen sich einem massiven Konkurrenzkampf samt dem damit verbundenen Preis- und Termindruck ausgesetzt. Im Interesse der Erhaltung von Arbeitsplätzen war die Arbeitgeberseite daher verpflichtet, alles zu unternehmen, damit der neue GAV die von der schlechten Konjunktur bedrängten Firmen nicht zusätzlich belastet.

Die wichtigsten Anliegen der Arbeitgeber

Den Arbeitgebern war es ein zentrales Anliegen, den GAV an das Niveau der gesamtschweizerischen und basellandschaftlichen Verträge anzugleichen. Tatsache ist, dass der baselstädtische GAV den Firmen ein unflexibles Lohnsystem aufzwingt, mit Löhnen, die erheblich über den Ansätzen in anderen Kantonen liegen. Insbesondere erwiesen sich die Einstiegslöhne für junge Arbeitnehmer in den ersten drei Jahren nach der Lehre als eindeutig übersetzt. Die Arbeitgebervertreter verlangten daher eine moderate Reduktion des Basislohnes, um den Spielraum für die individuelle Lohnstruktur zu verbessern. Schon vor der ersten Verhandlungsrunde war jedoch klar, dass sich die Gewerkschaften wenig um die Sorgen der Firmen kümmerten. Sie präsentierten nämlich einen langen Forderungskatalog, in welchem sie deutlich mehr Lohn verlangten.

Dunkle Wolken über dem Verhandlungstisch

Am 30. Oktober 1998 – nur gerade zwei Tage nach der ersten Verhandlungssitzung – führten die Gewerkschaften eine Pressekonferenz durch, ohne diese der Arbeitgeberschaft vorher angekündigt zu haben. Die Gewerkschaftsfunktionäre nahmen die arbeitgeberischen Vorschläge massiv unter Beschuss und warfen den Arbeitgebern mehrmals «Lohndumping» vor. Dabei wurde auch nicht vor der Behauptung zurückgeschreckt, die Arbeitgeber verlangten nur deshalb Lohnreduktionen, weil sie ihre Lehrlinge absichtlich mangelhaft ausbilden würden.

Am selben Tag bot die GBI eine Delegation von Malerlehrlingen auf, die in Begleitung von Lokalfernsehen und Pressefotografen am Sitz des Basler Volkswirtschaftsbundes erschien. Die Demonstranten deponierten vier mit klassenkämpferischen Parolen versehene Plakate, die von verunglimpfender Kritik an der Arbeitgeberschaft strotzten: So wurde den Arbeitgebern unverhohlen vorgeworfen, sie würden die Lehrabgänger bewusst als billige Arbeitskräfte missbrauchen. Angesichts dieser diffamierenden Beschuldigungen sah sich der Basler Volkswirtschaftsbund gezwungen, gegen die GBI eine Klage beim vertraglichen Schiedsgericht einzureichen.

Trotz dieser aggressiven Manifestationen wurden von Ende Oktober bis Mitte Dezember 1998 insgesamt sieben Verhandlungsrunden durchgeführt, an denen jedoch infolge der unnachgiebigen Haltung der Gewerkschaften kein Konsens erzielt werden konnte. Zu einem Eklat kam es Mitte Dezember 1998, als die Verhandlungsrunde durch eine eindringende Gruppe von Jugendlichen der GBI derart gestört wurde, dass sich die Arbeitgeber zum Abbruch der Sitzung entschliessen mussten.

Der vertragslose Zustand

Damit wurde der vertragslose Zustand im Basler Ausbaugewerbe per 1. Januar 1999 Realität. Entgegen anderslautenden Behauptungen der Gewerkschaften führte dies jedoch nicht zu einer Verschlechterung der einzelnen Arbeitsverhältnisse. Dafür sorgte der Basler Volkswirtschaftsbund, indem er seinen Firmen empfahl, den bisherigen GAV trotz seiner Ausserkraftsetzung weiterhin einzuhalten. Zudem wurden die Unternehmen aufgefordert, eine individuelle Lohnerhöhung um durchschnittlich 30 Franken pro Monat auszurichten. Erfreulicherweise ist bis heute kein Fall bekannt geworden, in welchem diese Empfehlungen nicht eingehalten worden sind.

Trotzdem bekamen die Firmen den vertragslosen Zustand insofern zu spüren, als viele von ihnen ungebetenen Besuch von Gewerkschaftsfunktionären erhielten. So führten die Gewerkschaften zahlreiche unerlaubte Aktionen in Betrieben und auf Baustellen durch, die zu einer merklichen Abkühlung des sozialen Klimas in Basel beitrugen. Mehrere Firmen mussten deswegen sogar Strafanzeige wegen Hausfriedensbruch erstatten. Auch der Basler Volkswirtschaftsbund blieb vom gewerkschaftlichen Zorn nicht verschont, wurde doch vor seinem Domizil am Steinengraben 22 eine wilde Deponie von altem Baumaterial errichtet.

Ein tragfähiger Kompromiss

Ende März 1999 wurden die Gespräche zwischen den Sozialpartnern wieder aufgenommen. Sie mündeten schliesslich in einen neuen Vertrag, der am 29. Juni 1999 abgeschlossen wurde und am 1. Juli 1999 in Kraft trat.

Auch wenn der vertragslose Zustand aus sozialpartnerschaftlicher Sicht zu bedauern ist, so stand der Arbeitgeberschaft angesichts der starren Haltung der Gewerkschaften keine Alternative offen. Heute darf mit Genugtuung festgestellt werden, dass zur Zeit wieder ein GAV in Kraft ist, der als tragfähiger Kompromiss den Gesamtinteressen aller Beteiligten gebührend Rechnung trägt. Der erfolgreiche Vertragsabschluss bildet trotz gelegentlich unschöner Zwischentöne gleichzeitig ein Bekenntnis zu einer gelebten Sozialpartnerschaft, welcher für die Entwicklung des Wirtschaftsraums der Region Basel fundamentale Bedeutung beizumessen ist.

Während die Verhandlungen im Gange waren, führten die Gewerkschaften auf Baustellen und in Betrieben Aktionen durch.

Wer baut in Basel? –
Unter welchen Bedingungen? *Hansueli Scheidegger*

267 Firmen und 1400 Arbeitnehmer umfasst der Gesamtarbeitsvertrag für das Basler Bau- und Holzgewerbe. Da ist guter Wille gefragt, wenn alle Bedürfnisse und Interessen unter einen Hut gebracht werden sollen.

Gesamtarbeitsverträge (GAV) regeln kollektiv die Arbeits- und Lohnbedingungen in einer oder mehreren Branchen, beim Gesamtarbeitsvertrag für das Basler Bau- und Holzgewerbe sind es gleich deren neun. Da ist es unvermeidlich, dass die Interessen der beteiligten Arbeitgeberorganisationen, vertreten durch den Basler Volkswirtschaftsbund, und der Arbeitnehmenden, vertreten durch die Gewerkschaften GBI und syna, oft weit auseinandergehen. Und es ist auch logisch, dass ein aus der Perspektive der Arbeitgeber guter GAV eben kein guter GAV für die Arbeitnehmerinnen und Arbeitnehmer sein kann.

Im Herbst 1998 wollte der Basler Volkswirtschaftsbund wieder einmal einen besonders guten GAV (aus der Sicht der Arbeitgeber) vorschlagen. Er kündigte den Vertrag mit den Gewerkschaften auf Ende Jahr und verband diese Kündigung mit massiven Abbauforderungen für einen neuen Vertragsabschluss: Neben einer Verlängerung der Arbeitszeit durch Abschaffung der bezahlten ‹Znüni›-Pause verlangte er auch eine generelle

Erklärtes Ziel der Gewerkschaften ist es, ein weiteres Absacken der Löhne zu verhindern.

Senkung aller vertraglichen Basislöhne um zweihundert Franken pro Monat!

Widerstand vorprogrammiert!

Die Arbeitgeber waren sich sicher klar darüber, dass sie mit diesen happigen Forderungen den Widerstand der Gewerkschaften auf den Plan riefen. Einerseits war voraussehbar, dass sie einen neuen GAV mit solchen Verschlechterungen niemals unterschreiben würden, und andererseits hatten auch die Gewerkschaften präzise Vorstellungen, was ein neuer Vertrag an Änderungen bringen sollte. Doch anstatt, wie üblich bei Vertragsverhandlungen, diese Forderungen zuerst einmal schriftlich der Gegenseite zu übermitteln, reagierten die Gewerkschaften auf die Provokation des Basler Volkswirtschaftsbundes wie das ‹Echo aus dem Wald› – mit einer Gegenprovokation.

Mit Posaunen und Trompeten

Die Gewerkschaften beriefen eine Medienkonferenz ein, und ein paar Lehrlinge übergaben dem Volkswirtschaftsbund pressewirksam vier grosse Plakate, auf denen ungefähr 350 Lehrlinge mit ihrer Unterschrift gegen einen weiteren Lohnabbau bei LehrabgängerInnen protestierten. Diverse Medien berichteten somit gleichzeitig über das Forderungspaket der Gewerkschaften und über erste Aktionen von Betroffenen gegen die Abbaupläne der Arbeitgeber.

Nach diesem Auftakt war beiden Seiten klar, dass die Vertragserneuerung nicht ohne deutlich hörbare Nebengeräusche über die Bühne gehen würde. Die folgenden Verhandlungsrunden brachten denn auch absolut keine Annäherung der Standpunkte, und die Gefahr eines vertragslosen Zustandes wurde immer greifbarer. In dieser heiklen Verhandlungssituation goss der Volkswirtschaftsbund noch Öl ins Feuer durch eine Klage gegen die GBI wegen angeblicher Verletzung der Friedenspflicht durch die Medienkonferenz und die Übergabe der Lehrlingspetition am 30. Oktober.

Ganz offensichtlich wollte der Basler Volkswirtschaftsbund den termingerechten Abschluss eines neuen Vertrages verhindern. Nur so kann erklärt

werden, dass er schon am 18. Dezember den betroffenen Firmen mitteilte, dass per 1. Januar 1999 ein vertragsloser Zustand herrschen werde. Mit gleichem Schreiben wurden die Firmen auch ermuntert, bei Neueinstellungen von den tieferen Basislöhnen (der Arbeitgeberforderung, welche von den Gewerkschaften kategorisch abgelehnt worden war) Gebrauch zu machen! Mit dieser Herr-im-Haus-Politik hoffte er wohl, die Gewerkschaften weichklopfen zu können.

Um den Arbeitnehmerinnen und Arbeitnehmern Verunsicherungen bezüglich der rechtlichen Situation ihres Arbeitsverhältnisses zu ersparen, machten die Gewerkschaften noch einen letzten Versuch, den bestehenden GAV zu verlängern. Dieser Rettungsversuch wurde vom Basler Volkswirtschaftsbund als Schwächezeichen missverstanden und verleitete ihn dazu, für die Verlängerung des Vertrages absolut unannehmbare Bedingungen zur Unterschrift vorzulegen wie: «Die Vertragsparteien verzichten während der Geltungsdauer des GAV auf einseitige Medienkontakte zur Verhandlungssituation bzw. zu den Arbeitsbedingungen im Basler Bau- und Holzgewerbe. Allfällige diesbezügliche öffentliche Äusserungen erfolgen ausschliesslich durch die Sozialpartner gemeinsam» und «die Vertragsparteien verzichten während der ganzen Dauer des GAV auf öffentliche Aktionen wie z. B. Demonstrationen und Umzüge».*

Die Wende

Statt zu kuschen, nahmen die Gewerkschaften nun das Heft selbst in die Hand: Am 6. Februar 1999 wurde unter dem Motto ‹Kein Maulkorb für die Gewerkschaften› eine Medienkonferenz abgehalten und erste Aktionen angekündigt: Protestkundgebung an der Swissbau und der Beginn einer symbolischen ‹Kollekte für die notleidenden Arbeitgeber›. Zudem wurde verstärkt die Diskussion mit betroffenen KollegInnen am Arbeitsplatz gesucht.

Da die Verhandlungen trotzdem keine Fortschritte zeitigten, entschlossen sich die GBI und die syna, am 29. April unter dem Motto ‹für faire Arbeitsbedingungen – gegen den Lohnabbau› eine Kundgebung mit anschliessender Demonstration durchzuführen. Gegen 300 Arbeitskolleginnen und -kollegen versammelten sich auf dem Marktplatz und machten in der anschliessenden Demonstration mit lauten Trillerpfeifen auf ihren Lohnkampf aufmerksam. Zum Schluss wurde vor dem Sitz des Basler Volkswirtschaftsbundes das Sammelergebnis der Kollekte (altes Bauwerkzeug und Hilfsmittel) ‹überreicht›. Leider ohne Erfolg: Die Gaben wurden achtlos am nächsten Tag per Muldenservice entsorgt. Und dafür hätten die Gewerkschaften auch noch die Rechnung bezahlen sollen …

Nach diesen teilweise etwas ungewonnten Mobilisierungsschritten erkannten die Arbeitgeber, dass die von ihnen gegen die Gewerkschaften eingesetzte Waffe des vertragslosen Zustandes sich gegen sie selbst richtete. Die Verhandlungen kamen plötzlich wieder in Schwung und zeitigten relativ bald konkrete Resultate. Ende Juni konnte dann nach einem fast neun Monate dauernden Verhandlungsmarathon und nach sechs Monaten vertragslosem Zustand im Basler Bau- und Holzgewerbe wieder ein neuer, bis Ende 2001 gültiger Gesamtarbeitsvertrag unterschrieben werden.

Hat sich der Kampf gelohnt?

Natürlich konnten auch die Gewerkschaften nicht mit allen Forderungen durchdringen. Unter dem Strich hat es sich aber bewiesen, dass hartnäckiges Verhandeln kombiniert mit einer gewissen Mobilisierung der Arbeitnehmerschaft zu akzeptablen Resultaten führt. Gescheitert sind die Gewerkschaften zwar mit ihrem Hauptanliegen, der Temporärarbeit einen Riegel zu schieben. Mit zwei, wenn auch bescheidenen, generellen Lohnerhöhungen von je 50 Franken per 1.7.1999 und 1.1.2000 konnte aber mindestens ein Teil des Kaufkraftverlustes wettgemacht werden. Die Arbeitgeber mussten einsehen, dass sie mit generellen Senkungen des Lohnniveaus keine Chance haben: Sie mussten ihre 200-Franken-Forderung fallenlassen. Auch die Arbeitszeit blieb unangetastet.

Die Auseinandersetzung hat sich für die Arbeitnehmenden im Basler Ausbau- und Holzgewerbe gelohnt: Für noch härtere Angriffe, wie die gerade aktuelle Schliessung der ADtranz-Werke in Prattelen

Forderungen der Gewerkschaften

Die an der Medienkonferenz vom 30. Oktober 1998 gestellten Forderungen bezogen sich auf die drei Hauptthemen: besserer Schutz vor zunehmender Temporärarbeit, Vorbereitung auf die Personenfreizügigkeit und Ausgleich des Kaufkraftverlustes.

Besserer Schutz vor zunehmender Temporärarbeit

Die letzten Jahre sind geprägt durch eine zunehmende Verwilderung im Baugewerbe. Ein Teil der Firmen reduziert das Stammpersonal auf wenige KadermitarbeiterInnen und Lehrlinge und stellt nach Bedarf temporäre und damit billigere Berufsleute ein.

Mit der massiven Zunahme der Temporärarbeit wird der GAV durch die ihn unterzeichnenden Firmen selbst untergraben. Anständige Firmen, welche vorwiegend mit Stammpersonal arbeiten, kommen immer mehr unter Druck und müssen sich anpassen oder verschwinden. Eine Hauptstossrichtung unserer Forderungen (in den vorangegangenen Verhandlungen) waren deshalb Massnahmen zur Eindämmung der Temporärarbeit durch griffige und kontrollierbare Bestimmungen im GAV.

Vorbereitung auf die Personenfreizügigkeit

Mit den bilateralen Abkommen wird die Frage des Lohndumpings in den Grenzregionen sehr aktuell werden. Wir verlangten deshalb die Allgemeinverbindlichkeit des Vertrages. Durch die lohnmässige Gleichstellung der ausländischen Berufsleute mittels Anerkennung ihrer Fähigkeitsausweise soll verhindert werden, dass mit ausländischen Fachleuten Lohndruck ausgeübt werden kann.

Kaufkraftverlust ausgleichen

Der hauptsächlich durch die massiv gestiegenen Prämien für die Sozialversicherungen (insbesondere der Krankenkassenprämien) eingetretene Kaufkraftverlust muss ausgeglichen werden. Wir forderten deshalb eine generelle Lohnerhöhung für alle Beschäftigten von Fr. 150.– pro Monat.

und Zürich-Oerlikon, braucht es allerdings eine noch entschiedenere und noch kämpferischere Arbeitnehmerschaft, will sie auch bei solch existentiellen Bedrohungen erfolgreich bleiben.

Anmerkung

*   Entwurf des Basler Volkswirtschaftsbundes vom 28.1.1999 für eine Zusatzvereinbarung zum Gesamtarbeitsvertrag für das Basler Bau- und Holzgewerbe.

Auch von den politischen Parteien wurde die Diskussion gesucht.

SUN21 – Basel wird Zentrum für Zukunftsenergie *Martin Vosseler*

**Die Wende hin zur Nutzung erneuerbarer Energien ist nicht nur eine technisch-öko-
nomische Notwendigkeit, sondern eine lebenswichtige kulturell-spirituelle Entwicklung. Mit der vom 24. bis zum 28. August 1999 zum zweiten Mal durchgeführten
‹Internationalen Aktions- und Kongresswoche für eine nachhaltige Energiezukunft –
SUN21› wird der Schlüsselbereich Energie zum zentralen Thema gemacht.**

‹Werkkraft Natur› – die Metallkugel von Friedrich Hadorn auf dem Rhein.

Was will ‹SUN21›?

Der Verein SUN21 möchte Chancen aufzeigen, die in der Energiewende schlummern: Erholung
des gestressten Lebenssystems
Erde, Erhaltung der Lebens-
grundlagen für die nachkommen-
den Generationen, unzählige
sinnvolle Arbeitsplätze, Entwicklungsmöglichkeiten für die Länder des Südens und Ostens, die
Verhinderung kriegerischer Konflikte: kein Gerangel mehr um
begrenzte Energieträger, Steigerung der Lebensqualität in einer
Gesellschaft der kurzen Distan-
zen, der dezentralen Energienutzung. SUN21 möchte zudem
die Chancen einer zukunftsge-
richteten Wirtschaft für unsere
Stadt, für die trinationale Region,
für die Schweiz bekannt machen.

‹SUN› steht für die Rück-
besinnung auf die Sonne, unser
zentrales Gestirn, das uns ein
Vielfaches des weltweiten täglichen Energiebedarfs auf die Erde
strahlt. Sonne, Wind, Holz und
Wasser, die Kraft der Gezeiten
und Erdwärme, dies sind die
Energieträger der Zukunft, die
kostbaren erneuerbaren Energien, mit denen es klug und wirksam umzugehen gilt. ‹21› steht

für das 21. Jahrhundert, in dem die Energiewende verwirklicht werden wird.

Basel war immer offen für neue Ideen, als Grenz- und Humanistenstadt, am Fluss gelegen. Basel wurde durch den parteiübergreifenden Widerstand gegen das Atomkraftwerk Kaiseraugst für Energiefragen sensibilisiert. Ein fortschrittliches Energiegesetz wird möglich. Der Gewerbeverband Basel-Stadt, unter Leitung seines innovativen Direktors, Nationalrat Christoph Eymann, eine aufgeschlossene Regierung, ein fantasievoller Rudolf Jegge mit seinem Amt für Umwelt und Energie (AUE) lancieren eine ganze Reihe von Aktionen zur Förderung nachhaltiger Energie: u. a. das bessere Fenster, die bessere Lüftung, 220 Solardächer. Da sind die Industriellen Werke Basel mit ihrem Chef Eduard Schumacher, die wichtige Zeichen in Richtung nachhaltiger Energie setzen. In Basel leben auch Pioniere wie Ueli und Lisel Oehler, die mit den ULOG weltweit Solarkocherprojekte betreuen. Im benachbarten Deutschland geben das Fraunhofer Institut, das Trinationale Umweltzentrum (TRUZ) und Unternehmer wie Georg Salvamoser wegweisende Impulse; und im Elsass arbeiten unter der Leitung von Solange Fernex Organisationen wie Phébus und Alter Alsace am Aufbau einer nachhaltigen Energiezukunft. Eine neue Organisation SunRhine21 möchte trinationale Energieprojekte koordinieren.

SUN21 – die Vorgeschichte

Angesichts der Gefahr eines Atomschlags im kalten Krieg entstehen 1980 die IPPNW (Internationale Ärztinnen und Ärzte zur Verhütung eines Atomkriegs). 1981 wird eine Schweizer Gruppe (PSR/IPPNW, Ärztinnen und Ärzte für Soziale Verantwortung) gegründet. Sie engagiert sich auch für eine Schweiz ohne Atomkraftwerke. Bald wird klar: Es gilt nicht nur, die Diagnose der atomaren Gefahren zu stellen. Therapeutische Vorschläge werden erwartet. Da kommt ein Artikel in der Weltwoche über David Freeman wie gerufen. Der ehemalige Energieberater des US-Präsidenten Jimmy Carter hat als Chef des grossen staatlichen Elektrizitätswerks Tennessee Valley Authority (TVA) ein ein-

drückliches Energiesparprojekt verwirklicht. Es ermöglicht den TVA, in 7 Jahren über 1100 Megawatt Energie einzusparen, und David Freeman gibt 5 projektierte Atomkraftwerke im Tennessee Valley auf.

Die PSR/IPPNW laden David Freeman zu einer Vortrags- und Gesprächstournee in die Schweiz ein. Er trägt dazu bei, dass das Schweizer Volk 1990 einem 10jährigen Atomkraftwerk-Moratorium zustimmt.

David Freeman ist neben Energiefachleuten aus der Schweiz und Europa Gast an der Sonnenwoche 1992 in Elm. Im Anschluss daran entsteht die Bewegung SONNEschweiz, getragen von den beiden Ärzteorganisationen ‹AefU› (Ärztinnen und Ärzte für Umweltschutz) und PSR/IPPNW. Sie formuliert das Ziel, die Schweiz solle bis in zwei Generationen energieselbstversorgend werden – dank verbesserter Energienutzung und erneuerbarer Energien. Die Arbeit konzentriert sich auf drei Bereiche: die Förderung eines sinnlich reichen Lebensstils mit niedrigem Energieverbrauch, die Entwicklung gewitzter neuer Technologien sowie die Veränderung der Rahmenbedingungen zu Gunsten nachhaltiger Energie. Am 1. August 1993 feiern etwa vierhundert Frauen, Männer und Kinder die 1. Sonnenlandsgemeinde auf der Alp Aelggi, dem geografischen Mittelpunkt der Schweiz. Seither finden Sonnenlandsgemeinden jedes Jahr am 1. August statt. Dank Daniela Schlettwein-Gsell, die ein Stiftungskapital zur Verfügung stellte, konnte 1997 die Stiftung SONNEschweiz gegründet werden.

Der Basler Gewerbedirektor Christoph Eymann schlägt die Brücke zum Gewerbe. Er organisiert zusammen mit SONNEschweiz Tagungen zum Thema ‹Nachhaltige Energie und Arbeitsplätze›. Und aus dieser fruchtbaren Zusammenarbeit heraus wächst die Idee, gemeinsam eine internationale Aktionswoche auf die Beine zu stellen. So wird 1998 die erste SUN21 möglich.

SUN21 1999 – schon fast eine Tradition

SUN21 1998 ist in guter Erinnerung. Eine breite Trägerschaft, darunter 5 Bundesämter, stellte sich hinter das Projekt. Der Anlass mit seinen Kongressen und kulturellen Veranstaltungen ermöglichte zahlreiche Begegnungen und fand ein weitherum hörbares Echo in den Medien.

Die SUN21 1999, die ‹2nd International Week for a Sustainable Energy Future› (2. internationale Aktions- und Kongresswoche für eine nachhaltige Energiezukunft) kündigte sich schon vor ihrer Eröffnung an: Am 20. Juni 1999 kamen fünf engagierte Frauen im Hotel Hilton zu einem öffentlichen Gespräch zusammen: Zum Thema ‹Eine nachhaltige Energiezukunft vorbereiten – Erfahrungen und Visionen› diskutierten unter der Leitung von Helen Issler vom Schweizer Fernsehen DRS die Basler Baudirektorin Barbara Schneider, Myrta Welti, ehemalige SVP-Generalsekretärin, Ursula Koch, Präsidentin der SP Schweiz, Doris Morf, alt Nationalrätin und ehemaliges Mitglied des Exekutivrats der Unesco – in dieser Funktion hat sie massgeblich zum Zustandekommen des ersten Unesco-Solargipfels in Harare, Zimbabwe, beigetragen.

Zwei Tage später hielt Rolf d'Aujourd'hui einen Vortrag über die Sonnenbezüge keltischer und römischer Siedlungen in und um Basel und über das Belchendreieck. Am Tag darauf, am Johannistag, warteten um 6.30 Uhr etwa dreihundert Frauen und Männer auf der Pfalz auf den Sonnenaufgang, der dann von den Münsterturmbläsern mit Musik begrüsst wurde. Das Münster ist genau auf der Sonnenaufgangslinie zur Zeit der Sommersonnenwende gebaut.

Am 5. August wurden die Kunstprojekte eingeweiht, die auch dieses Jahr dank dem Kunstprojektleiter und SUN21-Mitinitiant Andreas Nidecker die Innenstadt belebten. Da drehte unter anderem eine grosse Metallkugel von Friedrich Hadorn mit der Aufschrift ‹Werkkraft Natur› auf dem Rhein. In einem verträumten Garten an der Rittergasse leuchteten bunt drei Kuben, die tagsüber Sonnenlicht tankten und damit die Nacht erhellten. Farbige Fahnen auf der Wettsteinbrücke von Onorio Mansutti liessen den Satz ‹Mit Energie in die Zukunft› entziffern. Mit diesen Kunstwerken und mit Konzerten wie den ‹Liedern zur Sonne›, die das Basler Vokalensemble im Münster darbot, oder mit dem Filmzyklus des Stadtkinos zum Thema ‹Sonne›

wollte SUN21 zeigen: Die Energiewende ist nicht nur eine technisch-ökonomische, sondern auch eine kulturell-spirituelle Entwicklung.

Am 21. August zog zum ersten Mal ein Solar-Zeppelin über Basel seine Kreise und wies auf die bevorstehende SUN21-Woche und auf die Hauptsponsoren des Anlasses hin, die IWB (Industrielle Werke Basel) und das Amt für Umwelt und Energie Basel-Stadt.

Die SUN21 1999 wurde am 23. August vom Regierungspräsidenten Hans Martin Tschudi und von 120 Schülerinnen und Schülern der Rudolf-Steiner-Schule mit einer Presse-Konferenz feierlich eröffnet. Zu den Klängen eines Blasorchesters tanzten die Kinder eine Sonnenblumenchoreographie und brachten Farbe und Leben in den Hof der IWB.

Die SUN21-Woche stand auch dieses Jahr wieder unter einem wohlwollenden Stern: nach langer Regenperiode warmes Sommerwetter. Die Kongresse und Rahmenveranstaltungen zogen insgesamt über zehntausend Besucherinnen und Besucher sowie 130 Referentinnen und Referenten aus 18 Ländern an.

Am Faktor-IV-Eröffnungs-Festival lernten über sechshundert Gäste auf unterhaltsame Art regionale Energie-Projekte kennen, und die Gewinner eines Lehrlingswettbewerbs wurden geehrt.

Am Kongress ‹Finanzierung der Nachhaltigkeit› berichtete alt Bundesrat Otto Stich von seinen Erfahrungen mit den Bretton Woods Institutionen. Eric Sarasin von der gleichnamigen Bank machte den Pensionskassen das Investieren in Ökofonds schmackhaft. An der Tagung ‹Internationale Zusammenarbeit Nord–Süd–Ost› beschrieb C. R. Soman die erfreulichen nachhaltigen Entwicklungen im südindischen Staat Kerala. Die Tuareg-Frau Mariama und der Araber Habib erbaten und fanden Unterstützung für ein Solarpumpenprojekt in Mali. Grace Akumu aus Kenya mahnte uns, die Umstellung zur nachhaltigen Energieversorgung im Norden ebenso zu fordern und zu verwirklichen wie im Süden. Und J. T. Chigwada, als Vizeminister in Zimbabwe verantwortlich für erneuerbare Energien, versprach seine Mithilfe, die World Solar

Commission der Unesco im kommenden Jahr an die SUN21 in Basel zu bringen.

Am 27. August trafen sich auf Einladung des Bundesamts für Energie zahlreiche europäische Fachleute zum Erfahrungsaustausch über die Programme von Energie 2000 an der SUN21; und am darauffolgenden Samstagvormittag eröffnete Regierungsrätin Barbara Schneider den internationalen Energiegipfel. Da stellte E. U. von Weizsäcker erste Resultate einer Machbarkeitsstudie vor, die die Möglichkeit prüft, in Basel eine internationale Agentur für nachhaltige Energie anzusiedeln (BASE – Basel Agency for Sustainable Energy), ein Projekt, das ein Jahr zuvor der UNEP-Direktor Klaus Töpfer angeregt hatte. Klaus Töpfer glaubt an Basel; auf alle Fälle war er auch dieses Jahr wieder am SUN21-Gipfel dabei und zog Bilanz zum Stand der Energiewende. Dabei stellte er diese in den grösseren Zusammenhang des Bevölkerungswachstums und der Verstädterung. In einem SUN21-Dialog kamen Töpfer, von Weizsäcker, die

Hopi-Indianerin Debbie Tewa, der japanische Botschafter in der Schweiz, Mitsuhei Murata, der Präsident eines grossen indischen und internationalen Forschungsinstituts, P. K. Pachauri, und der erfolgreiche Solarproduzent Georg Salvamoser aus Freiburg i. Br. miteinander ins Gespräch darüber, wie die Umsetzung gefördert werden könnte.

Frohen Abschluss fand die SUN21 auf dem Münsterplatz mit einem Festival, das Bundesrat Moritz Leuenberger mit humorvoller Rede eröffnete. Da sah man Solarfahrzeuge aller Art. Ein Solarboot nahm Passagiere zu einer Rheinrundfahrt mit. Solarleckerbissen wurden in kompostierbarem Geschirr angeboten. Mit der Eröffnung der renovierten Sonnenuhr am Münster, mit Cabaret und einem Musikfest klang die SUN21 1999 aus – und in den Köpfen von Marc Keller und Benjamin Szemkus vom Gewerbeverband Basel-Stadt, die dieses Jahr den Löwenanteil der Arbeit geleistet haben, kreisen schon Gedanken um die Frage: Wann und wie werden wir die SUN21 2000 gestalten?

Die Energie der Sonne:
Am 21. August zog erstmals ein Solar-
Zeppelin über Basel und wies auf
die SUN21 hin.

Bildung und Lebenschancen *Thomas Bürgi*

Eine Standortbestimmung zur Basler Schulreform

Trotz Schulreform befinden sich Basler Schulabgängerinnen und Schulabgänger nach wie vor in beträchtlichem Wettbewerbsnachteil. Die Neue Schule wird ihrem Anspruch, junge Menschen qualitätsvoll auf eine erfolgreiche Berufs- und Lebenslaufbahn vorzubereiten, noch nicht gerecht.

Bildung, so sagt der französische Politiker Jacques Delors, ist der Kern der Persönlichkeitsentwicklung und der Gemeinschaft. Ihre Aufgabe sei es, jeden von uns, ohne Ausnahme, in die Lage zu versetzen, all unsere Talente voll zu entwickeln und unser kreatives Potential auszuschöpfen. Schliesslich gehe es für uns Menschen darum, mittels Bildung die Verantwortung zu übernehmen für unser eigenes Leben und die Erreichung unserer persönlichen Ziele.

Mit anderen Worten, aber ähnlichem Anspruch, ist die Basler Schulreform angetreten. Dahinter stand und steht die Überzeugung, die Schule müsse in der Lage sein, junge Menschen qualitätvoll auf eine erfolgreiche Berufs- und Lebenslaufbahn vorzubereiten. Genau dies aber hatte die frühere Schule nach Meinung der massgeblichen politischen und pädagogischen Instanzen je länger desto weniger geschafft.

Kann die sogenannt Neue Schule ihren wichtigsten Anspruch einlösen? Weisen sich Schülerinnen und Schüler über weiter entwickelte Fach- und

Die Aufgaben der modernen Schule werden immer grösser: Sie muss zum Lernen motivieren ...

Methodenkompetenzen aus? Ist ihre Sozial- und Selbstkompetenz grösser geworden? Auskunft darüber geben die Resultate wissenschaftlicher Überprüfungen, die Feststellungen und Einschätzungen von Ausbildungsverantwortlichen in Industrie, Gewerbe und Handel sowie betroffene Eltern, Schülerinnen und Schüler, Lehrkräfte und Schulleitungen.

Wettbewerbsnachteil

Der ernüchternde Befund zuerst: Basler Schulabgängerinnen und Schulabgänger befinden sich nach wie vor in einem beträchtlichen Wettbewerbsnachteil gegenüber Konkurrentinnen und Konkurrenten aus Schulsystemen benachbarter Kantone. Zwar wird ihnen bescheinigt, offen und teamorientiert zu sein – vorausgesetzt, sie erhalten überhaupt die Chance, dies unter Beweis zu stellen. Denn Bewerberinnen und Bewerber aus Basel haben wenig Aussicht, bei der Vergabe von Lehrstellen berücksichtigt zu werden. Sie schneiden, auch nach Umsetzen der Schulreform, in qualifizierten Testverfahren von Industrie, Gewerbe und Handel vergleichsweise deutlich schlechter ab.

Ungenügend, und gegenüber dem Stand von Konkurrentinnen und Konkurrenten anderer Kantone immer noch weniger entwickelt, sind aus der Sicht von befragten Ausbildungsverantwortlichen aus verschiedensten Branchen der Wirtschaft insbesondere grundlegende Kulturtechniken wie Lesen, Schreiben, Kommunizieren und Rechnen. Es ist höchstens Gleichstand gegenüber früheren, ungenügenden Leistungen festzustellen.

Als nicht ausreichend wird das Vermögen von Basler Schülerinnen und Schülern eingestuft, einfache Sachverhalte sprachlich angemessen auszudrücken, einen einfachen Vorgang oder Prozess in Einzelschritte zu unterteilen und zu beschreiben. In Tests bekunden sie Mühe, Dreisatzrechnungen zu lösen und dabei auch einen Sachverhalt zu visualisieren, es fällt ihnen schwer, Analogien herzustellen sowie mittels logischem Denken eine Lösung zu erarbeiten.

Standortvorteil in Gefahr

Basel-Stadt läuft Gefahr, den entscheidenden Standortvorteil, den eine überdurchschnittlich qualitätvolle Bildung darstellt, zu verlieren. Beunruhigend ist zudem, dass sich bei vielen Menschen ein Bild zu festigen scheint, das Basels Bildungswesen im Bereich öffentliche Schulen als regional nur bedingt konkurrenzfähig zeichnet.

Manche Lehrkräfte, die sich mit grossem Engagement an der Umsetzung der Schulreform beteiligt haben, fühlen sich gemäss eigenen Aussagen verunsichert und allein gelassen. Sie werden konfrontiert mit mannigfachen Forderungen, Wünschen, Anordnungen sowie organisatorischen Schwierigkeiten. Gemessen an ihrem grossen Einsatz, ihren Fortbildungsanstrengungen, ihrem verdoppelten und verdreifachten Vorbereitungsaufwand, ihren vielen Teamsitzungen erleben sie wenig Wertschätzung.

Zu viele Schülerinnen und Schüler sowie deren Eltern sehen ihre (zum Teil unrealistisch) hohen Erwartungen enttäuscht. Jene wenigen Stimmen, die mittlere bis grosse Zufriedenheit hinsichtlich der Zielerreichung der Neuen Schule ausdrücken, gehen unter.

Schwächen des alten Systems

Dabei waren die Schwächen und Mängel des alten Systems mit vierjähriger Primarschulstufe und anschliessender dreigeteilter Unter- und Mittelstufe (Sekundarschule, Realschule und Gymnasium) klar benannt worden: die zu früh einsetzende Selektion vor Ende des vierten Schuljahres, falsche, kaum mehr korrigierbare Laufbahnentscheide, die mangelhafte bis nichtexistente Durchlässigkeit zwischen Sekundarschule, Realschule und Gymnasium, der zu hohe Prozentsatz an Gymnasiastinnen und Gymnasiasten sowie die generelle Überalterung der Schülerinnen und Schüler wegen wiederholter Repetition. Angezweifelt wurden auch die wirkungsvolle Förderung der Lernschwächeren und die Sicherung der Chancengerechtigkeit. All dies hätte die Neue Schule nachhaltig zum Besseren hin verändern sollen.

Im Vergleich zur Zeit der Reformplanung ist indessen auch das Umfeld der Schule deutlich schwieriger geworden. Insbesondere der grosse Anteil an Schülerinnen und Schülern, für die Deutsch nicht Muttersprache, sondern Zweitsprache, meist aber eine echte Fremdsprache ist, stellt hohe Anforderungen an das Unterrichten. Die mit ihrer sprachlichen und kulturellen Integration verbundene Arbeit wird hauptsächlich durch die Schule, das heisst durch die Lehrkräfte, erbracht. Es ist dies eine grosse Leistung, die den vollsten Respekt verdient.

Zudem ist zu unterstreichen, dass viele Lehrkräfte all ihre Energien in das Projekt Schulreform eingegeben haben. Auch dieses Engagement kann nicht hoch genug eingeschätzt werden.

Messen am Lernerfolg
Andererseits muss der nüchterne Blick gewagt werden: Das Gelingen der Schulreform kann sich nur messen lassen am Lernerfolg der Schülerinnen und Schüler. Zumindest teilweise eingelöst ist der Anspruch, ihre Sozialkompetenz zu stärken. Es ist sicher ermutigend, wenn Gymnasiallehrkräfte den jungen Menschen, die neu zu ihnen kommen, eine höhere Motivation als früher bescheinigen sowie bessere Fähigkeiten, im Team zu arbeiten und zu kommunizieren. Ähnlich, wenngleich nicht derart eindeutig, äussern sich Lehrlingsverantwortliche. Ihre Feststellungen beziehen sich jedoch auf einen ganz kleinen Kreis von Auszubildenden, welche die Hürde des Aufnahmetests geschafft haben.

Mit der Orientierungsschule (5. bis 7. Schuljahr) ist der Zeitpunkt des Selektions- respektive des Laufbahnentscheids in die Mitte des siebten Schuljahres verlegt worden. Anschliessend besuchen die Schülerinnen und Schüler entweder die Weiterbildungsschule (8. bis 9., Möglichkeit eines 10. Schuljahres) oder das Gymnasium (8. bis 12. Schuljahr). Damit sollte ihnen ausreichend Zeit einge-

… die Chancen auf einen Ausbildungsplatz verbessern …

… und eine Integration der Kulturen garantieren.

räumt werden, an den Herausforderungen ihre Fähigkeiten zu überprüfen, ihre Begabungen zu entwickeln und sich zu orientieren. Hier ist aus Sicht der meisten Betroffenen ein klarer Fortschritt erzielt worden. Andererseits werden die Kriterien der Lernerfolgsbewertung sowie der Selektion als wenig transparent kritisiert.

Erklärtes Ziel war eine Quote von Gymnasiastinnen und Gymnasiasten, die 25 Prozent der Schülerinnen und Schülern eines Jahrgangs umfassen sollte. Dies hätte sowohl die Qualität des Gymnasiums als auch jene der Weiterbildungsschule erhöhen und die Berufsbildung stärken sollen. Tatsache ist, dass mittlerweile jährlich rund 37 Prozent aller Schülerinnen und Schüler ans Gymnasium übertreten. Zwar erfolgt eine nicht unbeträchtliche Korrektur nach einem halben Jahr. Um ein Quotenziel zu erreichen, hätte indessen eine wirkungsvolle Steuerung eingebaut werden müssen. Dies ist nicht erfolgt. Es besteht ein klarer Widerspruch zwischen der Vorgabe, höchstens 25 Prozent aller Schülerinnen und Schüler ans Gymnasium zu selektionieren, und dem Ziel, jede Schülerin und jeder Schüler solle aktiv einen Laufbahnentscheid fällen dürfen.

Binnendifferenzierung

Ob es der Neuen Schule tatsächlich gelingt, den unterschiedlichen Leistungs- und Interessenprofilen in der ungeteilten Mittelstufe gerecht zu werden, ist fraglich. Die Bandbreite von Interessen, Neigungen, Lerngeschwindigkeiten und Vorkenntnissen von Schülerinnen und Schülern derselben Klasse ist äusserst gross. Dieser Schwierigkeit sollte mittels sogenannter innerer Differenzierung (Binnendifferenzierung) begegnet werden. Gemeint sind vielfältige, auf unterschiedliche Profile einzelner Schülerinnen und Schüler oder bestimmter Lerngruppen ausgerichtete unterrichtliche Massnahmen. Was dies im Konkreten bedeutet, also bei-

Einiges davon hat die Basler Schulreform erreicht, vieles ist noch einzulösen.

spielsweise in der Gestaltung der Deutschstunde, des Englischunterrichts und so weiter, ist immer noch zu wenig geklärt.

Fehlende Standards

Es zeigt sich aus Sicht vieler Betroffener, dass an der Neuen Schule zu oft verbindliche Standards fehlen. Dafür lassen sich grosse Unterschiede zwischen einzelnen Schulstandorten der Orientierungsschule und der Weiterbildungsschule ausmachen. Sie betreffen generelle Leistungsanforderungen, Einteilungen in Leistungsniveaus in Deutsch, Mathematik und Französisch, Lehr- und Lernmaterialien sowie die Leistungsbewertung.

Der versprochene Querschnitt-Leistungstest, der als wesentliches Element der Selektion im siebten Schuljahr gedacht war, wurde nicht eingeführt. Er hätte den Anspruch auf lokale, quartierspezifische Schulentwicklung verbinden müssen mit der Forderung nach allgemeingültigen Standards und Kriterien. Der Querschnittest hätte Vergleichbarkeit und Chancengleichheit sichern sollen.

Unterforderung

Die Qualität der Neuen Schule befindet sich ernsthaft in Gefahr, wenn viele Kinder angeben, über längere Zeit hinweg in der Schule unterfordert zu sein. Die von der Schule vertretenen Vorstellungen und Konzepte sind, um Überforderung auszuschliessen, auf Vermeidung von Anstrengung und Prüfungsangst ausgerichtet; sie stehen indessen in deutlichem Widerspruch zur erlebten gesellschaftlichen und wirtschaftlichen Wirklichkeit.

Die Neue Schule verpasst dabei, wirksame und zielgerichtete Strategien zu vermitteln und entwickeln zu helfen – Strategien, dank deren Kinder und Jugendliche bessere Chancen hätten, mit den grossen Herausforderungen zurechtzukommen.

Dabei ist angemessen in Rechnung zu stellen, dass die der Schule zur Verfügung stehenden Möglichkeiten ebenso begrenzt sind wie die Verantwortung, die sie für ihre Schülerinnen und Schüler trägt. Die Schule teilt diese Verantwortung mit den Eltern, den Politikerinnen und Politikern und vielen anderen Menschen.

Die neu gestalteten Rahmenbedingungen der Neuen Schule zählen ebenso auf Achtung und Wärme der Lehrkräfte gegenüber den Schülerinnen und Schülern wie auf eine Unterrichtsgestaltung, die die Lernmotivation fördert. Es muss gelingen, diesen Rahmen zu verbinden mit klaren, anspruchsvollen Lernzielen, deren Erreichen als verbindlich erklärt wird. Abstufungen der Lernziele, die unterschiedlichen Begabungen und Leistungsfähigkeiten entsprechen, sind dabei notwendig. Wer welches Ziel tatsächlich erreicht, das sollte in definierten Zeitabständen über alle Schulstandorte mit ihren unterschiedlichen Profilen hinweg gemessen werden.

Nur so kann sich die Neue Schule jene Legitimation verschaffen, die nötig ist, um ihren Schülerinnen und Schülern bestmöglich zum beruflichen, persönlichen und gesellschaftlichen Erfolg zu verhelfen.

Literatur

8010 Bericht der Grossratskommission Schulreform: zum Bericht 7724 des Regierungsrats betreffend Initiativbegehren für eine Verlängerung der Primarschulzeit und Initiativbegehren betreffend ‹Schulinitiative› sowie vier Anzüge zur Schulreform und Bericht zur Petition betreffend Schulreform. Den Mitgliedern des Grossen Rates des Kantons Basel-Stadt zugestellt am 19. November 1987.

Projektleitung Schulreform, Die Neue Schule steht, Statusbericht, Basel 1992.

Ulrich Bätz, R. Klaghofer, Fritz Oser, Evaluation Orientierungsschule Basel, 1. Schuljahr 1994/95, Fribourg 1995.

Ulrich Bätz, Fritz Oser, Evaluation Orientierungsschule Basel, 2. Schuljahr 1995/96, Fribourg 1997.

Ulrich Bätz, A. Hoffmann, Fritz Oser, Evaluation Orientierungsschule Basel, Schuljahre 1994/95 bis 1996/97, Schlussbericht, Erster Teil, Fribourg 1995.

Ulrich Bätz, Uwe Gerber, Fritz Oser, Evaluation Weiterbildungsschule Basel, Schuljahr 1997/98, Zwischenbericht, Fribourg 1999.

FHBB – Fachhochschule beider Basel

Peter Wittwer

Nach zähem Ringen ein Profil gefunden

Nach einem veritablen ‹Familienkrach› zwischen den Kantonen Aargau, Solothurn und den beiden Basel hat nun die Fachhochschule beider Basel (FHBB) ein Fundament gelegt, auf dem sie im neuen Jahrtausend einen wesentlichen Beitrag zur Stärkung des Wirtschaftsstandorts leisten kann.

Der Aufbau von regionalen Fachhochschulen, der als die grosse Leistung der Schweizer Bildungspolitik der 90er Jahre in die Geschichte eingehen wird, hat in der Nordwestecke der Schweiz besonders viel Staub aufgewirbelt.

«Bevormundung durch Bern», «mangelnde Kooperationsbereitschaft», «Bildungs-Bürokratismus», «schlechter Kommunikationsstil», «Missachtung der Volksrechte»: Mit gerade noch druckbaren Formulierungen wurde in den letzten Monaten und Jahren ein Konflikt in der Öffentlichkeit ausgetragen, der für Schweizer Verhältnisse geradezu emotionale Züge annahm. Nicht nur in der Nordwestschweiz, aber hier besonders ausgeprägt, sind die Vorgaben, mit denen der Bundesrat die Verankerung von Fachhochschulen in der Schweizer Bildungslandschaft steuern will, gelinde gesagt nicht immer auf Verständnis gestossen. Dass in der Fachhochschulpolitik derart scharfe Töne angeschlagen werden, hat verschiedene Gründe und eine lange Vorgeschichte, die auch die Fachhochschul-Planung der beiden Basel massgeblich geprägt hat.

Das Departement Wirtschaft der FHBB hat seinen Sitz im neuen Peter Merian-Haus.

FHBB
Fachhochschule beider Basel

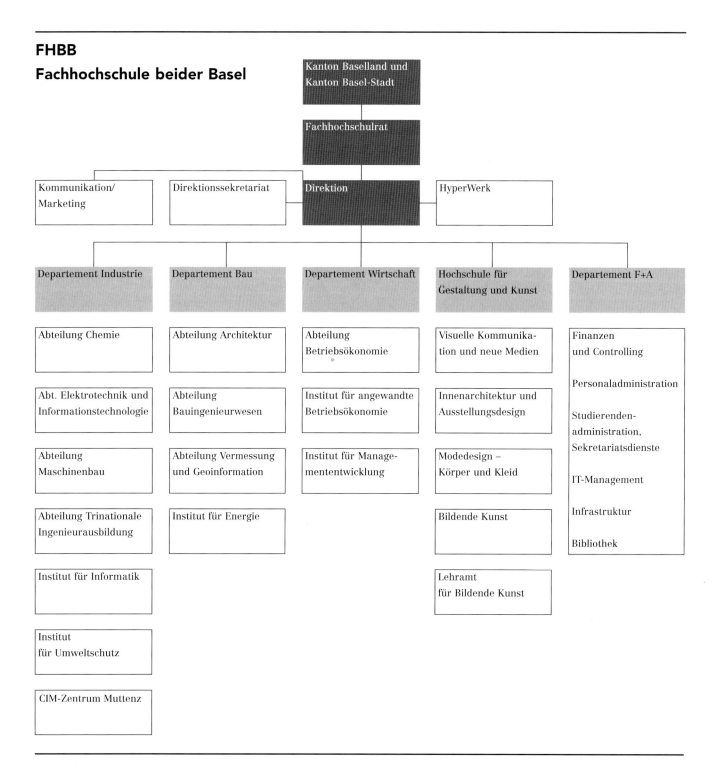

Kanton Baselland und Kanton Basel-Stadt

Fachhochschulrat

Kommunikation/ Marketing

Direktionssekretariat

Direktion

HyperWerk

Departement Industrie

Departement Bau

Departement Wirtschaft

Hochschule für Gestaltung und Kunst

Departement F+A

Departement Industrie	Departement Bau	Departement Wirtschaft	Hochschule für Gestaltung und Kunst	Departement F+A
Abteilung Chemie	Abteilung Architektur	Abteilung Betriebsökonomie	Visuelle Kommunikation und neue Medien	Finanzen und Controlling
Abt. Elektrotechnik und Informationstechnologie	Abteilung Bauingenieurwesen	Institut für angewandte Betriebsökonomie	Innenarchitektur und Ausstellungsdesign	Personaladministration
Abteilung Maschinenbau	Abteilung Vermessung und Geoinformation	Institut für Managementwicklung	Modedesign – Körper und Kleid	Studierenden-administration, Sekretariatsdienste
Abteilung Trinationale Ingenieurausbildung	Institut für Energie		Bildende Kunst	IT-Management
Institut für Informatik			Lehramt für Bildende Kunst	Infrastruktur
Institut für Umweltschutz				Bibliothek
CIM-Zentrum Muttenz				

Föderalismus stösst an Grenzen

Früher als andere haben die Regierungsräte der beiden Basel erkannt, dass der extreme Bildungsföderalismus schweizerischer Prägung über kurz oder lang in die Isolation führt. Aufgrund der positiven Erfahrungen mit dem Universitätsvertrag und der grenzüberschreitenden (Forschungs-)Zusammenarbeit am Oberrhein beschlossen die beiden Halbkantone lange vor Verabschiedung des eidgenössischen Fachhochschulgesetzes (1995), beim Aufbau von Fachhochschulen zusammenzuspannen. Um ein möglichst breit abgestütztes Angebot an Studiengängen aufbauen zu können, wurde in der ersten Hälfte der 90er Jahre gar sondiert, ob sich auf freiwilliger Basis eine Fachhochschule für die ganze Nordwestschweiz realisieren liesse.

Bald zeigte sich aber, dass die Fachhochschulfrage für die Nichthochschulkantone Aargau und Solothurn mit derart viel Prestige behaftet ist, dass der Zusammenschluss zu einer gemeinsamen Trägerschaft politisch kaum durchsetzbar wäre. Es wurde deutlich, dass es sich beim Ringen um die Fachhochschulstandorte um weit mehr als nur eine bildungspolitische Frage handelt. Eine Fachhochschule im Kanton zu haben ist auch für die Standortgunst der Wirtschaft ein entscheidender Faktor. Stärker noch als Universitäten sind Fachhochschulen nämlich nicht nur die Ausbildungsstätten des Kadernachwuchses. Sie sind auch Dienstleistungsbetriebe, deren Know-how und Forschungspotential sehr direkt von den im Einzugsbereich liegenden kleineren und mittleren Unternehmen (KMU) in Anspruch genommen werden kann.[1]

Protest gegen Zwangs-Partnerschaft

Da der inzwischen verstorbene Volkswirtschaftsminister Jean-Pascal Delamuraz einmal öffentlich verlauten liess, der Bundesrat plane die Schweiz in zehn Fachhochschulregionen aufzuteilen, wurden die Differenzen zwischen den Nordwestschweizer Kantonen lange Zeit als nicht allzu tragisch angesehen. Umso lauter war der Aufschrei, als Ende 1997 durchzusickern begann, dass eine bundesrätliche Expertenkommission nur sieben Fachhochschulregionen genehmigen will und die Kantone

Aargau, Solothurn, Baselland und Basel-Stadt sich somit doch zu einer Fachhochschule Nordwestschweiz zusammenraufen müssen. Dieser Befehl zur ‹Zwangs-Partnerschaft›, den der Bund aufgrund der im Fachhochschulgesetz verankerten Regelungsbefugnis erteilen konnte, machte der bereits weit fortgeschrittenen Fachhochschul-Planung der beiden Basel einen Strich durch die Rechnung.

Die Studiengänge der ehemaligen Ingenieurschule in Muttenz und die Höhere Wirtschafts- und Verwaltung-Schule (HWV) waren zu diesem Zeitpunkt bereits unter dem Dach einer Fachhochschule beider Basel zusammengeführt und warteten auf die Anerkennung durch den Bund. Allen Vorwürfen der Planwirtschaft zum Trotz liess sich der Bundesrat von der Empfehlung einer Experten-Kommission, die damals rund 240 Studiengänge an höheren Fachhochschulen in sieben Regionen zu bündeln, nicht mehr abbringen.[2]

Unakzeptable Auflagen des Bundesrates

In der Nordwestschweiz genehmigte er allerdings auf Drängen der betroffenen Kantone als Übergangslösung bis ins Jahr 2003 anstelle einer Fusion eine lockerere Kooperation auf der Basis des sogenannten Drei-Ebenen-Modells. Die Idee, dass Regierungsdelegationen, Trägerschaftsräte und Schulleitungen parallel zueinander die Planung interkantonal absprechen sollen, stiess in der Praxis schon bald einmal an ihre Grenzen. Mit der Festlegung der Fachhochschulregionen hatte der Bund nämlich auch schon klare Vorgaben für eine Reduktion und Konzentration der Studiengänge im technischen, wirtschaftlichen und gestalterischen Bereich festgelegt.

Im Fall der Nordwestschweiz waren es vor allem drei Fachbereiche, die von Beginn weg für rote Köpfe sorgten: die Architektur, das Bauingenieurwesen und die Vermessung. Sowohl die Regierungen beider Basel wie auch des Aargaus liessen keine Zweifel aufkommen, dass der vom Bund geforderte Verzicht auf die Studiengänge Architektur und Bauingenieurwesen an einem der beiden jetzigen Standorte Muttenz und Brugg/Windisch nicht in Frage kommt. Statt auf die Forderung auf Abbau von Studiengängen einzutreten, gingen sowohl der Kanton Aargau wie auch die beiden Basel in die Gegenoffensive und machten sich daran, mit neuen Angeboten um Studierende zu werben.

Doppelt so viele Studierende

Als Ergänzung zu bewährten Ausbildungsgängen in Chemie, Elektrotechnik, Betriebsökonomie oder Vermessung (dessen Weiterführung vom Bund 1998 ebenfalls in Frage gestellt wurde) umfasst die FHBB heute eine ganze Reihe von Instituten, die Nachdiplomausbildungen und praxisorientierte Dienstleistungen von der Umwelttechnik bis zur Managemententwicklung anbieten. Mit der Ausbildung von sogenannten InteraktionsleiterInnen, welche die FHBB seit kurzem in ihrem Studiengang HyperWerk im Basler Bockstecherhof anbietet, oder den E-Commerce-Ausbildungen des Instituts für angewandte Betriebsökonomie verfügt die FHBB über innovative Angebote, die in der Schweizer Fachhochschullandschaft bisher ihresgleichen suchen. Dieser kontinuierliche Ausbau, der die Zahl der Studierenden in den letzten vier Jahren von 596 auf 1190 ansteigen liess[3], ging ungeachtet der Querelen auf der politischen Ebene relativ reibungslos über die Bühne.

Unter dem Druck von aussen entwickelte sich die Fachhochschul-Planung zu einem ‹Paradepferd› der Partnerschaft zwischen den beiden Basel. Ohne grosse Probleme wurde auf Anfang 2000 die Schule für Gestaltung als fünftes Departement neben der Industrie, dem Bau, der Wirtschaft und der Administration in die FHBB integriert.[4] Mit der Integration der Gestaltung ist die FHBB in der Lage, den ganzen Wertschöpfungszyklus von der Entwicklung, Gestaltung und Vermarktung eines

Das HyperWerk wurde im Bockstecherhof untergebracht. Im Bild: Videostudio.

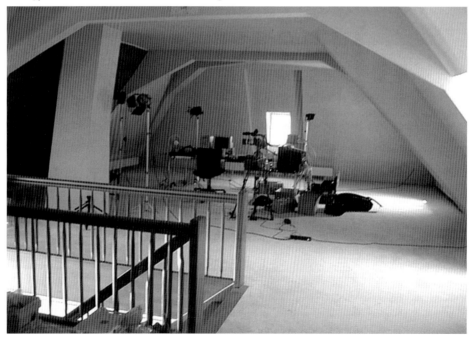

Produktes ausbildungs- und beratungsmässig abzu-decken. Diese Synergien will die FHBB gemäss dem Leitbild[5], das von Dozierenden und Studie-renden gemeinsam erarbeitet worden ist, in Zu-kunft vermehrt für interdisziplinäre Projekte wie etwa den Aufbau eines Kompetenzzentrums für nachhaltiges Planen und Bauen nutzen.

Pädagogik und Soziales vorgespurt

Obwohl der Bund nur gerade 16 Prozent der Be-triebskosten übernimmt, ist in den beiden Basel – im Gegensatz zum Kanton Aargau – auch die Finanzierung der Fachhochschule kein Anlass zu Grundsatzdiskussionen mehr. Mittlerweile ist unbe-stritten, dass der Kanton Baselland in diesem Be-reich die Federführung für alle Angebote innehat und demzufolge auch zwei Drittel der im Global-budget der FHBB verbleibenden Lücke abdeckt. Dass die Partnerschaft im Fachhochschulbereich zwischen den beiden Basel funktioniert, lässt sich auch an den Fortschritten beim Aufbau einer – von der FHBB unabhängigen – Pädagogischen Hoch-schule beider Basel (PHBB) ablesen.

Der Grundsatzentscheid, die Seminarausbildung des Lehrkräftenachwuchses beider Kantone in eine PHBB zusammenzufassen, ist bereits seit längerer Zeit gefallen und wird im Laufe des Jahres 2000 vor die Parlamente kommen. In diesen Prozess mit-einbezogen ist auch die Höhere Fachschule für Soziale Arbeit in Basel, die ab August 2000 von beiden Kantonen gemeinsam getragen wird und Diplome in Sozialarbeit und Sozialpädagogik aus-stellen kann, die international als Fachhochschul-abschlüsse anerkannt werden.[6]

Sorgenkind angewandte Informatik

Mehr Sorgen als die Studiengänge im pädagogi-schen und sozialen Bereich, die weitgehend in den Kompetenzbereich der Kantone fallen und von diesen auch selbst finanziert werden müssen, hat 1999 den beiden Basel der grosse Nachholbedarf in der Ausbildung von Informatik-Fachleuten bereitet. Obwohl nach vorsichtigen Schätzungen gegenwär-tig der Schweizer Wirtschaft über zehntausend Informatik-Fachleute fehlen, hat der Bundesrat den

Antrag der FHBB abgelehnt, im Herbst 1999 erst-mals einen Studiengang in angewandter Informatik anbieten zu können. Dieser Negativentscheid löste einen Sturm der Entrüstung aus. Der Zorn richtete sich dieses Mal nicht nur gegen den Bundesrat, sondern gegen den Kanton Aargau, der sich im Kooperationsrat der Nordwestschweizer Kantone gegen die Konkurrenzierung seines Informatik-angebotes querlegte und dadurch die Verweigerung der Anerkennung durch den Bund provozierte.

Nach einer Phase relativer Ruhe löste der Ver-such, die zweitstärkste Wirtschaftsregion der Schweiz in einem Kernbereich zu beschneiden, eine Trotzreaktion aus, die den seinerzeitigen Protest gegen die Auflagen für die Architektur und das Bauingenieurwesen noch in den Schatten stel-len sollte: Der Baselbieter Erziehungsdirektor Peter Schmid erklärte öffentlich, die FHBB werde auch ohne den Segen des Bundes die Informatikaus-bildung wie geplant ins FHBB-Angebot aufnehmen. Parallel dazu überwanden die Bundesparlamen-tarier aus den beiden Basel für einmal ihre ideolo-gischen Gräben und verlangten in einem gemein-samen Vorstoss eine Korrektur des aus Basler Sicht unverständlichen Fehlentscheides.

Gestärkte Position der FHBB

Die Geschlossenheit und Heftigkeit der Reaktion blieb nicht nur im Nordwestschweizer Koopera-tionsrat, in dem sich gemäss FHBB-Vertreter und Präsident Gian-Franco Balestra das Klima seither klar verbessert hat, sondern auch im Bundesamt für Berufsbildung und Technologie (BBT) nicht ohne Wirkung. Die National- und Ständeräte aus den beiden Basel konnten BBT-Direktor Hans Sieber bei einer Aussprache im September 1999 zur nochmaligen Überprüfung des Gesuches der FHBB und zur vorläufigen Anerkennung der Basler Diplomabschlüsse bewegen.[7] Auch wenn damit die Differenzen mit dem Bund noch lange nicht vom Tisch sind und jederzeit an einem anderen Ort neu eskalieren können, scheint die FHBB mittlerweile in der Schweizer Fachhochschul-Landschaft zu einem Stützpfeiler geworden zu sein, an dem nicht mehr so leicht zu rütteln sein dürfte.

Anmerkungen

1 Dem Stellenwert der Fachhochschule für die regionale Wirtschaft hat das ‹FHBB-Magazin›, das Publikationsorgan der Fachhochschule beider Basel, im Juni 1998 seine zweite Ausgabe gewidmet.

2 Vgl. Tagesthema und Kommentar in der Basler Zeitung vom 30. September 1998.

3 Ausführliche Statistiken im Jahresbericht 1998 der Fachhochschule beider Basel.

4 Vgl. Basler Zeitung vom 8. Mai 1999, Seite 33.

5 An einer Strategietagung auf der Meilisalp erarbeiteten Studierende, Dozierende, Angestellte und Ehemalige im Januar 1999 ein einstimmig verabschiedetes Leitbild der FHBB.

6 Vgl. Basler Zeitung vom 17. Juli 1999, Seite 29.

7 Vgl. Basler Zeitung vom 24. September 1999, Seite 1.

Stadt und Gesellschaft

Brücken bauen

Die ausländische Wohnbevölkerung und im besonderen
Asylsuchende werden in der politischen Diskussion immer
wieder zur Zielscheibe fremdenfeindlicher Angriffe. Tatsache ist aber, dass Ausländerinnen und Ausländer nicht
unwesentlich zum Wohlstand der Schweizer beitragen
und dass der Arbeitsmarkt ohne sie gar nicht mehr funktionieren könnte. Doch ist in einzelnen Quartieren die
Konzentration der ausländischen Wohnbevölkerung so an-
gestiegen, dass dies zu Problemen im Zusammenleben
mit den Einheimischen führt.

Dringlicher denn je stellt sich die Frage nach einer
allseits geglückten Integration. Basel sucht nach Lösungen
und geht neue Wege, wie der Beitrag des Migrations-
beauftragten zeigt. Doch auch private Organisationen und
Einzelne, Ausländer wie Schweizer, nehmen sich der
Probleme von Immigranten und Asylsuchenden an und
machen sich um die Integration verdient. Um ihren Einsatz zu honorieren, wurde der Basler Integrationspreis
geschaffen, über den ein weiterer Beitrag berichtet. Ein
Artikel zur Mehrsprachigkeit in Basel soll das Thema
abrunden.
Red.

Migration und Integration in Basel *Thomas Kessler*

Eine uralte Konstante menschlichen Verhaltens fordert am Ende des zweiten Jahrtausends die Schweiz und alle mitteleuropäischen Städte und Länder (wieder einmal) heraus: die Zuwanderung von Menschen aus der Ferne. Statt im nachhinein mit viel Geld negative Symptome einer unzweckmässigen Integrationspolitik zu bekämpfen, will Basel künftig in die Förderung des Potentials und die Nutzung der Ressourcen investieren.

Auch wenn es anders scheint: Basel hat fast auf den Prozentpunkt genau die gleichen Ausländeranteile wie andere Grossstädte mit hohem Bruttosozialprodukt.

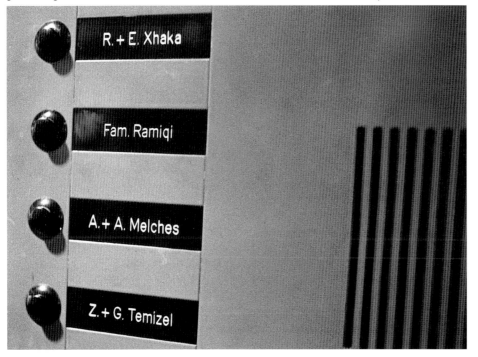

Ohne Zuwanderung gäbe es keine grossen Städte und hätten wir keinen derart hohen Lebensstandard, wie wir ihn heute in Basel, der Schweiz und in fast ganz Westeuropa kennen. Trotzdem oder gerade deswegen sind die Reaktionen der ‹Einheimischen› auf die Herausforderungen der Immigration vorherrschend negativ. Die Folgen der Arbeitskräfte-Rekrutierung in den 80er Jahren und der Umstrukturierung der Schweizer Wirtschaft in den 90er Jahren werden als ‹Ausländerprobleme› thematisiert, ebenso wie die Folgen des komplizierten Schweizer Asylverfahrens im Zusammenhang mit den Konflikten in der Osttürkei und auf dem Balkan. Die Symptome eigener System- und Politikfehler sind Munition für aufreizende Medienberichte und rechtsnationale Propaganda. Im Wahlkampf zu den National- und Ständeratswahlen vom 24. Oktober gipfelte die Stimmungsmache in einem Plakat, das einen Südländer mit Sonnenbrille zeigte, brutal durch eine Schweizer Fahne schreitend.

Mit- statt gegeneinander

Die Präsentation der neuen Basler Integrationspolitik setzte dazu unverhofft einen deutlichen Gegenakzent. Unverhofft deshalb, weil die Vorarbeiten dazu Jahre gedauert haben. Am 10. September 1999 war es soweit: Die Regierungsräte Jörg Schild und Ralph Lewin stellten der Öffentlichkeit das ‹Leitbild und Handlungskonzept des Regierungsrates zur Integrationspolitik des Kantons Basel-Stadt› vor. Das Echo ist überwiegend positiv, die Nachfrage aus dem In- und Ausland nach dem Leitbild hält an, und allmählich dringen die neuen Ideen auch ausserhalb der Fachwelt durch.

Dieses Leitbild zielt auf die gesamte baselstädtische Bevölkerung und namentlich auch auf die Integration jener 53 000 Menschen aus über 150 Ländern, welche in der Statistik als ‹Ausländer› aufgeführt sind. Sie stellen rund 27 Prozent der Bevölkerung, bei den Jugendlichen fast 45 Prozent und in einzelnen Quartieren, wie im Matthäus-Quartier, auch über 50 Prozent. Mit diesen Zahlen weist Basel fast auf den Prozentpunkt genau die gleichen Ausländeranteile auf wie andere Städte mit einem sehr hohen Bruttosozialprodukt – zum Beispiel Zürich oder Frankfurt. Sie zeigen, dass es für die Zukunft Basels ganz entscheidend ist, ob diese Internationalität zum Wohle der Kantonsentwicklung genutzt werden kann oder ob die unvermeidlichen Reibungen der Migration und Integration von der Gesellschaft als Überforderung gewertet werden und deshalb zu schwerwiegenden Problemen führen.

Tatsachen statt Meinungen

Fakten können dazu beitragen, eine durch Boulevardgeschichten und Propaganda verzerrte Wahrnehmung zu berichtigen: Basel weist (wie alle wirtschaftlich starken Städte) vor allem im jungen und berufstätigen Segment einen hohen Ausländeranteil auf, während die Schweizer Bevölkerung in den oberen Altersgruppen dominiert. Da die Erwerbsquote unter der ausländischen Bevölkerung höher ist als bei den Schweizern und eine ausgeglichene Bevölkerungsstruktur für die Sozial- und Gesundheitspolitik positiv, zieht Basel daraus einen Gewinn. Heute tragen die Ausländerinnen und Ausländer aufgrund der höheren Erwerbsquote und des niedrigeren Durchschnittsalters alleine bei den Sozialversicherungen jährlich pro Kopf 2000 Franken mehr bei als sie beziehen.

Zwei Drittel der ausländischen Mitbewohnerinnen und -bewohner haben die Niederlassungsbewilligung C, ein Viertel die Jahresbewilligung B. Rund 60 Prozent kommen aus dem EU- und EFTA-Raum, über 50 Prozent sind in der Schweiz geboren oder seit über zehn Jahren hier. Die Asylsuchenden, welche in Politik und Medien meist im Vordergrund stehen, machen hier wie national nie mehr als wenige Prozente aus. Die neue Integrationspolitik geht von diesen Tatsachen aus, so dass die Massnahmen im Leitbild vor allem auch auf die Eingliederung der 95 Prozent Migrantinnen und Migranten ausgerichtet sind, welche nicht als Asylsuchende hier sind.

Auch die Gründe zur Immigration haben wenig mit den allgemeinen Vorstellungen zu tun. Bei den Bewilligungen handelt es sich zur Hauptsache um ordentlichen Familiennachzug, internationale Heiraten, hochqualifizierte Arbeitskräfte und Studienaufenthalte. Humanitäre Motive liegen nur in 4,4 Prozent der Fälle vor.

Besonders relevant sind die demografischen Grunddaten: In der Schweiz haben nur noch die Hälfte der Neugeborenen zwei Elternteile mit Schweizer Pass, die Tendenz ist sinkend. Dies ist die Folge einer nachhaltigen gesellschaftlichen Entwicklung mit verändertem Heiratsverhalten und der leicht höheren Geburtsrate der Ausländerinnen.

Die Zunahme der statistisch gezählten ausländischen Wohnbevölkerung resultiert seit 1996 fast nur noch aus der höheren Geburtenrate der Ausländerinnen. Sie reicht jedoch nicht aus, die in der Schweiz lebende Gesellschaft auf der heutigen Einwohnerzahl zu halten. Dafür bräuchte es 2,1 Kind pro Frau, in Wirklichkeit sind es bei den Migrantinnen 1,8 und bei den Schweizerinnen noch 1,2. Wir haben deshalb in der Schweiz neu einen Bevölkerungsrückgang, und es stellt sich die Frage, ob weiterhin auf eine wirksame Familienpolitik verzichtet werden kann.

Die Zeichen der Zeit erkennen

Die Schweizer Politik hat erst auf die Globalisierung und den wirtschaftlichen Strukturwandel reagiert, als die Probleme mit Rationalisierung, Arbeitslosigkeit, sozialem Abstieg und Asylnachfrage schon akut waren.

Die Basler Regierung liess sich seit 1993 regelmässig über die demografische, schulische und wirtschaftliche Entwicklung orientieren. Als Resultat davon wurden in der Verwaltung jene Koordinationsstrukturen geschaffen, die sich in der Drogenpolitik bewährt haben: eine klare Federführung in einem Departement (PMD), die Schaffung zweier Verwaltungsstäbe für die effiziente Umsetzung von interdepartementalen Massnahmen (Stab PMD für Polizeiliches, Stab WSD für Soziales) und eine beratende Fachkommission für Migrations- und Integrationsfragen. Im Regierungsprogramm 1997–2001 hat die Regierung der Integrationsfrage und der Stadtentwicklung höchste Priorität zugesprochen und alle notwendigen Massnahmen aufgeführt, um eine erfolgreiche Integrationspolitik zu realisieren. Auch ‹harte Massnahmen› gehören dazu, so zum Beispiel die rasche und schärfstmögliche Sanktionierung von Delinquenz oder notorischem, renitentem Fürsorgebezug. Die Einsetzung eines Delegierten für Migrations- und Integrationsfragen gehört auch zu den Massnahmen, ebenso wie die Ausarbeitung eines Leitbilds, welches Klarheit über die Grundlagen und Einzelprojekte der Politik bringt.

Das Leitbild

Für den Leitbildprozess wurde folgender Weg gewählt: Die Fachkommission für Migrations- und Integrationsfragen klärte zuerst den Begriff Integration und präzisierte den Handlungsbedarf, damit alle Beteiligten von den selben Voraussetzungen ausgehen. Dann wurde die qualifizierte Wissenschafterin Rebekka Ehret vom Ethnologischen Seminar der Universität Basel beauftragt, eine Grundlage auf dem neuesten internationalen Kenntnisstand zu erarbeiten. Der Entwurf des Ethnologischen Seminars wurde in der Kommission mehrmals überarbeitet, auch zusammen mit Praktikern aus Schule, Wirtschaft und Beratung

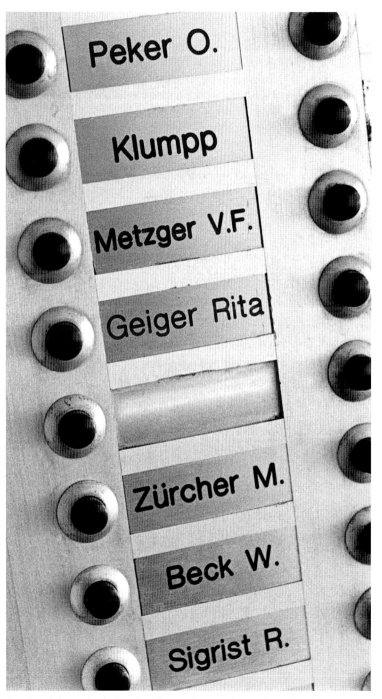

Der Anteil der ausländischen Bevölkerung ist je nach Quartier oder Wohnlage unterschiedlich hoch.

und insbesondere mit Ausländerorganisationen. Anschliessend ging er zur Überprüfung in die Vernehmlassung bei über 170 Fachstellen und -personen. Noch nie zuvor sind für die Ausarbeitung eines regierungsrätlichen Leitbilds so viele Personen zugezogen worden.

Nutzung des Potentials

Der Kerngehalt des Leitbilds ist ein eigentlicher Paradigmawechsel – weg vom alten Defizitansatz hin zum Potentialansatz. Die ‹alte Politik› befasste sich vor allem mit den Problemen der Nicht-Integration, den Folgen der Unterlassungen und Versäumnisse, beispielsweise mit den ungenügenden Deutschkenntnissen der arbeitslos gewordenen ausländischen Arbeiter. Statt den Werktätigen Deutschkurse und Weiterbildung anzubieten, damit sie sich qualifizieren und an die Bedingungen des Arbeitsmarktes anpassen können, behandelte man nach der Entlassung das Symptom. Die Analysen haben gezeigt, dass dieser Defizitansatz den ganzen Arbeits- und Sozialbereich durchzieht, auch das Gesundheitswesen und die Justiz. Viele sogenannte Ausländerprobleme sind Systemfehler, die im Interesse aller rasch korrigiert werden müssen.

Die ‹neue Politik› stellt das symptomorientierte Denken auf den Kopf. Sie geht vom vorhandenen Potential der Immigrantinnen und Immigranten aus und will diese Ressourcen durch Information und Bildung fördern und im Interesse des ganzen Kantons sozial, wirtschaftlich und kulturell nutzen – nach dem Prinzip: Fördern und Fordern. Dieser Potentialansatz ist die erste Leitidee.

Die zweite Leitidee beschreibt Integration als gesamtgesellschaftliches und gesamtstädtisches Anliegen. Integration ist immer ein wechselseitiger Prozess zwischen Zuzügern und Einheimischen und kann nicht von der Stadtentwicklung – in Basel namentlich von der Entwicklung der Arbeiterquartiere Matthäus, Klybeck, St. Johann und Gundeldingen – getrennt werden. Die neue Integrationspolitik ist deshalb eng mit den Stadtentwicklungsprojekten gekoppelt. Es soll nicht nur in Information und Bildung investiert werden, um das

Potential zu nutzen und dem sozialen Abstieg vorzubeugen, sondern auch in die sogenannte ‹Hardware› wie Wohnungen und Grünraum, damit die Erfolgreichen und junge Familien auf der Suche nach Wohnraum nicht wegziehen. Ohne eine Verbesserung des Wohnungsangebots, insbesondere in den genannten Arbeiterquartieren, ist eine erfolgsorientierte Integrationspolitik mit besserer Durchmischung der Bevölkerung nicht möglich.

Die dritte Leitidee zielt auf den bewussten und sorgsamen Umgang mit Differenz, auf genaue Analyse der Probleme und auf Vermeidung von sogenannter Kulturalisierung oder Ethnisierung. Die neue Intergrationspolitik nimmt auf der Grundlage der Menschenrechte und unserer Gesetze jeden Menschen individuell ernst und zugleich persönlich in die Verantwortung. Die Zugehörigkeit zu einem Geschlecht, einer Religion oder einer Sprachgruppe gibt weder Sonderrechte noch darf sie zu Diskriminierung führen. (Migrantinnen sind bis jetzt von vielen Integrationsangeboten gar nicht erfasst worden.) Der Paternalismus, das gutgemeinte Helfen von oben nach unten in Abhängigkeit, hat ausgedient, das Leitbild möchte selbstverantwortliche Menschen – und Hilfe stets als Unterstützung zur Selbsthilfe verstanden wissen.

Die Ansätze dieser neuen Politik sind zukunftsgerichtet und visionär (nicht vergangenheitsbezogen), leistungs- und aufstiegsorientiert (nicht gleichgültig), emanzipatorisch (nicht auf Abhängigkeit ausgerichtet), sie betonen die individuelle Mitverantwortung (statt Gruppen-Verantwortung) und legen Wert auf gleiche Rechte und Pflichten (anstelle von ungleichen Sonderlösungen).

Die Menschenrechte und die Errungenschaften des liberalen Rechtsstaates werden konsequent zum Nutzen der ganzen Gesellschaft angewendet. Was sich in der zweiten Hälfte des letzten Jahrhunderts bewährt hat, ist heute wieder aktuell.

Die Umsetzung der Idee

Die staatlichen Mittel werden mit neuen Prioritäten eingesetzt. Mittel- und langfristig sollen die immensen Kosten, welche die defizitorientierte Politik auf der kurativen Seite in Fürsorge, Gesundheitswesen und Justiz zur Folge hatte, durch ressourcenorientierte Investitionen in Information, Bildung und Quartierentwicklung gesenkt werden. Insgesamt soll die neue Politik kostenneutral oder gar kostensenkend sein. Der Regierungsrat hat eine Arbeitsgruppe beauftragt, bis Ende 1999 das Handlungskonzept des Leitbilds zu konkretisieren und die Investitionen und Sparmöglichkeiten detailliert zu benennen.

Gemäss diesem Handlungskonzept sorgt der Staat durch eine kompetente Begrüssung (schriftlich und durch Aktionen im Quartier), professionelle Information über Basel und die verschiedenen Angebote (in der Mutterprache und in Deutsch), soziale Vernetzung im Quartier (bei den Nachbarn und in Vereinen) und ein Sprachkursangebot (mit obligatorischem Charakter) dafür, dass Neuzuzügerinnen und -zuzüger auf höchstmöglichem Niveau aktiv am Integrationsprozess teilnehmen und möglichst selbständig zu Erfolg kommen. Die bereits ansässigen Migrantinnen und Migranten werden bestmöglich nach-erfasst – so wie derzeit probeweise durch das Projekt ‹Lernen im Park›. Selbstverständlich werden die Angebote auch den Schweizerinnen und Schweizern offenstehen. Es ist ja nicht so, dass der Schweizer Pass automatisch für gute Deutschkenntnisse oder für staatskundliches Wissen sorgt ...

Die Erwerbsquote unter der ausländischen Bevölkerung ist höher als unter den Schweizern – ein Gewinn nicht nur für die Staatskassen.

Die ersten Projekte

Im Handlungskonzept sind über zehn Massnahmen aufgeführt, wobei Information und Bildung, Erwerbsarbeit, Quartierentwicklung, Öffentlichkeitskampagne und Mitwirkung im Vordergrund stehen. Alle Projekte sind ausführungsreif und zum Teil probeweise bereits gestartet, wie zum Beispiel die ‹Sprach- und Kulturbrücke› an den Schulen. Sie bezweckt eine rasche Qualifizierung in der Muttersprache und in der deutschen Sprache, womit nicht nur das grosse Sprachenpotential, sondern die Schulbildung allgemein gefördert und später im Berufsleben genutzt werden kann. Die Förderung des Potentials wird mit mehreren Projekten – bis zum Eintritt ins Erwerbsleben – unterstützt.

Anfang 2000 starten eine dreijährige Informationskampagne der Kantone Basel-Stadt und Basel-Landschaft, welche ‹Tatsachen statt Vorurteile› kommuniziert, und das Mediationsprojekt STREIT. LOS, das in allen Quartieren für professionelle Konfliktlösung unter allen Schichten und Sprachgruppen sorgen soll.

Die Informationskampagne ‹Tatsachen statt Vorurteile› soll die verzerrte Wahrnehmung der Migration durch Fakten klären und auch dazu beitragen, Fehlplanungen in der Politik zu vermeiden.

Das Mediationsprojekt STREIT.LOS, macht sich eine in den USA und in Frankfurt/M. erfolgreich erprobte Methode zur Konfliktlösung zunutze. Anstelle der Polizei sollen primär Vermittler mit interkulturellen Kompetenzen sich der Nachbarschafts- und anderer Lebensprobleme in den Quartieren annehmen und für nachhaltige Lösungen sorgen. Die Polizei ist in erster Linie für ihr Kerngeschäft Sicherheit da.

Weitere Projekte betreffen die Öffnung der Strukturen und die Beteiligung der ausländischen Bevölkerung in allen gesellschaftlichen Belangen. Die Parteien und die Öffentlichkeit werden inskünftig regelmässig über die anstehenden Projekte und Fortschritte orientiert, wozu ein Controlling aller Massnahmen im WSD eingerichtet wurde. Die Wirkung der Projekte und die Geldflüsse des Staates im Integrationsbereich werden ab 2000 möglichst genau erfasst.

Ausländerstimmrecht

Der Regierungsrat hat klar die Voraussetzungen genannt, die erfüllt sein müssen, um dieses Instrument der Partizipation zu prüfen. Der nachweisliche Erfolg der eingeleiteten Projekte ist eine dieser Voraussetzungen. Wenn die Massnahmen spürbare Verbesserungen zeitigen, sollte es möglich werden, vernünftig über neu-alte Ideen zu diskutieren. Auch hier gilt: Es ist alles anderswo schon erprobt.

Heimat schaffen · *Andreas Breymaier*

Gedanken rund um den Basler Preis für Integration

Immer näher rücken Menschen unterschiedlichster Kulturen zueinander.
Heimat ist nicht länger auf der Landkarte zu verorten,
sondern ein im Kontakt mit Freunden immer wieder neu zu erschaffendes Gut.
Der Basler Preis für Integration ehrt Menschen, die sich um ein fruchtbares
Zusammenleben einheimischer und ausländischer Bevölkerung bemühen.

Das Team der Albanischen Beratungsstelle erhielt den ersten Basler Preis für Integration.

Die Situation ist paradox: Die Welt rückt so nahe zusammen wie noch nie. Börsenausschläge in Tokyo versetzen Zürcher Händler in Nervosität. Herr und Frau Schweizer pflegen Internet-Freundschaften rund um den Globus. Und dank modernster Verkehrsmittel lassen sich Besuche bei Bekannten in Übersee über das Wochenende realisieren. Gleichzeitig geht die wirkliche Anteilnahme nicht über den eigenen Clan hinaus. Einpersonen-Haushalte liegen im Trend. Und selbst die staatlichen Fernsehsender bedienen sich mehr und mehr des Dialekts. Je internationaler die Wirtschaft operiert und je mehr Informationen uns selbst aus den entferntesten Winkeln der Erde erreichen, desto stärker wächst der Wunsch nach Beheimatung, nach einem überschaubaren Rahmen, nach Sicherheit und Lokalkolorit. Weltläufigkeit und die Pflege der Privatsphäre, das Fernweh und das Bedürfnis, irgendwo dazuzugehören – dies sind die beiden Seelen in unserer Brust.

In der Regel halten sich Offenheit und Selbstbezogenheit in etwa die Waage. In gesellschaftlichen Umbruchzeiten wird allerdings das mehr oder weniger harmonische Zusammenspiel der beiden Regungen gestört. Offenheit gegenüber Neuem schlägt unverhofft in ängstlichen Rückzug um. Statt nach dem Duft der weiten Welt, sehnen sich viele plötzlich nach dem Geruch des eigenen ‹Stalls›. Die gesellschaftlichen Gegensätze, die in guten Zeiten als Zeichen der Lebendigkeit und der Entwicklung gelten, werden dann als bedrohlich erlebt. «Die Schmerzgrenze ist erreicht» und «Die Bevölkerung erwartet Massnahmen, die greifen» – die Schlagzeilen der vergangenen Monate spiegeln das derzeitige öffentliche Klima wider. Das Fazit ist deutlich: Die ansässige Bevölkerung bekundet mit dem Tempo der raschen Veränderungen im Quartier Mühe. Unverhohlen gibt sie zu erkennen, sich im Matthäus oder St. Johann je länger je weniger heimisch zu fühlen.

Der Verlust der angestammten Heimat ist schmerzlich – auch und gerade für die Zugewanderten, die ihre vertraute Umgebung verlassen haben, um an einem neuen Ort heimisch zu werden. Es ist darum gut nachvollziehbar, wenn sich unter Migrantinnen und Migranten nach der ersten Neugier auf das neue Land das Gefühl der Überforderung einstellt – und aus der Überforderung bald ängstlicher Rückzug auf die eigene Volksgruppe und den eigenen Clan wird.

Integration – so lautet das Zauberwort. Obwohl vom übermässigen Gebrauch schon verwässert, ist es immer noch das treffendste Wort für die ständige Aufgabe, die auseinanderfallenden Teile wieder zu einem Ganzen zusammenzufügen. Basel macht sich in seiner Migrations- und Integrationspolitik die Instrumente zunutze, welche Vorreiterorganisationen in den 70er und 80er Jahren entwickelt

Zahlreiche Baslerinnen und Basler wohnten der ersten Verleihung des Basler Integrationspreises bei.

und erprobt haben. So haben zum Beispiel die im Bereich der professionellen Erwachsenenbildung tätige Stiftung ECAP und das Kurs- und Freizeitzentrum für Flüchtlinge und Fremdsprachige (KFZ) schon früh erkannt, dass es zum Abbau von Vorurteilen Sprach- und Kulturkenntnisse braucht, und entsprechende Angebote ins Programm aufgenommen.

Der eigentliche Paradigmenwechsel der städtischen Migrationspolitik liegt darin, in Zukunft das Potential und nicht die Defizite der Einwanderer in den Vordergrund stellen zu wollen. Ziel ist, Verunsicherungen und Reibungsprobleme abzubauen. Initiativen, die zum gegenseitigen Verständnis beitragen, sollen gefördert, Bildungsangebote gezielt ausgebaut werden. Um dem Ziel des harmonischeren Zusammenlebens näher zu kommen, sollen alle gesellschaftlichen Kräfte in die Bemühungen eingebunden werden: Politik und Wirtschaft, Kirchen und Vereine, Migrantinnen und Migranten, Schweizerinnen und Schweizer. Gerade die alteingesessene Bevölkerung wird künftig gefordert sein, sich in eine Gesellschaft zu integrieren, deren Spielregeln und Codes sie nicht länger einseitig zu bestimmen vermag.

Um zu diesem Prozess beizutragen, haben Vertreter der Evangelisch-reformierten und der Römisch-Katholischen Kirche, der Novartis und der Christoph Merian Stiftung Anfang 1999 beschlossen, einen Basler Preis für Integration ins Leben zu rufen. Mit dem Preis sollen Personen geehrt werden, die sich für das förderliche Zusammenleben von Menschen aus unterschiedlichen Kulturen engagieren. Ihre Leistung soll anerkannt und zugleich bekannt gemacht werden. Die Auszeichnung wird an Projekte verliehen, die aus privater

Mittelmeer-Klänge der Musikgruppe Carnascialia anlässlich der Preisverleihung.

Initiative entstanden und zum jeweiligen Zeitpunkt von besonderer Dringlichkeit sind. Die Jury setzt sich zusammen aus Vertreterinnen und Vertretern der Stifterorganisationen sowie anderer Interessengruppen: Sevim Civil von der türkischen Zeitung ‹Gazete›; Christian Felber, Christoph Merian Stiftung; Davide Maniscalco, Verein für Jugendarbeit Kleinbasel; Gaby Pfister-Schölch, Römisch-Katholische Kirche Basel-Stadt; Johannes R. Randegger, Novartis; Ursula Rhein, Israelitische Gemeinde; Pfarrer Georg Vischer, Evangelisch-reformierte Kirche Basel-Stadt. Zu den heute in der Jury tätigen Migrantinnen und Migranten werden in nächster Zeit weitere dazustossen.

Die erste Preisverleihung fand am 21. April 1999 im Zwinglihaus im Gundeldingerquartier statt. Der mit 10 000 Franken dotierte Preis wurde anlässlich einer von über 250 Personen besuchten Feier dem Team der Albanischen Beratungsstelle übergeben – einer zehnköpfigen Gruppe, die seit Sommer 1997 an der Gempenstrasse tätig ist. Während der Vorkriegs- und Kriegsmonate, aber auch danach suchten hier viele Kosovo-Albaner Rat und Unterstützung. Am neuen Ort noch nicht heimisch und zugleich gedanklich bei den kriegsvertriebenen Verwandten in Kosova zu sein war für viele eine schier unerträgliche Doppelbelastung. Die psychologische Betreuung und die eigens eingerichtete Hotline nach Kosova gehörten in dieser Zeit zu den meistgefragten Dienstleistungen. Heute stehen andere Angebote im Vordergrund: Ärzte klären über gesundheitliche Risiken, zum Beispiel Aids, auf; Jugendliche erhalten Hilfe bei sozialen oder beruflichen Problemen; und für albanische Frauen ist ein Treffpunkt entstanden. Die hauptsächlich ehrenamtlich geführte Beratungsstelle dient aber nicht nur Albanerinnen und Albanern als Auskunftsstelle und Drehscheibe. Sie hat sich auch für Schweizer Institutionen und Behörden zu einer wichtigen Adresse entwickelt. Jugendarbeiterinnen aus den Treffpunkten der Basler Freizeitaktion, Lehrerinnen und Lehrer, Ärzte, aber auch staatliche Departemente und Ämter greifen in ihrer Arbeit häufig auf die Erfahrungen der Beratungsstelle zurück. Das Team bringt – und das ist wohl das Zentrale seiner Arbeit – Menschen zusammen, die sich ohne seine Vermittlungsdienste nicht begegnet wären.

Die Welt rückt näher zusammen, auch in Basel, das dank seiner Grenzlage, seiner chemischen Industrie und seiner jahrhundertealten Einwanderertradition schon immer ein Schmelztiegel verschiedener Nationen war. In dieser zusammenrückenden Welt Heimat immer wieder neu zu schaffen, jenseits von Heimattümelei, aber mit Courage und mit Sinn fürs Machbare – diese Aufgabe wird uns auch in Zukunft herausfordern.

Mehrsprachigkeit in der Stadt *Rita Franceschini*

Die Stadt ist ein Lernfeld, das alle unsere Sinne anregt. Zu diesem Lernfeld gehören die vielen in vielfältiger Weise verwendeten Sprachen, Dialekte, Codes und kurzlebigen Trends.

Von Kindesbeinen an

Kann man sich eine einsprachige Stadt vorstellen? Wohl kaum: Weder im alten Rom noch in Konstantinopel kommunizierte die Bevölkerung in einer einzigen, homogenen Sprache – und sie tut dies schon gar nicht in einer modernen Stadt. Wohl ist jeweils ein Idiom dominant – wie Schweizerdeutsch in Basel –, doch ist das Neben-, Mit- und Durcheinander verschiedener Sprachen, Dialekte und Gruppenvarietäten gerade ein Kennzeichen urbaner Kommunikation: Wie die verschiedenen Verkehrsmittel kreuzen sich im städtischen Leben Personen mit unterschiedlichen Sprachbiografien. Die einen sind mit ortsüblichem Dialekt aufgewachsen und haben sich in der Schule, als erste Fremdsprache, Französisch erworben; andere sprechen zu Hause italienischen Dialekt und haben beim Spielen mit den Nachbarkindern Baseldeutsch gelernt; und weiteren hört man an, dass sie in einem gewissen Alter aus der Türkei in die Schweiz gekommen sind.

Doch gehen wir den eben genannten Beispielen kurz nach: Ist es möglich, dass man als Basler erst in der Schule mit Französisch in Berührung kommt? Das hiesige Leben ist in so vielfältiger Weise mit französischem Kulturgut durchsetzt, dass man tagtäglich Französisch hören kann,[1] manchmal durchmischt mit Elsässisch. Unter den Deutschschweizer Städten hat Basel den höchsten Anteil an wohnhaften Französischsprachigen (um die drei Prozent). Italienisch wird von rund sieben Prozent der Basler Bevölkerung als Hauptsprache angegeben und ist die zweitwichtigste Sprache am Ort. Italienisch kann man im Tram, im Bus und auf der Strasse auch aus jugendlichem Munde hören, oft in schneller Wechselrede mit Baseldeutsch (codeswitching genannt[2]). Abgesehen von den drei- und viersprachigen Aufschriften auf Packungen, kann man beiden romanischen Sprachen im städtischen Raum auf Schritt und Tritt begegnen. Man achte einmal auf Firmenbezeichnungen: Als einer der ‹trendigen› Schriftzüge ist mir kürzlich die ‹bar caffè fumare – non fumare› an der Gerbergasse aufgefallen.

Kontaktitalienisch

In bezug auf Italienisch kann man in der Deutschschweiz seit längerem ein interessantes Phänomen beobachten: Vornehmlich das Bild einer Immigrantensprache vermittelnd, hat sich Italienisch in den letzten zwanzig Jahren zu einer überaus beliebten Sprache entwickelt, die beispielsweise in der Werbung von Deutschschweizern gerne eingesetzt wird. Italienisch wird anscheinend gut verstanden und spricht viele Bevölkerungsschichten positiv an.

In einer gezielten Untersuchung im Gundeldinger-Quartier wurde in rund hundertfünfzig Verkaufsgesprächen getestet, wieviele Deutschschweizer fähig sind, mit einer italienischsprachigen Kundin in deren Sprache zu verkehren: Ungefähr ein Drittel antwortete auf Hochdeutsch oder Schweizerdeutsch, ein Drittel auf Italienisch unter Zuhilfenahme von viel Französisch und Deutsch (und anderen Sprachen!), ein Drittel konnte sich recht fliessend und differenziert auf Italienisch unterhalten – nicht in einem Italienisch wie aus dem Grammatikbuch, doch mit für den Zweck durchaus funktionaler Kompetenz. Ich habe es Kontaktitalienisch genannt.[3]

Nur wenige der Auskunftspersonen hatten Italienisch in der Schule oder in Kursen gelernt. Sie sprechen ein Italienisch, das Deutschschweizern durch den Kontakt mit Immigranten (seltener Tessinern) seit den sechziger Jahren ‹im Ohr liegt› und welches im alltäglichen, immer selbstverständlicheren Zusammenleben erworben wird. Es ist ein Sprachlernen, das ohne viel Aufmerksamkeit und Anstrengung zustandekommt. Ich habe diesem vorwiegend ausserschulischen ‹Nebenbei-Lernen› von Sprachen die Bezeichnung ‹unfokussierter Spracherwerb› gegeben.

Diese Art des Spracherwerbs ist sicher nicht auf die Schweiz beschränkt (doch hier gut beobachtbar) und häufiger, als bisher in der Forschung angenommen wurde. Beachtlich ist bei diesem Phänomen, dass eine Sprach*mehrheit* – die Deutschschweizer – die Sprache einer Minderheit spontan

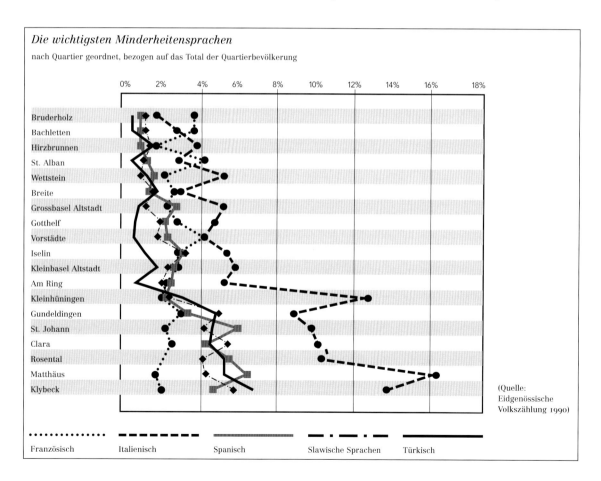

Die wichtigsten Minderheitsprachen

nach Quartier geordnet, bezogen auf das Total der Quartierbevölkerung

(Quelle: Eidgenössische Volkszählung 1990)

Französisch   Italienisch   Spanisch   Slawische Sprachen   Türkisch

erlernt – und nicht umgekehrt, wie man erwarten würde. Die Vermischung dieser Immigrantenbevölkerung mit der Einheimischen ist so weit fortgeschritten, dass bei manchen Personen die Zuordnung ‹Italiener› oder ‹Deutschschweizer› Mühe macht, besonders wenn man sie beim waschechten Dialektsprechen erlebt![4]

Die gegenseitige Anpassung der beiden Bevölkerungsgruppen ist beachtlich und widerspricht vielen xenophoben Diskursen. Ob diese Art der Annäherung auch für neuere Immigrierende in Zukunft gelingt, hängt nicht zuletzt davon ab, mit wieviel Selbstverständlichkeit man dem Phänomen der Migration begegnen kann.

Minderheitensprachen
Dass mangelnde Information zu Fehlurteilen führt, lässt sich gut an derjenigen Personengruppe illustrieren, die Türkisch als ihre Hauptsprache angibt. Betreffend diese drei Prozent der Basler Bevölkerung hört man oft, es bestehe eine sprachliche Barriere. Die statistischen Zahlen zeigen jedoch ein anderes Bild: In der Volkszählung von 1990 gaben fast drei Viertel dieser Personen an, am Arbeitsplatz oder in der Schule (oder auch zu Hause) neben Türkisch auch Schweizerdeutsch oder Hochdeutsch zu verwenden.[5]

Doch letztlich sind Zahlen wenig aussagekräftig, und jede Interpretation taugt wenig, wenn sie sich nicht auf ein vertieftes Verständnis der Hintergründe stützen kann: Die obengenannten Daten geben weder Aufschluss über die Kompetenz in den jeweiligen Sprachen, noch liefern sie Hinweise darüber, wieviele der Türkischsprachigen in Basel in ihrer Familiengeschichte nicht eher aus kurdischsprachigen Traditionen stammen. Vorsichtig geschätzt kann man sagen, dass mindestens die Hälfte der türkischen Staatsbürger in Basel der kurdischen Kultur verbunden sind (Kurdisch ist nicht dem Türkischen verwandt, sondern eine indoeuropäische Sprache).

Zu vielen Themenkomplexen rund um die ‹neuen› nicht-nationalen Minderheitensprachen im urbanen Geflecht – Albanisch, die südslawischen Sprachen, Griechisch, Tamil usw. – fehlen vertiefte Untersuchungen. Wo werden diese Sprachen

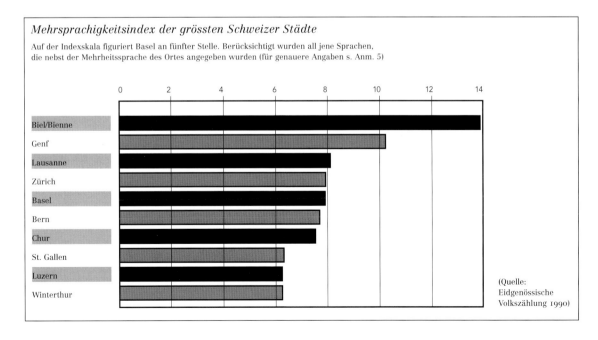

Mehrsprachigkeitsindex der grössten Schweizer Städte

Auf der Indexskala figuriert Basel an fünfter Stelle. Berücksichtigt wurden all jene Sprachen, die nebst der Mehrheitssprache des Ortes angegeben wurden (für genauere Angaben s. Anm. 5)

(Quelle: Eidgenössische Volkszählung 1990)

gesprochen? Erhalten sie sich auch in der zweiten Generation?[6] Wie verständigen sich Personen unterschiedlicher Herkunft untereinander? Ist Italienisch weiter ‹lingua franca› unter Immigranten, oder übernimmt eine andere Sprache diese Brückenfunktion? Hochdeutsch, Schweizerdeutsch oder gar Englisch? Entstehen Mischsprachen?

Solchen und ähnlichen Fragen ist eine Studiengruppe der Universität Basel nachgegangen, die sich im Winter- und im Sommersemester 1998/99 mit dem ‹Sprachpuzzle Basel› auseinandergesetzt hat.[7] Durch Beobachtungen und Interviews, Aufnahmen von Gruppendiskussionen und anderem mehr wurde der Puls einiger Minderheitensprachen gefühlt: Der schulische Umgang mit den politisch neu definierten Sprachen Serbisch und Kroatisch, die Vitalität des Kurdischen, der Deutscherwerb bei Albanischsprachigen, die Gewohnheiten jugendlicher Spanier, das Sprachverhalten von Austauschstudenten und dasjenige langansässiger Italiener und vieles mehr geben ein Bild davon, welch vielfältige Sprachphänomene in Basel koexistieren.

**Städtische Kommunikation:
Sprachbabylon oder kreatives Potential?**
Das Spielerische, das Experimentelle, das Grenzüberschreitende, die Mischung scheint ein wichtiges Charakteristikum des urbanen Sprachgeflechts zu sein, dem sich gerne auch die Einheimischen hingeben. Die Stadt bietet Freiräume, wo Ungewohntes und Traditionelles sich begegnen und Seite an Seite bestehen können: Menschen unterschiedlichster Herkunft ebenso wie mittelalterliche und futuristische Architektur. Das auf den ersten Blick Zusammenhanglose, Eklektische, Zusammengesetzte irritiert, lässt aufhorchen, stösst ab und regt an.

Die Notwendigkeit, in wechselnden Situationen mit Menschen unterschiedlichster Herkunft zu verkehren, macht jede Stadt zu einem je eigenen Sprachbabylon, aus dem wohl eine Stimme herausragt (in Basel der Dialekt[8]), aber viele andere den Turmbau mitgestalten. In Basel ist diese Mehrstimmigkeit ein fester Bestandteil der Tradition. Doch heute ist die Mehrsprachigkeit für diese Stadt darüber hinaus ein wichtiges, zukunftsweisendes Potential. Es verbindet sie mit einer Vielzahl von Sprachkulturen rund um den Globus, von Afrika bis zum Indischen und Pazifischen Ozean. Sie sind in Basel zwar erst mit einer kleinen Anzahl Personen vertreten, doch könnten sich diese Menschen, und vermehrt deren Nachkommen, hier schon bald heimisch fühlen und weltweit Kommunikationsbrücken schlagen helfen.

Arbeitssprachen in Basel, nebst Deutsch (Anzahl Personen)

Französisch	21 312
Englisch	18 415
Italienisch	14 023
andere	6 354

(Quelle: Eidgenössische Volkszählung 1990)

Anmerkungen

1 Zu ‹Französischsprachige in Basel› s. den Beitag von Georges Lüdi im Basler Stadtbuch 1991, Ausg. 1992, S. 116–123.

2 Siehe etwa Peter Auer (ed.), Code-Switching in Conversation, London ²1999, mit weiterführender Literatur.

3 Den ‹Gundelianern› gilt hier ein besonderer Dank. Zu grammatischen Phänomenen des Kontaktitalienisch s. Rita Franceschini, Italiano di contatto, Habilitationsschrift, Philosophisch-Historische Fakultät der Universität Basel, 1998.

4 Medial lässt sich ein Verfremdungseffekt nicht einmal mehr über die Inszenierung von Personen anderer Hautfarbe erwirken, so üblich ist es, Personen fremdsprachiger Herkunft als kompetente Dialektsprecher zu erfahren (Wie ‹schweizerisch› wirkt doch das «Auwää» der neuen Mitbewohnerin in Tante Martas Wohngemeinschaft der Fernsehserie ‹Fascht e Familie›!).

5 Diese und nachfolgende Daten stammen aus der Volkszählung von 1990. Siehe dazu: Georges Lüdi/Iwar Werlen/Rita Franceschini et al., Die Sprachenlandschaft Schweiz, Bundesamt für Statistik, Bern 1997 (auch in französischer Version).

6 Einiges weist gemäss der Volkszählung 1990 darauf hin, dass mehr Jugendliche kein Türkisch mehr sprechen, d. h. in grösserem Umfang als Spanier und Italiener zu Sprachverlust neigen. Zu Details siehe Anm. 5.

7 Innerhalb des neuen transphilologischen Angebotes in der Linguistik haben sich Studierende verschiedenster Sprachfächer als Projektgruppe organisiert und sich spezifische Aufgaben gestellt (Leitung: Rita Franceschini). Von der Planung, der Hypothesenbildung, der Datenerhebung, -darstellung und -auswertung bis zur Vorstellung der ersten Resultate vor bestandenen Forscherinnen und Forschern, die nach Mannheim geladen hatten, organisierten sich die Studierenden wie in einem Planspiel möglichst selbst. Die Projektgruppe hat sich den Namen ‹TARBA› gegeben (Transphilologisches Angebot an der Uni Basel).

8 Zur Dialektvariation s. den Beitrag von Christoph Grolimund im Basler Stadtbuch 1998, Ausg. 1999, S. 106–110.

Kultur, Mäzene und Politik

Basel hat 1999 eine herausragende Persönlichkeit verloren, einen initiativen Künstler und grossartigen Mäzen: Paul Sacher. Der Musikwissenschafter Peter Hagmann würdigt sein Lebenswerk.

Besitzen Mäzene Macht? Haben Sponsoren Prestige Gelüste? Ist die staatliche Kulturförderung zunehmend von privaten Zuwendungen abhängig? Basels Kulturbeauftragter Andreas Spillmann und die Mäzenin Maja Oeri äussern sich in zwei Gesprächen mit Sybille Roter über ihre kulturpolitischen Bezüge. «Je mehr die öffentliche Hand die kulturelle Verantwortung trägt, desto mehr motiviert sie private Geldgeber, die Kultur ebenfalls zu unterstützen», resümiert Spillmann seine Arbeitserfahrung. Maja Oeri betont, dass sie sich nicht als Lückenbüsserin für staatliche Finanzmängel versteht, ihre Aktivitäten aber in enger Absprache mit der Regierung entwickelt: «Gemeinsam können wir das Ziel, zeitgenössische Kunst zu fördern, am erfolgreichsten verfolgen.»

Am Schluss des Themenblocks steht ein Beitrag über eine weitere grosse Schenkung an die Region Basel. Nach dem tragischen Tod von Jacqueline Spengler wurde, ihrem Testament folgend und mit ihrem grossen Legat, eine Stiftung errichtet, die sich im Sozialen und Kulturellen engagieren wird.

Red.

Paul Sacher *Peter Hagmann*

Zum Tod des grossen Mäzens

Keine Frage: Ohne Paul Sacher, der am 26. Mai 1999 im Alter von 93 Jahren nach längerer Krankheit gestorben ist, wäre die Musik des 20. Jahrhunderts nicht, was sie ist – und wäre das Basler Musikleben nicht gewesen, was es war.

Paul Sacher im Sommer 1980 nach einem Konzert des Basler Kammerorchesters mit dem Basler Schlagzeug-Ensemble.

So sehr Paul Sacher auch zu internationaler Wirkung gefunden hat, so ausgeprägt war er doch im Lokalen verankert. Darin liegt eine der Besonderheiten in diesem grossen Leben, das sich jetzt gerundet hat. In Basel war Sacher Mittelpunkt nach der Art und Weise eines Feudalherrn. Die Konzerte des Basler Kammerorchesters boten nicht nur reiche Anregung und Begegnungen mit prominenten Künstlern, sie waren auch mit einem gesellschaftlichen Nimbus eigener Art verbunden. Und selbst sah er sich, das liess er in seiner Ansprache zur Eröffnung der Paul Sacher Stiftung im Frühjahr 1986 erkennen, bescheiden und selbstbewusst zugleich als Diener seiner Vaterstadt in der Tradition eines Christoph Merian.

Sacher verfügte über ein enormes Vermögen; das hat vieles erleichtert, manches überhaupt erst ermöglicht. Indessen: die ersten Taten fallen in die Zeit vor seiner Verheiratung mit der Bildhauerin, Kunstsammlerin und Mäzenin Maja Hoffmann-Stehlin (1896–1989), die ihm die ungeahnten finanziellen Möglichkeiten erschlossen hat.

Begründet war dies grosse Leben nicht durch Geld, sondern durch den unbedingten Willen, eine Spur zu hinterlassen. Am 28. April 1906 in Basel geboren und in kleinbürgerlichen Verhältnissen aufgewachsen, machte sich Sacher schon in jungen Jahren seinen Plan. Dirigent zu werden, das war sein Ziel. Deshalb leitete er schon am Gymnasium Schülerorchester, deshalb brach er später das bei Karl Nef und Jacques Handschin an der Universität Basel aufgenommene Studium der Musikwissenschaft ab zugunsten der Ausbildung zum Geiger und Dirigenten am Konservatorium seiner Vaterstadt.

Dirigent und Auftraggeber

1926 gründete Paul Sacher das Basler Kammerorchester (BKO), mit dem er alte und neue Musik, aber nicht jene der Romantik aufzuführen gedachte. Nach dem Tod von Hermann Suter war der berühmte, allerdings für seine konservativen Nei-

gungen bekannte Dirigent Felix Weingartner zum Leiter der Allgemeinen Musikgesellschaft gewählt worden. Mit dem BKO stellte Sacher dieser Entwicklung einen Kontrapunkt entgegen, der aktuelle Strömungen aufnahm. Das Kammerorchester wandte sich ab von den grossen Besetzungen der Jahrhundertwende, es verpflichtete sich einer neuartigen, eher auf Texttreue und Sachlichkeit als auf subjektives Ausdrucksbedürfnis ausgerichteten Interpretationsästhetik. 1927 gab das BKO sein erstes Konzert – mit der Uraufführung der Suite für Violoncello und Kammerorchester von Rudolf Moser, Sachers Lehrer für Musiktheorie. Ein Jahr später wurde dem Orchester ein Chor angegliedert.

Damit erschloss sich jener Bereich in der Tätigkeit Sachers, mit dem bis zur Auflösung des BKO 1986 die nachhaltigste Wirkung verbunden war. Er selbst sah sich in erster Linie als Dirigent, Geschichte gemacht hat er als Mäzen, als Auftraggeber. Von 1928 datiert der erste Auftrag; er ging an Conrad Beck. 1929 lernte Sacher Béla Bartók, 1930 Igor Strawinsky, 1932 Arthur Honegger kennen – Komponisten, die ihm in Freundschaft zugetan waren und für ihn wichtige Werke schrieben: Bartók die Musik für Saiteninstrumente, Schlagzeug und Celesta (1936) sowie das Divertimento für Streichorchester (1939), Strawinsky das Concerto en ré (1946) und ‹A Sermon, a Narrative, and a Prayer› (1962), Honegger unter anderem ‹La Danse des Morts› (1938) sowie die Sinfonien Nr. 2 (1941) und 4 (1946). Später kamen dazu Musiker wie Bohuslav Martinů und Wolfgang Fortner, aus jüngeren Generationen Hans Werner Henze, Cristóbal Halffter und Wolfgang Rihm – während Pierre Boulez Sacher in engster Freundschaft verbunden war, aber nie in seinem Auftrag komponiert hat. Ein eigener Schwerpunkt liegt bei den Schweizer Komponisten, zunächst bei Frank Martin und Willy Burkhard, später bei Rudolf Kelterborn und Heinz Holliger, Norbert Moret und Patricia Jünger.

Namen verschiedenster Provenienz stehen in dieser Liste von über 250 Auftragskompositionen nebeneinander. Und die stilistische Breite ist beträchtlich – wenn auch in diesem Korpus wesentliche Strömungen des 20. Jahrhunderts fehlen.

Von links nach rechts: Conrad Beck, Igor Strawinsky und Paul Sacher im Schmiedenhof nach einer Probe zum BKO-Konzert vom 2. Oktober 1930, bei dem auch Becks 5. Sinfonie uraufgeführt wurde.

Die Vertreter der Zweiten Wiener Schule sahen sich ebenso wenig berücksichtigt wie jene des strengen Serialismus. Ästhetisch, so Sacher selbst, sei ihm der Strawinsky der russischen Epoche am nächsten gestanden. Und Grundlagen musikalischer Formung wie die geschlossene Melodie oder der regelmässige rhythmische Puls waren ihm unantastbare Parameter. Zudem ging die Auftragserteilung stets auf persönlichen Kontakt zurück. Schönberg kannte Sacher nicht, Berg, den er für den bedeutendsten Vertreter der Zweiten Wiener Schule hielt, nur flüchtig; Webern war einmal bei ihm zu Gast, doch sei es nicht zu erlebnishafter Begegnung gekommen.

Pionier und Bewahrer

Gleichwertig neben der neuen stand die alte Musik. In den späten zwanziger Jahren gab es in Basel die Spezialisten um den Cellisten und Gambisten August Wenzinger, den Tenor Max Meili und die Choralforscherin Ina Lohr, die sich mit alter Musik befassten. Unterstützt von diesem Kreis sowie von dem Musikwissenschafter Walter Nef, schritt Paul Sacher 1933 zur Gründung der Schola Cantorum Basiliensis, des Lehr- und Forschungsinstituts für alte Musik, das bis in die siebziger Jahre seinesgleichen suchte. Das war eine echte Pioniertat, weil sie ein damals weitgehend unbekanntes Repertoire betraf, aber auch den Versuch umfasste, die Erkenntnisse der Wissenschaft für die Praxis zu nutzen.

Über ein Jahrzehnt lang wurde die Schola Cantorum Basiliensis als privat finanziertes Institut geführt. 1954 ist sie mit der Musikschule und dem Konservatorium zur Musik-Akademie der Stadt Basel zusammengeschlossen worden, deren Direktion Sacher im Verein mit Walter Müller von Kulm, ab 1964 in alleiniger Verantwortung versah. In

Von links nach rechts: Paul Sacher, Charlotte Martinů, Maja Sacher, Bohuslav Martinů im September 1948 auf dem Schönenberg bei Pratteln.

jenen Jahren kaufte Sacher auch die vordem als Leihgabe zur Verfügung gestellte Sammlung alter Musikinstrumente von Otto Lobeck; das Historische Museum Basel, dem er sie schenkte, ist damit zu einer international beachteten Instrumentensammlung gekommen. 1969 legte Sacher die Leitung der Musik-Akademie nieder – nicht etwa aus Altersgründen, sondern aus Protest gegen den Kurs des Regierungsrates auf dem Gebiet des Musikunterrichts. Langfristig hat die damals gehaltene Brandrede durchaus ihre Folgen gehabt.

Mit der Paul Sacher Stiftung kam zum Basler Kammerorchester und zur Schola Cantorum Basiliensis eine dritte Gründung. Die von ihm in Auftrag gegebenen und unter seiner Leitung uraufgeführten Werke bewahrte Sacher zunächst an seinem Domizil auf dem Schönenberg bei Pratteln auf. 1983 konnte er den Nachlass von Igor Strawinsky erwerben, im Jahr darauf kam die Hinterlassenschaft von Anton Webern dazu, und 1986, zu seinem 80. Geburtstag, eröffnete er in Basel die seinen Namen tragende Stiftung, die mit ihrem rasch erweiterten Bestand an Komponistennachlässen zu einem Mekka der internationalen Musikforschung geworden ist. Worüber und wie dort ‹Auf Burg›, unmittelbar neben dem Basler Münster, gearbeitet wird, das haben 1996 die zu Sachers 90. Geburtstag eingerichtete Klassizismus-Ausstellung im Kunstmuseum und ein damit verbundenes Symposion gezeigt.

Diener seiner Vaterstadt

Neben den drei grossen Gründungen hat Paul Sacher seiner Vaterstadt manch weiteren Dienst geleistet; die lokale Sektion der Internationalen Gesellschaft für Neue Musik (IGNM) oder die der Schola Cantorum affilierte Konzertreihe ‹Freunde alter Musik in Basel› wären hier etwa zu nennen.

Mit Roche-Verwaltungsratspräsident Fritz Gerber (links) und BKO-Ehrenpräsident Edgar Bonjour (rechts).

Basel war für Sacher das Lebenszentrum. Alle Anfragen für Positionen ausserhalb der Stadt lehnte er ab – mit einer Ausnahme. 1945 übernahm er die Leitung des neugegründeten Collegium Musicum Zürich, mit dem er bis 1992 ähnliche künstlerische Maximen verfolgte wie mit dem Basler Kammerorchester. Über mehr als fünfzig Jahre, bis zum Sommer 1996, bestritt er mit diesem Orchester zudem die jährlichen Serenaden der Internationalen Musikfestwochen Luzern. Alles erscheint auf Dauer angelegt in diesem Leben; nicht zuletzt zeugen davon die Schriften, die zu jedem Dezennium der beiden Orchester erschienen sind, aber auch die zahlreichen, im Zusammenhang mit den runden Geburtstagen Sachers entstandenen Würdigungskompositionen.

Hinter den Kulissen übte Sacher allerdings mehr Einfluss aus, als allgemein bekannt geworden ist. In den vierziger Jahren war er erst Vizepräsident, dann Präsident des Schweizerischen Tonkünstlervereins, musikalischer Berater bei Radio Beromünster und bei ‹Pro Helvetia›. Die Ämterkumulation lässt annehmen, dass er 1950, als Hermann Scherchen aus seinen Positionen beim Radio-Orchester und beim Musikkollegium Winterthur vertrieben wurde, sein Teil dazu beigetragen hat; er machte jedenfalls kein Hehl daraus, dass er den deutschen Dirigenten menschlich verabscheute und musikalisch für einen ernsten Rivalen hielt. Später setzte er sich für Pierre Boulez und das von ihm in Paris begründete ‹Institut de recherche et de coordination acoustique/musique› (Ircam) ein. Paul Sacher hatte nicht nur Visionen, er liess sie auch Realität werden. Damit hat er Geschichte gemacht.

Mstislaw Rostropowitsch bei der Probe zum BKO-Konzert vom 19. Januar 1984.

Wer gibt, bekommt noch mehr
Sybille Roter

Andreas Spillmann
über staatliche und private Kulturförderung

Der Kanton Basel-Stadt finanziert den überwiegenden Teil aller kulturellen Veranstaltungen. Positiv wahrgenommen werden in der Öffentlichkeit jedoch vor allem die Millionenbeträge von Mäzenen und Sponsoren. Basels Kulturbeauftragter Andreas Spillmann über das Zusammenspiel von privater und öffentlicher Hand, einen selbstbewussten Staat und über berechtigte und unberechtigte Prestige-Forderungen privater Kulturförderer.

«Der staatliche Auftrag lautet, die Kontinuität des Kunst- und Kulturschaffens zu gewährleisten.»
(Andreas Spillmann)

Sybille Roter: Wie sieht das konkrete Zahlenverhältnis von privater und staatlicher Kulturförderung in Basel aus?

Andreas Spillmann: Eine Untersuchung vor ein paar Jahren hat einen Erfahrungswert von rund 16 Prozent an privaten Zuwendungen für kulturelle Projekte in der Region Basel ermittelt; dieser Prozentsatz enthält mehrheitlich kontinuierliche Mäzenaten- und Sponsoring-Leistungen. Der Kanton Basel-Stadt gibt allein pro Jahr 100 Millionen Franken für die Kultur-Betriebe aus, wobei die Investitionen hierin nicht enthalten sind.

Diese Zahlen sind ein klares Indiz dafür, dass die öffentliche Hand nach wie vor die kulturpolitische Verantwortung trägt und Kulturförderung als Staatsaufgabe versteht. Es wäre naiv und weltfremd zu meinen, die Privatwirtschaft könnte hierbei eine Verantwortung übernehmen, die bisher von der öffentlichen Hand getragen wurde. Es wäre auch nicht richtig, einer Privatperson – Mäzen oder Sponsor – eine derartige Verantwortung aufzubürden.

Geniesst Basel, was mäzenatische Schenkungen angeht, im Vergleich mit anderen Städten einen Spitzenrang?

Der Prozentsatz ist völlig normal, hingegen die dahinterstehenden Frankenbeträge sind einmalig. Ein privater Geldgeber möchte die öffentlichen Ausgaben nicht ersetzen, sondern komplementär ergänzen. Je mehr die öffentliche Hand die kulturelle Verantwortung trägt, desto mehr motiviert sie private Geldgeber, die Kultur ebenfalls zu unterstützen, weil sie bereits ein Fundament vorfinden. Diese Situation ist in Basel einmalig. Der staatliche Aufwand für die Kultur ist enorm – darum ist es kein Zufall, dass das private Mäzenatentum oder Sponsoring in Basel ebenfalls enorm ist.

In dem von Ihnen ausgearbeiteten Kulturleitbild heisst es, dass die Stadt Basel 95 Prozent aller kulturellen Veranstaltungen trägt. Wahrgenommen werden aber vorwiegend die Aktivitäten der Spender und Sponsoren. Frustriert Sie diese positive öffentliche Wahrnehmung der privaten Zuwendungen, die mehr Glamour haben als Staatsausgaben?

Nein, aber die dominierende Wahrnehmung privater Zuwendungen ist nicht unproblematisch, weil sie letztlich zur Frage führt: «Wozu dann öffentliche Zuwendungen?» Diese Aufmerksamkeit bezüglich der Sponsoren hat zwei Gründe: Einerseits hat sich die öffentliche Hand häufig nicht darum gekümmert, die eigenen Leistungen besser zu kommunizieren. Zweitens hat der Sponsor ein Anrecht darauf, entsprechend genannt zu werden – das ist die Gegenleistung für sein Engagement. Die Zuwendungen privater Mäzene basieren dagegen auf einer individuellen Motivation und privaten Präferenzen. Es gibt Mäzene, die aus spezifischen Gründen nicht genannt werden möchten, und es gibt Mäzene, für die es Bestandteil des mäzenatischen Anreizes ist, erwähnt zu werden.

Interessant ist übrigens, dass die Grenze zwischen Sponsoren und Mäzenen unscharf wird: Je länger, je mehr will der Sponsor nicht nur ganz direkt seine Prestige-Forderungen stellen, sondern vielmehr als Kulturförderer öffentlich wahrgenom-men werden. Gleichzeitig gibt es inzwischen vermehrt Mäzene, die einen gewissen Gefallen an einer Gegenleistung finden.

Wie gross ist die Macht der Mäzene bezüglich Gegenleistungen, Forderungen, Auflagen oder Optionen?

Wichtig ist zunächst, die unterschiedlichen Verantwortlichkeiten von Mäzenen, Sponsoren und der öffentlichen Hand zu definieren: Der staatliche Auftrag lautet ganz klar, die Kontinuität des Kunst- und Kulturschaffens zu gewährleisten. Diese Verantwortung können wir nicht an Einzelpersonen oder Sponsoren delegieren. Ein Unternehmen hat ein anderes Ziel, eine Privatperson eine andere Motivation. Wenn ein privater Geldgeber ein Kulturprojekt mitträgt, hat er grundsätzlich ein Mitspracherecht. Nur muss das Ausmass der Mitsprache in Relation zum Betrag stehen und darf nicht unverhältnismässig sein. Der Staat wiederum handelt insofern kulturpolitisch verantwortungsvoll, als er sich keine künstlerische Mitsprache bei der Ausstellungs-Planung eines Museums oder der Spielplan-Gestaltung eines Theaters ausbedingt. Diese Zurückhaltung in der Einflussnahme muss natürlich mit der des privaten Geldgebers korrespondieren. Wenn er kein ähnliches Verhalten an den Tag legen würde, wäre dies ein Missbrauch der öffentlichen Mittel: Man könnte einfach und billig mit privaten Geldern eine riesige Prestige-Hebelwirkung zu Lasten der öffentlichen Mittel erreichen.

Gibt es solche Prestige-Gelüste?

Selbstverständlich gibt es die, das ist doch normal. Aus diesem Grund werden wohl viele – nicht alle! – Schenkungs- und Sponsorenverträge abgeschlossen. Bei weniger bescheidenen Vorstellungen von Mäzenatentum muss der Staat selbstbewusst genug sein, sich einer Schenkung zu verweigern, falls es kulturpolitisch nicht verantwortbar ist.

Nimmt der Staat nicht alle Schenkungen an?

Eine Schenkung kann man aus künstlerischen, aber auch aus finanziellen Gründen ablehnen. Jede

Schenkung ist mit Folgekosten verbunden. Wir müssen uns immer fragen, wie teuer uns eine Schenkung kommt.

In der Presse sind im Zusammenhang mit mäzenatischen Millionengeschenken Sätze wie «strahlender Sieg privater Dynamik über staatliche Unbeweglichkeit» oder «Bewegungsgehemmtheit demokratischer Prozesse» zu lesen. Verpasst der Staat Chancen?
Das ist schlecht recherchiert und peinlich für die betreffende Zeitung. Ohne Eigeninitiative gibt es keine Geschenke.

Ohne die Emanuel Hoffmann-Stiftung würde das Kunstmuseum über keine nennenswerte Sammlung zeitgenössischer Kunst verfügen, da der Ankaufskredit der Stiftung fünf Mal so hoch

wie der staatliche ist. Ist der Kauf erstklassiger Kunst ohne Mäzene unmöglich?
Die Emanuel Hoffmann-Stiftung ist eine unglaubliche Bereicherung für die Stadt Basel. Die Stiftung ist jedoch keine Schenkerin, sondern eine Leihgeberin.

Das Kunstmuseum hat die Verpflichtung, Sammlungspolitik zu betreiben – auch im Bereich Gegenwartskunst. Es bleibt allerdings die Frage: Inwiefern muss die Öffentliche Kunstsammlung aktuelle Gegenwartskunst sofort erwerben? Besteht nicht sogar die Verpflichtung, eine Entwicklung abzuwarten, um erst bei der Verfestigung eines Trends ein Werk zu kaufen?

Aktive Museumspolitik bedeutet auch, sich um Privatsammler und Leihgeber zu kümmern. Öffentliche Kunstsammlungen leben in ganz erheblichem Masse von Schenkungen und langfristigen Leih-

Ohne staatliche Kulturpolitik sind grosse Kulturengagements wie Theater, Museen und Festivals nicht realisierbar.

verträgen. Es sind – und waren immer – vorrangig private Sammler, die Gegenwartskunst zum richtigen Zeitpunkt ankaufen. In selteneren Fällen sind dies Kuratoren der öffentlichen Häuser. Diese Strategie lässt sich in Basel bis ins 17. Jahrhundert beim Ankauf der Amerbach-Sammlung zurückverfolgen.

Mäzenatentum ist eine Jahrhunderte alte Tradition. Die Kultur hat immer von privaten Zuwendungen profitiert. Das Spezifische der Basler Situation ist das gleichermassen hohe Niveau der mäzenatischen und der staatlichen Zuwendungen im Kulturbereich. Beide Bereiche befruchten einander gegenseitig. In Basel muss der Mäzen oder Sponsor keine Basisarbeit finanzieren, der Staat trägt hierfür die Verantwortung. Wenn er sie nicht mehr wahrnimmt, geht der Mäzen oder Sponsor mit seinem Geld sehr schnell woanders hin.

Dank solider Basisarbeit der staatlichen Kulturpolitik ist das Niveau mäzenatischer Zuwendungen in Basel sehr hoch. Im Bild: Die Sammlung Raoul La Roche.

«Kunst ist wichtig für die geistige Entwicklung» *Sybille Roter*

Gespräch mit Maja Oeri über ihr mäzenatisches Engagement

Die Kunsthistorikerin Maja Oeri führt die mäzenatische Tradition ihrer Familie
weiter – für sie Verpflichtung und Bestandteil eines sinnvollen Lebens.
In einem ihrer seltenen Interviews äussert sie sich über ihr mäzenatisches
Engagement, ihre Zusammenarbeit mit dem Staat, ihren kulturpolitischen Einfluss
und ihre persönliche Zurückhaltung.

Das Schaulager der Basler Laurenz-Stiftung (hier eine Fotomontage) soll die Sammlung der Emanuel Hoffmann-Stiftung aufnehmen – unter optimalen konservatorischen Bedingungen (Architekten Herzog & de Meuron).

Sybille Roter: Frau Oeri, Sie sind als Mäzenin in unzähligen Kunst-Stiftungen, Kommissionen und Komitees engagiert und haben in einer langjährigen Familien-Tradition das kulturelle Leben der Museumsstadt Basel entscheidend mitgeprägt. Welche Arbeit liegt Ihnen persönlich besonders am Herzen?

Maja Oeri: Mein persönlicher Schwerpunkt ist die zeitgenössische Kunst, und die Emanuel Hoffmann-Stiftung – das ist mein Beruf. Bei den eigenen Zeitgenossen kenne ich mich am besten aus. Da ich mit vielen Künstlern meiner Generation wie Katharina Fritsch, Robert Gober oder Jeff Wall persönlich befreundet bin, kann ich ihre Arbeit auch besser beurteilen. Ihre Werke sind Schwerpunkte innerhalb der Emanuel Hoffmann-Stiftung. Wir nennen diesen Teil unserer Sammlung ‹Main Stream›. Daneben versuchen wir, Werke von jüngeren Künstlern wie Jane und Louise Wilson oder Elizabeth Peyton anzukaufen, deren künstlerische Stabilität noch nicht abzusehen ist. Es ist ein Abtasten der Zukunft – in diese Richtung wollen wir ja gehen.

Viele Kunsthistoriker fühlen sich aber gerade bei den zeitgenössischen Künstlern am unsichersten.

Wenn man die Künstler persönlich kennenlernen und auch eine Zeitlang begleiten kann, erkennt man die Ernsthaftigkeit ihrer Arbeit.

Was verstehen Sie unter ernsthafter künstlerischer Arbeit?

Ich kann zwar nicht mit Worten gute Kunst definieren – das kann niemand – aber ich beschäftige mich seit über fünfundzwanzig Jahren mit zeitgenössischer Kunst. Sicher in der Beurteilung wird man nur, indem man sich täglich damit auseinandersetzt, sehr viele Ausstellungen besucht, sich immer wieder die Frage stellt: «Was ist gut, was ist nicht gut, und warum?», und dann mindestens fünfundneunzig Prozent des Gesehenen auf die Seite stellt.

Haben Sie diese tägliche Auseinandersetzung mit Kunst in Ihrer Familie erlebt und praktiziert?

Bei meinen Eltern gab es eine grosse Offenheit gegenüber zeitgenössischer Kunst. Mein Grossvater Albert Oeri war einige Jahre Präsident des Basler Kunstvereins, der Kunsthalle, genau wie Emanuel Hoffmann, mein Grossvater mütterlicherseits, der privat sehr an zeitgenössischer Kunst interessiert war. Meine Grossmutter wollte ursprünglich wie ihr Vater Fritz Stehlin Architektur studieren. Jedoch wurde ihr dies als Frau in der damaligen Zeit verwehrt. Deshalb entschied sie sich für ein Studium der Bildhauerei und war selbst künstlerisch tätig.

Als mein Grossvater die Niederlassung von Hoffmann-La Roche in Brüssel leitete, begannen er und seine Frau als junges Ehepaar mit ihrer Sammlertätigkeit. Sie konzentrierten sich dabei auf die Kunst, die sie am besten kannten – unter anderem die belgischen Expressionisten, die später ein Schwerpunkt der Emanuel Hoffmann-Stiftung wurden. Als mein Grossvater bei einem Unfall starb, gründete seine Frau Maja, die in zweiter Ehe Sacher hiess, zu seinem Andenken diese Stiftung. Sie hatte hierbei auch ein pädagogisches Interesse: Die Auseinandersetzung mit zeitgenössischer Kunst sollte einer breiten Bevölkerungsschicht möglich sein.

Wie würden Sie im Vergleich zu Ihrer Grossmutter Ihr eigenes mäzenatisches Interesse beschreiben?

Die Auseinandersetzung mit neuen künstlerischen Sehweisen ist ein Stiftungszweck, den ich auch heute verfolge. Um dies auch einem breiten Publikum zu ermöglichen, wurde vor ein paar Jahren gemeinsam mit der Christoph Merian Stiftung ein ‹Fonds für künstlerische Aktivitäten im Museum für Gegenwartskunst› errichtet, der vor allem Ausstellungen finanziert. Kunst ist wichtig für die geistige Entwicklung. Dies möchten wir weitergeben und nicht nur für uns behalten.

Inwieweit fördert Kunst die geistige Entwicklung eines Individuums oder einer Gesellschaft?

Die Beschäftigung mit Kunst bringt einen Menschen im Leben weiter und kann Einsichten vermitteln, die ohne Kunst nicht möglich wären. Künstler sind Wissenschaftler, die die Zukunft erforschen.

Mit Ihren verschiedenen Stiftungen und Schenkungen haben Sie die Tradition des Basler Mäzenatentums weitergeführt und in den letzten Jahren immer wieder das Basler Kunstmuseum oder das Museum für Gegenwartskunst unterstützt. Sie lehnen den Begriff Mäzenin ab – weshalb?

Ich lehne nicht die Sache des Mäzenatentums ab, mir behagt lediglich das Wort in unserer heutigen Zeit nicht. Es wirkt so altertümlich und assoziiert, dass der Mäzen oben steht und diktiert – das ist nicht mehr zeitgemäss.

Wenn Sie nicht diktieren, so haben Sie trotzdem Einfluss auf die Auswahl von Kunst?

Ja, als Präsidentin der Emanuel Hoffmann-Stiftung habe ich tatsächlich grossen Einfluss darauf, welche zeitgenössische Kunst in Basel gezeigt wird. Nur vergisst man immer wieder, dass auch bei der Öffentlichen Kunstsammlung jeder Direktor die künstlerische Ausrichtung durch seine persönliche Handschrift prägt: jede Ära ist entsprechend ablesbar. Das ist anders gar nicht möglich und wäre auch vollkommen uninteressant. Kunst kann nicht demokratisch angekauft werden. Kunst ist elitär. Das widerspricht vielleicht unserem demokratischen Verständnis, aber es ist so.

Eine gute Sammlung kann niemals durch ein Gremium entstehen. Auch in der Kunstkommission, deren eine Hauptpflicht der Ankauf von Werken ist, bringt nicht jedes Mitglied seine persönlichen Vorlieben ein. Vielmehr bestimmen die Museumsdirektion und die Kuratoren die Sammlungspolitik und machen der Kommission konkrete Vorschläge. Es gibt zwar Diskussionen, und die Direktion muss die Notwendigkeit des Ankaufs erläutern, aber in den allermeisten Fällen unterstützt die Kommission die Vorschläge.

Gibt es bei den Entscheidungen Kollisionen mit Ihren persönlichen Vorlieben?

Das Museum kauft nicht immer nach meinen Vorstellungen. Aber das muss so sein, denn es ergibt sich kein Bild der Sammlung, wenn jeder hineinredet.

Bekommen Sie viele Anfragen, sich als Mäzenin zu engagieren?

Natürlich, täglich. Das reicht von Künstlern über Bergbauern bis zu Behinderten, die nach Kanada reisen möchten. Aber vieles muss ich ablehnen. Ich verfüge nicht über einen entsprechend grossen Betrieb, um jede einzelne Anfrage zu überprüfen. Ich könnte nur ungerecht sein, wenn ich einerseits etwas gebe und andererseits nicht.

Die Frage der sinnvollen Handhabung war für mich lange ein Problem. Ich kam zu dem Entschluss, mich nur dort zu engagieren, wo ich mich gut auskenne, aber dann gezielt und mit einem Einsatz, der tatsächlich etwas bewirkt. Auf diese Weise konnte ich beim Kauf der Liegenschaft der Schweizerischen Nationalbank wirklich etwas für das Kunstmuseum tun, was von anderen Stellen nicht hätte aufgefangen werden können.

Beispielsweise von staatlicher Seite? Sind private Mäzene Lückenbüsser für staatliche Finanzmiseren?

Nein, ich fühle mich ganz und gar nicht als Lückenbüsserin. Diese Aktivitäten geschehen nicht im Alleingang, sondern werden immer in gegenseitiger Absprache konkretisiert. So stehe ich in engem Kontakt mit der Öffentlichen Kunstsammlung und dem Erziehungsdepartement. Auch der Kauf der Nationalbank-Liegenschaft basiert auf einer engen Zusammenarbeit mit Regierungsrat Ueli Vischer. Ich hätte einen derartigen Kauf nie über die Köpfe der Regierung hinweg vorangetrieben.

Glücklicherweise besteht in Basel eine langjährige Zusammenarbeit zwischen unserer privaten Emanuel Hoffmann-Stiftung und der Öffentlichen Kunstsammlung. Ich kenne weltweit keine vergleichbare Situation. 1941 kam die Stiftung als Depositum zum Museum, und seither hat sich eine sehr gute Kultur der Zusammenarbeit entwickelt. Gemeinsam können wir das Ziel, zeitgenössische Kunst zu fördern, am erfolgreichsten verfolgen.

Natürlich gibt es auch heutzutage mäzenatische Persönlichkeiten, die nur ihre eigene Sache durchbringen möchten. Es gibt viele Sammler, die ihre Kunstsammlung zwar einem Museum übergeben möchten, dafür aber die Schaffung eines neuen Gebäudes erwarten. Sie bürden dem Staat die zukünftige Sicherung der Sammlung auf. Solche Schenkungen finde ich problematisch. Meine Grossmutter war sehr weitsichtig, indem sie kein Museum der Emanuel Hoffmann-Stiftung wollte, sondern die Kunstwerke dem Museum als Depositum – zur Integration in die öffentlichen Bestände – zur Verfügung stellte. Das ist ein wichtiger Unterschied.

Wie empfinden Sie diese moralische und familiäre Verpflichtung, das Erbe Ihrer Grossmutter weiterzuführen und sinnstiftend mit Ihrem Vermögen umzugehen?

Dies ist für mich keine belastende Verpflichtung, sondern eine enorme Chance. Die Emanuel Hoffmann-Stiftung meiner Grossmutter wurde von meiner Mutter weitergeführt. Inzwischen habe ich ihre Funktion übernommen. Meine Cousine ist Vizepräsidentin. Mein Onkel und meine Mutter sind Stiftungsratsmitglieder – die Stiftung wird von der Familie weitergetragen. Jedes Familienmitglied verfolgt zudem eigene mäzenatische Interessen – das betrachten wir als Verpflichtung, und es ist Bestandteil eines sinnvollen Lebens.

Wir leben im Zeitalter der Globalisierung, auch die Kunstszene ist weltweit vernetzt. Der Schwerpunkt Ihres mäzenatischen Interesses ist Basel – warum?

Ich selbst habe lange im Ausland gelebt und gearbeitet. Heute bin ich stark nach Amerika orientiert und habe einen Stiftungsbeirat gegründet, dem wichtige internationale Kuratoren angehören. 1988 wurde ich in den Beirat der neuen Londoner Tate Gallery berufen – die ‹Tate Modern›, die im Mai 2000 eröffnet wird. Ich habe zwar ein weltweites Beziehungsnetz aus Kuratoren und Künstlern, aber die Emanuel Hoffmann-Stiftung sehe ich von den Statuten her eng mit Basel verbunden.

Ich bin Mutter von zwei Kindern und kann nicht so viel reisen, wie es für meine Arbeit eigentlich notwendig wäre. Deswegen brauche ich ein gutes Beziehungsnetz, damit ich nicht mit den Informationen hinterherhinke. Ich muss mich gelegentlich

aus zweiter Hand orientieren und versuche im übertragenen Sinn, diese zweite Hand so weit vorne wie möglich am aktuellen Kunstgeschehen zu haben. Die wichtigsten Kontakte sind jene zu Künstlern, da sie nicht nur über ihr eigenes Werk, sondern auch über ihre Kollegen gut Bescheid wissen. Wenn ich ein Kunstwerk sehe, überlege ich immer zuerst, ob es in der Stiftung Sinn machen würde.

Die Förderung lokaler Kunst interessiert Sie weniger?

Wir schauen uns die Kunst nicht unter den Kriterien ‹lokal›, ‹national› oder ‹international› an, sondern unter dem Aspekt relevante oder nicht relevante Kunst. Wir sammeln auch ‹lokale Künstler› wie Rémy Zaugg, Miriam Cahn oder Guido Nussbaum, wenn wir überzeugt sind, dass sie etwas zu sagen haben. Es steht sogar in der Stiftungsurkunde, dass nicht materielle Not gelindert werden soll, was oft ein Förderungsgrund für lokale Kunst ist.

Ihr vorläufig letzter mäzenatischer Akt ist der Bau eines Schaulagers für die Bestände der Emanuel Hoffmann-Stiftung durch die Architekten Herzog & de Meuron in Münchenstein. Im Frühjahr 2000 ist Baubeginn. Welche Überlegungen führten Sie zu diesem Projekt? Warum wollten Sie kein weiteres Museum?

Das Schaulager ist als Idee die Folge einer konsequenten Entwicklung. 1980 wurde das Museum für Gegenwartskunst eingeweiht. Es entstand aus der Initiative meiner Grossmutter Maja Sacher und wurde von ihr, der Hoffmann-Stiftung und der Familie finanziert. Zwar gab es damals Museen für moderne Kunst, aber weltweit noch keines für zeitgenössische Kunst. Damals glaubte man, das Raumproblem für die Zukunft gelöst zu haben. Bereits heute ist unser grösstes Problem das aller Sammlungen: Wir können gleichzeitig nur rund fünf Prozent unserer Bestände ausstellen. Der Rest liegt auf Lager. Das ist eine unbefriedigende Situation, da einige der neuesten Ankäufe gleich ins Depot gehen, weil sie nicht in die momentanen Ausstellungen im Museum für Gegenwartskunst integriert werden können.

Ein ebenso drängendes Problem ist ein konservatorisches: Wir sammeln nicht nur klassische Medien wie Gemälde und Skulpturen, sondern haben immer mehr Kunst in neuen Materialien wie Installationen, Videos, Fotografien, die andere Lagerbedingungen verlangen. Restauratoren müssen heutzutage extrem viel mehr wissen als vor zwanzig Jahren.

Im Lager steht beispielsweise eine Arbeit von Katharina Fritsch mit 224 schwarzen Pudeln aus Spezial-Kunststoff. Jeder Pudel ist einzeln in einer Holzkiste verpackt. Mit Schrecken denke ich daran, was in diesen Kisten passiert. Gibt es Farb- oder Materialveränderungen, oder sind Schädlinge eingedrungen? Ich kann nicht alle drei Monate jemanden ins Lager schicken, der alle 224 Kisten zur Überprüfung öffnet.

Ich suchte nach einer Lösung für diese Probleme. Gerade in Basel, wo so viele Museen entstehen, heisst es schnell: Baut doch noch ein Museum. Diesen Gedanken habe ich bald verworfen, denn das Museum für Gegenwartskunst funktioniert als eine Art Sammlungs-Kunsthalle wunderbar. Hingegen entwickelte ich die Idee für ein Schaulager, in dem alle Werke offen zugänglich und konservatorisch richtig gelagert sind.

Das bedeutet, alle Pudel kommen aus den Kisten?

Ja, sie werden alle in einer Lagerzelle aufgestellt. Wir haben eine Gruppe von Spezialisten in wichtige amerikanische Museen geschickt, die sich vor Ort über ideale klimatische Lagerbedingungen und aktuelle konservatorische Fragestellungen informierten. Wir befragten auch Experten der Warner Brothers Filmstudios in Los Angeles, um uns über die Konservierung von Filmen, Videos und Fotografien zu informieren, da die Filmindustrie hier einen Wissenvorsprung gegenüber der Kunstbranche hat.

Im Schaulager ist das Hauptanliegen: Wie geht es dem Kunstwerk am besten? Im Gegensatz zum Museum, wo die bestmögliche Publikums-Präsentation des Werks im Vordergrund steht. Das Schau-

lager ist ein Arbeitsort für Restauratoren, Handwerker oder Konservatoren. Es wird Werkstätten und Restaurierungsateliers geben sowie Räume, wo Ausstellungen ausprobiert werden können.

Es wird auch ein Arbeitsort für mich sein, wo ich die Weiterführung der Sammlung überprüfen kann. Und es ist ein Ort für Spezialisten und Forscher, die bestimmte Kunstwerke studieren möchten. Wir besitzen weltweit die grösste Bruce Nauman-Sammlung, die im Museum jedoch nie als Ganzes zu sehen ist.

Das neue Gebäude wird auch für Schulklassen und Studierende offen sein, aber nicht für ein breites Publikum. Es ist nur nach Voranmeldung und mit einem konkreten Studienzweck zugänglich. Sonst hätten wir enorme Sicherheits-, Organisations- und Konservierungsprobleme. Und da die Präsentation in den Lagerzellen nicht den Absichten der Künstler entspricht, wäre eine öffentliche Präsentation auch nicht richtig.

Ich möchte mit meiner Arbeit nicht Prunk-Projekte finanzieren, sondern Dinge, die Sinn machen und notwendig sind. Dieses Schaulager bedeutet eventuell einen vergleichbaren Schritt wie das Museum für Gegenwartskunst, welches eine Vorbildfunktion für weitere Museen hatte. Der Bau des Schaulagers und das Nationalbank-Projekt zur Erweiterung des Kunstmuseums konnten vielleicht nur durch privates Engagement realisiert werden. Für mich ist aber immer die Zusammenarbeit mit dem Staat wichtig, und durch die heutige Offenheit im Erziehungsdepartement ergeben sich auch mehr Projekte, was in der Vergangenheit nicht unbedingt der Fall war.

Sehr wichtig ist mir als Geldgeberin die persönliche Zurückhaltung. Auch im Patronatskomitee, einer Initiative des Kunstkommissions-Präsidenten Professor Peter Böckli, wollen wir nicht das Museum managen oder hineinreden. Die Ideen werden von der Museumsdirektion entwickelt, und wir können dann entscheiden, ob wir dafür Geld geben – oder nicht. Auf keinen Fall dürfen Geldgeber den Fachleuten inhaltlich Vorschriften machen.

Das unterscheidet ja auch den Mäzen vom Sponsor: Der Sponsor unterstützt eine Picasso-Ausstellung, aber nicht eine der Wilson-Sisters, weil das zu wenig Resonanz und Renommee bringt. Der Mäzen sollte sich jedoch gerade um die Wilson-Sisters kümmern.

Sie haben neben der Laurenz-Stiftung, die das Schaulager baut und betreibt, auch das Laurenz-Haus, ein Wohn- und Forschungshaus für Künstler, ins Leben gerufen. Der Erweiterungsbau des Kunstmuseums wird ebenfalls ‹Laurenz-Bau› heissen, benannt nach Ihrem ersten Sohn Laurenz, der im Alter von fünfeinhalb Monaten starb. Ist Ihr Sohn Laurenz eine Antriebsfeder für Ihr mäzenatisches Engagement?

Der Tod des eigenen Kindes ist ein traumatisches Erlebnis. Gemeinsam mit meinem Mann konnten wir Laurenz' Tod irgendwie bewältigen – ganz bewältigen kann man ihn wahrscheinlich nie. Aber ein solches Erlebnis eröffnet weitere menschliche Dimensionen und mobilisiert ungeahnte Kräfte, wenn man es in die bewusste Biografie einbauen kann. Deshalb ist es für mich eine logische Konsequenz, dass ich meine Arbeit unter dem Siegel ‹Laurenz› leiste, da ich daraus inzwischen eine starke positive Energie ziehen kann.

Die Jacqueline Spengler Stiftung

Christian Felber

Am 22. November 1999 erhielt die Öffentlichkeit Kenntnis von einer neuen, grosszügigen Stiftung im Dienste gemeinnütziger sozialer und kultureller Aufgaben: Die mit 25 Millionen Franken dotierte Jacqueline Spengler Stiftung hat ihre Tätigkeit aufgenommen.

Jaqcueline Spengler (1948–1999).

Die Stifterin

Jacqueline Spengler, 1948 in Basel geboren, starb am 31. Januar 1999 unverhofft infolge eines unglücklichen Sturzes auf einer Wanderung im Elsass.

Sie war im Hirzbrunnen-Quartier im oberen Kleinbasel aufgewachsen und besuchte die hiesigen Schulen. Daneben widmete sie sich dem klassischen Tanz und dem Klavierspiel. 1967 legte sie die eidgenössische Matur ab und nahm in Zürich das Studium der Psychologie auf. Die Sommermonate und viele Weekends verbrachte Jacqueline mit der Familie in Wallbach im Kanton Aargau, wo sie ihre Liebe zur Natur entdeckte. Ihr Vater, Walter Spengler, hatte das Modehaus Spengler gegründet und mit vielen Verkaufsstellen und dem Versandhandel zu einem bedeutenden Unternehmen der Kleiderbranche ausgebaut. Seinen Vorschlag, ins elterliche Geschäft einzutreten, lehnte sie ab. Ihr war die Modebranche fremd, und sie wollte sich nicht im Familienunternehmen engagieren.

1971 beendete Jacqueline Spengler ihr Studium mit dem

Lizentiat der Psychologie an der Universität Zürich. Ihr berufliches Engagement galt den Kindern. Sie betätigte sich in Kliniken in Italien und Griechenland, bevor sie an der Kinder- und Jugendpsychiatrischen Universitätsklinik in Basel zu arbeiten begann. Ihre herzliche und natürliche Offenheit für die Bedürfnisse und Nöte der Kinder kommt in der Schilderung von Dr. med. Julia Pestalozzi, der damaligen Oberärztin an der kinderpsychiatrischen Abteilung, zum Ausdruck: «Sie hatte einen grossartigen Zugang zu den Kindern. Sie hatte eine sehr warme und glückliche Ausstrahlung auf sie und gewann sofort ihr Vertrauen.» Da Jacqueline Spengler sehr sprachbegabt war, übernahm sie oft die Betreuung von Immigrantenkindern.

Im Jahre 1988 eröffnete sie im elterlichen Haus an der Wollbacherstrasse eine eigene psychologische Praxis. Wiederum standen Kinder im Mittelpunkt ihrer beruflichen Tätigkeit. Der Zürcher Psychologe Dr. Leo Poljak war ihr dabei ein erfahrener, väterlicher Lehrmeister und Ratgeber.

Im Herbst des gleichen Jahres starb ihr Vater, mit dem sie in herzlichem Kontakt gestanden hatte. Sie wurde damit Miterbin des Modehauses Spengler, für das ihr Bruder Christian bereits seit einigen Jahren die Verantwortung trug. Sie zollte der Aufgabe ihres Bruders hohe Achtung und war ihm dankbar, dass er das stets wachsende Unternehmen weiterführte. Sie selber lebte für ihre psychologische Praxis, liebte Musik und war mehr dem geistigen Universum zugetan.

1989 nahm sie an der Universität Basel ein zweites Studium in Angriff: die Ethnologie. Sie wollte die Welt der Kinder, die aus fremden Kulturen stammen, besser begreifen. Christine Burckhardt-Seebass, die Inhaberin des Lehrstuhls für Volkskunde an der Universität Basel, schildert Jacqueline Spengler als ungemein lernbegierige und gleichzeitig bescheidene Studentin. Erhalten gebliebene Semesterarbeiten zeigen ihr Interesse für Kulturen aus dem Mittelmeerraum. Spätere Arbeiten galten dem jüdischen Brauchtum.

Daneben betrieb Jacqueline Spengler weiterhin ihre psychologische Praxis und widmete sich kulturellen Interessen: Sie spielte auf der Travers-flöte Barockmusik, pflegte den Volkstanz und las viel, von aktueller deutscher Literatur bis zu den russischen Klassikern, von psychologischen Werken bis zur Reiseliteratur. Einem kleinen Kreis von Menschen war sie in tiefer und jahrzehntelanger Freundschaft verbunden. Gleichzeitig blieb sie neugierig und offen für neue Kontakte, was zu einer grossen Zahl von Bekannten führte. Doch verstand sie es, ihr Privatleben vor der Öffentlichkeit zu schützen. Sie erwarb im Toggenburg ein sehr altes Bauernhaus, das sie zusammen mit einem lokalen Zimmermann von allen Einbauten befreite und mit viel Geschmack und Sinn für Einfachheit umzubauen begann. Viele Wochenenden verbrachte sie im Toggenburg, in guter Nachbarschaft zu Bauersleuten, die sie als hilfsbereit und liebenswürdig erlebten und nichts ahnten von ihrem grossen Vermögen. Hier musizierte sie, hier baute sie eine erlesene Bibliothek auf und empfing ausgewählte Freunde. Zum Zeitpunkt ihres Todes war das wunderbare Haus eben erst fertig umgebaut.

Die Stiftung

Im Jahre 1997 begann sich Jacqueline Spengler Gedanken um die Zukunft ihres Vermögens zu machen. Ihre Mutter wies sie auf die Möglichkeit hin, eine eigene Stiftung zu errichten. In diesem Sinne schrieb sie ihr Testament. Der Vorschriften sind nur wenige, der Zweckartikel ist grosszügig formuliert und lässt Spielraum:

«Die Jacqueline Spengler Stiftung soll im Raum Basel (schweizerseits) in gleichem Masse gemeinnützig sozialen und kulturellen Zwecken dienen. Sie soll
• einerseits Menschen, die durch Krankheit, Invalidität oder andere Behinderungen auch psychischer Natur in Not geraten sind, unterstützen, aber auch schutzbedürftigen Frauen, Arbeitslosen, Obdachlosen und Jugendlichen zur Verfügung stehen,
• andererseits kulturellen Aufgaben dienen, die im öffentlichen Interesse stehen, wie Museen, Bibliotheken, Musik, Literatur, bildende Kunst etc.
Sie soll solche Hilfen vor allem Institutionen, die sich obigen Aufgaben widmen, gewähren.»

Die Ernennung der Stiftungsräte und die Verwaltung der Stiftung obliegen der Christoph Merian Stiftung – deren Ertrag ebenfalls sozialen und kulturellen Zwecken dient.

Stiftungen wie diejenige von Jacqueline Spengler erfolgen nicht jeden Tag. Sie können dem Wunsch entspringen, dass ein Vermögen zusammenbleibt, und bieten Gewähr, dass damit auch nach dem eigenen Ableben persönlich hochgehaltenen Werten und Zielen gedient wird.

Die Christoph Merian Stiftung als Verwalterin anderer Stiftungen

Die Christoph Merian Stiftung führt die Geschäfte einer Reihe von Fonds und Stiftungen, die unterschiedlichen Zwecken dienen:

- Hermann und Elisabeth Walder-Bachmann Stiftung: Naturschutz in Wald- und Forstwirtschaft
- Fonds Nachkommen Zaeslin-Preiswerk: Ausbildungsbeiträge zu Gunsten bedürftiger Basler Bürger, Förderung der Wohlfahrt in der Stadt Basel
- Schenkung Geschwister Keller; Land auf dem Bruderholz: Erträge der Schenkung werden für Soziales, Kulturelles und zum Schutz der Umwelt in Basel eingesetzt
- Karikatur & Cartoon Museum Basel: Mit seiner Cartoon-Sammlung und einer grosszügigen finanziellen Schenkung ermöglichte Dieter Burckhardt die Einrichtung und den Betrieb des Museums an der St. Alban-Vorstadt.

Jacqueline Spengler im Garten ihres Hauses in Krinau/Toggenburg.

Ein Johann Rudolf Wettstein 2000?

Rudolf Grüninger

Fehlt Basel ein Stadtpräsident, eine Stadtpräsidentin?

Basel soll nicht nur ein attraktives kulturelles und wirtschaftliches Zentrum sein, sondern auch eine ‹wohnliche› Stadt – so der Wille der Kantonsregierung. Doch wer vertritt die Interessen der Einwohnerschaft, wer ist für sie da? Bislang verfügt sie – ein gesamtschweizerisches Unikum – über keine eigenen Behörden.

Nachfolger gesucht:
Basels Bürgermeister Rudolf Wettstein (1594–1666) war intensiv um das Wohlbefinden der Basler Bevölkerung besorgt.

Die Fragestellung

In der Oper ‹Zar und Zimmermann› von Albert Lortzing wirkt Bürgermeister van Bett als ‹Stadtpräsident› von Saardam in Holland. Er ist «klug und weise», und ihn betrügt man – so meint er wenigstens – nicht. Er kümmert sich von früh bis spät um das Wohl der Stadt und hat «rem publicam stets im Sinn». Was er nicht selber aufgreift, tut er, weil jung und alt ihn im Bedarfsfall darum bitten.

Warum gibt es in der Stadt Basel mit seinem einstmaligen Zunftregiment kein solches Faktotum? Braucht es eine solche Funktion überhaupt, wie sie einst Rudolf Wettstein innehatte, oder heute der Zürcher Stadtpräsident, wurde ich gefragt als derjenige, welcher im Jahr 1999 zwischen seinem Arbeitsplatz als ‹Geschäftsführer› der Bürgergemeinde im Stadthaus und seinem Grossratspräsidium im Rathaus hin und her pendelt.

Die Ausgangslage

Das baselstädtische Gemeinwesen hat – aus seiner geschichtlichen Entwicklung hervorgegangen – eine eigenartige Ausgestaltung, indem eine Einwohnergemeinde nur auf dem Papier existiert und über keine eigenen Behörden verfügt. In Ergänzung zu dieser nicht ausformulierten Basler Einwohnergemeinde versieht die Bürgergemeinde der Stadt Basel bedeutsame öffentliche Aufgaben. Demzufolge gibt es einerseits kein Präsidium der Einwohnergemeinde, also des Stadtrates oder des Gemeinderates, anderseits fehlt es den Präsidentinnen oder Präsidenten des Bürgerrates durch ihre ihnen ausschliesslich von der in Basel wohnhaften Basler Bürgerschaft verliehene Kompetenz an der demokratischen Legitimation zur Vertretung der gesamten Stimmbürgerschaft.

Die Konsequenz

Praktische Folge ist, dass sich – personell im Jahre 1999 – der kantonale Regierungspräsident als Vertreter der Basler Einwohnergemeinde und der Grossratspräsident als ranghöchster Repräsentant des Basler Kantons- und Gemeindeparlaments, auch wenn sie – wie der amtierende Regierungspräsident – in einer der Landgemeinden wohnen, und der Bürgerratspräsident als Exekutivorgan der stimmberechtigten Basler Bürgerschaft mit all den wichtigen Nebensächlichkeiten – wie das manche empfinden – befassen, alle ein bisschen und niemand so richtig. Keiner von ihnen hat weder die Aufgabe noch die Befugnis, noch die nötige Zeit, sich umfassend um das interne und externe Wohlbefinden unserer Bevölkerung zu kümmern. Wer widmet sich denn einerseits kulturellen Ereignissen aller Art, ist für städtische Anlässe im Einsatz, rührt sich für herausragende Leistungen – wenn sie nicht gerade sportlicher Art sind – und waltet seines Amtes, wenn es um die sogenannten – für die Betroffenen allerdings wichtigen – lokalen Anlässe geht? Wer anderseits betreibt aktiv ‹Stadtmarketing›? Eben: alle ein bisschen, niemand so richtig!

Zukunftsperspektiven

Aus meiner Sicht müsste man bei unsern vernetzten, recht unübersichtlichen Verhältnissen, wo die Kompetenzen ineinandergreifen, sich teils überlappen, teils ausgespart bleiben, ernsthaft darüber nachdenken, ob nicht ein ‹Stadtpräsident›, sei es

ein Herr oder eine Dame, fehlt. In Zeiten eines gewissen Wertzerfalls würde ich mir eine Identifikationsfigur mit Leitbildcharakter, einen Ansprechpartner für Ideen – als Pendant zum Ombudsman, welcher für Kritik und als Klagemauer eingesetzt ist – gut vorstellen können, eine Integrationsfigur, die von aussen nach innen und von innen nach aussen wirkt, ein ‹anfassbarer› Mensch auch, aber nicht nur ein ‹Festonkel› oder eine ‹Festtante›, welche mit dem Glas in der Hand von Empfang zu Empfang eilen. Ich meine, es braucht jemanden, der die dringend nötige Gesamtsicht der Dinge gewährleistet!

Lösungsansätze

Als Möglichkeiten zur Realisierung dieser Idee wären etwa folgende denkbar:

1. Regierungsrätliches Präsidialdepartement
Durch Zusammenlegung von Justiz- und Polizeidepartement beispielsweise könnte verhältnismässig einfach der nötige Freiraum zur Schaffung eines eigentlichen Präsidialdepartements geschaffen werden. Dieses hätte die oben aufgezeigten Aufgaben zu versehen, könnte zudem ‹angereichert› werden, etwa durch Kulturelles (wie beispielsweise in Zürich), mit der Verantwortlichkeit für den öffentlichen Verkehr oder andere städtische Obliegenheiten (wie z. B. die Gemeindeaufsicht). Allerdings sind solche strukturellen Gedanken bei einer zurückliegenden Verwaltungsreform im Keime erstickt worden, vielleicht aus Angst vor zuwenig direktem oder zuviel indirektem Einfluss einer solchen Amtsinhaberin oder eines solchen Amtsinhabers.

2. Präsidium einer neu zu bildenden Einwohnergemeinde
Das Muster hiezu gibt es hierzulande des öftern; mit einem Teilamt versieht es der Liestaler Stadtpräsident oder in Riehen der Gemeindepräsident. Die Schaffung einer Basler Einwohnergemeinde wird ohnehin immer wieder zur Diskussion gestellt – Ansätze hiezu finden sich auch in den Vorarbeiten zu einer neuen Kantonsverfassung; die heutige Regelung hat sich jedoch recht gut bewährt, und der organisatorische Umbau hätte wohl einen un-

verhältnismässigen Aufwand zur Folge, der sich –
jedenfalls im Zusammenhang mit einem Stadt-
präsidium – sicher nicht lohnt.

3. Übertragung dieser Aufgabe an die Basler Bürgergemeinde

Im Sinne von Outsourcing käme auch eine Delegation an den Bürgermeister bzw. die Bürgermei-
sterin, also an das Präsidium der Bürgergemeinde
in Frage. Allerdings müsste die Funktion mit eigenen Kompetenzen und entsprechenden finanziellen
Mitteln aus dem Staatssäckel ausgestattet werden
nach dem Grundsatz, dass die Mittel der Aufgabe
folgen. Mit einem ausformulierten Leistungsauftrag
könnte alles Nötige geregelt werden. Allerdings
bleibt die Frage zu beantworten, inwieweit die Wahl
in dieses Bürgermeisteramt ausschliesslich den
Wahlberechtigten der Basler Bürgerinnen und Bürger vorbehalten bleiben dürfte.

4. Neuer Denkansatz: Identifikationsperson für alle!

Ungewohnt und daher wohl nicht von allen sogleich
verstanden, aber trotzdem (oder gerade deshalb)
nicht minder prüfenswert, wäre mein Vorschlag,
den Stadtpräsidenten oder die Stadtpräsidentin vom
Volk, das heisst von allen Einwohnerinnen und
Einwohnern jedwelcher Herkunft dieser Stadt wäh-
len zu lassen. Eine solche Wahl käme der Idee
entgegen, eine Funktion zu schaffen, welche allen,
die in dieser Stadt wohnen und an dieser Stadt
interessiert sind, unbefangen von irgendeiner politischen Richtung verpflichtet wäre und allen, unabhängig von ihrem staatsbürgerlichen Status, zu
dienen hätte. Ein solcher Gedanke an der Schwelle
zum neuen Jahrtausend mit seinen neuen Herausforderungen zur Lösung bekannter und neuer Probleme müsste doch gewiss mindestens erwägens-
wert sein!

*Der Basler Stadt-
präsident, die
Basler Stadtpräsi-
dentin sollte eine
starke Identifi-
kationsfigur mit
Leitbildcharakter
sein.*

Ende des SVP-freien Sektors Basel!

Stephan Lichtenhahn

Nach mehreren Anläufen hat die SVP in Basel doch noch Fuss gefasst. Was sich bei den Wahlen in der Bürgergemeinde mit knapp 8 Prozent Wählerstimmen abzeichnete, offenbarte sich in aller Deutlichkeit bei den Nationalratswahlen: Die SVP ist im Vormarsch. Mit einem Wähleranteil von 13,6 Prozent wurde sie plötzlich stärkste bürgerliche Partei Basels.

Im Kanton Basel-Stadt standen 1999 nicht weniger als drei Wahlgänge an: Am Wochenende vom 11. bis 13. Juni musste der Bürgergemeinderat neu gewählt werden, am 22. bis 24. Oktober fanden Wahlen für den National- und Ständerat sowie erstmals für den Verfassungsrat statt. Zwei Fragen bewegten die Gemüter: Kann die SP ihre guten Ergebnisse der letzten Jahre wiederholen? Und – brisanter: Wird die SVP in Basel inskünftig eine Rolle spielen?

Erfolg der SVP in der Bürgergemeinde

Noch im Spätsommer 1999 hoffte LDP-Nationalrat Christoph Eymann auf eine SVP-freie Zone Basel-Stadt. Dabei hatte sich schon bei den Bürgergemeinderatswahlen im Juni angedeutet,

dass Blochers Saat auch in Basel auf fruchtbaren Boden gefallen war: Die SVP kam mit einer halbvollen Liste auf Anhieb auf 7,9 Prozent und holte drei Sitze. Damit lag sie zwar noch deutlich hinter den übrigen bürgerlichen Parteien: LDP (14,5 %), FDP (13 %) und CVP (11,1 %), die jedoch gegenüber 1993 an Terrain einbüssten. Gewonnen hatte die SVP vor allem auf Kosten der Schweizer Demokraten (–2 %) und der Freiheitspartei (–4 %).

Die Überraschung war perfekt: Bis anhin hatte die SVP in Basel immer nur einige lächerliche Prozent geholt: 1992 – als sie sogar einen Kandidaten für den Regierungsrat aufstellte – erzielte sie bei den Parlamentswahlen blosse 1,5 Prozent – trotz (oder wegen?) der Unterstützung der Wochenzeitung ‹Basler Bebbi›.

Bei den Grossratswahlen 1996 holte die Blocher-Partei gemeinsam mit der Freiheitspartei magere 3,5 Prozent.

Ein Basler SVP-Nationalrat

Seit Herbst 1999 gehören die miesen Resultate der SVP der Vergangenheit an. 1999 auf nationaler Ebene zur stärksten Kraft geworden, überholte sie in Basel sämtliche bürgerlichen Parteien. Bei den Verfassungsratswahlen vermochte sie 11,3 Prozent des Stimmvolks hinter sich zu scharen, bei den Nationalratswahlen gar 13,6 Prozent – und holte damit einen Sitz. Beim eidgenössischen Wahlgang mussten die Liberalen am meisten Federn lassen, sie fielen um 4 auf 10,7 Prozent. Die CVP verlor einen Prozentpunkt und kam auf 8,6 Prozent. Die FDP konnte ihren Anteil von 12,1 Prozent halten, wenn man das Prozent der Jungfreisinnigen hinzuzählt. Auch bei den Verfassungsratswahlen mussten sich LDP (10,2 %), FDP (9,5 %) und CVP (9,3 %) hinter der SVP einreihen.

Der Sieg der Basler SVP, deren Kandidaten als politische Nobodies abgestempelt worden waren, überraschte alle. Einen Sitzgewinn hatte der Partei niemand zugetraut. Dass sie es dennoch schaffte, hing einerseits mit der Absenz der Freiheitspartei bei beiden Wahlgängen im Herbst und der Schweizer Demokraten bei den Nationalratswahlen zusammen. Die SVP wurde dadurch zur Partei für Protestwähler und EU-Gegner. Profitiert hat sie aber auch vom nationalen Wahlkampf, der sich praktisch auf ein Pro und Contra SVP zugespitzt hatte. Die SVP von Basel-Stadt setzte denn auch voll auf den lauten Zürcher Stil: An der Parteiversammlung, an der die Kandidaten nominiert wurden, attackierte Präsidentin Angelika Zanolari die Missstände in der «sozialistisch beherrschten Stadt Basel»: Im Kleinbasel, so polterte sie, toleriere die Regierung «terroristische Aktivitäten» und «mafiaähnliche Kriminalität». Von den

bürgerlichen Parteien, insbesondere von der «lavierenden CVP», so die Parteipräsidentin, hebe man sich als «die bürgerliche Alternative» klar ab.

Ein «Ewiggestriger»

Doch nicht nur der Wahlsieg der SVP an sich überraschte, sondern auch der neue Nationalrat: Jean Henri Dunant. Politisch war der 65 jährige Arzt, der sich an der Nominationsversammlung seiner Partei selbst als «ein wenig ein Ewiggestriger» vorstellte, noch nie in Erscheinung getreten. Die Wahl verdankt er wohl seinem berühmten Vorfahren, dem Gründer des Roten Kreuzes. Denn – obwohl überall von Nobodies bei der SVP gesprochen wurde – mit Grossrat Kurt Bachmann, Partei-Präsidentin Angelika Zanolari und Bernhard Madörin standen auf der Liste ein paar bekannte Namen.

Für Basel-Stadt in den Nationalrat gewählt: Christoph Eymann (LDP), Johannes Randegger (FDP), Anita Fetz (SP, neu), Ruedi Rechsteiner (SP), Remo Gysin (SP), Jean Henri Dunant (SVP, neu).

Letzterer erregte mit der Forderung, die Migros zur AG umzuwandeln, nationale Aufmerksamkeit. Dunants Wahl lässt auch den Schluss zu, dass in erster Linie die Zürcher Partei gewählt wurde und Dunant bloss zufällig siegte. Dass mit ihm nicht der Spitzenkandidat der SVP Nationalrat wurde, zeigten auch die Verfassungsratswahlen: Dunant landete in seinem Wahlkreis abgeschlagen auf dem fünften Platz. Über 1000 Stimmen fehlten ihm für einen Sitz.

Nationalrat: Zwei Frauen abgewählt

Dunant ist nicht der einzige, der für Basel neu Einsitz im Nationalrat nimmt: Auf der SP-Liste fasste auch die frühere POB-Nationalrätin Anita Fetz das Ticket nach Bern, aufgrund ihrer Bekanntheit und des sehr guten Resultats bei den Kantonswahlen

Drei Viertel aller Stimmberechtigten votierten für die Wiederwahl von Gian-Reto Plattner (SP) als Ständerat.

von 1996 keine Überraschung. Zwei neue Gesichter in der baselstädtischen Vertretung bedeuten gleichzeitig zwei Abwahlen: Getroffen hat es Margrith von Felten, die während der Legislatur die SP verliess und 1999 für das linksgrüne Bündnis kandidierte. Mit nur 8,7 Prozent der Stimmen (1995: 12,9 %) blieb das Bündnis noch hinter der CVP zurück. Christine Keller (SP), Anfang 1998 für Helmut Hubacher in den Nationalrat nachgerückt, musste Anita Fetz weichen.

Klar wiedergewählt wurden mit Johannes Randegger (FDP), Christoph Eymann (LDP), Ruedi Rechsteiner und Remo Gysin (beide SP) vier bisherige Nationalräte, die CVP ging wieder leer aus.

Unbestritten war auch die Wiederwahl von Ständerat Gian-Reto Plattner (SP) mit 33 385 Stimmen (76 %). Einen Gegenkandidaten für den Sitz im Stöckli hatte einzig die SVP mit dem völlig unbekannten Peter Adam ins Rennen geschickt, der 9582 Stimmen erhielt (21,8 %).

SP bleibt stärkste Kraft in Basel

Trotz SVP bleibt die SP stärkste Kraft im Stadtkanton. Bei den Nationalratswahlen verlor sie gegenüber ihrem Glanzresultat von 1995 (35,3 %) zwar zwei Prozent. Mit 33,3 Prozent schaffte sie es dennoch, ein Drittel aller Stimmen für sich zu gewinnen, übertrumpfte damit das bürgerliche Trio und widerlegte eine Erklärung für den Erfolg von 1995: Damals hiess es, gewonnen habe die SP deshalb, weil die DSP vier Jahre zuvor nicht an den Nationalratswahlen teilgenommen hatte.

Stärkste Partei bleibt die SP auch im Bürgergemeinderat. 1993 war sie auf zehn Sitze gekommen und belegte damit jeden vierten Platz. Sie verlor zwar einen Sitz, bei den Stimmenprozenten war der Rückgang von 21,6 auf 20,9 Prozent aber nur minim.

SP wieder im Bürgerrat

Viel wichtiger für die Sozialdemokraten ist, dass sie nach dem Eklat von 1993 und nach sechsjähriger Absenz wieder in den Bürgerrat zurückkehren: Von 1993 bis 1999 war die Bürgergemeinde von sieben Bürgerräten von FDP, LDP, CVP und DSP verwaltet worden. Die stärkste Kraft in der Bürgergemeinde fühlte sich in diesen sechs Jahren oft genug benachteiligt: Immer wieder wurde beanstandet, vom Bürgerrat nicht richtig informiert zu werden. Kritisiert wurde seitens der SP, dem Bürgerrat mangle es an Transparenz, er wirke eher wie ein Geheimclub als wie eine demokratische Körperschaft.

Nachdem Felix Rudolf von Rohr Anfang 1999 seinen Verzicht auf eine zweite Amtsperiode erklärte, wurde wieder ein Sitz für die SP frei. Mit der Wahl von Bernadette Herzog, seit 1994 im Bürgergemeinderat, zieht die kräftemässig stärkste Partei Basels nun erneut in die Gemeindeexekutive ein. Bestätigt wurden Felix Riedtmann und Christophe Haller (FDP), Christine Wirz-von Planta und Edith Buxtorf (LDP), Sonja Kaiser (CVP) sowie Felix Moppert (DSP).

Verfassungsrat: Keine Lust auf Experimente

Auch bei den Wahlen in den Verfassungsrat war die SP klar die Nummer eins: Sie erhielt 28,3 Prozent der Stimmen, etwas mehr als bei den letzten Kantonswahlen (27%). Von den 60 Sitzen im neuen Rat belegen die Sozialdemokraten damit deren 21.

Der Rat, der eine neue Verfassung für Basel erarbeiten wird, besteht grösstenteils aus amtierenden und ehemaligen Parlamentariern. Versuche von Persönlichkeiten ausserhalb des ‹Politkuchens›, in den Rat zu gelangen, scheiterten bis auf eine Ausnahme: Der bisher parteipolitisch noch nicht in Erscheinung getretene frühere Basler Kirchenratspräsident Theophil Schubert wurde auf der VEW-Liste gewählt. Die vom ehemaligen Werber und Historiker Markus Kutter initiierte Liste ‹Zukunft Basel› hingegen kam nur auf 3,2 Prozent und gewann keinen Sitz – trotz Kandidaturen von Leuten wie Ulrike Jehle-Schulte Strathaus, Marion Preuss, Peter Liatowitsch, Roland Rasi oder Rolf Soiron. Kutter selbst, der die Vorarbeiten für die neue Verfassung massgeblich vorangetrieben hat und auf der LDP-Liste kandidierte, verfehlte einen Sitz knapp um sechs Stimmen.

Zerreissprobe für die Bürgerlichen

Nach den SVP-Erfolgen ist die Basler Politszene nicht mehr dieselbe wie zuvor. Die bürgerlichen Parteien werden sich insbesondere im Hinblick auf die kantonalen Erneuerungswahlen im Herbst 2000 überlegen müssen, inwiefern sie mit dieser neuen bürgerlichen Kraft zusammenarbeiten wollen. Schon im Sommer 1999 liebäugelten FDP-Politiker mit einer bürgerlichen Listenverbindung mit der SVP. Vor allem für die LDP kam diese Partnerschaft aber nicht in Frage, unter anderem wegen ihren jüdischen Wählern.

Existenziell könnte der Vormarsch für die Parteien zwischen den Blöcken werden: Angesichts der eindeutigen Positionierung der SVP wird es für die politische Mitte schwer, fürs Stimmvolk fassbar zu bleiben. Speziell VEW und DSP machten es den Wählerinnen und Wählern diesbezüglich nicht einfach: Im Wahlgang in der Bürgergemeinde spannte die VEW mit den Grünen zusammen, während sie mit der DSP in die Nationalratswahlen stieg; die DSP wagte in der Bürgergemeinde den Alleingang, ihr Bürgerrat trat aber mit den bürgerlichen Kollegen auf. Vor allem die DSP, die ähnliche Bevölkerungsteile wie die SVP anspricht, lag im Herbst 1999 mit Werten zwischen 4,6 und 5,7 Prozent deutlich hinter dem Resultat der letzten Kantonswahlen (8,2%).

Verändern wird sich das politische Klima mit dem neuen Mitspieler auf jeden Fall, das deutete sich im Bürgergemeinderat bereits an. Schon in den ersten Sitzungen in der neuen Zusammensetzung machte die kleine SVP-Fraktion bei sozialen Vorlagen mit verhältnismässig geringen Kostenfolgen Opposition; Vorlagen, die zuvor noch ohne grosse Diskussion verabschiedet worden wären.

Ergebnisse der Wahlen vom 11. – 13.6. und 22. – 24.10.

Partei	Stimmen in %	Sitze
Bürgergemeinderat		
SP	20,91	9
LDP	14,51	6
FDP	12,95	6
CVP	11,07	5
DSP	10,08	4
Grüne Liste	8,17	3
SVP	7,87	3
VEW	5,17	2
Linke Liste	2,59	1
SD	2,51	1
Freiheitspartei	0,41	–
Starkes Basel	0,22	–
Nationalrat		
SP	33,3	3
SVP	13,6	1
FDP	11,1	1
LDP	10,7	1
Bündnis	8,7	–
CVP	8,6	–
DSP	4,6	–
VEW	3,8	–
SD	3,8	–
Jungfreisinnige	1,0	–
Humanisten	0,5	–
Starkes Basel	0,4	–

Partei	Stimmen in %	Sitze
Verfassungsrat		
SP	28,26	21
LDP	10,17	7
CVP	9,27	7
SVP	11,34	6
FDP	9,46	6
Bündnis	10,65	5
DSP	5,69	3
VEW	4,99	2
SD	4,58	2
Dorfver. Bettingen	0,04	1
Zukunft Basel	3,17	–
Junges Basel	2,04	–
Regenbogen	0,22	–
Starkes Basel	0,12	–

Frölein – en Ueli Robur! *Niklaus Nidecker*

25 Jahre Brauerei Fischerstube
25 Jahre Ueli Bier

Nach einem vorübergehenden Boom in der zweiten Hälfte des 19. Jahrhunderts nahm die Zahl der Basler Bierbrauereien kontinuierlich ab. Die meisten erlagen im Kampf der Grossen um Vorherrschaft – doch die Kleinbrauerei ‹Fischerstube› macht seit 25 Jahren Furore.

Die Brauerei Fischerstube wurde 1974 an der Rheingasse 45 eröffnet.

Einst eine Bierstadt

Hopfen und Malz waren einst in Basel nicht verloren, sondern gefragt: Im Jahre 1845 produzierten elf Brauereien einheimisches Bier. Rund dreissig Jahre später waren es bereits neunzehn. Bis zur Jahrhundertwende verblieben dann nur noch sieben, die zusammen 270 000 Hektoliter Bier herstellten. Aber auch sie verschwanden fast alle im Laufe der folgenden Jahrzehnte. Die Brauerei Warteck hatte den längsten Atem und produzierte bis 1988 ihr Bier in Basel, bis sie nach der Übernahme durch Feldschlösschen nach Rheinfelden zog. Der Konzentrationsprozess in der Brauindustrie machte sich aber bereits früher spürbar: In den siebziger Jahren waren Kartellabsprachen zwischen den Brauereien an der Tagesordnung. – Und in jener Zeit begann die Geschichte der Brauerei Fischerstube und ihres ‹Ueli› Biers.

David gegen Goliath

1974 erwarb der Kleinbasler Röntgenarzt Hans Jakob Nidecker mit der Liegenschaft Rheingasse 45 eine seit Jahren geschlossene Quartierwirtschaft, um sie vor dem Untergang zu retten. Als Kleinbasler wollte er nach der Wiedereröffnung der ‹Fischerstube› seinen Gästen ‹Warteck›-Bier offerieren, das damals fast um die Ecke gebraut wurde. Das Bierkartell verlangte jedoch vom neuen Besitzer, dass er das früher ausgeschenkte ‹Anker›-Bier aus Frenkendorf verkaufe.

Es war unmöglich, die geltenden Kartellbestimmungen zu umgehen. Sich dem Willen der Grossbrauereien zu beugen kam für Hans Jakob Nidecker aber auch nicht in Frage: So beschloss er, sein eigenes Bier zu brauen. Der zuerst von vielen – nicht zuletzt aus der Bierbranche – belächelte Entschluss wurde unter fachlicher Hilfe des deutschen Brauingenieurs Otto Binding in die Tat umgesetzt. Am 11. November 1974 wurde das erste ‹Ueli› Bier gezapft!

Firmengründer Hans Jakob Nidecker und Braumeister Anton Welti blicken auf eine langjährige Zusammenarbeit zurück.

Namen mit Tradition und Geschichte

Hans Jakob Nidecker – der 1999 seinen 80. Geburtstag feierte – wuchs an der Rebgasse auf und ist im Kleinbasel fest verwurzelt. Als langjähriger Meister der Kleinbasler Ehrengesellschaft zum Rebhaus musste er nicht lange nach einem zügigen Namen für sein Bier suchen: Die beliebte Figur des Ueli, der am Vogel Gryff Geld für gute Zwecke sammelt, kennt jedes Basler Kind.

Bei Renovationsarbeiten in der Brauerei an der Rheingasse kamen Grundmauern eines Kastells zum Vorschein, die als Reste der römischen Festung ‹Robur› gelten. Das aus dunklem Malz hergestellte Ueli ‹Robur› erinnert an den historischen Boden, auf dem es gebraut wird.

Markenzeichen: innovativ

Die junge Brauerei Fischerstube stiess auf grosse Sympathie links und rechts des Rheins, und an der Fasnacht 1975 genoss sie die hohe Ehre, gleich von mehreren Cliquen zum Sujet erkoren zu sein. Mit drei Bieren trat sie mit Erfolg den Beweis ihres Könnens an: dem erwähnten Ueli ‹Robur dunkel›, dem Ueli ‹Lager› und dem Spezialbier Ueli ‹Reverenz›. Später kam das obergärige Ueli ‹Weizen› hinzu, womit es der Brauerei Fischerstube als erster Schweizer Brauerei gelang, ein Weissbier im Offenausschank anzubieten.

Daneben stellt die Brauerei weitere Spezialbiere her zu besonderen Gelegenheiten. Alljährlich braut sie zum Kleinbasler Festtag des Vogel Gryff ein süffiges Bockbier und gibt dazu eine limitierte Anzahl von Biertellern heraus, die eigens für diesen Anlass gedruckt werden. Auch sonst sorgt sie immer wieder für Aufsehen: Als zum Beispiel das Antikenmuseum Basel 1997 eine Ausstellung mit ägyptischen Kunstschätzen eröffnete, stand das in der Fischerstube gebraute Dattelbier ‹Ramses II› schon zum Ausschenken bereit.

Zu diesen speziellen Bieren passt die Art und Weise, wie die Brauerei ihre Produkte verkauft: Sie führte den westfälischen ‹Biersiphon› aus dem 18. Jahrhundert wieder ein, der als Ueli-Bier-Karaffe beim Publikum auf grosse Beliebtheit stösst. Diese Verkaufsart – und der damit verbundene Verzicht auf Flaschen – ist zu einem Qualitätsmerkmal der Brauerei Fischerstube geworden.

Bier mit Herz und Geist

Mit dem ‹Ueli› Bier verfolgte Hans Jakob Nidecker einen sozialen Zweck: Es sollte dem Restaurant ‹Fischerstube› Goodwill schaffen; denn die Pachtzinseinnahmen aus dem Restaurantbetrieb waren dazu bestimmt, die Wohnungsmieten des Hauses tief und für seine langjährigen Mieter erschwinglich zu halten. Das Restaurant florierte von der ersten Stunde an, garantierte den Pachtzins und schuf so die Basis für gerechte und soziale Mieten.

1992 offerierte die Brauerei Feldschlösschen der kleinen Brauerei Fischerstube das Haus Rheingasse 43, direkt neben dem Restaurant ‹Fischerstube›. Mit dem dort bestehenden Restaurant

‹Linde› bot sich die Möglichkeit, die Ueli Biere in einer weiteren Gaststätte auszuschenken. Gleichzeitig konnten die Produktionsstätten erweitert werden. Bei den Umbauarbeiten fand man einen grossen mittelalterlichen Gewölbekeller des ehemaligen Antoniterhospizes. Dieser gemütliche Antoniter-Keller mit aus Rheinkieseln gepflästertem Boden dient heute der Brauerei und den zwei Restaurants ‹Fischerstube› und ‹Linde› für spezielle Anlässe.

Nach vielen Betriebsjahren musste 1998 die Sudpfanne der Brauerei ersetzt werden. Ausserdem war die Heizung des Hauses an der Rheingasse 45 erneuerungsbedürftig. Es wurde beschlossen, die beiden bisher getrennten Heizzentralen für Wohnungen und Brauerei zusammenzulegen und die Abwärme aus dem Brauprozess mit einer

Das Sudhaus der Brauerei Fischerstube mit Läuterbottich (links), neuer Braupfanne (hinten) sowie den Gärbottichen.

Wärmerückgewinnungsanlage für die Heizung zu nutzen. Die gegenüber einer konventionellen Heizanlage erhöhten Installationskosten werden durch Energieeinsparungen von etwa 25 Prozent wettgemacht. – Und erst noch etwas für die Umwelt getan.

Ein Lob der Kleinbrauerei

1987 wurden Brauerei- und Restaurantbetrieb organisatorisch von der Liegenschaft abgekoppelt. Sie werden seither als ‹Brauerei Fischerstube AG› von der Familie Nidecker verwaltet.

25 Jahre sind eigentlich kein Alter – schon gar nicht für eine Brauerei –, doch haben das Ueli Bier und das Restaurant Fischerstube mittlerweile Geschichte gemacht. 1974 wurde nicht einfach eine neue Kleinbrauerei gegründet, sondern die erste einer ganzen Reihe. Seither sind in der Schweiz viele Kleinbrauereien entstanden, welche die Schweizer Bierproduktion wesentlich bereichern.

Im Braujahr 1997/98 produzierten die Grossbrauereien 86 Prozent der Schweizer Biermenge, aber nur 23 Prozent der angebotenen Biersorten. Die Mitglieder der Interessengemeinschaft der unabhängigen Klein- und Mittelbrauereien stellten demgegenüber nur 13 Prozent des Schweizer Biers her, aber mehr als die Hälfte aller Biersorten. Und die ganz kleinen, keinem Verband angeschlossenen 21 Haus- und Kleinbrauereien waren mit nur einem Prozent des Bierausstosses, aber mit 20 Prozent aller Biersorten am Biermarkt präsent.*

Die Kleinbrauereien – und unter ihnen die Brauerei Fischerstube – beleben den schweizerischen Biermarkt mit qualitativ hochstehenden Bieren und einer reichen Sortenvielfalt. Daneben schaffen sie Arbeitsplätze für Fachleute der Lebensmittel- und Getränkebranche, während die Grossbrauereien durch Fusionen Arbeitsplätze vernichten. Die Kleinbrauereien veredeln landwirtschaftliche Produkte auf traditionelle und biologische Weise zu einem Volksgetränk und tragen durch Vermeidung unnötiger Transporte zu einer ökologischeren Wirtschaftsweise bei. Denn sie produzieren für den lokalen Konsumenten.

Nicht nur das 25-Jahr-Jubiläum der Brauerei Fischerstube mit ihren Ueli Bieren gilt es zu feiern, sondern die erfreuliche, zukunftsweisende Entwicklung der Klein- und Mittelbrauereien.

Anmerkung

* Kurt Uster, Brauerei Baar AG, Kurzreferat, Tagung der Klein- und Mittelbrauereien 8./9. September 1998, Chur.

Region

Natürliches
in der Region

Das Kapitel Region ist der Natur und dem Umgang des
Menschen mit ihr gewidmet. Dass die kleine Nachbarstadt
Weil am Rhein eine baden-württembergische Landesgartenschau, die ‹Grün 99›, organisierte, ist eine mutige
und beachtliche Leistung; dass die Gemeinde damit über
die Ausstellungsdauer hinaus ein wunderbares Naherholungsgebiet geschaffen hat, ist ein schönes Geschenk
an alle Bewohnerinnen und Bewohner der Region. Tonio
Passlick berichtet über das Ereignis.

    An der Grün 99 erstmals vorgestellt wurde das ein-
malige Multimediaprogramm ‹Natur und Landschaft der
Region Basel›. Es ist in den Schulen im Einsatz und im
Buchhandel erhältlich. In langjähriger Forschungs- und
Entwicklungsarbeit entstanden, verknüpft das Programm
auf faszinierende Weise Informationen aus Biologie, Geo-
grafie, Geschichte und Kunstgeschichte und führt auf über
10 000 Bildschirmseiten den Landschaftswandel und die
Veränderungen in Flora und Fauna vor Augen. Einer
der beiden Autoren stellt das Projekt anhand von Presse-
Echos vor.

    Dass und weshalb in einem Stadtwald verschiedene
Interessen und Bedürfnisse aufeinander stossen, zeigt zum
Schluss der Beitrag über ein ‹altbewährtes› Naherholungs-
gebiet, den Allschwiler Wald.
Red.

Die ‹Grün 99› in Weil am Rhein *Tonio Passlick*

Sechs Monate Natur, Erlebnis und Kultur

Syydehaas, Schoofseggel, Datteri, Hooseschysser ...
Unmissverständliche Freundlichkeiten pflastern den Weg zum Garten der Region.
Neunzehn Jahre nach der ‹Grün 80› schickte sich vor den Toren Basels ein zweiter
grüner Park an, ein halbes Jahr lang – vom 16. April bis zum 17. Oktober 1999 –
zum Eldorado für Kleingärtner und Erlebnishungrige zu werden.

Auch die schweren Regenwolken am Freitag, den 16. April 1999 hinderten ‹Tout Bâle› nicht daran, die Baden-Württembergische Landesgartenschau (LGS) ‹Grün 99› in der deutschen Nachbarschaft zu entdecken. Und wie eine Ameisenstrasse zog sich am Sonntag, dem ‹Basler Tag›, eine kilometerlange Menschenkette von den Langen Erlen über den Regioweg bis zum DreiLänderGarten auf dem Ausstellungsgelände. Basels Regierungspräsident Hans Martin Tschudi und Weils Oberbürgermeister Peter Willmann durchschnitten symbolisch das Band und eröffneten für Fussgänger und Velofahrer den einfachen Zugang von Basel über die grüne Grenze am Flüsschen Wiese zum neuen ‹Volkspark des 21. Jahrhunderts› am Stadtrand von Weil am Rhein. Über tausend Besucher nutzten die neue Flaniermeile, deren Gestaltung eher das Verbindende als das Trennende betont: jeweils 15 Betonsteine am Weg zitieren beidseits der Grenze in der gemeinsamen alemannischen Sprache Kosenamen der eingangs erwähnten Art.

Natur und Kultur: Zahlreiche Skulpturen schmückten das Ausstellungsgelände der Landesgartenschau.

Noch bemerkenswerter ist die Reihe der Kunstwerke, die entlang des von Brüssel bezuschussten Weges zwischen der Tramhaltestelle Niederholz und dem Architekturpark des Möbelproduzenten ‹Vitra› in Weil am Rhein als dauerhafte Attraktion eine bleibende Verbindung zwischen Basel und der grössten grünen Lunge in der Agglomeration bereichern: ein keltisches Haingedicht als gepflanzte Lyrik von Markus Gadient und Barbara M. Meyer zum Beispiel, oder eine kunstvoll mit Dialogen und Dualitäten spielende Glaswand von Ueli Michel, Barbara Köhler und Yves Trump, ein Glückswürfel mit einem Spiegelkabinett der Ein- und Durch-

Die ‹Kunstlandschaft Kies›
mit dem begehbaren Kieswerk und einem Kiesspielplatz.

sichten von Stefan Hösl oder drei archaisch anmutende Ziegeltrulli von Reiner Seliger, die mit ihrem Namen ‹Trias› das Programm der Ausstellung im DreiLänderGarten charakterisierten: das Alltägliche der Trinationalität nämlich.

Trinationales Konzept

Die Gartenschau-Besucher folgten nicht den weiteren Kunstwerken und Architektur-Highlights – wie einem 17 Meter hohen Stahlturm in Doppelhelix-Form am neuen S-Bahnhof Gartenstadt –, sondern blieben im trinationalen Zentrum der Grün 99, dem DreiLänderPavillon, weithin sichtbarer Mittelpunkt einer Ausstellung, die vor allem zwei Ziele verfolgte: als erste von 17 Gartenschauen des Landes Baden-Württemberg beredtes Zeugnis für die grenzüberschreitenden Zusammenhänge einer Wirtschafts- und Kulturregion abzulegen und zum anderen das Verhältnis des Menschen zur gestalteten Natur zu bilanzieren und an der Schwelle zum 21. Jahrhundert Fragen nach künftigen Lösungen und Modellen des nachhaltigen Umgangs mit Naturräumen zu stellen.

Die trinationale Region war in allen Phasen beteiligt: Beim offenen Ideen- und Realisierungswettbewerb, der im September 1993 ausgelobt und im Februar 1994 entschieden wurde, machten Bürogemeinschaften aus allen drei Ländern mit. Die Planungsgruppe Krupp, Losert & Partner aus Denzlingen bei Freiburg überzeugte mit ihrer Idee, die in unterschiedlichste disperse Nutzungen zersplitterte Landschaft in zwei überschaubare Bereiche zu teilen und dem dreissig Hektar grossen DreiLänderGarten zwischen einem stillgelegten Bahndamm und einem stillgelegten Strassendamm einen grosszügigen Stadtpark mit Wassergärten und Spielwiese sowie eine futuristisch anmutende ‹Kunstlandschaft Kies› zu schenken. Er sollte sich wie zwei Lungenflügel um das bestehende und angemessen renovierte Sportzentrum mit Hallenfreizeitbad (Laguna), Saunaparc (Vier Jahreszeiten), Sportstadion, Tennisplätzen, Rollsporthalle und Kegelbahn sowie den beiden ausgelagerten Technikzentren Wasserwerk und Stadtgärtnerei schmiegen.

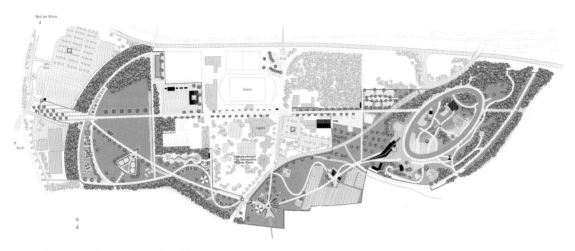

Ausstellungsgelände der ‹Grün 99› in Weil am Rhein.

Geometrie und Natur in Einklang

Statt gestalterische Eingriffe in die Natur zu kaschieren, wurden sie überhöht. Auf dem Luftbild werden die geometrischen Konturen des Parks deutlich: die Wassergärten schmiegen sich an den von einer überrankten Pergola gesäumten Eisenbahndamm. Eine schnurgerade Mittelachse zieht sich vom Haupteingang über 1,7 Kilometer bis hin zu einer Aussichtskanzel, von der aus der naturgeschützte Bereich der ehemaligen Hupfer-Kiesgrube mit respektvollem Abstand betrachtet werden darf. Zutritt ist nur den Mitarbeitern des ‹Trinationalen Umweltzentrums› (TRUTZ) gestattet, das sich als Dachverband von über sechzig Vereinen des Natur- und Umweltschutzes in der weiteren Region gebildet und im neuen Weiler Architektur-Highlight ‹Landscape Formation 1› eine attraktive Bleibe gefunden hat.

Wie eine halb-elliptische Linie zeichnet der eigentliche Ausstellungsweg vom Haupteingang bis zur ‹Galerie im Grünen› einen eleganten Bogen durch das Gelände. Die Landesgartenschau GmbH, mit Oberbürgermeister Peter Willmann als Aufsichtsratsvorsitzendem und Bürgermeister Klaus Eberhardt als leitendem Geschäftsführer an der Spitze, konzipierte ihn als Zeitreise durch die Geschichte der Gärten.

Geometrisch auch die Anlage der Wassergärten, die aus einem künstlichen Quellbecken im Märchenwald gespeist werden, sich bis zu einer Breite von vierzig Metern erweitern und den spannenden Kontrast mit den auswuchernden Halbinseln suchen, die als eigentliche Themengärten typische Pflanzengesellschaften der Rheinauen zitieren, Ausflüge in mythische Pflanzenwelten unternehmen oder mit den Elementen spielen. Der Regengarten zum Beispiel, ein Beitrag des Gärtnermeisterverbandes beider Basel, oder der Nebelgarten, eine Gabe der Gemeinde Riehen, verdeutlichen Abhängigkeiten von Standort und Klima. Der Erlenbruch als Beitrag der Gesellschaft für das Gute und Gemeinnützige (GGG) erinnert an die einstigen Auenwälder im Rheintal vor der Tullaschen Rheinregulierung.

‹Nana› heisst die Gattung des Trompetenbaumes, der an den geometrisch angelegten Zeitgärten aus Tetraedern herauswächst. Die Dreiecks-Pyramide vertritt symbolisch das Dreiland oder ‹Dreyeckland› und das virtuelle Dreieck von Vergangenheit, Gegenwart und Zukunft – eine Gestaltungsidee der Italienerin Virna Mastrangelo von der Universität Genua, deren Fachbereich Landschaftsarchitektur auch die dekonstruktivistische Gestaltung des ‹Platzes der drei Länder› und dreier futuristischer Zukunftsgärten übernommen hatte.

Ein multimediales Regio-Projekt

Die verändernde Dimension der Zeit wurde vor allem bei einem weiteren Schweizer Beitrag deutlich. Als Multimediaprojekt der Basler Christoph

Vor allem jüngere Besucherinnen und Besucher zog es in den Multimedia-Pavillon der Christoph Merian Stiftung und der Stiftung Mensch–Gesellschaft–Umwelt.

Merian Stiftung und der Stiftung MGU (Mensch–Gesellschaft–Umwelt) des Kantons Basel-Landschaft hatten Heinz Schneider von der Universität Basel und der Biologe und Fotograf Beat Ernst eine CD-ROM konzipiert, die den Wandel der Wildvegetation und Kulturlandschaft der Regio Basel vom Jura bis zum Isteiner Klotz in den vergangenen 150 Jahren mit eindrucksvollen Bildvergleichen dokumentierte. Die verschiedenen Aspekte des Wandels dieser vielseitigen Kulturlandschaft wurden in einem Multimediaprogramm anhand zahlreicher Karten, Landschafts- und Pflanzendarstellungen illustriert. Menschen aller Altersgruppen bevölkerten das zweigeteilte Zelt mit seinen acht Monitoren und einer Projektionswand, dessen Hauptattraktion für zahlreiche Schulgruppen das ‹Grüne Klassenzimmer› mit fast sechshundert Bildungsangeboten war. Es wurde von Schulen weidlich genutzt.

Drei Länder – drei Gärten

Geografischer Mittelpunkt der Grün 99 war der eingangs erwähnte DreiLänderPavillon am Platz der drei Länder mit den Gärten der Gegenwart, die sich wie Kuchenstücke von unterschiedlichsten Tortenbäckern um einen zentralen Tetraeder gruppierten. Dominierend das aus Holz nachgebaute Stadttor von Liestal mit der Blumenuhr, den aufgepflanzten ‹Kienbäse›-Nachbildungen und einem Bachverlauf, der für das Flüsschen Ergolz stand. Eingerahmt wurde ‹Liestal› von den Gärten der Weiler Partnerstädte Huningue (F), Trebbin (bei Berlin) und Bognor Regis (GB), in denen besonders die Blumenfiguren des elsässischen Gärtnermeisters Casagrande – wie Vögel oder ein Rheinschiff – zu beliebten Fotomotiven wurden. Eine trinationale Arbeitsgruppe hatte gemeinsam mit der LGS für den Pavillon eine Vielzahl von Ausstellungen vorbereitet: über Gemeinden, Zukunftstechnologien und Museen der Region, regionale Organisationen wie die Regio-Kulturstiftung oder die Arbeitsgruppe ‹Trinationale Agglomerationsplanung Basel›. Projekte wie der Oberrheinische Museumspass wurden hier der Öffentlichkeit vorgestellt. Informationen über die Museen am

Oberrhein konnte man nebst Büchern, Postkarten und Souvenirs im Museumsshop erhalten, der unmittelbar neben einem Informationsschiff der elsässischen Tourismus-Organisationen eingerichtet war.

Der DreiLänderPavillon, weithin sichtbares Ziel der Flaneure auf dem Regio-Kunstweg, war gleichzeitig Eingangstor zum Landwirtschaftspark mit dem Sundgauhaus aus den Beständen des Freilichtmuseums ‹Ecomusée› in Ungersheim als pittoreskem Zentrum. Die dreihundert Jahre alten Balken eines Bauernhauses aus Magstatt wurden vor der Ausstellung von Architekturstudenten aus Paris im DreiLänderGarten aufgerichtet. Unter Anleitung von Pädagogen konnten die Besucher die Ausfachungen selber vornehmen und praktische Erfahrungen über das Brennen von Dachziegeln, die Vernutung von Fachwerk und die Herstellung von Lehmwänden mit Weidengeflecht sammeln. Ein Kleintiergehege, ein Apothekergarten, ein Bauerngarten und ein historischer Lehmofen umrahmten das romantische Gebäude, in dem selber zahlreiche Ausstellungen vorgestellt wurden.

Architektur und Kunstlandschaft

Vom Landwirtschaftspark Mattfeld führte der grosszügig geschwungene Weg vorbei an einem Tiergatter, üppig blühenden Feldern mit landwirtschaftlichen Nutzpflanzen, dokumentarisch gestalteten Landschaftsräumen zur historischen Wiesenwässerung oder der Vegetation am Strassenrand hin zur ‹Kunstlandschaft Kies›. Zum ersten Mal in der Geschichte deutscher Landesgartenschauen war die Umgestaltung eines ehemals gewerblichen Kiesabbaugebietes zentrales Thema einer Gartenbauausstellung. Auch hier gelang den Landschaftsarchitekten mittels Überhöhung des artifiziellen Charakters der Kiesgrube durch ein Rasenoval, eine renaturierte Grubensohle und die futuristischen Gärten der Zukunft eine surreale, kontrastreiche Wirkung; sie wurde nur übertroffen durch die Renovierung eines einzigen industriellen Reliktes, nämlich eines Mischwerks, als begehbare Kunstskulptur sowie den DreiLänderPavillon der irakischen Architektin Zaha M. Hadid.

Wie ein chthonisches Urwesen wächst eine 140 Meter lange Raumskulptur aus dem Boden, biegt in sanftem Schwung in die frühere Kiesgrube ein und öffnet sich wie eine Gleisharfe auf die Breite von 17 Metern. Zaha M. Hadid, häufig als weltbeste Architektin bezeichnet, hat den Pavillon des Landes Baden-Württemberg aus der Topografie der Landschaft heraus entwickelt. Sie nennt ihr Werk ‹Landscape Formation 1›, erstes Projekt einer Reihe, die versucht, neue und fliessende Räumlichkeiten aus dem Studium der natürlichen Landschaftsformationen – zum Beispiel Flussdeltas, Gebirge, Wälder, Wüsten, Schluchten, Eisschollen, Ozeane – abzuleiten. Es geht Hadid darum, potentiell produktive Analogien ausfindig zu machen, die zur Erfindung neuer, künstlicher Räume und Landformen inspirieren, welche für unsere komplexen und vergänglichen modernen Lebensprozesse wichtig sind.

Dieses während der Gartenschau ‹Treffpunkt Baden-Württemberg› genannte Bündel aus länglichen parallelen und miteinander verschlungenen Räumen ist bereits das zweite Gebäude der Architektin in Weil am Rhein. Dies ist bemerkenswert, da sie zwar in ihrem Londoner Büro seit 1983 einen bedeutenden Wettbewerb nach dem anderen gewinnen konnte, aber selten mit der Realisierung der Projekte beauftragt worden war. Erst mit der ‹Fire Station›, dem Feuerwehrhaus im Architekturpark der ‹Vitra›, konnte sie ein grösseres Gebäude realisieren. Auch das Feuerwehrhaus war nicht als isoliertes Projekt entworfen worden, sondern entstand quasi als Weiterführung der linearen Muster der angrenzenden Felder und Rebberge.

Im Pavillon selber befand sich mit dem Treffpunkt Baden-Württemberg eines von sieben Ausstellungszentren, nebst einem Café und dem Trinationalen Umweltzentrum. Dieser Verein, in dem private Umweltinitiativen, Gebietskörperschaften, Verbände und Betriebe aus der Schweiz, Deutschland und Frankreich zusammengeschlossen sind, hat sich das Engagement für den Erhalt der Natur und die Umwelt im Dreiländereck auf die Fahne geschrieben.

Grün 99 als Standortfaktor

Der Gedanke einer aktiven Vernetzung der Industriearchitektur des Vitra-Betriebsgeländes mit der Landesgartenschau war bereits 1992 im Zuge eines Bauforums der Stadt Weil formuliert worden. Die visionär empfundene Vernetzung mit dem Park am Südrand der Stadt mittels künstlerisch gestalteter Wege war aus finanziellen Gründen nicht möglich, die symbolische Brücke wurde nun mit der Beauftragung der ‹Vitra-Architektin› geschlagen.

Geschäftsführer Klaus Eberhardt hatte damit konsequent und beharrlich den Charakter der ‹Kunstlandschaft Kies› im östlichen Teil der Grün 99 entscheidend geprägt und mit der futuristischen und internationalen Gestaltung dieses zukunfts-

orientierten Parkbereichs auch ein architektur- und kunstinteressiertes Publikum für die Gartenschau gewonnen.

Denn eine Landesgartenschau ist auch Stadtmarketing. Mit der Konzentration auf bestimmte Ausstellungsthemen gelang der Stadt eine neue positive Imagebildung. Die bewusste Identifizierung mit dem Dreiländereck, die Besonderheit der Architektur, anspruchsvolle Gartenbauprojekte und Kunst schufen ein hohes Niveau, das der dynamischen Entwicklung der Stadt in jüngster Zeit entspricht. In der Gesamt-Agglomeration um das Oberzentrum Basel konnte Weil am Rhein durch eine vielfältige Veranstaltungsplanung eine geschickte Bündelung regional vorhandener Kulturanlässe erreichen. Vor allem durch den weltweit beachteten Bau von Zaha M. Hadid wird eine allmähliche Abkoppelung der Stadt Weil am Rhein vom Image als Eisenbahnerstadt erwartet.

Bürgermeister Klaus Eberhardt, Geschäftsführer der ‹Grün 99›, sekundiert vom Ausstellungsmaskottchen.

Ein furioser Abschluss

Die Grün 99 wurde am 17. Oktober mit einem poetischen Feuerwerk und einem Feuercorso unter dem Beifall von nahezu 40 000 Besuchern beendet. Der DreiLänderGarten wird bleiben als dauerhafte zeitgemässe Erholungslandschaft, als ‹Volkspark des 21. Jahrhunderts›, wie er von Geschäftsführer und Bürgermeister Klaus Eberhardt gerne charakterisiert wurde. Genauso wie Oberbürgermeister Peter Willmann bezeichnet Eberhardt die Gartenschau als bisher wichtigstes Projekt in seiner beruflichen Tätigkeit und in der Geschichte der Stadt. Mit fast 900 000 Besuchern, 1800 Veranstaltungen, über 600 Gruppenführungen und einer Reihe von landschaftsarchitektonischen Neuerungen sowie einem umfassenden Bekenntnis zur Region hat die Grün 99 dem Jahr vor der Jahrtausendwende ein nachhaltiges Profil geschenkt. Die Kunstlandschaft mit über fünfzig Projekten von Künstlern aus der weiteren Region bleibt zwar nicht in vollem Umfang erhalten, soll aber in der Nachnutzung durch Symposien und Ausstellungen in der ‹Kunstlandschaft Kies› variiert werden. Architektur, Kunst und Design werden – nicht nur der Vitra wegen – künftig mit Weil am Rhein in Verbindung gebracht.

Natur und Landschaft der Region Basel *Beat Ernst*

Ein Multimediaprogramm im Spiegel der Presse

In eigenem Pavillon wurde auf der ‹Grün 99› ein faszinierendes Multimedia-programm der Öffentlichkeit präsentiert. Gefördert wurde das Projekt von der Stiftung Mensch–Gesellschaft–Umwelt des Kantons Basel-Landschaft und der Christoph Merian Stiftung. Auf mehr als 10 000 Bildschirmseiten stellt das Programm den Wandel von Natur, Landschaft und Siedlungsräumen der Regio seit fünfhundert Jahren vor. Die CD-ROM wurde den Schulen der beiden Basler Kantone zur Verfügung gestellt und ist auch im Buchhandel erhältlich.

Der Christoph Merian Verlag, der die CD-ROM produzierte und in sein Verlagsprogramm aufnahm, ist mit der Anfrage an mich gelangt, ich möge über das Multimediaprogramm ‹Natur und Landschaft der Region Basel› einen Beitrag für das Stadtbuch 1999 schreiben. Selbstverständlich habe ich zugesagt. Danach dachte ich, du drehst dich im Kreis: Fünf Jahre lang haben Heinz Schneider und ich an diesem Programm entwickelt und gearbeitet, das ganze in einem Begleitbuch zusammengefasst; wir hatten zudem unzählige Kurzfassungen, Auszüge und Präsentationen hinter uns – und jetzt noch einmal. Zum Glück haben auch andere über dieses Programm berichtet. Ich möchte diese Pressestimmen hier zu Wort kommen lassen, nicht ohne sie kurz zu kommentieren.

Die beiden Biologen Heinz Schneider und Beat Ernst hatten vor sieben Jahren eine Vision: ihre Heimat, die Region Basel, vollständig und spielerisch darstellen, so dass auch beim modernen Medienmenschen Lust auf eine ausgiebige Erkundungstour aufkommt.
(Mathias Meili, Die Weltwoche, 22. Juli 1999)

Die Vision geben wir Autoren gerechterweise weiter an den Visionär Leo Jenni, Leiter der Stiftung Mensch–Gesellschaft–Umwelt (MGU). Er hatte während eines wissenschaftlichen Vortrages von Heinz Schneider über die historischen Veränderungen der Flora in der Region Basel, die anhand von alten Karten und Plänen demonstriert wurden, die Idee, das Thema multimedial umzusetzen und so einem breiten Publikum zugänglich zu machen. Diese Idee begann sich in unseren Köpfen virtuell weiter zu entwickeln. Für die nötige reale Finanzierung eines solchen Projektes sorgte zuerst die Stiftung MGU. Später stieg die Christoph Merian Stiftung ein, wodurch das Programm an die Landesgartenschau Grün 99 kam und im Christoph Merian Verlag zu einem verlagsreifen Produkt auf CD-ROM heranwuchs. Der thematische Inhalt verlagerte sich allmählich von einer historischen Flora zu einer gesamthaften Darstellung des Landschaftswandels in der Region Basel. Der noch fehlende zoologische Teil wurde von Markus Ritter beigesteuert. Dank der multimedialen Umsetzung dürfte eine spielerische Darstellung der Thematik gelungen sein, Vollständigkeit möchten wir allerdings nicht in Anspruch nehmen.

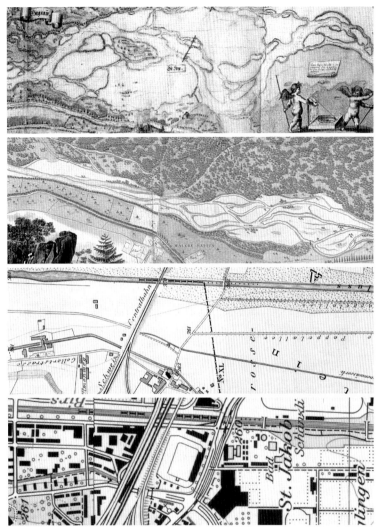

Vom mäandrierenden Fluss zum kanalisierten Gewässer: Das Multimediaprogramm zeigt den Verlauf der Birs im Bereich St. Jakob/Brüglingen. Augenfälliger könnte der Landschaftswandel nicht sein. (J. Meyer, 1657; J. Schäfer, 1798; Stadt Basel und Umgebung, 1880; Landeskarte der Schweiz, 1988)

Experten mögen ja daran gewöhnt sein, mit Bergen von Informationen ihres Fachbereiches umzugehen und auch immer gleich zu wissen, wo im Chaos was zu finden ist. Einen Laien müssen diese Berge erdrücken, wenn er nicht einen zuverlässigen Bergführer hat. Hier sind zwei.

(Reinhard Stumm, Dreiland-Zeitung, 16. Juli 1999)

Das Kompliment des Bergführers nehmen wir gerne entgegen. Das Bergwandern mussten wir allerdings auch selbst erlernen. Die Berge bestanden aus Archiven mit ihrer Fülle an Bildern und Dokumenten. Die Zugangswege waren oft steinig, nicht geebnet und geordnet für unsere Fragestellung. War das Material gefunden, musste es anschliessend für die Seilschaft aufbereitet werden. Der stete Kampf, was noch zuzumuten ist und wo die Benutzeroberfläche mit Steigeisen zu versehen sei. Man soll sich ja nicht verirren und verlieren in der Bergwelt der Thematik. Die disparate Form der Fakten musste sich zu einem Baum der Logik formen.

Diese wenigen Beispiele mögen genügen, man muss die Bilder selbst erleben, mit blossem Nacherzählen ist diese Fülle von Material nicht zu fassen.

(Basellandschaftliche Zeitung, 6. Mai 1999)

Die Bilder prägen das Programm. Die fotografischen Aufnahmen sollen das Interesse an der Natur wecken, faszinieren und interessante Aspekte aus der Tier- und Pflanzenwelt näherbringen. Neben dem eigenen reichhaltigen Bildmaterial bestechen vor allem die lebendigen Tieraufnahmen von Felix Labhardt, einem Meister seines Fachs. Ein fotografischer Leckerbissen sind die Unterwasseraufnahmen des Fribourger Fotografen Michel Roggo, die freilebende Fische porträtieren. Aber auch die historischen Fotografien eines Emil Weitnauer oder Walter Höflinger oder die zahlreichen Zeichnungen von Samuel Birmann, Emanuel Büchel und anderen Künstlern tragen nicht nur zur Fülle bei, sondern lassen zugleich einen kunsthistorischen Einblick in das Schaffen regionaler Maler und Fotografen zu.

Ich erachte dieses Programm als äusserst anregende Informationsquelle für Schülerinnen, Schüler und Lehrkräfte und auch als geeignete Grundlage für eigene, auf die jeweilige Klasse zugeschnittene Arbeitsblätter.

(Margrit Schneider, Sektor Erziehung 2/99)

Eine wichtige Frage: Wie geht die medial verwöhnte Jugend mit diesem Programm um, und lassen sich ihr damit die vielleicht eher unpopulären Sachgebiete näherbringen? Sicherlich ist das Programm eine aufbereitete Informationsquelle und keine pfannenfertige Unterrichtseinheit. Es dürften sich an die Schülerinnen und Schüler wie auch an die Lehrkräfte gewisse Anforderungen stellen, mit diesem neuartigen ‹Schulbuch› umzugehen. Autoren und Verlag begrüssen es jedenfalls ausserordentlich, dass dieses Programm in den Schulen beider Basler Halbkantone als Lehrmittel eingesetzt wird.

Auf einen ‹problematischen› Punkt muss doch auch hingewiesen werden. Wer länger als anderthalb Tage am Stück vor einem Computerbildschirm sitzt, was mit dieser CD-ROM problemlos möglich ist, kann viereckige Augen bekommen. In einem solchen Fall ist die beste Therapie ein Spaziergang in der nicht-virtuellen Landschaft der Region.

(Martin Stohler, Volksstimme, 23. Juli 1999)

Wie ernst es dem Autor dieser Zeilen mit den viereckigen Augen ist, sei dahingestellt. Den Vorschlag, sich selbst in der realen Natur und Landschaft zu bewegen, kann ich nur unterstützen. Regt das Programm dabei zur Beobachtung einer Vogelbalz an, trägt es zur Erkennung eines Waldbaumes bei oder führt die Veränderungen des Birstales vor Augen, so dürfte der therapeutische Spaziergang eine nicht unwesentliche Bereicherung erfahren.

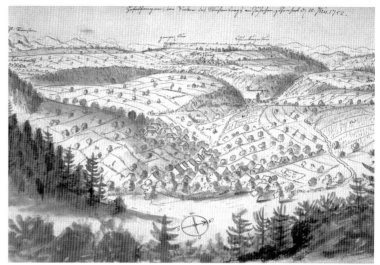

Veränderungen der Landschaft über zwei Jahrhunderte.
Oben: Häfelfingen, Zeichnung von Emanuel Büchel, 1752.
Unten: Häfelfingen und Känerkinden, Fotografie von 1995.

Kurztest: Die CD ‹Natur und Landschaft der Region Basel› ist glücklicherweise spannender als ihr Titel. Das Werk ist eine Fundgrube für Geschichts-Interessierte und ein Genuss für Basel-Fans. Bewertung: 4 von 6 möglichen Sternen.

(kh, PC-Tip Juli/August 1999)

Anscheinend ist es uns nicht gelungen, die thematische Breite des Programms in einem eingängigen Titel auf den Punkt zu bringen. Ein Titel wie ‹Die grosse Natur-CD› wäre wohl auch nicht die Lösung gewesen. Das Zielpublikum ist glücklicherweise breiter als hier angegeben. Immerhin befassen sich drei von sieben Kapiteln mit biologischen Themen. Abschliessend sei die Frage erlaubt, wie man einem Programm mit 10 000 Bildschirmseiten in einem Kurztest die Sterne vergibt?

Der Text ist allerdings im Verhältnis zu den Bildern oft etwas gar knapp geraten. Wer sich intensiver mit einem der Themen befassen will, wird bald wieder beim guten alten Buch landen.

(Andreas Merz, Basler Woche, 20. Mai 1999)

In der Tat steht zu den einzelnen Punkten nur ein kurzer Text. Oft ist es nur ein Satz, der die Aussage der nachfolgenden Bilder einleitet oder kommentiert. Man liest nicht gern am Bildschirm. Die Information liegt in der Kombination der Bilder. Das ‹gute alte Buch›, das wir nicht ersetzen, sondern ergänzen wollen, kann es sich aus finanziellen Gründen niemals leisten, ein derart reichhaltiges und zusammenhängendes Bildmaterial zu präsentieren (6000 Bilddateien). Zudem erlaubt das Programm eine freie Bewegung in Raum und Zeit, wo ein Buch notgedrungen linear aufgebaut sein muss.

Was uns Vermessern, Topographen und Kartographen an dieser neuen Publikation vermutlich am meisten gefällt: Karten und Pläne werden hier nicht als Selbstzweck gezeigt, sondern in ihrem kulturgeschichtlichen Zusammenhang mit anderen Wissenszweigen gewürdigt. Der ihnen zustehende zentrale Stellenwert bei der Visualisierung landschaftshistorischer Zusammenhänge wird hier eindrücklich dokumentiert.

(Martin Rickenbacher, Vermessung, Photogrammetrie, Kulturtechnik 8/99)

Mit diesen Zeilen findet unser Multimediaprogramm auch in einer spezialisierten Fachzeitschrift Beachtung. Die flächendeckende Darstellung der 1000 Quadratkilometer grossen Region Basel auf der aktuellen Landeskarte und auf der Erstausgabe der Siegfriedkarte ist zweifellos das Herzstück des Landschaftskapitels. Die Präsentation dieser Karten am Bildschirm ist nun Multimedia pur. Dank der Computertechnologie lässt es sich übergangslos durch vier Blätter der Landeskarte und durch 25 Blätter der Siegfriedkarte navigieren. Per Mausklick verwandelt sich die eine in die andere, beide Karten lassen sich auch stufenlos und transparent ineinander verweben. Die historischen Karten sind unschätzbare Zeugen der Veränderungen. Deren multimediale Darstellung sollte einen Landschaftsvergleich ermöglichen, der auch für den Laien den Landschaftswandel erfahrbar macht.

Heinz Schneider hofft, dass die CD-ROM diesen Wandel der Landschaft bewusst machen kann. Er würde sich glücklich schätzen, wenn damit bei einigen eine Grundhaltung entstünde, die einen zurückhaltenden Umgang mit der Landschaft als Ganzes befürwortet.

(Beat Münch, Uni Sono 26/99)

Dies ist eines der zentralen Anliegen, das seit Projektbeginn von den Autoren verfolgt wurde. Eine eindrückliche Darstellung des Landschaftswandels, die beim Betrachter, oder wenigsten bei einigen, auch ein Bewusstseinswandel initiiert. Gerade das Wissen um Veränderungen vor der eigenen Haustür, einer Gegend die man kennt, kann den Benutzer betroffen machen und ihn zu einer Haltung bringen, die die Landschaft als Lebensgrundlage schätzt. Allzu oft wurde Landschaft nur als Raum für menschliche Tätigkeiten angesehen und nach diesen Bedürfnissen verändert. Die Vielfalt der Lebensräume einer Landschaft und damit die Artenvielfalt der Flora und Fauna muss bei der weitsichtigen Planung menschlichen Tuns unbedingt vermehrt mit einbezogen werden.

Der Allschwiler Wald *Bruno Baur*

Ein Naherholungsgebiet
mit vielfältigen Funktionen

Siedlungsnahe Wälder sind für Stadtbewohner beliebte Erholungsräume. Doch ist nicht alles Idylle: Die einen suchen Ruhe, andere wollen herumtollen oder festen – und manches geht auf Kosten der Waldbewohner: der Pflanzen und Tiere.

Für die Erholung und Freizeitgestaltung der Basler Stadtbewohner spielen nebst Parkanlagen, Kinderspielplätzen und Flussufern die naturnahen Lebensräume der angrenzenden Wälder Lange Erlen, Birsfelder Hard und Allschwiler Wald eine wichtige Rolle. In diesen Freiräumen möchten die Menschen möglichst uneingeschränkt ihre bevorzugten Freizeitaktivitäten ausüben können.

Wer ruhige und idyllische Plätzchen sucht, findet sie im Allschwiler Wald, in unmittelbarer Nähe von Basel. Der Wald zieht aber nicht nur ruhesuchende Leute an, er dient auch als Naturstadion für Sporttreibende, Auslaufareal für Hunde und Schauplatz für Grillparties und nächtliche Feste. Gleichzeitig hat der Allschwiler Wald auch eine grosse Bedeutung als Rückzugsgebiet für seltene und bedrohte Pflanzen und Tiere, deren ursprüngliche Lebensräume vom Menschen zerstört wurden. Durch die grosse Zahl der Erholungssuchenden entstehen beträchtliche Konfliktsituationen einerseits mit der Forstwirtschaft und andererseits mit dem

Wald oder Stadtpark? Erholung oder Naturschutz? Forstarbeit im Allschwiler Wald.

Der Allschwiler Wald beherbergt den grössten Mittelspechtbestand in der Nordwestschweiz.

Bestreben, die zum Teil gefährdeten Pflanzen- und Tierarten zu erhalten.

Ein kulturhistorisches Erbe

Der Allschwiler Wald, einer der letzten grösseren Eichen-Hagebuchenwälder in der Nordwestschweiz, ist ein einzigartiges kulturhistorisches Erbe.[1] Als Eigentümerin ist sich die Bürgergemeinde Allschwil dieses Umstands wohl bewusst und hat sich zum Ziel gesetzt, diese wertvolle Waldform für die kommenden Generationen zu erhalten.[2]

Die Eichen gehören nicht nur wegen der vorzüglichen Eigenschaften ihres Holzes zu den wertvollsten Baumarten. Eichen bieten auch Lebensraum für eine besonders hohe Anzahl von Tierarten. Selbst abgestorbene Bäume dienen noch als Wohnraum für Spechte und Fledermäuse sowie als Nahrung für zahlreiche holzfressende Insekten. So beherbergt der Allschwiler Wald den bedeutendsten Mittelspechtbestand in der Nordwestschweiz. Trotz starker Freizeitbelastung ist die Artenvielfalt noch immer sehr hoch, was auf die besondere Lage des Waldes zurückzuführen ist. Die gegen das Elsass angrenzenden Siedlungsflächen sind nur lose bebaut, was Tieren und Pflanzensamen die Einwanderung aus den ausgedehnten Wäldern des südlichen Sundgaus erlaubt.

Biologen und Sozialwissenschaftlerinnen vom Institut für Natur-, Landschafts- und Umweltschutz (NLU) der Universität Basel untersuchten verschiedene Aspekte der Freizeitnutzung im Allschwiler Wald.[3] In dem von der Stiftung Mensch–Gesellschaft–Umwelt (MGU) unterstützten Projekt erarbeiteten die Forscher in enger Zusammenarbeit mit dem Förster, dem Forstamt beider Basel und der Eigentümerin, der Bürgergemeinde Allschwil, mögliche Lösungen zur Entschärfung der Nutzungskonflikte im Wald.

Die Waldbesucher

Im Herbst 1998 wurde in den drei Gebieten Dorenbach, Oberlangholz und Chuestelli bei 723 Waldbesuchern eine Umfrage gemacht. Diese Gebiete sind wichtige Ausgangspunkte für Wanderungen und die Durchführung verschiedener Freizeitaktivitäten, unterscheiden sich aber in der Erreichbarkeit mit öffentlichen Verkehrsmitteln und mit dem Privatwagen sowie im Angebot an Sitzbänken, Feuerstellen und Fitnesseinrichtungen (Vita-Parcours).

Das Dorenbachgebiet wird vorwiegend von Bewohnern der Stadt Basel besucht: 70% der befragten Personen kamen aus der Stadt, 18% aus Allschwil und 10% aus dem übrigen Kanton Baselland. Im Oberlangholz machten Stadtbewohner 45% der Besucher aus, während 20% aus Allschwil und 30% aus dem übrigen Kanton Baselland kamen. Ähnlich verteilt war die Herkunft in der Chuestelli: 42% aus der Stadt, 30% aus Allschwil, 24% aus dem übrigen Kanton Baselland und 3% aus dem benachbarten Frankreich. Betrachtet man alle drei Gebiete zusammen, so stammten 52% der Waldbesucher aus Basel, 22% aus Allschwil, 22% aus dem übrigen Kanton Baselland, 1% aus Frankreich und 3% aus der übrigen Schweiz und Deutschland.

Die meisten Besucher des Allschwiler Waldes wohnen in seiner näheren Umgebung, das heisst der Wald ist ihr Naherholungsgebiet. Für die Anreise benötigen 61% der Besucher 10 Minuten oder weniger. Sie erfolgt am häufigsten mit dem Privatwagen (49%); 25% der Besucher kommen zu Fuss, 15% mit dem Fahrrad und 9% mit Tram oder Bus.

Die Mehrheit der befragten Personen spazierten oder wanderten im Allschwiler Wald (34%). 19% führten ihren Hund aus und ebenso viele joggten oder absolvierten den Vita-Parcours. 13% gaben Picknicken und Spielen als Hauptgrund für den Waldbesuch an. Naturbeobachter (7%), Reiter (4%) und Biker (4%) gehörten zu den Minderheiten.

Ansichten der Waldbesucher

Was gefällt den Besuchern am Allschwiler Wald? Aus welchen Gründen wird er immer wieder aufgesucht? Viele Personen begeben sich gezielt in einen naturnahen, vielfältigen Lebensraum, um sich zu erholen. Gründe wie gute Luft, angenehmes Waldklima, naturnaher Waldaufbau, alte Baumbestände, abwechslungsreiches Gelände, vorhandene Naturschutzgebiete sowie die Vielfalt der Bäume und Vögel wurden oft genannt. Viele Menschen

Neunzehn Prozent aller Besucher betätigen sich sportlich.

Der alte Baumbestand wird allgemein geschätzt.

kommen in den Wald, um ihre körperliche Leistungsfähigkeit zu erhalten oder zu erhöhen, andere möchten ganz einfach allein sein und die Ruhe geniessen. Auch die Möglichkeit für soziale Kontakte (inklusive das Antreffen von anderen Hunden oder deren Begleitpersonen) ist für einige Leute ein wesentliches Motiv für den Waldspaziergang. Unabhängig von den unterschiedlichen Interessen wurde die Nähe des Waldes von 19% der befragten Personen als wichtiger Grund für den Besuch angegeben.

Auf die Frage, was im Allschwiler Wald missfällt, waren die folgenden Antworten zu hören (in abnehmender Häufigkeit geordnet): liegengelassener Abfall und Glasscherben, Schiesslärm, zu viele Leute, fehlender Jungwuchs, Hundekot und freilaufende Hunde, Leinenzwang, Fluglärm, ungepflegter und zu stark gepflegter Wald. Diese Antworten zeigen deutlich die unterschiedlichen, zum Teil sogar entgegengesetzten Interessen und Vorstellungen. Rund 49% der Waldbenutzer fühlen sich auch durch das Verhalten anderer Personen im Wald gestört: Freilaufende Hunde und rücksichtslose Biker sind die häufigste Ursache für Unmut. Die Umfrage zeigt deutlich, dass auch ein Konfliktpotential zwischen verschiedenen Waldbenützern vorhanden ist.

Rund 69% aller Besucher finden, dass durch gewisse Freizeitaktivitäten dem Wald Schaden zugefügt wird. 28% glauben, dass Leute bei Grillparties, Festen und Picknicks den Wald rund um die Feuerstellen beschädigen; 16% machen Biker und 8% freilaufende Hunde für Schäden im Wald verantwortlich.

Freizeitnutzung des Waldes

In den Jahren 1997 und 1998 wurde die Anzahl der Waldbesucher sowie deren Freizeitaktivitäten in sechs Untersuchungsgebieten im Allschwiler Wald erfasst. Diese Gebiete werden unterschiedlich häufig besucht. Im Dorenbachgebiet hielten sich durchschnittlich 43,6 Personen pro Stunde auf, in den Gebieten Wasserturm, Hinteri Allme und Chuestelli waren es 20,5, 11,3 und 10,5 Personen pro Stunde, im Oberlangholz und im abgelegeneren

Geiser nur noch 3,5 respektive 1,8. Die Besucher-zahl ist teilweise durch das Infrastrukturangebot (vorhandene Feuerstellen, Vita-Parcours) und die Erreichbarkeit des Waldgebietes (Parkplatzange-bot) beeinflusst, schwankt aber auch stark je nach Wetter, Jahreszeit und Wochentag. Bei schönem Wetter im Mai konnten an Wochenenden im Doren-bachgebiet bis zu 120 Personen pro Stunde ange-troffen werden.

Die untersuchten Gebiete unterscheiden sich auch in der Verteilung der Geschlechter und in der Altersstruktur. Der prozentuale Frauenanteil der Besucher war mit 55% im Gebiet Dorenbach, das am nächsten beim Siedlungsgebiet liegt, am höch-sten. In den anderen Gebieten betrug der Frauen-anteil zwischen 42 und 47%. Diese Zahlen zeigen, dass Frauen die abgelegeneren Teile des Allsch-wiler Waldes weniger häufig besuchen als Männer.

Im Gebiet Dorenbach waren 32% und beim Wasserturm 45% der Besucher jünger als 20 Jah-re, in der Hinteri Allme, Chuestelli und im Geiser zwischen 22% und 28%. Im Oberlangholz gehörten nur 5% dieser Altersklasse an. Die Gebiete Ober-langholz und Geiser wurden bevorzugt von Perso-nen aufgesucht, die älter als 35 Jahre waren.

Einfluss auf Pflanzen und Tiere
Die Studie umfasste auch detaillierte Untersuchun-gen der Streuschicht und Bodenvegetation und der Trittschäden an den Pflanzen, eine Aufnahme der beschädigten Sträucher sowie eine umfang-reiche Aufsammlung von bodenlebenden Klein-tieren.

Die Laubstreuschicht ist in den stark besuchten Gebieten Dorenbach und Wasserturm um rund 60% reduziert verglichen mit dem wenig besuchten Gebiet Geiser. Durch häufiges Gehen abseits der Wege werden die Blätter der Streuschicht zerklei-nert. Geringe Windstösse reichen dann aus, um die Blattstücke wegzublasen. Damit geht ein wichtiger Lebensraum für viele Kleintiere verloren. Die Mächtigkeit der Laubstreu kann als Anzeiger für die Vielfalt der vorhandenen Kleintiere betrachtet werden. Diese Tiere haben eine wichtige Funk-tion im Wald. Sie helfen mit, die Streuschicht abzu-

Gemeinsam unterwegs: Zwei von zehn Besuchern führen im Wald ihren Hund ‹Gassi›.

bauen, und ermöglichen so den Pflanzen, Nährstoffe über das Wurzelsystem aufzunehmen.

Der Deckungsgrad der Bodenvegetation nimmt mit zunehmender Gesamtbesucherzahl im Gebiet stark ab. Im Geiser bedeckt die Krautschicht rund 65% des Waldbodens, im Untersuchungsgebiet Dorenbach hingegen nur noch 10%. Die in der reduzierten Krautschicht verbliebenen Pflanzen werden regelmässig zertreten. Wegen des starken Besucherdruckes fehlen in diesem stadtnahen Wald gebietsweise die Bodenvegetation und die Strauchschicht fast vollständig. Darunter leiden neben der Forstwirtschaft (reduzierter Holzertrag) auch die Pflanzen und Tiere: 35% der Pflanzenarten der Krautschicht sowie 38% der Spinnen-, 32% der Laufkäfer- und 42% der Kurzflügelkäferarten der Streuschicht sind in stark belasteten Gebieten ausgestorben. In solchen Gebieten übersteigt der Erholungsdruck bei weitem die Regenerationskraft des Waldes.

Lösungen werden gesucht

Freizeitaktivitäten sollen auch in Zukunft in stadtnahen Wäldern möglich sein; sie sind für die heutige stressgeplagte Gesellschaft von immenser Bedeutung. Dabei sollte aber bestmögliche Rücksicht auf die (ebenfalls geplagten) Pflanzen und Tiere genommen werden. Die Lösung der bestehenden Nutzungskonflikte ist eine grosse Herausforderung für die Behörden, Eigentümer, Waldbesucher und die ganze Gesellschaft. Eine Arbeitsgruppe, bestehend aus Vertretern der Bürger- und der Einwohnergemeinde Allschwil, Forstfachleuten und Naturschutzexperten, erarbeitet zur Zeit mögliche Massnahmen, die in Zukunft ein Nebeneinander von Erholungsnutzung, Forstwirtschaft und Naturschutz im Allschwiler Wald ermöglichen. Die Universität kann bei diesem Prozess wichtiges Grundlagenwissen beitragen. Die Erhaltung und Förderung der Natur im Naherholungs- und Siedlungsgebiet geschieht nicht nur zum Nutzen der Pflanzen und Tiere, sondern vielmehr auch zum Nutzen der Stadtbewohner.

Anmerkungen

1 Christian Gilgen, Zum Forstwesen des Kantons Basel-Landschaft im 19. Jahrhundert oder der verschwundene Wald im Giebenacher Birch. Baselbieter Heimatblätter, Bd. 63, Liestal 1998, S. 113–128.

2 Thomas Herde, ‹Entwicklung der Besitzverhältnisse›, in: Der Allschwiler Wald. Allschwiler Schriften, Bd. 11, Allschwil 1999, S. 47–52.

3 Bruno Baur und Mitautoren, Der Allschwiler Wald. Allschwiler Schriften, Bd. 11, Allschwil 1999.

Kultur

Theater Spilkischte

Hansueli W. Moser-Ehinger

25 Jahre – und ein doppelter
Hans Reinhart-Ring

**Am 15. Mai 1999 sind Ruth Oswalt und Gerd Imbsweiler
mit dem Hans Reinhart-Ring geehrt worden,
der höchsten Auszeichnung im Theaterleben der Schweiz.
Aus dem vor 25 Jahren gegründeten emanzipatorischen Kindertheater
ist längst ein weiterum anerkanntes Theater für alle geworden.**

Ruth Oswalt und Gerd Imbsweiler bei der Preisverleihung.

Die Jury begründete die Auszeichnung der Schauspieler und Theaterleiter Ruth Oswalt und Gerd Imbsweiler damit, dass die beiden seit 25 Jahren «mit ihrer Theaterarbeit die Kinder als Publikum ernst nehmen und ihnen wie den Erwachsenen Kunst zumuten», dass sie «das Theater Spilkischte vom Theater für Kinder zum Theater für alle entwickelt und damit überholte Spartengrenzen gesprengt» haben und dass sie «ihr Vorstadt-Theater anderen Theaterschaffenden öffnen und ihnen Gastrecht geben zu Bedingungen, die sie selber sich wünschen».

Der Hans Reinhart-Ring gilt als die höchste Auszeichnung im Theaterleben der Schweiz. Getragen wird er von der Schweizerischen Gesellschaft für Theaterkultur (SGTK), vergeben wird er von einer eigens dazu eingesetzten Jury, die aus fünf Personen besteht und vom Vorstand der SGTK bestimmt wird. Das Reglement schreibt vor, dass die Jury vom Präsidenten der SGTK geleitet wird; zwei Mitglieder werden aus dem Vorstand der Gesellschaft rekrutiert, zwei von aussen dazugeholt.

Der Ring ist benannt nach dem Winterthurer Mäzen Hans Reinhart, der ihn 1957 gestiftet hat. Seit dessen Stiftung erschöpft ist, trägt ihn die SGTK. In den 43 Jahres seines Bestehens wurden 43 Theaterleute auf diese Weise ausgezeichnet – 1992 wurde kein Ring vergeben, 1999 erstmals deren zwei. Mit dieser Neuerung trug die Jury der Entwicklung Rechnung: Immer öfter werden herausragende Leistungen am Theater nicht von Einzelpersonen, sondern von Kollektiven verantwortet.

Im Gegensatz zu anderen Auszeichnungen ähnlicher Art ist der Hans Reinhart-Ring nicht ein ‹Wanderpreis›, der weitergegeben wird: Jeder Ring wird eigens für die geehrte Person hergestellt und bleibt in deren Besitz – das gilt auch für die Ringe, die Ruth Oswalt und Gerd Imbsweiler bekommen haben.

Die Kinder als Publikum ernst nehmen

Ruth Oswalt und Gerd Imbsweiler gehören zu den acht Theaterleuten aus dem Umkreis des Basler Theaters, die am 25. Januar 1974 die Theatergenossenschaft für Kinder gründeten, die Trägerschaft des Theaters Spilkischte. Anlass dazu war, dass Werner Düggelins Bemühungen um ein emanzipatorisches Theater für Kinder auf den erbitterten Widerstand jener Kreise stiessen, die ohnehin kein Verständnis für ein Theater hatten, das nicht einfach der Bestätigung bestehender Verhältnisse zu dienen bereit war – mit den überlieferten ‹Weihnachtsmärchen› etwa, in denen konsequent die

‹Kikerikiste› von Paul Maar mit Ruth Oswalt (links) und Josef J. Arnold war 1974 das erste Stück der Spilkischte. Regie führte Gerd Imbsweiler.

Guten belohnt und die Bösen bestraft werden. Dass dieser Druck dazu führte, dass Kinderstücke fast völlig aus dem Repertoire von Düggelins Basler Theater verschwanden (und bis heute weitgehend verschwunden blieben), ist zweifellos kein Ruhmesblatt für das Basler Theaterleben.

Die Initianten der Spilkischte stiessen in diese Lücke. Von heute her lässt sich feststellen, dass der ‹Schuss› derjenigen, die das Theater für Kinder vor allem anderweitig beanspruchten Eltern als Abstellgelegenheit für ihren Nachwuchs reservieren wollten, gründlich hinten hinaus gegangen ist. Theater für Kinder als Kunst für Kinder ist zu einem anerkannten Bedürfnis geworden. Keineswegs verschwiegen sei, dass auch an Kleintheatern beachtliche Versuche mit Theater für Kinder unternommen wurden – ebenso unbestritten aber ist, dass deren schmale finanzielle Basis kommerzielle Rücksichten in Stückwahl und Produktionsart erzwang (und heute noch erzwingt), die künstlerischen Ausrichtungen wenig Raum lassen.

Die Spilkischte startete am 24. April 1974 mit ‹Kikerikiste› von Paul Maar. Beheimatet war sie in der ehemaligen Bibliothek des Volkshauses Burgvogtei, einem Raum mit Empore und eigenem Zugang von der Strasse her. Der Standort im Kleinbasel, in einem kulturell unterversorgten Teil der Stadt, prägte ihren Anfang entscheidend. Beispielhaft dazu war bereits die zweite Produktion, Hansjörg Schneiders ‹Robinson und Freitag›: Die beiden Protagonisten können sich verbal nicht verständigen; Robinson versucht sich mit den Mitteln des Kasernenhofs durchzusetzen, Freitags Sprache ist Musik – und zwar improvisierte Musik auf improvisierten ‹Instrumenten›. Vor der Vorstellung ‹bauten› die Kinder die Insel, nach der Vorstellung machten sie mit dem Freitag-Darsteller Musik: was ihnen geboten wurde, ging weit über die reine Vorstellung hinaus.

Mit dieser intensiven Betreuung des jungen Publikums vor und nach der Vorstellung gingen Ruth Oswalt und Gerd Imbsweiler und ihre Mitspieler ein Engagement ein, das so auf Dauer kaum durchzuhalten war. Es wurde abrupt gestoppt, als die Truppe ihren Spielort verlor, weil das Volkshaus

‹saniert› wurde. Die Spilkischte wich auf das Kirchgemeindehaus Oekolampad, auf Anlagen und Robinson-Spielplätze aus, bevor sie im St. Albansaal zuerst eine zeitlich begrenzte, dann definitive Heimat fand. Später wurden ihr diese Räume vom Staat eigens für ihre Zwecke eingerichtet – sogar ihren Wunsch nach schwarzen Wänden im Zuschauerraum des Theaters konnte sie durchsetzen.

Vom Theater für Kinder zum Theater für alle

War die Spilkischte anfänglich ein Theater ausdrücklich für Kinder, so entwickelte sie sich kontinuierlich zu einem Theater ohne ‹Schiessschartendenken›. Ihr Theater für alle war konzipiert als ein Theater, das sich in ein und derselben Produktion differenzierter Mittel bediente, um einem Publikum den Zugang sowohl emotional – vom Bauch her – wie auch intellektuell – vom Kopf her – zu ermöglichen. Als ideales Publikum war eines gedacht, in dem Kinder ihre Erwachsenen und Erwachsene ihre Kinder ins Theater begleiten. Dass das funktioniert, hat die Spilkischte nicht nur mit Ionescos ‹Die Stühle› bewiesen – einem Unterfangen, das schliesslich auch jene Leute in seinen Bann zog, die ein solches Wagnis von vornherein scheitern gesehen hatten.

Diese Entwicklung hat dazu geführt, dass die eindeutig emanzipatorische Ausrichtung, die die Anfangsjahre geprägt hatte, zwar nicht verschwand, aber doch weniger plakatiert wurde. Die Spielvorlagen wurden immer öfter in Improvisationen erarbeitet – dass manche von ihnen anhand der Endfassung auch von anderen spielbare ‹Literatur› wurden, belegt die Qualität dieser Arbeit. Ihr vermochte auch nicht Abbruch zu tun, dass bald einmal blosse Nachahmer den Begriff ‹Theater für alle› als ‹Marke› für beliebige Produktionen missbrauchten und damit abwerteten.

Allmählich wurde auch die materielle Grundlage der Spilkischte gefestigt. Halfen ihr anfänglich inoffizielle, aus sozialpädagogischen Aspekten motivierte Subventionen über die Runden, so verfügt das Theater heute über vertraglich festgelegte Unterstützung durch die öffentliche Hand. Dass es dennoch nur überlebt, weil ein anonym bleibender

Mäzen die immer noch vorhandenen Löcher stopft, ist und bleibt ein Schandfleck im Kulturleben der Stadt Basel.

Dass noch immer wirtschaftliche Probleme zu überwinden sind, obwohl die Spilkischte sich mit einem Personal- und Sachaufwand begnügt, der nicht einmal die Portokasse etablierter Häuser zu erschöpfen vermöchte, ist nicht zuletzt auf das längst noch nicht überwundene Schubladen-Denken zurückzuführen – daran ändert auch nichts, dass die Spilkischte sich längst ‹Theater Spilkischte› und ihr Domizil ‹Vorstadt-Theater› nennt: auch für ein Theater kann der Stempel im Pass verheerend sein.

Einer ihrer Wünsche sei denn auch, sagte Ruth Oswalt im Zusammenhang mit den Feiern zum

‹Schildkrötenträume› mit Gerd Imbsweiler und Ruth Oswalt als Eltern sowie Brigitte Rüetschli als Kind. Regie Beat Fäh (1988).

Foyer des Vorstadt-Theaters anlässlich des 20-Jahr-Jubiläums 1994.

25jährigen Bestehen des Theaters, das ‹K› für Kindertheater auf dem Rücken loszuwerden. Nicht wenige aber von denen, die mit der Spilkischte feierten, machten klar, dass eben dieses ‹K› auf dem Rücken auch als Auszeichnung verstanden werden könne – mindestens so wertvoll wie die Verleihung des Kunstpreises der Stadt Basel 1987 und die des Hans Reinhart-Rings 1999.

Gastrecht für andere Theaterschaffende
Wenn heute ein erheblicher Teil des Repertoires, das im Vorstadt-Theater der Spilkischte zu sehen ist, von Gasttruppen bestritten wird, ist das alles andere als eine Neuerung. Über ‹eigene› Räume verfügen zu können, haben die Spilkischte-Leute immer als Privileg empfunden – und davon ab-

zugeben, indem sie weniger privilegierten Truppen und Theaterleuten Gastrecht gewähren, damit haben sie schon in der ersten Saison im Volkshaus angefangen. Schliesslich sind sie selber auch darauf angewiesen, dass sie andernorts spielen können, erwirtschaften sie doch einen erheblichen Teil ihrer Einkünfte in auswärtigen Gastspielen, wo sie – als Propheten des freien Theaters – seit jeher und immer noch oftmals mehr gelten als im Vaterland.

‹Der König stirbt› von Eugène Ionesco. Christoph Mörikofer, Doris Hintermann, Gerd Imbsweiler und Ruth Oswalt spielten, Regie führte Antonia Brix (1993).

Empfänger des Hans Reinhart-Rings 1957–1999

1957	Margrit Winter, Schauspielerin
1958	Leopold Biberti, Schauspieler, Regisseur
1959	Traute Carlsen, Schauspielerin
1960	Käthe Gold, Schauspielerin
1961	Marguerite Cavadaski, Comédienne
1962	Heinrich Gretler, Schauspieler
1963	Ernst Ginsberg, Schauspieler, Regisseur
1964	Michel Simon, Comédien
1965	Maria Becker, Schauspielerin
1966	Max Knapp, Schauspieler
1967	Lisa Della Casa, Sängerin
1968	Charles Apothéloz, Animateur, metteur en scène, directeur
1969	Leopold Lindtberg, Regisseur
1970	Ellen Widmann, Schauspielerin
1971	Rolf Liebermann, Komponist, Theaterleiter
1972	Carlo Castelli, Regista
1973	Inge Borkh, Sängerin
1974	Annemarie Düringer, Schauspielerin
1975	Charles Joris, Animateur, metteur en scène, directeur
1976	Dimitri, Clown
1977	Max Röthlisberger, Bühnenbildner
1978	Edith Mathis, Sängerin
1979	Peter Brogle, Schauspieler
1980	Philippe Mentha, Metteur en scène, directeur
1981	Ruodi Barth, Bühnenbildner
1982	Heinz Spoerli, Choreograph
1983	Reinhart Spörri, Regisseur, Theaterleiter
1984	Ruedi Walter, Schauspieler
1985	Benno Besson, Metteur en scène
1986	Annemarie Blanc, Schauspielerin
1987	Werner Düggelin, Regisseur, Theaterleiter
1988	Emil Steinberger, Kabarettist
1989	François Rochaix, Metteur en scène
1990	Gardi Hutter, Clown
1991	Bruno Ganz, Schauspieler
1992	(nicht vergeben)
1993	Paul Roland, Schauspieler, Direktor Schauspielschule Bern
1994	Ketty Fusco, Attrice, regista
1995	Rolf Derrer, Licht-Designer
1996	Mathias Gnädinger, Schauspieler
1997	Luc Bondy, Regisseur
1998	Werner Hutterli, Bühnenbildner
1999	Ruth Oswalt, Schauspielerin, und Gerd Imbsweiler, Schauspieler

Die Art Basel feiert ihren 30. Geburtstag
Raphael Suter

**«Die 30. Art Basel ist ohne Zweifel die hochkarätigste Kunstmesse aller Zeiten»,
bilanzierte Messeleiter Lorenzo A. Rudolf die dreissigste Ausgabe
der weltgrössten Kunstmesse, die vom 16. bis zum 21. Juni 1999 in den Hallen
des Rundhofgebäudes der Messe Basel stattfand.**

*Blick von der Galerie der hölzernen ‹Basler Halle› an der Art 1 im Jahr 1970.
Heute befindet sich dort das Kongresszentrum.*

700 (!) Aussteller aus der ganzen Welt – so viele wie nie zuvor – hatten sich um einen Standplatz beworben. 429 von ihnen wurden abgewiesen, weil sie den Qualitätskriterien des Art Comitees, das über die Zulassung entscheidet, nicht genügten. Die zugelassenen 271 Aussteller durften hingegen für sich in Anspruch nehmen, zu den weltbesten Galerien zu gehören.

Eine eigene Kunstmesse

Vor 30 Jahren dachten die Initianten der ersten Basler Kunstmesse wohl nicht im Traum daran, dass ihre Veranstaltung einmal diese Dimension und Bedeutung annehmen würde. Die Idee einer eigenen Kunstmesse war 1968 aus dem Kreise einiger Galeristen und Kunsthändler hervorgegangen. Zu den Zugpferden gehörten Trudl Bruckner, Balz Hilt und Ernst Beyeler. Bei der Messe Basel, die damals noch Mustermesse hiess, liess sich Emil Bammatter für die Idee begeistern. Am 11. Juni 1970 fand in den Hallen 8 und 9 der Schweizer Mustermesse die erste Art Basel statt. 90 Galeristen und 60 Kunstbuchhändler nahmen daran teil. Der Eintritt kostete fünf Franken. 16 300 Besucherinnen und Besucher konnte die Art 1 verzeichnen. Fast sechs Millionen Franken wurden damals umgesetzt. Heute sind die Umsatzzahlen sehr viel grösser, sie werden inzwischen aber auch nicht mehr veröffentlicht.

Dass mit der ersten Kunstmesse in Basel eine Erfolgsgeschichte beginnen sollte, war für die Beteiligten damals noch nicht offensichtlich. Die Bilanz der ersten Art Basel wurde nicht von allen Seiten nur positiv gezogen. Manche Galeristen waren nämlich der Meinung, Kunst dürfe nur in einer Galerie ausgestellt und nicht im Rahmen einer Messe als Ware ‹verscherbelt› werden. Auch organisatorische Mängel wurden der ersten Kunst-

messe angelastet. Trotzdem: die Grundidee war sowohl bei den Ausstellern wie beim Publikum gut angekommen. So fand denn auch im Folgejahr eine weitere Kunstmesse statt … und im Jahr darauf … usw.

International

Der Erfolg der Art Basel – darüber sind sich die Initianten einig – liegt in der Internationalität dieser Messe. Die Internationalisierung der Kunstmesse geschah allerdings nicht ganz freiwillig. Die deutschen Galeristen, die zahlenmässig schon bald die grösste Ausstellergruppe bildeten, wollten die neue Kunstmesse in einen Turnus mit den Kunstmessen in Köln und Düsseldorf einzwängen. Da-

Felix Handschin (Mitte) und Nikki de Saint-Phalle (links) mit einer ihrer Figuren an der Art 1.

*Kunstmessen-erprobtes Künstlerpaar: Eva und Adele
vor Andy Warhols ‹Self Portrait – Fright Wing› bei Beyeler (1996).*

‹ILL WORLD› von und mit Gilbert and George bei Jablonka (1995).

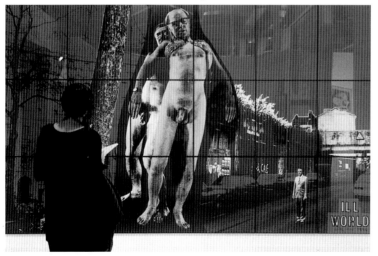

nach hätte die Art Basel nur alle drei Jahre statt-finden sollen. Das wollten aber die hiesigen Verant-wortlichen nicht. Mit ihrer Weigerung provozierten die Basler einen Boykott der Messe durch die deut-schen Galeristen. Um diese Lücke zu schliessen, mussten neue Aussteller aus anderen Ländern ge-sucht werden. Schon bald zeigte sich, dass diese nicht bloss ‹Lückenbüsser› waren, sondern eine sinnvolle und wichtige Ergänzung bildeten. Als die deutschen Galeristen schliesslich einsahen, dass durch ein Wegbleiben von Basel nur sie selbst ver-lieren würden, war die Art Basel bereits eine wirk-lich internationale Messe geworden. Inzwischen hatte sie andere Veranstaltungen wie die Kölner Kunstmesse an Bedeutung bereits überholt.

Nur das Beste ist gut genug

Was ist das Erfolgsgeheimnis der Art Basel? Die Qualität – betonen die Messeverantwortlichen immer wieder. Tatsächlich wird bei dieser Kunst-messe so stark auf den Erhalt des hohen Qualitäts-niveaus geachtet wie bei keiner anderen Messe. Seit 1973 findet die Art Basel im Rundhofgebäude statt. Der Bau des bekannten Basler Architekten Hans Hoffmann bietet ein geradezu ideales Umfeld für eine solche Veranstaltung. Allerdings wird die Grösse der Messe durch den Bau definiert. Immer wieder ist der Wunsch an die Messeleitung heran-getragen worden, die Art Basel zu vergrössern und wie bei anderen Messen auch auf umliegende Hallen auszudehnen. Bei der langen Warteliste ist dieser Wunsch aus Händlersicht nur allzu ver-ständlich. Doch die Art Basel will sich weiterhin auf den Rundhofbau als Ausstellungsfläche konzen-trieren und auch in den nächsten Jahren nicht mehr Galerien zulassen als bisher. Damit soll die hohe Qualität gewahrt bleiben.

Seit 1974 beurteilt ein Ausstellerbeirat die Qua-lität und das Niveau der angemeldeten Galerien. Der Erfolg liegt aber nicht darin begründet, dass einfach am alten Rezept festgehalten wird. Im Gegenteil. Die Art Basel hat sich den Verände-rungen in der Kunstszene immer wieder angepasst und stets auch neueste Strömungen aufgenommen. So wurden schon 1973 Galerien, die sich auf ‹neue

Tendenzen› spezialisieren, besonders ausgewiesen. 1979 wurde die Sektion ‹Perspektive› eingerichtet, wo vier ‹Avantgarde›-Galerien vier junge Künstler vorstellen. 1982 gab es neben der ‹Perspektive› auch bereits eine Sonderschau ‹Film und Video›.

Forum für junge Kunst

Als die Art Basel 1989 ihren 20. Geburtstag feiert, ist sie längst eine der weltweit wichtigsten Kunstmessen. Ein Jahr später bekommt sie einen neuen Bereich: die ‹Edition›, an der über 100 Grafikhändler und Kunstbuchverleger teilnehmen. Auch diese Erweiterung war aus damaliger Sicht richtig – ebenso aber der Entscheid, die ‹Edition› nach drei Ausgaben wieder mit ihren wichtigsten Exponenten in die normale Messe zu integrieren. 1993 wurde 40 jungen Galerien, die erstmals an der Art Basel ausstellen, ein eigener Sektor eingeräumt. Der Videokunst widmete sich damals eine Sonderausstellung. Inzwischen gehört das ‹Videoforum› ebenso dazu wie die ‹Art Statements›. Diese sind 1996 gegründet worden, um der jungen Kunst eine eigene Plattform zu bieten. Führende junge Galerien aus der ganzen Welt können hier unter speziell günstigen Rahmenbedinungen in einer Einzelschau einen ihrer Meinung nach besonders interessanten Künstler oder eine Künstlerin vorstellen. Die ‹Art Statements› schliessen sich damit den früheren Förderprogrammen ‹Young Galleries›, ‹Perspektive› und ‹Neue Tendenzen› an. Die ‹Statements› sind aber wohl auch eine Antwort auf die ‹Young Art Fair–Liste›, die ebenfalls 1996 erstmals auf dem Warteck-Areal stattfand. Von der Art Basel anfänglich eher als unnötige Konkurrenz betrachtet, wird die ‹Liste› heute als gute Ergänzung zur grossen Kunstmesse akzeptiert.

Aus den Hallen des Rundhofgebäudes heraus ist die Messe erstmals im vergangenen Jahr mit ihrer neuen Skulpturen-Ausstellung gegangen. Auch damit hat sie eine neue Forderung aufgenommen, nämlich der Skulptur ein eigenes Podium zu geben. Innerhalb der alten Struktur hatte sie vor allem aus räumlichen Gründen bloss ein Schattendasein. Die erste Skulpturenschau parallel zur Art Basel fiel 1998 noch etwas mager und wenig strukturiert

aus. Doch schon in diesem Jahr hat sie durch die Hand eines Kurators deutlich dazugewonnen. Man darf gespannt sein, wie sich der Sektor ‹Art Sculpture› weiter entwickeln wird.

Über 52 000 Besucherinnen und Besucher

Die 30. Art Basel ist auch für die Aussteller zur Jubelmesse geworden. Mit über 52 000 Besucherinnen und Besuchern verzeichnete sie einen neuen Rekord in ihrer 30jährigen Geschichte. Zahlen sagen bei manchen Messen nichts aus, weil zwar viel Publikum kommt, aber wenig verkauft wird. Bei der Art 30 strömten jedoch nicht bloss Schaulustige in die Hallen, sondern auch wichtige Sammler und Museumsleute aus allen Erdteilen. Und laut

‹Kunst = Kapital› von Joseph Beuys in der Düsseldorfer Galerie Hans Mayer (1999).

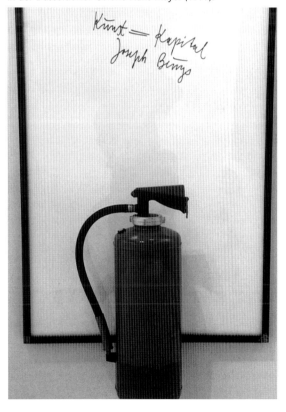

Umfragen unter den Galerien wurde seit dem Boom in den achtziger Jahren nie mehr so gut verkauft wie dieses Jahr: Kunstwerke für unter tausend Franken, aber auch Meisterwerke für mehrere Millionen. Nicht nur die Klassische Moderne war gefragt, sondern auch die junge Kunst. Welche Bedeutung die Art Basel heute hat, zeigt auch der Aufmarsch der Medien: 1200 akkreditierte Medienvertreter berichteten über die Jubiläums-Messe.

Der Erfolg hat aber nicht nur mit dem hohen Qualitätsniveau und der Einbindung neuer Tendenzen zu tun, sondern auch mit Basel als Ort dieser Messe. Basel ist keine Grossstadt, doch ganz gross was Kunst und Kultur angeht. Spätestens seit der berühmten Picasso-Abstimmung hat sich ihr Ruf als Kulturstadt auch bei Künstlern und Galeristen eingeprägt. Mit den staatlichen und nicht zuletzt auch mit den neuen privaten Museen kann Basel mit einem Kunstangebot aufwarten, wie es sonst nur in einer Weltstadt zu finden ist. Dieses besondere und für auswärtige Besucher überraschende Interesse für Kunst und Kultur hat zweifellos zum Erfolg der Art Basel mit beigetragen.

‹ArtZappening› – ein Fest für alle

So lag es denn auch für die Messeverantwortlichen auf der Hand, den 30. Geburtstag der Art Basel nicht bloss mit den Ausstellern, sondern auch mit der Bevölkerung von Basel zu feiern. Als ‹Dankeschön› an die Baslerinnen und Basler, die die Messe mit ihrer Sympathie mittragen, wurde das Geburtstagsfest ‹ArtZappening› am Samstag, den 19. Juni inszeniert. Ein Fest, wie es Basel in dieser Form noch nie erlebt hatte. Erstmals taten sich alle wichtigen Kulturinstitutionen dieser Stadt zusammen und organisierten gemeinsam ein Fest. Nicht bloss ein Fest, das Bratwurstgerüche und Bierseligkeit verströmt, sondern eines, das alle Sinne ansprach. Jede Kulturinstitution war für ihr eigenes Programm verantwortlich. Einen Zwang, dies oder jenes anzubieten, gab es nicht, jede Institution sollte nach ihren Möglichkeiten ein Programm schaffen. Die Festbesucherinnen und -besucher sollten zwischen den verschiedenen Veranstaltungen und Vorführungen auswählen und wie am TV zwischen den

Kanälen zappen können. Die staatlichen Museen beispielsweise waren bis Mitternacht geöffnet. Im Kunstmuseum gab es ungewöhnliche Führungen und Performances, im Antikenmuseum wurde Musik vorgetragen, wie sie bei griechischen Symposien erklungen sein mag. Das Vokal-Ensemble und Instrumentalisten der Schola Cantorum Basiliensis brachten in der Barfüsserkirche vier kleine Oratorien von Giacomo Carissimi zur Aufführung. Auf dem Barfüsserplatz gaben Konzerte einen kleinen Vorgeschmack auf die Internationalen Musikfestwochen Luzern, in der UBS-Kundenhalle stimmten verschiedene Formationen auf das Jazz-Festival Montreux ein. Das Theater Basel lud zum Grande Finale seines ‹Countdown Apokalypse›, und in der Kunsthalle konnten die Besucherinnen und Besucher die laufende Ausstellung im Lichte einer Taschenlampe neu entdecken. Im Ganthaus, das bald zum neuen Schauspielhaus werden soll, fand eine ‹Kulturgant› statt, bei der Kuriositäten und Raritäten, wie ein monumentaler Augustus-Kopf, das legendäre Atlantis-Krokodil oder ein Abend im Stadtkino für sich und seine Freunde, unter den Hammer kamen. Ein Höhepunkt des Art-Zappenings war eine grosse Modeschau von ‹Körper und Kleid – Fachbereich Mode-Design› der Schule für Gestaltung. Auf der Theatertreppe stellten die jungen Designerinnen und Designer vor Tausenden von Zuschauern ihre fantasievollen Kreationen vor. In verschiedenen Lokalitäten wie dem Atlantis, dem Art Club in der Kunsthalle und dem Ganthaus fand das grosse Fest nach Mitternacht bis weit in die frühen Morgenstunden seine Fortsetzung.

Adam und Eva im Paradies

Für den ungewöhnlichen Schlusspunkt des Art-Geburtstagsfestes sorgte der New Yorker Künstler Spencer Tunick, der mit einem Stand an den ‹Statements› vertreten war. Der Fotograf ist in und ausserhalb der USA für seine Bilder nackter Menschengruppen mitten in Städten bekannt und berüchtigt. Schon mehrmals wurde er bei seinen Fotoshootings von der amerikanischen Polizei verhaftet. In Basel hatte Tunick für sein Vorhaben die Erlaubnis der Regierung erhalten. Auf seinen Aufruf fanden sich um fünf Uhr früh einige hundert Personen auf dem Theaterplatz ein. Die meisten waren allerdings bloss gekommen, um die Nackten zu sehen, nicht aber um sich selber auszuziehen. Rund zweihundert Personen beteiligten sich dennoch an der Aktion und liessen vor den Augen der Schaulustigen und vieler Kameras am Steinenberg für einige Sekunden ihre Hüllen fallen. Das gleiche Prozedere wiederholte sich später auf dem Bankenplatz. Zur Belohnung und Erinnerung sollten die nackten Models eine Originalfotografie Tunicks von seiner Aktion in Basel erhalten.

Das ‹ArtZappening› wurde nicht bloss zum Geburtstagsfest für die Basler Kunstmesse, bei dem Zehntausende mitfeierten, es wurde zu einer eindrücklichen Demonstration des Miteinanders verschiedenster Kulturinstitutionen, die durch diese Aktion auch neue Freunde gewonnen haben. Und die Art Basel wurde damit noch stärker im Bewusstsein Basels verankert.

Begegnungen der anderen Art: Im Rahmen des ‹ArtZappenings› legten sich für Spencer Tunicks Performance zweihundert Begeisterte nackt auf die Strassen der Stadt. Noch mehr schauten ihnen neugierig zu.

Ernst ist das Leben,
weiter ist die Kunst
Christine Richard

Senkrechtstart am Theater Basel

Alle reden von der Theaterkrise im ausgehenden Jahrhundert; am Theater Basel jedoch wurde pünktlich zum Start in die neue Saison 1999/2000 erst einmal das Champagnerglas gehoben und kräftig gefeiert. Der Grund für die geballte Freude: Das Theater Basel wurde erstmals (!) von renommierten deutschsprachigen Kritikern zum ‹Theater des Jahres› gewählt.

Die Kritiker-Umfrage im Jahresheft 1999 der deutschen Fachzeitschrift ‹Theater heute› zeichnete das Theater Basel für hervorragende Gesamtleistungen aus – noch vor Claus Peymanns Wiener Burgtheater und vor Frank Castorfs Berliner Volksbühne. Die Besten! Nicht schlecht. Prost und Chapeau!

Tatsächlich – und das ist ohne blinden Lokalpatriotismus, aber mit angemessenem Stolz zu vermerken – ist die künstlerische Leistungsbilanz des Basler Dreispartenhauses, des grössten der Schweiz, derzeit so positiv wie bei keinem vergleichbaren Theater im deutschsprachigen Raum. Was hier gespielt, getanzt und gesungen wird, das sind kluge Reflexe, wehe Nachspiele und aufmüpfige Echos auf unser vergangenes Jahrhundert: zeitgemässes, unverwechselbares Theater.

Mögen die Introvertiertheiten des Tanztheaters auch kein Massenpublikum finden wie einst das Basler Ballett: Mit Joachim Schlömer hat Basel einen der herausragendsten Choreographen seiner Generation. Mögen manche Opernfreunde den

Die Besten sind in Basel: Theaterleiter Michael Schindhelm, beste Nachwuchsbühnenbildnerin Ricarda Beilharz, Schauspieldirektor Stefan Bachmann, beste Nachwuchsschauspielerin Katharina Schmalenberg, bester Nachwuchsregisseur Lars-Ole Walburg (v.l.).

Basler Regiestil enervierend finden: Für die Kritiker der Zeitschrift ‹Opernwelt› rangiert die Oper Basel 1999 gleich auf dem dritten Platz nach Stuttgart und Essen. Gratulation – auch wenn sich Opernchef Albrecht Puhlmann 2001 nach Hannover verabschiedet und Joachim Schlömer in derzeit noch unbekannte Richtung.

Aber das Schauspiel, das Sprechtheater war's, wofür das Theater Basel die begehrte Auszeichnung ‹Theater des Jahres› erhielt. Der Zürcher Stefan Bachmann (mit Grosseltern in Basel), seit der Spielzeit 1998/99 neuer Schauspieldirektor als Nachfolger des glücklosen Peter Löscher, hatte gleich in seiner ersten Saison gemeinsam mit einer starken Crew diesen Senkrechtstart hingelegt. So zahlte sich aus, dass sich Theaterdirektor Michael Schindhelm rasch gegen Löscher und mutig für Stefan Bachmann entschied, der vor Basel noch nie eine Schauspielbühne geleitet hatte.

In Berlin, bei der freien Gruppe ‹Theater Affekt›, hatte sich Bachmanns Kerntruppe gefunden; andere, etwa vom Theater Neumarkt, kamen hinzu; ungewöhnlich rasch formierte sich ein Ensemble; jede Inszenierung ein anderer Auftritt, jeder Regie-Ansatz pointiert, von ganz eigenem Gepräge – eine Herausforderung fürs Publikum. Die Zuschauerinnen und Zuschauer jedoch, seit Jahren verunsichert durch den häufigen Wechsel von Direktion, Ensemble und Profil im Schauspiel, zogen 1999 noch nicht genügend mit. Das Nachrichtenmagazin ‹Facts› titelte boshaft: «Entlarvende Groteske – Unter Direktor Stefan Bachmann spielt das Theater Basel wieder in der ersten Liga – bloss die Basler merkens nicht.» Danke.

Wer kam, um zu sehen, spürte rasch: Am Basler Schauspiel herrscht ein neuer, ein direkter, jugendfrischer und auch (selbst-)ironischer Ton. Ein Generationenumbruch und Stilwechsel – wie

Die Kinder-Operette ‹Biene Maja› nach einem Roman von Waldemar Bonsels. Katja Reinke (rechts) spielte die Biene Maja, Katja Jung Schmetterling/Glühwürmchen. Regie Peter Lund (Premiere 11/98).

derzeit auch am Luzerner Theater und ab 2000 mit Christoph Marthaler am Zürcher Schauspielhaus. Mit Bachmann kamen in Basel die Mitdreissiger ans Ruder. Unterstützt von einer stark motivierten Technik und Verwaltungen managten sie mit viel Elan den grossen Stadttheaterbetrieb, obwohl selber bislang ungeübt in Leitungsfunktionen: In der ersten Spielzeit gab's zwanzig Schauspiel-Premieren – und nur minimale Spielplanänderungen; viele gewagte Projekte – und kaum eine Niete darunter. In einer Tour de force bespielte der neue Schauspieldirektor mit vier eigenen Inszenierungen erfolgreich sämtliche Bühnen des Theaters Basel.

Auch die verschiedenen Genres kamen zum Zuge. Mit ‹Cheese!› ein Gershwin-Musical. Mit der ‹Biene Maja› ein liebevoll aufbereitetes Projekt fürs junge Publikum. Dazu Schlingensief-Spektakel und Nachtcafés; viel Zuspruch für den Theaterpädagogen und Jugendclub, Besucherandrang beim

neuen ‹K!ub› im Foyer Komödie; zum Schluss der ‹Countdown Apokalypse› mit täglichen kleineren und grösseren Events: Zu Recht geschafft waren Künstler und Techniker zum Spielzeitende im Sommer 1999.

Was haben sie geschaffen? Ein spielfreudiges Ensemble mit markanten Schauspieler-Persönlichkeiten und jungen Talenten. Ein neues Bühnen-Provisorium im Foyer der Grossen Bühne. Nähe zwischen Zuschauern und Schauspielern in Dorsts ‹Merlin› – ein fünfstündiges Mammutprojekt, ein Vorgefühl dessen, was alles möglich sein wird auf der neuen, flexibleren Ganthaus-Bühne.

Hergestellt wurde auch – nicht nur durch Bachmanns Koproduktion mit den Salzburger Festspielen (‹Troilus und Cressida›) – die Verbindung zwischen der Schweizer und der internationalen Szene: Bachmann verpflichtete in Regie und im Ensemble eine Vielzahl Schweizer Künstler, die das

Überwältigendes Theater: ‹Merlin› von Tankred Dorst, mit Edmund Telgenkämper als Lancelot und Olivia Grigoli als Ginevra (Premiere 02/99).

Feeling der Grossstadt mitbrachten und zugleich an Schweizer Erfahrungen anknüpften. Nie wurde das Publikum abgefüttert mit dröger Stadttheater-Kost, mit Theaterroutine. Jede Produktion hatte ihre eigene Handschrift – auch wenn sie bisweilen in Nichtigkeiten abstürzte wie der Häusermann-Abend (‹Das Beste aus: Menschliches Versagen›), auch wenn sie der Textvorlage nicht immer gewachsen war wie Jossi Wielers Uraufführung von ‹Abendlandleben›.

Mit Ausnahme der profunden Inszenierung von Ibsens ‹Volksfeind› und von Heiner Müllers ‹Quartett›, einer wie immer wunderbar luziden Düggelin-Arbeit, setzte das Bachmann-Schauspiel 1998/99 auf eher unbekannte Stücke und Projekte – ein Risikokurs.

In der zweiten Saison 1999/2000 sollte sich das ändern. Man knüpfte jetzt, unterm Motto ‹Bürger›, verstärkt an die Klassiker an – aber auf jeweils eigene Weise. Die Personen von Goethes ‹Wahlverwandtschaften› plauderten sich, von Bachmann mit subtiler Ironie geführt, um ihr Lebensglück. Fontanes ‹Effi Briest›, ebenfalls eine Roman-Bearbeitung, zerquälte sich im kunstvoll-künstlichen Regiekonzept von Ricarda Beilharz. Und Regisseur Stefan Pucher, bislang eher bekannt als gnadenloser Video-Freak, nahm im ‹Kirschgarten› Abschied von allen bisherigen Tschechow-Inszenierungen.

Überhaupt nimmt das neue Basler Schauspiel am Ende dieses Jahrhunderts Abschied von vielem. Vom verbalen Revoluzzertum der Alt-68er in Wolfgang Bauers ‹Magic afternoon›. Vom Perfektionismus des Unterhaltungsbetriebs in Jürg Kienbergers wundersamem Soloabend ‹Ich bin ja so allein›. Vom oberflächlichen Illusionstheaterzauber in Shakespeares ‹Sommernachtstraum›, jetzt inszeniert von Stefan Bachmann als blutig-ironisches Spektakel.

Abschied nehmen sie in Basel von der geschlossenen Dramenform insgesamt: Auffällig immer wieder sind die Gegenwartseinsprengsel, seien's Pop-Songs, sei's der Tonfallwechsel von der Dramen- zur Alltagssprache, sei's die direkte Anrede des Zuschauers. Mit blindeifrigem Textzerspieltheater hat das nichts zu tun; die meisten Einsprengsel sind mehr als Zufallsgags, sie haben eine Funktion

Stefan Bachmann nahm Shakespeares ‹Ein Sommernachtstraum› als blutig-ironisches Spektakel. Wolfgang Brun war Elfe/Senfsamen, Susanne-Marie Wrage Hippolyta/Titania (Premiere 10/99).

bei der Text-Übermittlung: Man weiss um den Abstand, den wir Heutige zu den Dramen von gestern haben, und kalkuliert diese Distanz, herüberspielend, in die Inszenierung als integralen Bestandteil ein. Am deutlichsten machte das Stefan Pucher. Er blendete eine Strassenumfrage in Tschechows ‹Kirschgarten› ein: Wer kennt in Basel überhaupt noch das Drama ‹Kirschgarten›? Fehlanzeige. Da inszenierte Pucher ein grosses Abschiednehmen von einem wunderbaren Text.

Die ‹Next Generation› am Basler Schauspiel führt uns vor, was wir selbst am Ende dieses Jahrhunderts so alles zur Disposition stellen. Sie spielt auch, was wir gerade verspielen an Werten und Wahrhaftigkeiten. Dass sie selber dabei bisweilen verspielt wirkt, zu wenig ernsthaft: Wer kann es ihr verdenken? Ernst ist das Leben, weiter ist die Kunst. Ins Offene, Freunde! Zum einfachen Kinderglauben an die geschlossene (Theater-)Gesellschaft

und zum Stauntheater der Guckkastenbühne führt kein Weg zurück.

Der Weg ins Offene ist voller Risiken, entspricht er doch nicht den Erwartungen vieler Zuschauer. Wer indes das Bachmann-Schauspiel nicht besucht, trägt ein eigenes Risiko: sich innerlich aus dem Generationenvertrag zu verabschieden, den Anschluss zu verpassen an eine jüngere Generation von Theatermachern, wie sie in anderen Ländern, zumal Grossbritannien, längst selbstverständlich ist. Dazu gehört, dass mit Bachmann die Pop- und Medienwelt auf der Bühne auftauchte. Etwa in Puchers ‹Snap Shots›. Oder, kritischer besehen, in ‹Einfach unwiderstehlich› von Bret Easton Ellis. Oder, bis zur Ich-Zerstörung, in ‹Angriffe auf Anne›, einem furiosen Stück von Martin Crimp.

Was in den meisten Inszenierungen erfrischend durchbrach, war auch ein neues Geschlechterbild: schwächere Männer, stärkere Frauen. Sei's in

Kaum einer kennt noch das Stück, und so inszenierte Stefan Pucher Anton Tschechows ‹Der Kirschgarten› als Abschiednehmen von einem wunderbaren Text. Bühnenbild Katja Wetzel, Kostüme Dorothea Scheiffarth (Premiere 09/99).

Ibsens ‹Volksfeind›, Bauers ‹Magic Afternoon›, Dorsts ‹Merlin›, Koltès' ‹Roberto Zucco›, Shakespeares ‹Troilus und Cressida›: die martialischen Helden danken in den Inszenierungen ab, sie wollen sich zumeist lieber ihrem Privatleben zuwenden – und werden wider Willen hineingerissen in Krieg und politische Konflikte. Gesellschaftskritik – ästhetisch aufbereitet nicht als harter Affront, sondern mit spielwitziger Beweglichkeit, auch mit Selbstironie oder mit kalter Verzweiflungswut wie von Andreas Kriegenburg in Hebbels ‹Maria Magdalene›.

Das Beste am «besten Theater» aber ist, dass es Hoffnung auf Zukunft verspricht. Nicht durch Ideologeme, verkopfte Konzepte und germanistische Rezepturen. Sondern durch die Menschen selber, die derzeit hier arbeiten. In der Kritiker-Umfrage honoriert wurde nicht nur die Gesamtleistung des Theaters Basel, sondern zusätzlich gelobt wurden auch einzelne Nachwuchskünstler. In der Rubrik beste Nachwuchskünstler taucht Chefdramaturg Lars-Ole Walburg auf als bester Nachwuchsregisseur des Jahres für seine Basler Inszenierung von Ibsens ‹Volksfeind›. Für verschiedene Basler Arbeiten als beste Nachwuchsbühnenbildnerin des Jahres lobend erwähnt wird Ricarda Beilharz. Und Katharina Schmalenberg wurde ausgezeichnet in der Kategorie ‹Beste Nachwuchsschauspielerin des Jahres› (in Hebbels ‹Maria Magdalene› und in Tankred Dorsts ‹Merlin›).

Eine Auszeichnung, wenngleich in Basel nicht unmittelbar bemerkbar, sind die vielen Gastspiele, zu denen Produktionen aller drei Sparten, allen voran das Tanztheater, eingeladen wurden und werden. Da Capo!

Verzweiflungswut und Selbstironie: Edmund Telgenkämper als Leonhard und Katharina Schmalenberg als Klara in Hebbels ‹Maria Magdalene›. Regie Andreas Kriegenburg (Premiere 09/99).

‹Alter Zopf› abgeschnitten

Dominique Spirgi

Basel verzichtet auf die Billettsteuer

Rund achtzig Jahre nach deren Einführung hat der Kanton Basel-Stadt die Billettsteuer abgeschafft. Die Sport- und Kulturveranstalter freuen sich – und die Regierung hofft, dass sich Basel nun als einträglicher Event-Standort profilieren kann.

Billiger ins Theater? Der Wegfall der Billettsteuer könnte die Eintrittspreise sinken lassen.

Das Abstimmungsresultat war deutlich: mit grossem Mehr gegen nur drei Gegenstimmen votierte der Basler Grosse Rat im Juni 1999 für die Abschaffung der Billettsteuer von 15 Prozent. Damit zog Basel mit Zürich gleich, wo bereits seit zehn Jahren auf die Besteuerung der Eintrittspreise für Sport- und Kulturanlässe verzichtet wird. Die Klarheit dieses Abstimmungsresultates überrascht angesichts der langwierigen Debatte, die der Abschaffung vorausgegangen war.

Obolus für Bedürftige

Die Billettsteuer auf «Aufführungen und Vorstellungen, für deren Besuch in irgendwelcher Form Bezahlung verlangt wird», führte Basel 1920 ein. Der Kanton wollte aus dem Unterhaltungsbedürfnis der einkommenstarken Schichten Geld für Fürsorgeleistungen abschöpfen. Man ging davon aus, dass Leute, die sich den Luxus des Besuchs von Kulturveranstaltungen leisten können, auch finanzkräftig genug sind, einen Steueraufschlag auf die Eintrittspreise zu berappen. Nicht nur Basel dachte so. Der Kanton Genf, der 1823 als erster eine Billettsteuer (‹Droit des pauvres›) eingeführt hat, lässt die Abgaben heute noch zweckgebunden in einen Topf für Sozialausgaben fliessen. Neben Genf erheben unter anderem Bern, Luzern, Lausanne und St. Gallen Billettsteuern zwischen 10 und 15 Prozent.

Spätestens seit den sechziger Jahren betrachtet kaum jemand mehr Kultur- und Sportveranstaltungen als Luxusgut. Darüber hinaus werden kulturelle und sportliche Zentrumsleistungen immer öfter auch als wichtiger Aspekt im Standortmarketing genannt. «Angesichts des zunehmenden Standortwettbewerbs, dem sich der Lebens- und Werkplatz Basel zu stellen hat, werden die Bereiche industrielle und universitäre Forschung zum einen und Kultur zum anderen noch mehr an Bedeutung gewinnen», heisst es im Kulturleitbild aus dem Jahr 1998 dazu.

Zum Schaden der Kultur

Der Umstand, dass sich die Konkurrenzstadt Zürich von der Billettsteuer verabschiedet hatte, brachte Basel im Standortwettbewerb um kulturelle Grossveranstaltungen tatsächlich in Zugzwang. Es dauerte indes seine Zeit, bis sich diese Erkenntnis durchsetzen konnte. Die erste Hälfte der neunziger Jahre war im Gegenteil von Sparmassnahmen bei der Kulturförderung geprägt. Das Loch in der Staatskasse liess das offizielle Basel auch nicht daran denken, auf der Einnahmenseite Abstriche in

Kulturelle Leistungen gehören heute zum Basisangebot einer Grossstadt und werden zunehmend als Standortfaktor erkannt.

Anfang der neunziger Jahre noch hatte eine Initiative zur Abschaffung der Billett-steuer keine Chance: weder die politischen Parteien noch die Kulturveranstalter wollten sich engagieren.

Kauf zu nehmen. Entsprechend blieben Versuche von kleineren Veranstaltern, die Billettsteuer abzuschaffen oder deren Sinn und Zweck zu ändern, vorerst chancenlos.

1989 hatte die ehemalige Basler Stadtausgabe der Boulevardzeitung ‹Blick› eine Initiative für die Abschaffung dieser Abgaben eingereicht. Der damalige Chefredaktor Walter Schäfer erinnert sich, dass diese Idee in der Bevölkerung zwar auf Anklang stiess: «Wir hatten an einem einzigen Samstag in der Freien Strasse über 6000 Unterschriften gesammelt.» Dennoch wurde die Initiative 1993 zurückgezogen. Der eigentliche Initiant ‹Blick Basel› hatte sein Erscheinen eingestellt, und bei den politischen Parteien sowie bei den Kulturveranstaltern fand sich niemand, der eine Abstimmungskampagne tragen wollte. Dazu hatte der damalige Vorsteher des Polizei- und Militärdepartements, Karl Schnyder, zugesichert, dass er den Kleintheatern auf andere Weise entgegenkommen würde. Den Tatbeweis blieb Schnyder allerdings schuldig. Auf einen Vorstoss des Theaters im Teufelhof zeigte sich die Regierung nicht gesprächsbereit. Die Kabarett-Bühne hatte vorgeschlagen, die Billettsteuer-Einnahmen zweckbestimmt der Kulturförderung zukommen zu lassen.

Dukaten für den Staatssäckel

Der hochverschuldete Kanton war weit davon entfernt, an eine Abschaffung der Billettsteuer auch nur zu denken. Grosse Openair-Konzerte im Fussballstadion St. Jakob liessen die Kasse klingeln. Die Aussicht auf zusätzliche Einnahmen verführte den Kanton sogar dazu, tief in den Investitionstopf zu greifen. Im Frühling 1994 bewilligte der Grosse Rat einen Investitionsbeitrag von zehn Millionen Franken an den Bau des Musical-Theaters der Messe Basel in der festen Erwartung, dass dieses Geld über die Billettsteuer rasch wieder zurückfliessen werde. 1996 sah es denn auch so aus, als ob diese Rechnung aufginge: Knapp zwölf Millionen Franken Billettsteuer-Einnahmen konnte der Kanton dank ‹Phantom of the Opera›, Bob Dylan, Michael Jackson und Co. einsacken.

Kurz darauf aber folgte die Ernüchterung. Die Basler Musical-Euphorie fand ein abruptes Ende – und die Openair-Konzertveranstalter waren, gerade wegen der Billettsteuer, weggezogen. Mit den lokalen Institutionen liess sich kein grosses Geschäft machen. 1998 kamen nur noch rund 6,5 Millionen Franken herein.

Den alten Zopf abschneiden

Dies führte schliesslich zum Umdenken. Die Steuer wandelte sich in der offiziellen Auffassung zum Wettbewerbsnachteil, zum «alten Zopf», der abgeschnitten gehört. «Der Regierungsrat ist überzeugt, dass der Verzicht auf die Billettsteuer den Wirtschafts- und Kulturstandort Basel fördert», rechtfertigte die Exekutive im vergangenen Jahr ihren Antrag, das Billettsteuergesetz ersatzlos aufzuheben. Den Ausfall an Steuereinnahmen glaubt sie über die Attraktivitätssteigerung wieder wettmachen zu können: Wenn Basel für grosse Veranstaltungen erneut attraktiv werde, profitiere davon das lokale Gewerbe und damit indirekt auch die Staatskasse. Offenlassen wollte die Regierung, ob bei den grossen Subventionsnehmern wie dem Theater Basel oder der Stiftung Basler Orchester diese «stille Subventionserhöhung» allenfalls durch eine Kürzung der Staatsbeiträge auszugleichen sei.

Dennoch benötigte die Abschaffung der Billettsteuer im Grossen Rat zwei Anläufe. Namentlich die Ratslinke wollte den Einnahmenausfall nicht so

Die Steigerung der kulturellen Attraktivität soll den Ausfall der bisherigen Einnahmen wettmachen.

ohne weiteres in Kauf nehmen. So wurde Mitte Januar die Steuerkommission damit beauftragt, nach Zwischenlösungen zu suchen. Diese kam dann aber bereits wenige Monate darauf zum Schluss, dass Kompromisslösungen, wie eine gestaffelte Steuer oder eine separate Besteuerung kommerzieller Veranstalter, etwa mit einer speziellen Kinosteuer, praktisch und rechtlich problematisch wären. Im Juni schliesslich folgte das Parlament der Empfehlung seiner Kommission und schaffte die Billettsteuer ersatzlos ab. Allerdings nicht ohne zu betonen, dass der Kanton künftig bei Grossveranstaltungen nicht nur die Kosten für den Polizei- oder Sanitätseinsatz, sondern auch den Zusatzaufwand der Basler Verkehrsbetriebe den Verantwortlichen in Rechnung zu stellen habe.

Äusserst erfreulich

Als «äusserst erfreulich» wertet Andreas Spillmann, Leiter des Ressorts Kultur im Basler Erziehungsdepartement, die Abschaffung. «Nach Jahren der Subventionskürzungen war es an der Zeit, wieder einmal ein klar positives Zeichen in Sachen Kulturförderung auszusenden.» Der Kulturverantwortliche im Kanton freut sich in erster Linie über die «stille Subventionserhöhung» für die lokalen Kulturveranstalter. Und diese haben der Streichung der Steuer zumindest zu einem Teil prompt eine Senkung der Eintrittspreise folgen lassen. Aufatmen kann die Stiftung Basler Orchester. Die Regierung hat in den Verhandlungen über die Subventionsperiode von 2001 bis 2006 auf eine «Kompensation des Einnahmenausfalls» verzichtet.

Freude auch bei den Grossveranstaltern. André Béchir von der grössten Schweizer Konzertagentur Good News betont, dass Basel als Austragungsort ihrer Grossveranstaltungen wieder in Frage käme. Nicht ganz so ungetrübt freuen über die Entlastung können sich die Veranstalter im Musical-Theater. Denn kaum war die Billettsteuer abgeschafft, kündigte die Theaterbesitzerin Messe Basel eine Mieterhöhung an. Zwar sprechen sowohl die Messe als auch der Dauermieter und Zürcher Entertainment-Unternehmer Freddy Burger nur von einer «leichten Anpassung». Für kleinere Veranstalter dürfte nun aber eine Miete für Einzelveranstaltungen von schätzungsweise rund 16 000 Franken pro Tag die Schmerzgrenze erreicht haben.

… ausser in der St. Jakobshalle

Der Kanton Basel-Stadt hat die Billettsteuer abgeschafft. Dennoch gibt es weiterhin Basler Grossanlässe, für die 15 Prozent Steuern auf die Eintrittspreise abgegeben werden müssen. Betroffen sind die Veranstaltungen in der ‹Basler› St. Jakobshalle. Diese Halle liegt nämlich auf dem Gebiet der Baselbieter Gemeinde Münchenstein. Und die Gemeinde möchte freiwillig nicht auf diese Einnahmen verzichten – sehr zum Unmut beispielsweise von Veranstaltern wie Roger Brennwald, der die jährlichen ‹Swiss Indoors› im Männertennis organisiert. Als eine der letzten Billettsteuer-Bastionen in der Nordwestschweiz gerät die Gemeinde allerdings mehr und mehr unter Druck. So hat der Baselbieter Landrat im vergangenen Jahr ein Postulat an die Regierung überwiesen mit der Anregung, die kantonale Gesetzesbestimmung über die Billettsteuern ebenfalls zu streichen.

Portes ouvertes *Simon Baur*

Wie stellen wir uns einen Ort vor, an dem die Herstellung von Kunst geschieht?
In alten Kasernen, Industriebrachen, Hinterhöfen, in Wohnungen, auf Dachböden,
in Kellern und Küchen? Oder inmitten eines verwunschenen Gartens,
hinter einem Holunderstrauch, wie zu Spitzwegs Zeiten? Und wie mag es wohl
darin zu- und hergehen? Gedankliches Mikro-Universum und Refugium
oder Werk- und Arbeitsort, vollgestopft mit Bildern, Skizzen und allerlei Utensilien?

Arbeitsplatz in einer ehemaligen Backstube.

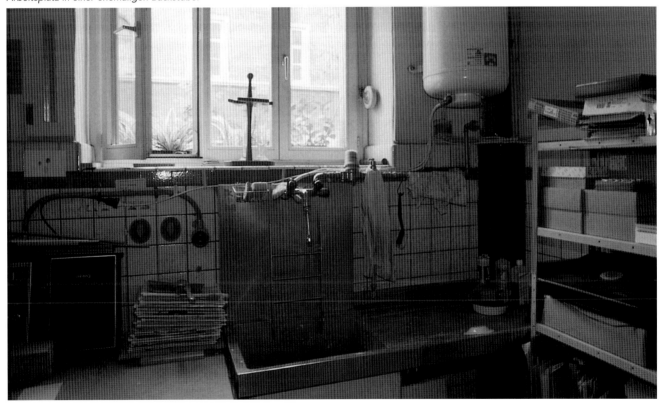

Diese Fragen und noch ein paar weitere diskutierten im Frühsommer 1997 die drei KünstlerInnen Ana Marìa Pereda, Beat Klein und Clara Saner sowie der Kunstvermittler Simon Baur, und da die Antworten auch beim dritten Glas Rotwein noch nicht überzeugend klangen, beschloss daraufhin die Runde, die Veranstaltung und den Verein ‹portes ouvertes› ins Leben zu rufen.

Portes ouvertes – geöffnete Türen, geöffnete Ateliertüren. Künstlerinnen und Künstler sollen einem interessierten Publikum ihre Ateliertüren öffnen und so einen neuen Zugang zu einem beinahe alltäglichen Thema anbieten. Den Bewohnern dieser Stadt am Rhein sollte das künstlerische Potential, das da tagtäglich um sie herum am Werkeln ist, vor Augen geführt werden.

Keine Basler Erfindung

Seit einigen Jahren boomt in ganz Europa und auch in Übersee die Idee der offenen KünstlerInnen-Ateliers. Von Paris liehen sich die Basler den Namen, es gibt solche Veranstaltungen aber auch in Freiburg i.Br., Linz, Amsterdam, Berlin und San Francisco. Und überall stösst diese andere Art von Kunstvermittlung auf breite Resonanz und wird nachgeahmt. Dem Publikum wird ein neuartiger Einblick in das Kunstschaffen gewährt, und die KünstlerInnen haben die Möglichkeit, neue Kontakte zu knüpfen, und lernen gleichzeitig, zur eigenen Arbeit zu stehen und diese auch gegen eine mögliche, von ‹aussen› kommende Kritik zu verteidigen.

Jurierung ist den Basler OrganisatorInnen ein Fremdwort. Jeder darf sich beteiligen, von der international bekannten Künstlerin bis hin zum Sonntagsmaler, selbst Kunsthandwerk wird weitgehend akzeptiert.

1997

Am 22. und 23. November 1997, einem nebligen Wochenende, öffneten über hundertvierzig Künstlerinnen und Künstler ihre Ateliertüren, Samstag und Sonntag jeweils von zwei Uhr nachmittags bis abends um neun, um das gespannt erwartete Publikum in ihren Räumlichkeiten zu empfangen.

Einblicke in die Refugien, in denen Kunst entsteht.

Und die Interessierten kamen in Scharen. Hunderte, ja Tausende waren unterwegs, ausgerüstet mit warmer Kleidung und einem praktischen Orientierungsplan, auf dem jedes Atelier fein säuberlich eingezeichnet war, damit sich das Suchen nach den teils verborgenen Orten nicht zu kompliziert gestalte.

In geführten Gruppen, allein, zu Fuss, mit dem Fahrrad oder den öffentlichen Verkehrsmitteln strömten sie herbei. Interessierte, Freunde, Kunstsammler, Künstler, Galeristen, Sponsoren, Journalisten, sie alle streiften durch die teils in ihrem Zustand belassenen, teils aufgeräumten, extra hergerichteten Ateliers und bestaunten Arbeiten, blätterten in Dokumentationen, plauderten mit KünstlerInnen, stellten Fragen, kauften Arbeiten oder naschten von bereitgestellten Snacks und erwärmten sich bei einem Becher Glühwein.

Die Tage der ‹portes ouvertes› vergingen im Flug, und alle KünstlerInnen freuten sich über den Erfolg, wie die Auswertung einer Umfrage zum Ablauf und der Stimmung dieses Ereignisses ergab. Die OrganisatorInnen beschlossen daraufhin, die Veranstaltung zu wiederholen, und dachten zudem über mögliche Neuerungen nach.

1998

Die zweiten ‹portes ouvertes› fanden am Wochenende vom 21. und 22. November 1998 statt, diesmal von elf Uhr vormittags bis abends um sechs, und auf vielseitigen Wunsch der Künstlerschaft am einen Tag im Gross-, am andern Tag im Kleinbasel. Der Andrang zu den hundertsiebzig KünstlerInnen-Ateliers war wiederum beeindruckend. Das Angebot der Führungen war ausgebaut worden, was grosse Zustimmung fand.

Als Einstimmung in dieses intensive Wochenende wurde im Kunsthaus Baselland in Muttenz unter dem Titel ‹tanz_kunst_performance› eine mit der IG Tanz Basel konzipierte, spartenübergreifende Veranstaltung geboten: Die TanzperformerInnen Monique Kroepfli, Basel; Ruth Grünenfelder, Basel; Gerhard Hirschi, Bern und Silvia Buol, Basel thematisierten einen anderen Umgang mit bildender Kunst, indem sie durch ihre Bewegungen die ausgestellten Arbeiten von Russell Maltz und Christopher Muller in einen neuen Kontext stellten. Ein von der Kunsthistorikerin Sabine Gebhardt gehaltenes Referat, das sich mit der gleichen Thematik auf einer theoretischen Ebene befasste, rundete diese Veranstaltung ab.

Wiederum wurde mittels Fragebogen eine KünstlerInnen- und erstmals auch eine Besucher-Befragung durchgeführt. Die Auswertung übernahm diesmal die ‹basis wien›.

Die ‹basis wien› und die Bundeskuratorin für Österreich, Lioba Reddeker, hatten über die Printmedien von ‹portes ouvertes› erfahren und verlangten nach Informationen und Know-how, wie eine solche Veranstaltung mit hundertsiebzig Künstlerinnen und Künstlern durchzuführen sei. Sie organisierten Ähnliches, aber bloss mit vierzig Teilnehmenden. Da sie an der Umfrage von ‹portes ouvertes› interessiert waren, boten sie an, die Auswertung zu übernehmen.

Die Befragungen förderten auch einen positiven ‹Nebeneffekt› zutage: Bei der Basler Veranstaltung haben etwa ein Drittel der beteiligten Künstlerinnen und Künstler eigene Werke verkauft. Eine Konkurrenz zu den Galeristen wird und soll ‹portes ouvertes› allerdings nicht sein – nur wenige der bisher Beteiligten werden von einer Galerie betreut. Galeristen, Kunstvermittlern und Sammlern bieten diese beiden Tage die Gelegenheit, unangemeldet und oft auch unerkannt Künstlerinnen und Künstler zu besuchen und dabei Entdeckungen zu machen.

1999

‹portes ouvertes› soll immer wieder von neuen Leuten organisiert werden, der Veranstaltung kommen so frische Impulse und Kritik zu. Durch den Leitungswechsel versuchen die OrganisatorInnen, StudienabgängerInnen der Universität Basel für die Mitarbeit zu begeistern: Sie können dabei Erfahrungen sammeln in der Organisation einer solchen Veranstaltung, in Pressearbeit und Sponsoring. 1999 verliessen einige Personen das Organisationsteam, weil sie sich selbst an den beiden Tagen beteiligen wollten. Andere kamen neu hinzu, so die beiden Kunsthistorikerinnen Katharina Kerpan und Claudia Pantellini. Der Orientierungsplan, der 1997 und 1998 vom Künstler Christoph van den Berg und 1999 vom Grafikbüro Neeser + Müller jeweils mit grossem Interesse und Sorgfalt gestaltet wurde, fand beim Publikum sehr viel positive Resonanz. Die ‹portes ouvertes› fanden diesmal am 4. und 5. Dezember statt. An die Stelle der Führungen traten insgesamt zehn Ateliergespräche: Verschiedene Personen unterhielten sich mit KünstlerInnen im Atelier über die gezeigten Arbeiten, wobei das Publikum am Gespräch teilnehmen konnte.

2000
Wichtig an einer Veranstaltung wie ‹portes ouvertes› ist ihre Kontinuität. Sie muss jedes Jahr angeboten werden, auch wenn sich nicht regelmässig

alle Künstler und Künstlerinnen daran beteiligen. Die Anmeldungen der letzten drei Jahre haben gezeigt, dass manche von ihnen abwechselnd in die Rolle des Gastgebers und des Besuchers schlüpfen möchten.

‹portes ouvertes› wird auch im Jahr 2000 stattfinden, und zwar zum vierten Mal. Und wieder wird es nicht ganz gleich sein wie im Jahr zuvor: Andere KünstlerInnen beteiligen sich in teils neuen Räumen und mit neuen Arbeiten. Doch wiederum bieten sie Einblicke in jene Refugien, in denen die Kunst, die uns umgibt, entsteht.

Zahlreiche Künstler öffneten den Besuchern ihre Ateliertüren.

Kirchen und Religion

Das soziale Engagement der Kirchen *Marc Flückiger*

Im Selbstverständnis der christlichen Kirche bilden Verkündigung, Gemeinschaft und Diakonie drei gleichberechtigte und gleich wichtige Bereiche. Diakonie wird verstanden als konkretes soziales Handeln, als die praktizierte Nächstenliebe, zu der Jesus Christus uns Beispiel war und uns aufgerufen hat.

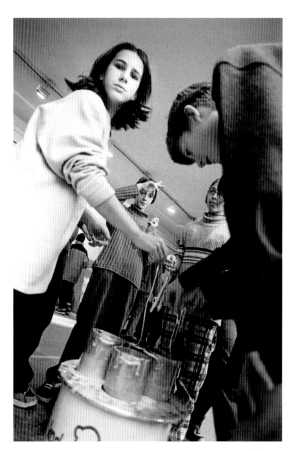

Jugendarbeit ist ein wichtiger Teil des Engagements in den Kirchgemeinden.

Dass Kirche und ‹soziales Tun› zusammengehören, wird kaum jemand in Frage stellen. Diakonie, christliche Nächstenliebe, soziale Verantwortung – man mag es nennen, wie man will –, der tatkräftige Einsatz der Institution Kirche für Schwache und Ausgegrenzte hat eine lange Tradition, er liegt im Evangelium begründet. Wie dieses Engagement heute konkret aussieht und mit welchem Selbstverständnis dieser Dienst am kranken oder bedürftigen Mitmenschen im Alltag geleistet wird, wissen jedoch nur wenige.

Diakonie – kirchliches soziales Handeln

Die Evangelisch-reformierte Kirche Basel-Stadt hat sich Anfang der 90er Jahre damit beschäftigt, ihr soziales Handeln neu zu organisieren. In diesem Zusammenhang erarbeitete eine Kommission ein Leitbild, das 1993 von der Synode verabschiedet wurde. Es formuliert den Auftrag der Kirche in bezug auf ihr soziales Tun wie folgt: «Diakonie bringt die soziale Dimension des Evangeliums in dieser Welt durch konkretes Handeln zur

Geltung. In ihr zeigt sich die Solidarität der Kirche mit denjenigen, die in ihrer Partizipation am Leben aus individuellen, gesellschaftlichen oder Schicksalsgründen besonders geschwächt und gehindert sind. Somit ist Diakonie ein Charakterzug der Gemeinde als ‹diakonische Gemeinde›.»

Es ist kaum möglich, die ganze Vielfalt des kirchlichen sozialen Handelns an dieser Stelle umfassend darzulegen. Man kann jedoch sagen, dass die diakonische Tätigkeit in unserer Stadt auf zwei Ebenen stattfindet: zum einen auf einer gesamtstädtischen, kantonalkirchlichen Ebene, zum anderen in den einzelnen Kirchgemeinden.

Diakonie in den Kirchgemeinden

Die diakonische Arbeit in den Kirchgemeinden konzentriert sich auf die sozialen Probleme in der eigenen Gemeinde, mit je nach Standort und Zielgruppen besonderen Schwerpunkten. Zielgruppen können Senioren – wie etwa in der Münstergemeinde –, Jugendliche, Migranten und Migrantinnen – wie im Kleinbasel – oder Menschen mit ökonomischen, psychischen oder Suchtproblemen sein.

Die in der Diakonie Tätigen wollen sich Zeit nehmen für die Menschen, die ihre Hilfe suchen, ihnen zuhören, und dann versuchen, rasch und unbürokratisch Lösungen zu finden. Gerade in der Möglichkeit, auch unkonventionelle Wege einzuschlagen und sich ausreichend Zeit zu nehmen, sieht das diakonische Selbstverständnis den wesentlichen Unterschied zur staatlichen Sozialhilfe. So kann oftmals Menschen in finanziellen Schwierigkeiten durch Schuldensanierung, Budgetverwaltung oder Zuschüsse für grössere Anschaffungen der einschneidende Gang zur Sozialfürsorge erspart werden.

Neben der Unterstützung von Menschen in einer schwierigen Situation übernimmt die Kirchgemeinde auch feste Aufgaben des gesellschaftlichen Lebens, so beispielsweise in der Jugendarbeit, die nicht nur im Konfirmationsunterricht

Altersnachmittage, Altersferien oder Mittagstische helfen, die Isolation von Seniorinnen und Senioren zu überwinden.

stattfindet. Verschiedene Kirchgemeinden haben Jugendarbeiterinnen und Jugendarbeiter angestellt und bieten Jugendlichen im Quartier konkrete Unterstützung mit Räumlichkeiten, Animation und Begleitung. Seit August dieses Jahres existiert eine kantonalkirchliche Stelle, die für die Koordination der Jugendarbeit in den Quartieren zuständig ist. Die Arbeit der Jugendarbeiter und Jugendarbeiterinnen beschränkt sich nicht auf das Einrichten von Treffpunkten oder auf das Durchführen von Jugendlagern, sie wollen auch ein offenes Ohr für die Probleme Jugendlicher in den schwierigen Jahren der Pubertät haben und, wo nötig, intervenieren.

Auch das Engagement für Senioren ist eine wichtige Aufgabe einer Kirchgemeinde. Altersnachmittage, Altersferien oder Mittagstische sind Gelegenheiten für ältere Menschen, aus den eigenen vier Wänden herauszukommen und in einer Gruppe Gesellschaft zu finden. Für diejenigen, die ihre Wohnungen nicht mehr verlassen können, sind

Besuchsdienste eingerichtet worden. All diese Arbeit wäre ohne freiwillige Helferinnen und Helfer nicht zu leisten. Altersnachmittage werden oftmals von Betroffenen selbst, unter Anleitung diakonischer Mitarbeiter, organisiert und durchgeführt.

Freiwilligenhilfe

Etwa die Hälfte der gesamten Arbeit – von anspruchsvollen Aufgaben in den Kirchgemeindevorständen bis zum Abtrocknen von Kaffeetassen nach einem Gemeindenachmittag – wird von Freiwilligen geleistet. Die Kirche nimmt diese wertvolle Mithilfe nicht einfach als selbstverständlich hin. Es ist ihr ein Anliegen, ihre Wertschätzung zum Ausdruck zu bringen, zum Beispiel durch Weiterbildungsmöglichkeiten oder anerkannte Ausweise für Freiwilligenarbeit.

Diakonie in der Kantonalkirche

Auf kantonalkirchlicher Ebene versteht sich der soziale Einsatz der Kirche als Ergänzung zur staat-

Tatkräftig setzen sich die Kirchen für Schwache und Ausgegrenzte ein. Die Hilfe für Flüchtlinge ist ein Gebot der Diakonie.

lichen Hilfe. Im Laufe der letzten Jahre sind einige Einrichtungen entstanden, von denen heute kaum jemand mehr weiss, dass sie eigentlich kirchlich sind oder dass ihre Gründung nur dank kirchlichem Engagement möglich war: Die heutige Suchthilfe Region Basel (SRB), Trägerverein verschiedener bekannter Anlaufstellen wie des Drop-In oder der Gassenzimmer, ‹Overall›, die bekannte Organisation in der Arbeitslosenhilfe, aber auch der Verein für Gassenarbeit ‹Schwarzer Peter› oder die Gassenküche sind auf Initiative der Kirche entstanden. Auch das Tageshaus für Obdachlose wurde von kirchlichen Mitarbeitern initiiert und entwickelt. Es gehört zum kirchlichen Selbstverständnis, Geburtshelferdienste zu leisten und dort präsent zu sein, wo die Not am grössten ist. Manchmal kann die Kirche Dinge in Bewegung bringen, wo staatliche Instanzen, aus politischen Gründen etwa, in ihrem Handlungsspielraum eingeschränkt sind.

Zum Selbstverständnis der Diakonie gehört auch, sich politisch einzumischen, wenn dies zu mehr sozialer Gerechtigkeit beitragen kann. Es fordert ein aktives Engagement gegen Ausgrenzung, Diskriminierung und Ausbeutung von Menschen und die Zusammenarbeit mit all jenen in unserer Stadt, die sich für die Anliegen von Schwächeren und Benachteiligten einsetzen.

Integration für alle

Eines der drängenden sozialen Probleme der Stadt Basel ist heute die Migration. Die Kirche hat es sich zur Aufgabe gemacht, vermehrt in diesem Bereich aktiv zu werden. Seit einiger Zeit existiert eine Kommission für Integration und Migration, die sich unter anderem mit der Frage beschäftigt, wie die Evangelisch-reformierte Kirche die staatlichen Bemühungen um Integration der ausländischen Bevölkerung am besten ergänzen kann. Gerade Kirchgemeinden, die viel zum Leben eines Quartiers beitragen, sind der ideale Ort, wo Integration beginnen und wo sie auch gefördert werden kann.

Neben den Angeboten der Kirchgemeinden bestehen gesamtstädtische Dienste, die ihre Tätigkeit auf Menschen in bestimmten Lebenssituationen ausrichten. Dazu gehören das Aids-Pfarramt, die Spitalseelsorge, die Gefängnisseelsorge oder die Beratungsstelle für Ehe- und Lebensfragen. Sie alle sind wichtige Bestandteile des sozialen Netzes.

Ziel der Diakonie ist und bleibt, den Menschen zu verantwortungsvollem und fürsorglichem Handeln gegenüber dem Mitmenschen aufzurufen und zu befähigen.

Menschen zwischen Religion und Kirche

Gerhard Gerster
Xaver Pfister

Ergebnisse der Ökumenischen Basler Kirchenstudie

Im Mittelpunkt der 1998 durchgeführten Ökumenischen Basler Kirchenstudie stand die Untersuchung über die Zufriedenheit der Bevölkerung mit den beiden Kirchen und ihre zukünftigen Verhaltensabsichten. Ehemalige Kirchenmitglieder wurden nach ihren Austrittsgründen gefragt. Die 1999 ausgewertete Studie enthält interessante Ergebnisse.

Im Auftrag der Römisch-Katholischen (RKK) und der Evangelisch-reformierten Kirche (ERK) wurde im Juni 1998 eine repräsentative Befragung der Bevölkerung (1009 Personen) mit ständigem Wohnsitz im Kanton Basel-Stadt durchgeführt.[1] Die Studie baut auf dem Qualitätsverständnis im Bereich des kundenorientierten Dienstleistungsmarketings auf. Demzufolge liegt die Erreichung einer hohen Qualität in der Fähigkeit des Anbieters, die Erwartungen der Anspruchsgruppen voll und ganz zu erfüllen. Überträgt man diesen Kerngedanken auf die Kirchen, so bedeutet dies, dass die Erwartungen der Bevölkerung an die kirchlichen Leistungen den Massstab für die Kirche darstellen.

Es ist klar, dass dieser Ansatz ziemlich viel zu reden gab, da es zunächst danach aussieht, als wolle die Kirche sich ganz nach den ‹Kundenbedürfnissen› richten und ihren eigentlichen Auftrag vernachlässigen. Dem ist aber nicht so. Denn es geht lediglich darum, den Verkündigungsauftrag mit den empirischen Formen gelebter Religion in Verbindung zu bringen. Im letzten Jahrhundert hat der Theologe Friedrich Schleiermacher diesen Paradigmawechsel bereits vollzogen. Erst durch die Krisenerfahrung, die durch die industrielle Moderne ausgelöst wurde, wandte sich die Theologie zu Beginn des 20. Jahrhunderts wieder empirischen Tatbeständen und Fragen zu. Auf diesen Zusammenhang weist Albrecht Grözinger als Mitglied der Projektgruppe in seinen theologischen Erläuterungen zur Studie ausdrücklich hin.

Bei der Bestimmung der Qualität des Leistungsangebotes wurden die Erwartungen der Bevölkerung an die Kirchen sowie ihre Beurteilung der jeweiligen Kantonalkirche anhand von 14 Leistungen untersucht, darunter zum Beispiel Gottesdienst, soziale Leistungen, Religionsunterricht und Kirchenmusik. Diese wurden mittels einer Faktorenanalyse zu drei Gruppen zusammengefasst, die sich aufgrund der Befragungsergebnisse herauskristallisierten:

- liturgisch-katechetische Leistungen
- diakonisch-soziale Leistungen
- kulturelle Leistungen.

Hohe Erwartungen im diakonischen Bereich

Bei der Analyse der liturgisch-katechetischen, der diakonisch-sozialen sowie der kulturellen Erwartungen der Bevölkerung an die ERK und RKK offenbaren sich hohe Ansprüche. Zukünftig sollen die Kirchen vor allem diakonisch-soziale sowie kulturelle Aufgaben übernehmen. Liturgisch-katechetische Leistungen werden weniger erwartet. Ältere Menschen stellen in der Regel höhere Ansprüche an die Kantonalkirchen als jüngere, Frauen höhere als Männer. In erster

Linie erwartet die Bevölkerung Tauf-, Hochzeits- und Abdankungsfeiern, Seelsorge/ Beratung sowie Jugendarbeit von der ERK und der RKK.

Mittelmässige Leistungen

Zur Analyse der Qualitätswahrnehmungen von liturgisch-katechetischen, diakonisch-sozialen und kulturellen Leistungen wurde die Übereinstimmung zwischen den Erwartungen der Bevölkerung und ihrer Beurteilung der Leistungen der Kantonal-kirchen untersucht. Die Erwartungen wurden dazu auf 100 Prozent normiert.

Es stellte sich heraus, dass die Erwartungen der Bevölkerung lediglich bei kulturellen Leistungen voll erfüllt werden, bei den liturgisch-katechetischen lediglich zu 91 Prozent, den diakonisch-sozialen sogar nur zu 86 Prozent. – Das ist ein nur mittelmässiges Ergebnis.

Zufriedenheit und geringe Verbundenheit

Die Frage nach der ‹Zufriedenheit› der Bevölke-rung mit den beiden Kirchen erbrachte ein deutli-ches Plus für die Mitarbeiterinnen und Mitarbeiter, ein Minus für die Kirche als Institution. Bemer-kenswert sind hier vor allem die Unterschiede zwischen Personen, die aus der ERK oder RKK ausgetreten sind, und den Mitgliedern der Kanto-nalkirchen. Hinsichtlich ihrer Zufriedenheit mit den Mitarbeitenden unterscheiden sich die beiden Gruppen nicht, hingegen sind die Ausgetretenen signifikant unzufriedener mit der Kirche als In-stitution.

Die geäusserten ‹Verhaltensabsichten› lassen auf eine eher geringe Verbundenheit der Bevölke-rung mit den Kantonalkirchen schliessen: Man unterhält sich nur wenig über ‹die Kirche› und möchte mit der ERK und RKK lediglich so in Kon-takt bleiben wie bisher. Nur wenige Menschen beabsichtigen, zukünftig mehr kirchliche Angebote zu beanspruchen.

Dagegen wird die ‹Sinnhaftigkeit› der Kirche grundsätzlich bejaht. Die Absicht, anderen den Kirchenaustritt zu empfehlen, ist äusserst gering und deutet darauf hin, dass die Mitgliedschaft in der Kirche als eine persönliche Angelegenheit angesehen wird.

Austrittsgründe

Bei der Analyse der Austrittsgründe aus der ERK und der RKK konnten Unterschiede zwischen den beiden Kantonalkirchen festgestellt werden:

Der Austritt aus der ERK erfolgte in erster Linie aus Enttäuschung über die Kirche und wegen der Kirchensteuer. Als drittwichtigster Grund wurde die Rückständigkeit der ERK genannt. Der Wechsel zu anderen Religionen, fehlender Glaube oder die Fortschrittlichkeit der ERK spielten für den Austritt zumeist eine untergeordnete Rolle.

Der Hauptaustrittsgrund der ehemaligen Mitglie-der der RKK war Enttäuschung über die Kirche; dann aber folgte deren Rückständigkeit und erst in dritter Linie die Kirchensteuer. Im Vergleich mit der ERK ist die Rückständigkeit der RKK ein weit wichtigeres Motiv für den Kirchenaustritt.

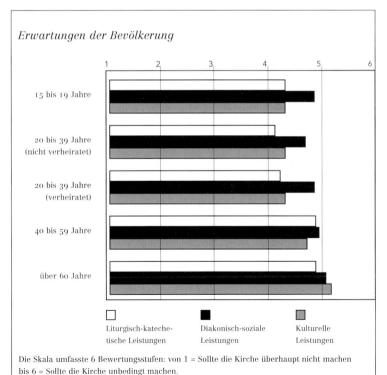

Erwartungen der Bevölkerung

Die Skala umfasste 6 Bewertungsstufen: von 1 = Sollte die Kirche überhaupt nicht machen bis 6 = Sollte die Kirche unbedingt machen.

Religiöses Lebensgefühl

Der religionssoziologische Teil der Ökumenischen Basler Kirchenstudie erforschte die Religiosität der Kirchenmitglieder, der Ausgetretenen und der Mitarbeitenden: Fragen zur allgemeinen Religiosität, der Privatheit von Religion, der Autonomie in der Religionsausübung, Indikatoren zu einer allumfassenden und einer hilfeorientierten Religiosität, aber auch klassische Indikatoren wie Gottesdienstbesuch und Gebetshäufigkeit wurden untersucht.

Mehr als zwei Drittel (71,2 %) der Basler Bevölkerung bezeichnen sich als «im weitesten Sinne religiös». 44,1 Prozent stimmten der Aussage «Gott ist in meinem Leben wirksam» voll und ganz zu. 45,4 Prozent gaben an, im letzten Jahr mindestens einmal pro Woche gebetet zu haben. Rund ein Viertel der Bevölkerung (24,5 %) betete nie. Die Zahlen zeigen, dass die ‹unsichtbaren› Formen der Religiosität im Leben der Stadtbewohner eine weit grössere Bedeutung innehaben als die öffentlich wahrnehmbaren wie zum Beispiel ein Gottesdienst, den nur 23,2 Prozent besuchen.

Verschiedene Mitgliedergruppen

Die Studie machte auch deutlich, dass die Kirchenmitglieder keine ‹homogene› Gruppe darstellen. Die Form der Mitgliedschaft wurde nicht am Kriterium des Gottesdienstbesuches gemessen, sondern anhand von zwei Schlüsselfragen aus der Studie ‹Jede(r) ein Sonderfall? Religion in der Schweiz›[2]. Die Kirchenmitgliedschaft lässt sich so stärker nach unterschiedlichen persönlichen Interessen unterscheiden:

- Mitglieder, die in der Kirche eine für sie wichtige Gemeinschaft sehen, die ein Gefühl der Zugehörigkeit zu einer erfahrbaren Gemeinschaft

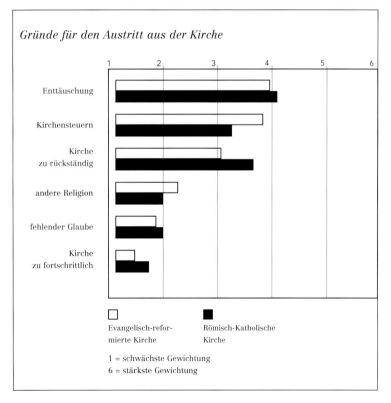

Gründe für den Austritt aus der Kirche

	1	2	3	4	5	6

Enttäuschung

Kirchensteuern

Kirche zu rückständig

andere Religion

fehlender Glaube

Kirche zu fortschrittlich

☐ Evangelisch-reformierte Kirche ■ Römisch-Katholische Kirche

1 = schwächste Gewichtung
6 = stärkste Gewichtung

Mitgliedertypen

Form der Mitgliedschaft N = Anzahl Personen	Die Kirche ist eine Gemeinschaft, die ich nötig habe	Ich bleibe Mitglied der Kirche, weil man nie sagen kann, ob man die Kirche nicht einmal nötig haben wird
Gemeinschaftsorientierte (N = 107)	hoch	tief
Dienstleistungsorientierte (N = 95)	tief	hoch
Gemeinschafts-/Dienstleistungsorientierte (N = 174)	hoch	hoch
Mitglieder ohne Eigeninteresse (N = 159)	tief	tief

Trennlinie zwischen «hoch» und «tief» ist der Medianwert.

äussern, werden als ‹Gemeinschaftsorientierte› bezeichnet.

- Jene, die Mitglied bleiben wegen kirchlicher Leistungen, die sie vielleicht einmal in Anspruch nehmen möchten, die aber mit der Kirche als Gemeinschaft wenig anfangen können, werden als ‹Dienstleistungsorientierte› bezeichnet.
- Personen, die beiden Aussagen zustimmen, gelten als ‹Gemeinschafts-/Dienstleistungsorientierte›.
- Bei Mitgliedern, die keiner der beiden Aussagen zustimmen, lässt sich – anhand der Fragen – kein Mitgliedschaftsmotiv ausmachen. Sie werden als ‹Mitglieder ohne Eigeninteresse› bezeichnet.

Die beiden Aussagen «Die Kirche ist eine Gemeinschaft, die ich nötig habe» und «Ich bleibe Mitglied der Kirche, weil man nie sagen kann, ob man die Kirche nicht einmal nötig haben wird» bilden die Grundlage für die Unterscheidung der Mitgliedertypen. Als Trennlinie für die Zuweisung zu «hoch» beziehungsweise «tief» dient der Medianwert, welcher bei einer Ordnung der Antwortenden vom kleinsten zum grössten Wert die Mitte der Antwortenden bildet. (D.h. 50% der Antwortenden haben grössere Werte und 50% haben kleinere Werte.)

Gemeinschaftsorientierte Mitglieder

Für diese Gruppe sind die diakonisch-sozialen Angebote am wichtigsten. Diese Menschen haben Interesse an Ritualen und stimmen der Aussage, dass Gott im Leben erfahrbar sei, deutlich zu. Ihre Gemeinschaftsorientierung bezieht sich vor allem auf Formen der alltäglichen sozialen Integration, auch wenn sie öfter in den Gottesdienst gehen.

Gemeinschafts- und dienstleistungsorientierte Mitglieder

Diese Gruppe zeigt grosses Interesse an allen drei Bereichen: kulturellen, liturgisch-katechetischen und diakonisch-sozialen Leistungen. Religion wird als Privatsache betrachtet und als Hilfe bei Unglück und Sorgen verstanden. Fast die Hälfte dieser Personen bejahen sowohl Auferstehung als auch Reinkarnation.

Dienstleistungsorientierte Mitglieder

Sie erwarten vor allem diakonisch-soziale und kulturelle Dienstleistungen und bezeichnen sich nur zögernd als religiös – nur die ‹Mitglieder ohne Eigeninteresse› haben diesbezüglich noch tiefere Werte, sogar die Ausgetretenen liegen höher.

Mitglieder ohne Eigeninteresse

In dieser Gruppe überwiegen die 20- bis 40jährigen; nur schwach vertreten sind hingegen die über 60jährigen. Am meisten gefragt sind die diakonisch-sozialen Dienstleistungen, das Interesse an religiösen Fragen ist gering. Die Austrittsneigung ist relativ hoch.

Mitglieder und Mitarbeitende

Das ermittelte Profil der kirchlich Mitarbeitenden deckt sich annähernd mit den Ansprüchen der ‹Gemeinschaftsorientierten›. Diese Konstellation birgt die (vielfach zu beobachtende) Gefahr, dass kirchliche Angebote zu sehr auf gemeinschaftsbezogene Mitglieder zugeschnitten werden und zu wenig eingegangen wird auf die Bedürfnisse der Menschen, die nur bei Gelegenheit mit der Kirche Kontakt suchen oder sogar das kirchliche Leben nur aus Distanz begleiten – und deshalb von kirchlich Aktiven oft abwertend beurteilt werden. Insgesamt halten die Mitarbeitenden den Glauben für thematisierbar und bedeutend ‹öffentlicher› als die Mitglieder, die hier eine grössere Zurückhaltung an den Tag legen.

Religiosität im Vergleich

Die nachstehende Grafik fasst die Stellungnahmen der Mitgliedergruppen, der Ausgetretenen und der Mitarbeitenden zu folgenden vorgegebenen Aussagen zusammen:

- Ich bezeichne mich im weitesten Sinne als religiös (religiös)
- Ich würde mich als ChristIn bezeichnen (ChristIn)
- Ich lege Wert darauf, dass die Eckpunkte des Lebens wie Geburt, Heirat und Tod durch ein religiöses Fest eingerahmt werden (Feste)

- Ich kann meinen Glauben ganz alleine leben (Autonomie)
- Was ich wirklich glaube, geht niemanden etwas an (Privatheit)
- Ich glaube, dass Gott in meinem Leben wirksam und in der Welt gegenwärtig ist (Gegenwart Gottes)
- Mein Glaube hilft mir vor allem, wenn mich Sorgen und Unglück treffen (Hilfe).

Die Ausgetretenen sind religiöser als die Mitglieder ohne Eigeninteresse. Bemerkenswert ist auch, dass diese letztere Mitgliedergruppe sich stärker von den anderen unterscheidet als die Ausgetretenen. Das relativiert die Grenze, durch welche die formelle Mitgliedschaft in einer kirchlichen Gemeinschaft definiert wird. Diesseits und jenseits dieser Grenze beziehen sich Menschen in unterschiedlicher Weise auf das, worum es in der Kirche geht. Sie gestalten ihr Leben nach ihrem eigenen Verständnis mehr oder weniger explizit aus dem christlichen Glauben heraus oder in einem allgemeineren religiösen Bezug.

Schlussfolgerungen

Beide Kirchen ziehen aus der Studie Konsequenzen. So wird gegenwärtig je ein Gesamtkommunikationskonzept erarbeitet. Weitere Massnahmen zur Qualitätssicherung sind in Gang. Unter anderem soll eine Anlaufstelle für Beschwerden eingerichtet werden.

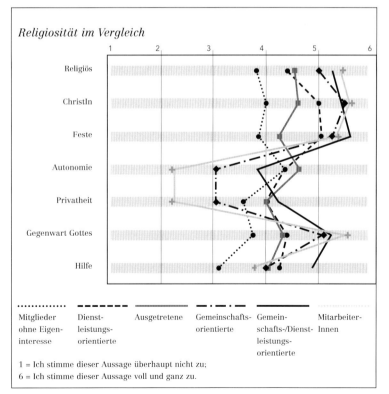

Religiosität im Vergleich

Mitglieder ohne Eigeninteresse
Dienstleistungsorientierte
Ausgetretene
Gemeinschaftsorientierte
Gemeinschafts-/Dienstleistungsorientierte
MitarbeiterInnen

1 = Ich stimme dieser Aussage überhaupt nicht zu;
6 = Ich stimme dieser Aussage voll und ganz zu.

Anmerkungen

1 Eine interdisziplinäre Projektgruppe erarbeitete das Konzept und war für die Durchführung der Befragung verantwortlich. In der Projektgruppe waren Experten der Marktforschung: Prof. Dr. Manfred Bruhn vom Wirtschaftswissenschaftlichen Zentrum Basel; und der theologischen Fakultäten: Prof. Dr. Albrecht Grözinger und Adrian Portmann, Basel, sowie Dominik Schenker, Fribourg. Seitens der Kirchen waren die Informationsbeauftragten Dr. Xaver Pfister und Gerhard Gerster vertreten.

2 Alfred Dubach, Bindungsfähigkeit der Kirchen, in: Jede(r) ein Sonderfall? Religion in der Schweiz, hg. v. Alfred Dubach und Roland J. Campiche, Zürich und Basel 1993, S. 133–172.

Literatur

Kirche und Marktorientierung. Impulse aus der Ökumenischen Basler Kirchenstudie, hg. von Manfred Bruhn und Albrecht Grözinger, Freiburg Schweiz 2000.
Der ausführliche Berichtsband der Ökumenischen Basler Kirchenstudie (404 Seiten) kann bezogen werden bei: Amt für Information und Medien, Postfach 948, 4001 Basel, und Informationsstelle RKK, Leonhardstrasse 45, 4051 Basel.

Architektur und Urbanismus

Die Angst vor der Leere

Basel hat praktisch keine überbaubaren Land-
reserven mehr. Dennoch ist die Stadt nicht zu Ende
gebaut. Seit längerem wird im städtebaulichen
Kontext der Begriff der ‹Verdichtung› diskutiert:
Um mit den Raumressourcen schonungsvoller umzugehen, soll die vorhandene Fläche durch höheres
und verdichtendes Bauen besser genutzt werden.

Das Stadtbuch bringt regelmässig Berichte
über neue architektonische Leistungen, also über
‹Gebautes›. Die folgenden Beiträgen befassen sich
für einmal mit dem ‹Unbebauten›, mit den Leer-
räumen, mit den Restflächen, mit verstellten, über-
möblierten Plätzen und Strassen.

Ein Architekt (Rolf Furrer), ein Bildhauer
(Christof Rösch), ein Maler (Guido Nussbaum) und
ein Komponist (David Wohnlich) diskutieren die
Angst vor der Leere, den allseits verbreiteten
Horror vacui. Die Kunsthistorikerin Lilian Pfaff
beschreibt, was der Wechsel vom Konzept der ‹ver-
kehrsgerechten Stadt› zum Konzept der ‹Stadt als
Wohnraum› gebracht hat. Im Zentrum steht dabei
die Stadtmöblierung und ihre bisweilen grotesken
Auswüchse. Renate Buser hat sie fotografisch fest-
gehalten als gleichsam skurrile Kunstobjekte.
Red.

Leere im Stadtraum   *David Wohnlich*

**«Vermutlich ist [...] die Leere gerade mit dem Eigentümlichen des Ortes verschwistert und darum kein Fehlen, sondern ein Hervorbringen»,
schreibt Martin Heidegger in: ‹Die Kunst und der Raum›.
Ein Architekt, ein Bildhauer, ein Maler und ein Komponist fanden sich zusammen,
um über die Leere im Stadtraum nachzudenken.**

Wer über Architektur nachdenkt, denkt zunächst über Bauten und Bauen nach. Das geläufige Wort ‹Architektur› bezieht sich auf die Art, in der sichtbares Material organisiert ist. Das Ausbleiben von Material scheint sich einer architektonischen Betrachtungsweise ganz zu entziehen.

Der Architekt Rolf Furrer hat Bauten für den öffentlichen Raum entworfen: Tramwartehäuschen, Plakatsäulen. Über die ästhetische oder funktionale Qualität dieser Bauten wird diskutiert; manche finden sie schön, manche nicht, manche haben sie noch gar nicht wahrgenommen. In jedem Falle geht es um die vorhandenen Bauten, nie um den leeren Raum, der entstünde, fehlten sie. Selbst die Nichtwahrnehmung bezieht sich auf Objekte.

Selbstverständlich braucht der öffentliche Raum eine sogenannte ‹Möblierung› – die Leute möchten nicht nass werden, wenn sie aufs Tram warten, sie möchten sich hinsetzen können, wenn sie müde sind, sie möchten das gebrauchte Papiertaschentuch, anständig, wie sie sind, nicht auf den Boden werfen, sondern in einen Papierkorb. Rolf Furrer baut in Basel Objekte, auf die all diese Bedürfnisse gerichtet sind – und hielte gleichzeitig deren Nichtvorhandensein für die architektonisch sinnvollere Lösung. Um dieses Dilemma aus dem hermetischen Raum ausschliesslich architektonischer und somit traditionell objektbezogener Überlegungen herauszuführen, lud Furrer drei Künstler zur Diskussion über den Verlust der Leere im Stadtraum ein: den Bildhauer Christof Rösch, der bereits bei der Entwicklung der Wartestellen mitgewirkt hatte, den Maler Guido Nussbaum und den Komponisten David Wohnlich. Das gekürzte Gespräch tritt in seiner ganzen Assozietät als laterales Denkbassin an die Stelle eines linear gebauten ‹logischen› Artikels, den es – darüber waren sich alle am Gespräch Beteiligten einig – zu diesem Thema nicht geben kann.

Leere als architektonischer Raum
Rolf Furrer: Im Entwurf zum neuen Bau- und Planungsgesetz Basel-Stadt richten sich die meisten Artikel an Objekte. Der Freiraum, die Leere kommt kaum vor. Natürlich ist die Raumplanungskommission keine Fachkommission, und dem Bedürfnis der Architekten, ihre Vorstellungen einzubringen, wird selten entgegengekommen. Das ist einerseits verständlich; so ein Gesetz muss politisch korrekt erarbeitet werden, und folglich wird streng darauf geachtet, dass nicht irgendwelche Partikularinteressen durchs Hintertürchen Eingang finden. Aber die politische Korrektheit hat ihren Preis: Sie lässt nichts anderes zu als ein Politikergesetz. Und das kann Partikularinteressen nicht aus-

schliessen, sondern nur verschieben: der öffentliche Raum wird vereinnahmt und zunehmend zerstört.

Städte von morgen

Christof Rösch: Die ‹ideale Stadt› ist nicht mehr realisierbar. Stadtplanerische Fragen beschränken sich auf kleine Räume, auf Reparaturen, wenn man so will. Den utopischen Stadt-Entwurf gibt es nicht mehr. So sind wir auch mit anderen Begriffen konfrontiert als mit einem idealen, puristischen Stadtbegriff. Wir haben es mit zerfetzten, fragmentierten Situationen zu tun. Innovation richtet sich auf die Auseinandersetzung mit dem Vorhandenen als Voraussetzung für neue Qualitäten – auch historische Gegebenheiten können Quelle für Neues sein.

Rolf Furrer: Christof Rösch der Klassiker hat gesprochen.

Guido Nussbaum: Ich möchte den Begriff der ‹Stadt von morgen› dennoch aufrechterhalten – er verweist auf die Hoffnung, doch noch planen zu können, nicht alles der marktwirtschaftlichen Dynamik ausliefern zu müssen. Pläne müssen ja nicht diktatorisch sein; sie können diskutiert werden. Stadtplanung ist eine demokratische Angelegenheit. Das heisst keineswegs, dass die Stadt dann durchschnittlich wird, ich meine nicht die simple Demokratie der Nutzer, sondern den Einbezug aller kreativen Kräfte. Grosse Visionen gibt es immer wieder. Ihre Verwirklichung scheitert aber an handfesten politischen Bedingungen – man investiert kein Geld in eine Vision, die ihrerseits kein Geld einbringt.

Immobile Möblierung

Christof Rösch: In Denkprozesse zur sogenannten Stadtmöblierung müsste der Umstand einfliessen, dass es sich bei einem Möbel schon vom Begriff her um etwas Mobiles handelt – im Gegensatz zur Immobilie, dem Bau. Die Bauten bilden architektonische Systeme; Möblierungen können wie ein System im System funktionieren.

Rolf Furrer: Für mich ist das Thema Stadtmöblierung eine Zwickmühle – einerseits entwickle ich Stadtmöblierung, andererseits fände ich die beste architektonische Lösung oft das Fehlen von allem, was den Raum verstellt. Wichtig ist mir nicht, konkret einen leeren Stadtraum verwirklichen zu wollen, sondern mit dem Bewusstsein vorzugehen, dass eine Lösung ohne Möblierung architektonisch die beste wäre.

Christof Rösch: Marktstände zum Beispiel sind echte Mobilien. Sie müssen zu einem bestimmten Zeitpunkt weggeräumt werden, und sofort ist der Platz anders konnotiert.

Verlust des leeren öffentlichen Raumes

Rolf Furrer: Ich vermisse an vielen Orten in Basel die Spannung zwischen dichter Bebauung und Leere – wo keine Leere ist, werden auch Bauten nicht wahrgenommen.

Christof Rösch: Leere, wie es sie in italienischen Städten gibt, die Spannung zwischen voll und leer, zwischen Weite und Enge, Ruhe und Bewegung. In Basel ist ja eigentlich alles voll, obwohl auch Baslerinnen und Basler von der Weite und Leere der italienischen Piazze schwärmen und davon träumen, ein Traum, der sich in Basel jeweils am Abend vor dem Morgestraich verwirklicht.

Guido Nussbaum: Ganz gut kann man die Leere jetzt im Zürcher Hauptbahnhof erfahren; dort hat man es geschafft, das ganze Zeug hinauszuräumen. Das ist ein gutes Erlebnis, eine grosse Geste. Natürlich ist dafür jetzt alles unterhöhlt, die Möblierung ist in den Untergrund gegangen … Vielleicht ist die Sehnsucht nach der Leere, nach der weiten Leere in einem in jeder Beziehung kleinräumigen Land wie der Schweiz besonders verständlich. Höhe und Leere können wir in den Bergen erleben; vielleicht lieben wir sie deshalb so.

David Wohnlich: In der Musik ist der leere Raum die Stille. In der Barockzeit stand die Generalpause als rhetorisches Zeichen für den Tod. Plätze waren einst auch rhetorische Zeichen: Der Marktplatz, der Richtplatz, der Schiessplatz. Ich glaube, dass die rhetorischen Mittel sowohl im Städtebau als auch in der Musik beinahe aus dem Bewusstsein verschwunden sind. Analog zu Pasolinis Begriff des ‹Theaters des Geschwätzes› könnte man bei der Verzettelung der ursprünglich definierten Räume, bei der Homogenisierung der Formen von ‹Architektur des Geschwätzes› reden.

Rolf Furrer: Dazu tritt die Privatisierung des öffentlichen Raumes. Autos sind private Objekte, Plakatwerbung ist ein Instrument der privaten Wirtschaft. Der Privatraum besetzt zunehmend den öffentlichen Raum.

David Wohnlich: Ja, Autos sind private Objekte, und ein jedes trägt als Statussymbol seine private Botschaft in den öffentlichen Raum, diffundiert, was von dessen rhetorischer Aussage noch spürbar wäre.

Guido Nussbaum: Wir haben ja gestaunt, als Rolf uns den Katalog der Firma Decaux zeigte – dass da eine privatwirtschaftliche Familienfirma weltweit Städte möbliert, also eine Aufgabe erfüllt, die wir gefühlsmässig der Kompetenz der öffentlichen Hand zuordnen.

Christof Rösch: Die Freizeitgesellschaft möbliert Stadträume, die noch nicht mit der Freizeitgesellschaft gerechnet haben. Parkplätze, aber auch Strassencafés und Läden, die Waren auf die Trottoirs stellen, kommen Bedürfnissen entgegen, die vielleicht nicht unsere sind. Uns aber suggerieren, die unseren zu sein. Ich wünschte mir offenere, nicht so überinformierte Räume – bunte konsumgesellschaftliche Informationen werden andauernd an mich herangeworfen. Ich möchte den leeren Raum geistig füllen können; dies wird mir verunmöglicht. Der öffentliche Raum sollte Projektionsfläche sein – so, wie meine Skulpturen Projektionsflächen sind. Die Verstopfung der Räume ist auch eine kulturelle Verstopfung – physisch gebaute Räume kommunizieren ständig mit meinen inneren

Räumen, mit den Räumen des Körpers. Das beginnt bei den Kinderspielplätzen, die mit hässlichen Bauten möbliert sind, und setzt sich auf den Schulhausplätzen fort. Und nachts sind die Plätze mit Licht verstopft. Natürlich gibt es auch Gründe dafür, Plätze nachts zu beleuchten, aber ich kann keinen nächtlichen Platz mehr erleben.

David Wohnlich: Ein anderer Aspekt der Privatisierung öffentlicher Räume ist das Verschwinden der traditionellen Stadtbereiche. Es gibt keine scharfe Trennung mehr zwischen Akropolis, Agora und Oikos. Per Internet lade ich mir die Welt ins Oikos, per Selbstdarstellung besetze ich die Akropolis, zum Beispiel die Elisabethenkirche. Die Basler Kaserne heisst zwar noch Kaserne, ihre ehemalige Reithalle Reithalle. Aber die ursprüngliche Bedeutung ist theoretisch geworden. Die Räume sind nicht mehr historisch konnotiert; sie sind formal geworden. Für mich ein befreiender Umstand.

Rolf Furrer: Sicher, eine gesellschaftliche Grundlage für die Lebensform Stadt gibt es bei uns heute nicht mehr. Das schafft uns ja gerade die Möglichkeit, grundsätzliche Gedanken darüber anzustellen, was eine moderne Stadt sein könnte. Unter einer Strukturierung, die zeitgemäss ist, verstehe ich: Verdichten am einen Ort, leeren am anderen, vor allem im öffentlichen Raum. Unsere Ausnützungsziffern sind für eine moderne Stadtplanung ein untaugliches Instrument. Die Städte verschwimmen in die Agglomerationen hinein, diese Ausdünnung der Stadt nach aussen wird aber im Inneren des Stadtraums nicht kompensiert. Die hochinteressante Spannung zwischen verdichtetem und entleertem Raum würde eine zeitgemässe Stadtsituation schaffen. Diese Einsicht ist vielen Architekten inzwischen geläufig.

Guido Nussbaum: Ich glaube, dass das Erleben der physischen Präsenz in einem konkreten öffentlichen Raum ein Bedürfnis ist, das weiter besteht – das Bedürfnis nach Stadt ... Ich möchte ‹in die Stadt gehen›.

Horror vacui

David Wohnlich: Christof, du hast deine Sehnsucht
nach dem leeren Raum geschildert, nach dem un-
informierten Raum. Der Schrecken der Leere wäre
demnach für dich gar kein Schrecken, vielleicht
eher eine Frage?

Christof Rösch: Ich glaube sogar, dass man den
Horror vacui künstlerisch nutzen kann – das
schliesst nicht aus, dass man ihn umkehrt und vielleicht eine Arbeit macht, die den Raum verdrängt,
so dass man ihn gar nicht mehr betreten kann.
Wesentlich ist, dass die physische, materielle Präsenz von Räumen eine andere Bedeutung bekommt
in dem Masse, in dem wir Illusionsräume schaffen.

Guido Nussbaum: Aus der heutigen Sicht wünscht
man sich schon häufiger einen leeren Raum, allein
schon, um das marktdiktatorische Element, das unsere Räume prägt, wegzubekommen. Andererseits
ist die Leere ja ein theoretisches Konzept, ein
schwarzes Loch, ein Nichts, und das ist ein öffentlicher Raum nie. Es geht darum, dass Räume nicht
besetzt sind und sich deshalb kreativ, gedanklich
besetzen lassen –

David Wohnlich: – wie im Gedicht ‹Meeres-Stille›,
das aus der Vorstellung heraus entstanden ist, dass
buchstäblich nichts geschieht –

Guido Nussbaum: – ungefähr so, ja. Natürlich ist
auch die Leere architektonisch gefasst, durch eine
Fläche, durch einen definierten Raum um die Leere
herum.

Guido Nussbaum: Ich frage mich, ob der Horror
vacui eine existentielle Angst ist, Todesangst – ich
glaube, es ist ein angelernter Reflex. Die viel-
beschworene Angst des Malers vor der weissen
Leinwand ist etwas anderes – er wird ja etwas
damit machen.

Rolf Furrer: Ich weiss nicht, ob es der Horror vacui
ist, der uns Räume verstellen lässt. Jedenfalls war
die Vorstellung, dass bestimmte Räume leer bleiben

müssen, einmal ganz fest verankert in vielen Kulturen und Gesellschaftsformen, und heute ist sie es
an den entscheidenden Stellen und vielleicht auch
in der Öffentlichkeit nicht mehr. Dass die Leere als
Qualität des öffentlichen Raumes wichtig war, zeigt
sich beispielsweise in rigorosen Marktordnungen,
die vorschrieben, dass zu einem bestimmten Zeitpunkt alles geräumt sein musste.

Christof Rösch: ‹Räumen› heisst ja dem Wort nach:
‹Raum schaffen›. Ich würde gern einmal eine Arbeit machen, die Raum, die Skulptur durch Weg-
lassen erzeugt.

Rolf Furrer: Raum schaffen für anderes, ja, für
andere gesellschaftliche Gruppen. Ich halte es für
notwendig, den Wert der Leere in das Bewusstsein
der Menschen zurückzurufen, auf ihn aufmerksam
zu machen.

David Wohnlich: Alle Schulen klagen über Raum-
knappheit. Für einen polyvalenten, unbesetzten,
undefinierten Raum gibt es keinen Raum. Die
Bühne der Aula am Gymnasium Oberwil wird als
Schulzimmer genutzt.

Rolf Furrer: Genau das ist es ja – unser Alltag wird
von genutztem Raum bestimmt. Als Architekt
kenne ich natürlich die ungenutzten Räume so gut
wie die genutzten. Architekten arbeiten im Grenz-
bereich zwischen Leere und Fülle. Es ist menschlich notwendig, den Wechsel des Aggregatzu-
standes von ‹leer› zu ‹bebaut› – und umgekehrt –
zu erleben. Der leere öffentliche Raum muss als
Qualität verstanden werden, nicht als das Fehlen
von etwas. Nochmals: Im Spannungsfeld zwischen
Verdichten und Leerlassen verwirklicht sich die
moderne Stadt.

Bilder von Gestalten und Ungestalten *Renate Buser*

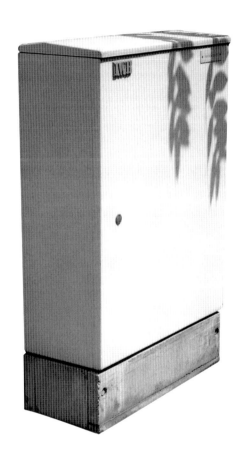

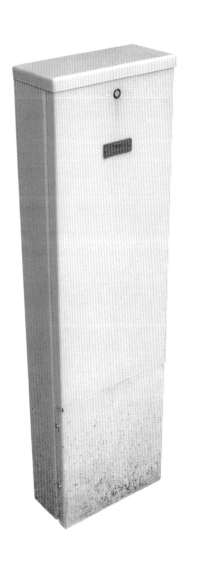

Stadtmöbel – Monumente des Alltags

Lilian Pfaff

Zwischen Stuhl und Bank sind die unförmigen Objekte gestaltet, denen wir tagtäglich im städtischen Wohnraum begegnen. Blumenkübel können dabei ebenso als Sitzgelegenheiten wahrgenommen werden wie die allerorts aufgestellten Betonpoller, die eigentlich dazu dienen, die Gehwege von Autos zu befreien. Gemeinhin werden diese Gebilde als Stadtmöbel bezeichnet ...

Was zu Anfang des Jahrhunderts noch gar kein Thema war, wurde in den 70er Jahren zum Programm: die Verschönerung der Innenstadt und der Ausbau von Fussgängerzonen. Damit hielt der Begriff des ‹Stadtmöbels›, als Gestaltungselement des neu gewonnenen Raums, Einzug in den allgemeinen Sprachgebrauch, wobei sich allerdings darüber streiten lässt, was alles als ein solches zu bezeichnen ist. Streng genommen umfasst der Begriff nur bewegliche Gegenstände; wirft man jedoch einen Blick auf die Realität, so schliesst er auch unbewegliche Objekte mit ein.

Mülleimer und Lüftungskästen

Betrachtet man die Mülleimer in Basel, die durch ihre Betonhülle wie ein Teil der Stadt erscheinen – gerade so als würde die Strassendecke ihren Schlund öffnen, um die Überreste menschlicher Zivilisation zu verschlucken –, und vergleicht man sie mit anderen hässlichen grauen Kisten, deren Nutzen nicht auf Anhieb entschlüsselbar ist, so interessiert umso mehr die Frage nach den verschiedenen Funktionen der Stadtmöbel. Die grauen Kisten stehen einzeln oder paarweise an Kreuzungen, sind kniehoch und blicken mit ihren Entlüftungsgittern gegen die Strasse. Als Gegenstück zu den gefrässigen Mülleimern pusten sie die verbrauchte Luft aus dem Untergrund in unseren Stadtraum. Ob sie fixen Einrichtungen eines privaten Haushalts entsprechen, also unverrückbare Bestandteile der ‹Wohnung› Stadt sind, während die Mülleimer als mehr oder weniger bewegliche Elemente der Spezies ‹Möbel› angehören, sei dahingestellt.

Soziale Inseln

Warum diese seltsamen Formen der Möbel und ihre starre Anbringung im Aussenraum? Aufgestellt wurden die meisten der ‹sogenannten› Stadtmöbel im Zuge der Sperrung der Basler Innenstadt 1972 gemäss dem Konzept des Amtes für Kantons- und Stadtplanung, fussgängerfreundliche Zonen als innerstädtische Erholungszonen auszuweisen. Flankierende Massnahmen zur ‹Grün 80› lösten eine Neugestaltung der Innenstadt sowie der Rheinufer aus. Dazu zählen unter anderem die Aufenthaltsbereiche am Unteren Rheinweg: Als halbkreisförmige Sitzgruppe mit rundem Tisch wie eine ‹Insel› geformt, sind sie Sinnbild jeglicher sozialer Kontakte und dienen Grossfamilien oder Müttern mit kleinen Kindern als Aufenthaltsort. Weshalb in der Mitte dieses Möbels ein kinderfaustbreiter Schlitz angebracht wurde, in dem jede Menge geliebte Spielzeuge, Schnuller oder Schlüssel verschwinden können, bleibt unverständlich. Eine Erklärung könnte die dadurch suggerierte Verschiebbarkeit und Aneinanderreihung mobiler Teilstücke sein.

Eigentlicher Sinn und Zweck dieser Einzelobjekte war, der Unwirtlichkeit der Städte[1] mit Verkehrsberuhigungen, Spielstrassen und attraktiveren Fussgängerzonen Erholungs- und Erlebnisräume entgegenzusetzen. «Das Ziel bleibt dasselbe, ob eine Fussgängerzone oder eine Wohnstrasse geschaffen wird: Die Verkehrsmenge ist zu reduzieren, die Fahrzeuggeschwindigkeit ist zu verringern, und es sind Flächen für andere Zwecke als für den Verkehr zu schaffen.»[2] Während 1949 beispielsweise die Aeschenvorstadt von 8 auf 20 Meter verbreitert wurde, um einen besseren Verkehrsfluss durch die Innenstadt zu erzielen, setzte man einige Jahre später andere Prioritäten, verbreiterte das Trottoir und hob die beidseitige Verkehrsführung auf. Auch am Claraplatz und am Marktplatz wurde der Fussgängerbereich vergrössert. Die Vereinheitlichung des Passantenweges und die einspurige Verkehrsführung schafften Platz für Grünflächen, Bäume und Sitzgelegenheiten. Diese gestalterischen Veränderungen sind jedoch weniger Antworten auf gewandelte Verhaltensweisen der Bevölkerung, sondern Massnahmen, um dem ansteigenden Verkehrsaufkommen in der Stadt Herr zu werden.

Wehrkisten und Orientierungshilfen im Alltäglichen

Die aus dem Verkehrsnetz herausgeschnittenen Plätze oder Ruhezonen gleichen oft eher Schutzwällen als Freiräumen. Die massiven Pflanzenkübel scheinen den überall parkierenden Autofahrern zu trotzen, die Betonpoller als Platzwärter herzuhalten. Geradezu einen Affront gegen den Anspruch auf ‹Frei›-Raum stellen die mit gefällten Bäumen umzäunten Bepflanzungen in der Feldbergstrasse, kurz vor der Johanniterbrücke, dar. Was früher ‹der Umwelt zuliebe› die Betonwüste auflockerte, wird zum toten Schutzwall umfunktioniert und demonstriert in deutlicher Weise die Macht des Autos über die Natur. In ihrer Funktion, Grenzen zwischen Verkehr und verkehrsfreiem Raum zu markieren und den so gewonnenen Freiraum abzustecken, nehmen die klobigen Möbel durch ihre ‹Ungestalt› dieselbe Stellung wie die Strassentrottoirs ein, die unauffällig, aber wirksam als Abgrenzungen fungieren.

Andere ‹Möbelstücke› dienen dem Zweck, allfällige Leerräume zu füllen, kleinere Raumeinteilungen zu bewirken oder die Orientierung zu erleichtern. Sitzbänke, oftmals mit Blumenkisten kombiniert, befinden sich meist in der Nähe einer Tramhaltestelle, und der sie begleitende Mülleimer ist nicht fern – wodurch man sich in vertrauter Umgebung bewegt. Die Möbelstücke sind unauffällig, stehen aber an strategisch günstigen Orten, an denen jeder Stadtbewohner dieselben Verhaltensweisen an den Tag legt. Dabei haben die Planer die schwierige Aufgabe zu bewältigen, unterschiedlichsten Bedürfnissen gerecht zu werden, da die Menschen je nach Alter und soziokulturellem Hintergrund die Möblierungen, wie zum Beispiel Toilettenhäuser oder Infoboxen, anders wahrnehmen und auch anders benutzen.

Schilderwald

Die Frage drängt sich auf, ob die begehbaren öffentlichen Räume auf den Fussgänger zugeschnitten oder als Randzonen der städtischen Autobahnen konzipiert sind und sein sollen.

In europäisch geprägten Städten bilden geschlossene Plätze die Versammlungsorte der Bevölkerung. Dies macht es beispielsweise schwer, den Claraplatz als eigenständigen Platz zu akzeptieren, weil er von Tramschienen zerschnitten wird. Das mittelalterliche Ideal des geschlossenen Platzes scheint sich überlebt zu haben. Deshalb klingt der Vorschlag des Künstlers Rémy Zaugg geradezu unsinnig, das Strassburger Denkmal auf den Centralbahnplatz zu verschieben, um so einen Platz aus dem 19. Jahrhundert nicht nur wiederzubeleben, sondern sogar neu zu kreieren – auf eine Weise, wie er dort niemals existiert hat. Ehrlicher wäre es, die Stadtgestaltung ganz offen auf den Autofahrer auszurichten, wie dies der amerikanische Architekturtheoretiker Robert Venturi im Buch ‹Learning from Las Vegas›[3] fordert.

Boulevards als Flaniermeilen

Gegen diese Autodimensionen setzt man neuerdings in Basel auf das Konzept des Boulevards. Was bei der zukünftigen doppelstöckigen Dreirosenbrücke auf dem obersten Niveau von den Architekten Wilfrid & Katharina Steib als breiteste und längste Flaniermeile Basels entworfen wurde, entspricht dem ‹neuen› Planen für den Fussgänger. Ähnliches befürwortet ein Projekt der Werkstadt Basel für das Gundeldinger-Quartier[4], um den anhaltenden Bevölkerungsschwund aufzuhalten und die Innenstadt zu revitalisieren. Ob der heutige ‹Bürger›, wenn er denn noch existiert, und die Welt der ‹Boulevards› überhaupt kompatibel sind, bleibt allerdings fraglich.

Die Kunst als Vermittlerin?

Seltsamerweise sind die unprätentiösen, massiven Stadtmöbel keinerlei Kritik unterworfen. Erst wenn die Kunst, bisweilen zur Rettung verpfuschter urbaner Situationen oder Plätze beigezogen, in den öffentlichen Raum eindringt, regt sich Widerstand. Da sich die Kunst im öffentlichen Raum zunehmend definierend statt dekorierend verhält, fühlt sich der Stadtgänger im alltäglichen Bewegungsablauf abgelenkt und gestört. Und doch ist und war es gerade die Kunst, die den öffentlichen Freiraum thematisiert und die Bevölkerung für den eigenen, auch mit privaten Bedürfnissen besetzbaren Stadtraum sensibilisiert. Dies zeigten auch vor ein paar Jahren die hitzigen Debatten um Richard Serras Plastik ‹Intersection› vor dem Theater Basel.[5] Man fühlte sich von den ‹unnützen› und ‹unästhetischen› Kunstwerken belästigt, so als stünden sie im eigenen Wohnzimmer – ein Grund wohl, weshalb die üblichen Stadtmöbel keinerlei Design versprühen und allen Geschmäckern gerecht zu werden suchen.

Der öffentliche Raum als Spiegel gesellschaftlicher Werte

Die Beschaffenheit einer Stadt, so müsste man abschliessend konstatieren, ist das Spiegelbild der gesellschaftlichen Werte. Und so, wie sich die Werte wandeln, müssten sich auch die Möbel anpassen – oder von Ort zu Ort wandern, wie es die Denkmäler in Zürich an der ‹Transit 1999› taten.[6] Bei den Römern lag man schliesslich auch beim Essen – und da die Stadtmöbel ausschliesslich

funktionalen Aspekten genügen, wäre es an der Zeit, die Bollwerke, welche die Fussgänger vor dem Verkehr abschirmen, wegzuräumen und Neuem Platz zu machen. Oder wollen wir die Blumenkübel als Siegessäulen der Mobilität aufrecht erhalten? Bewahren gar die Bänke und Betonpoller die Plätze davor, auseinanderzufallen? Als soziale Symbole fungieren die Stadtmöbel vielleicht bald nur noch als Erinnerungsstücke – alltägliche Monumente einer längst vergangenen Zeit.

Anmerkungen

1 Alexander Mitscherlich, Die Unwirtlichkeit unserer Städte, Frankfurt 1965.

2 Baudepartement des Kantons Basel-Stadt, Amt für Kantons- und Stadtplanung (Hg.), Neugestaltung von Strassen und Plätzen sowie neugeschaffene und ausgebaute Fusswege im Gebiet der Stadt Basel 1975–1985, Basel 1987, S. 9.

3 Robert Venturi, Denise Scott Brown, Steven Izenour, Learning from Las Vegas, Massachusetts 1978.

4 Regierungsrat des Kantons Basel-Stadt: Aktionsprogramm Stadtentwicklung Basel: Ergebnisse der Werkstadt Basel, Basel 1999, S. 53.

5 Richard Serra, Intersection, Basel 1996, S. 128ff.

6 Stanislaus von Moos, ‹Zürich und die Kultur des Kunstverzichts. Denkmäler und Leere Räume – Transit 1999 im Rückblick›, in: NZZ, 30.11.1999.

Neue Häuser in der Stadt *Lutz Windhöfel*

1999 wurde das Stadtbild durch geglückte Neu- und Umbauten bereichert. Der Autor wirft einen Blick auf: eine Halle für das Ausstellungswesen, ein Haus des Verkehrs, Hallen für die Brandbekämpfung, zwei Wohnbauten und einen Kindergarten-Umbau.

Der Glaskubus der neuen Messehalle am Riehenring (Theo Hotz).

Die Messehalle
Architekt Theo Hotz

Mit der neuen Messehalle von Theo Hotz erhielt die Stadt einen hellen und transparenten Baukörper, der das Quartier am Riehenring veränderte. Der Bau wurde nicht nur termingerecht fertig, die grosse Stahl-Glas-Kubatur kommt auch mühelos mit den Funktionsansprüchen als Ausstellungsort und als neues Zentrum aller Messebauten zurecht. Zur benachbarten Rundhofhalle führen zwei elegante Passerellen, womit die architekturgeschichtlichen Preziosen des Geländes auch materiell verbunden sind. Das älteste Messehaus wurde renoviert und erfuhr durch den Neubau ebenfalls eine Aufwertung. Die etwas schwermütige Eleganz, die einen beim Betreten des Hallenkomplexes beim Haupteingang umgibt, wird durch den Blick auf die leichte und ermunternde Weite der Architektur von Hotz ihres Gewichts enthoben.

Die Basler Architektur mit ihrer Tendenz zur Strenge hat aus Zürich einen Bau erhalten, dem niemand den Respekt versagen kann.

Das Zentralstellwerk der SBB

Architekten Herzog & de Meuron

1995 wurde ‹Auf dem Wolf› ein Stellwerk der SBB eingeweiht, das mit seiner Fassade aus Kupfer internationale Beachtung fand, aber im Osten der Stadt abseits liegt. Nun haben Herzog & de Meuron ein weiteres Stellwerk mit ähnlichem Konstruktionsprinzip und gleicher Fassadenhaut an der Münchensteinerbrücke fertiggestellt. Markant und souverän überragt die auf dem Gleisfeld stehende 26 Meter hohe Kubatur das Brückenniveau – in ihr fände ein zehngeschossiges Wohnhaus Platz. Auf dem Grundriss in Form eines unregelmässigen Trapezes schraubt sich der Bau so über die Geschosse hoch, dass er exakt an der Dachkante die Ideal-

form des Rechtecks erreicht: architektonisches Wachstum, einer sanften Welle gleich.

Funktionell ist das Stellwerk ein Haus des Verkehrs. Als Phänomen am Rand des Gundeldinger-Quartiers ist es eine Plastik, deren ‹Präsenz› jener von Richard Serras ‹Intersection› auf dem Theaterplatz in nichts nachsteht.

Wohnkomplex im Kleinbasel

Proplaning Architekten

Wenige Gehminuten von der neuen Messehalle wurde eine Wohnüberbauung von Proplaning Architekten vollendet. Sie bricht die kleinteilige Struktur auf, die die Wohnungsarchitektur des Kleinbasel südlich der Schwarzwaldallee prägt. Die Fassaden

Wie beim ersten (1995), umgibt auch beim zweiten Stellwerk eine Kupferhaut das Gebäude (Herzog & de Meuron).

der beiden L-förmigen Baukörper zwischen Schönau- und Erlenstrasse ziehen sich über eine Länge von 500 Metern hin. Der 3000 Quadratmeter grosse Innenhof wurde mit 15 Meter hohen Bäumen bepflanzt. Von den 163 Wohnungen mit zwischen $2^1/_2$ und $4^1/_2$ Zimmern haben rund die Hälfte grosse Veranden. Der Ausbaustandard ist beachtlich, von den Küchen und Bädern, den Böden der Wohnungen (Eichenparkett) bis zu den Treppenhäusern (Kunststeinböden mit Granitteilen). Im Hof steht ein bassinartiger Brunnen, entworfen vom Künstlerinnenduo Claudia und Julia Müller. Der Eingang und das neue Café ‹Aubergine› an der Schönaustrasse warten mit einer Glas-Farben-Text-Arbeit von Ueli Michel und Barbara Köhler auf.

Bauten der Feuerwehr

Architekt François Fasnacht

Die Berufsfeuerwehr Basel hat eine neue Fahrzeug- und Lagerhalle, neue Mannschaftsräume, einen Schulungssaal und einen ‹Atemschutzparcours› erhalten. Dieses Raumprogramm brachte der Architekt François Fasnacht in zwei Gebäuden unter: das eine steht in der Kornhausgasse, das andere – von der Strasse aus nicht sichtbar – auf dem Areal zwischen Spalenvorstadt und Cityring.

Die Fahrzeughalle an der Kornhausgasse ist ein eleganter Zweckbau. Bei über 27 Meter Länge hat sie 24 Falttore aus Glas von rund 6 Meter Höhe, sowohl auf der Strassen- wie auf der Hofseite: Das grünliche Rohglas wirkt daher wie ein Riesen-

Hell und funktionell ist die Fahrzeughalle der Berufsfeuerwehr an der Kornhausgasse (François Fasnacht).

fenster und macht die Halle transparent, selbst wenn sie mit Fahrzeugen belegt ist. Da an der Kornhausgasse die Erschliessung der oberen Etagen vom Nachbargebäude aus erfolgt, konnte der Architekt die Geschosse einfach auf den gläsernen Sockel legen. In beiden Hallen sind die Böden und die bis zu 9 Meter hohen Wände in Sichtbeton ausgeführt. Die schmucklosen Wände wirken wie riesige monochrome Bilder in hellen Tageslichträumen.

Wohnhaus im St. Alban-Tal
Architekt Urs Gramelsbacher
Auf der letzten freien Parzelle, die es im St. Alban-Tal zwischen Stift und Stadtmauer noch gab, hat

Urs Gramelsbacher ein Haus mit fünf 3- und 5-Zimmer-Wohnungen gebaut. Sie sind im Grundriss sorgfältigst organisiert und wirken in der präzisen Detaillierung wie Uhrwerke. Introvertiert konzentriert sich das Haus auf einen 17 mal 17 Meter grossen Innenhof mit einer Brunnenanlage. Das Wasser fliesst aus einem über 10 Meter breiten und 4 Zentimeter hohen horizontalen Schlitz über den Sichtbeton in ein Becken mit Glasboden. Und der Glasboden ist gleichzeitig das Oberlicht für die darunterliegende Autoeinstellhalle. Ruedi Reinhard hat hier an einer Wand eine vielteilige konstruktive Plastik realisiert. Die Anbindung an alle umliegenden Häuser gelingt der neuen Architektur mit knie-hohen Beleuchtungswürfeln. Auf der Strassenseite

Auf seinen grossen Innenhof konzentriert sich das Wohnhaus St. Alban-Tal 32a (Urs Gramelsbacher).

berührt die Linie der Lampen fast das Museum für Gegenwartskunst. – Wenn bei Dunkelheit das Licht eingeschaltet ist, ziert das Museum outdoor eine Minimal-Plastik.

Kindergarten im Gundeldinger-Quartier
Dolenc Scheiwiller Architekten
Im äussersten Südwesten des Gundeldinger-Quartiers baute Stadtbaumeister Julius Maurizio 1947 einen Kindergarten. Er wurde nun von Dolenc Scheiwiller Architekten saniert und umgebaut. Die Holzkonstruktion, wie sie auch Hans Bernoulli 1945 am Langelängeweg in Riehen für einen Kindergarten verwandte, blieb weitgehend erhalten. Man verlegte jedoch den Eingang näher zum Höhenweg, von wo das Grundstück betreten wird, und schloss die Loggia der bisherigen Haustüre durch bodenlange Fenster. So ist ein Wintergarten entstanden und der Innenraum grösser geworden. Durch Entfernung von Zwischenwänden wurde zudem ein fliessender Raumeindruck erzielt. Auffallend ist die äussere Farbgestaltung, die die Architekten mit dem Maler Ueli Michel erarbeiteten. Die Fassadenhülle aus Tanne erhielt einen Aubergine-Ton, der Wintergarten ein Orange.

Im Aussenraum setzt sich die Kubatur nun sanft gegen einen Garderobentrakt des Sportplatzes ab, mit dem der Kindergarten baulich verbunden ist. Im Innenraum ist ein belebendes Ambiente entstanden, das an Sonnentagen euphorisierend wirkt.

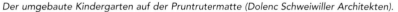

Der umgebaute Kindergarten auf der Pruntrutermatte (Dolenc Schweiwiller Architekten).

Zeichen der Renaissance und Reformation im Augustinerhof

Daniel Reicke
Samuel Schüpbach-Guggenbühl

Der Augustinerhof, an bester Lage auf dem Basler Münsterhügel über dem Rhein, ist Zeuge einer langen Geschichte. Im Mittelpunkt der Untersuchung steht die Reformationszeit, als die Familie Breitschwert das Wohnheim der Facultas artium erwarb und zum städtisch-repräsentativen Wohnsitz umgestaltete.

Der Augustinerhof an der Augustinergasse 19.

Der Augustinerhof ist ein Stadtpalais mit repräsentativer spätbarocker Fassade, mit schönen Fenstergittern im Erdgeschoss. Das Haus ist im Rahmen der vom Grossen Rat gewünschten Umwandlung von Staatsliegenschaften zu Wohnungen in Privatbesitz übergeben worden. Beim Umbau 1998/99 wurde auch der Keller vergrössert, wobei die Archäologische Bodenforschung in einer Teilausgrabung die Kenntnisse über die Besiedlung des Basler Münsterhügels seit keltischer und römischer Zeit erweitern konnte. Die Mauern wurden von der Denkmalpflege untersucht, die Balken mittels Dendrochronologie datiert.[1]

Der vorliegende Beitrag stellt das Schicksal der Liegenschaft in der Zeit um 1530 in den Vordergrund, als das Haus Augustinergasse 17/19 von der Universität an die Handelsfamilie Breitschwert überging. Sie baute es im Jahr der Basler Reformation zu einem Renaissance-Palais um.

Der Bau des Augustinerhofs

Die Liegenschaft besitzt eine komplexe Entstehungsgeschichte, mit mehreren mittelalterlichen Kernbauten. Ab 1376/79 war sie zusammen mit dem Nachbarhaus Augustinergasse 17 der städtische Wohnsitz der Markgrafen von Baden.[2]

Reste eines Renaissance-Hauses zeigten sich unter anderem beim Gewände eines pilasterverzierten Portals im Erdgeschoss. Eine Fenstersäule mit Marmorierungsmalerei blieb im Obergeschoss erhalten, im Flügelbau eine Wandmalerei mit Säulen, Blumen und einer Bürgersfrau.

Die dendrochronologische (Jahrring-)Datierung des Hauses lässt auf die Erbauung im Jahr 1522 schliessen – als die Liegenschaft als Studentenheim (‹Bursa›) im Besitz der ‹Facultas artium› war (siehe unten). Die Balken der Kellerdecke wurden in das Jahr 1528 datiert, dürften also 1529 verbaut worden sein. Einige erst 1593/94 gefällte Balken im hinteren Teil des Kellers datieren den Bau des Treppenturms an der Rückseite. Die Wendeltreppe ist handwerklich hervorragend ausgeführt. Dasselbe gilt für den kannellierten Pilaster des Portals und die Fenstersäule im Obergeschoss als typischen Elementen der Spätrenaissance. Das Renaissance-Haus ist also in mehreren Etappen entstanden.

Zum Originalbestand des Hauses von etwa 1530 muss die interessante Wandmalerei im Obergeschoss des Flügelbaus gehören. Die Kleidung der Bürgersfrau – sie trägt ein Kleid mit weitem Ausschnitt und Puffärmeln an der Bluse – datiert die Malerei in die Zeit um 1530. Die schwung-

vollen Pinselstriche des Bildes zeugen von einem guten Maler aus dem Umkreis Hans Holbeins d. J.[3]

Interessenlage und Bauherrschaft

Die Interessenlage 1522 bis zur Reformation
1521/22 wechselte das mittelalterliche Haus ‹ze Strassburg› an der Augustinergasse 17 und 19 vom vorherigen Besitzer der Liegenschaft, dem Markgraf zu Baden, für 110 Gulden in die Hand der ‹Facultas artium der hohen Schul›. Die Datierung des offenbar neu gebauten Dachs von 1521 weist auf eine wesentliche bauliche Erweiterung hin, die wohl von den Dekanen der Artistenfakultät 1521/22, Heinrich Rinck, Werner Schlierbach und Herman Reuching, angestrengt wurde. Der Grund

Ein Fragment aus der Wandmalerei von ca. 1530 im Obergeschoss des Südflügels, freigelegt während des Umbaus, zeigt eine vornehme Bürgersfrau, wohl aus der Familie Breitschwert.

dafür lag offenbar in der weiteren Nutzung des Hauses: 1522 wurde es als Studentenburse (Wohnheim) der Artistenfakultät bezogen, wozu man mehr Platz benötigte.[4]

1529 war es relativ abrupt mit der Bursa vorbei: Im Zuge der Reformation wurde die Universität Basel geschlossen. Sie scheint für einige ihrer Nebengebäude keine Verwendung mehr gehabt zu haben, wie die erneute Handänderung der Liegenschaft in jenem Jahr zeigt: 1529 zeichneten Jacob Breitschwert und sein Sohn Joseph (Joss) als Besitzer.[5] Wer waren sie, wie kamen sie zu diesem stattlichen Gebäude, und wie nutzten sie es inskünftig?

Die Bauherren

Das universitäre Wohnheim wurde 1529/30 umgebaut. Die ins Jahr 1528 datierten Kellerbalken (siehe oben) weisen auf die Breitschwert als Initianten hin, die die Bursa zu einem stattlichen Wohnsitz machten.[6] Die Kaufleutefamilie Breitschwert war seit der zweiten Hälfte des 15. Jahrhunderts im Basler Rat vertreten. Sie repräsentierte einerseits den angesehenen und reichen Handelsstand, andererseits war sie antireformatorisch eingestellt und konnte deshalb vielleicht besonders von der Situation profitieren, die die Reformation betreffend die Universität verursacht hatte.[7] Das Doppelhaus bot mehreren Parteien Raum: Sowohl die Käufer Jacob und sein Sohn Joseph als auch sein Sohn Beat Breitschwert (Handelsmarke im ersten Stock, siehe unten) dürften für ihre Familien eine neue Bleibe gefunden haben; der ehemalige Ratsherr Jacob Breitschwert verkaufte nämlich 1530 sein bisheriges Wohnhaus am Heuberg weiter.[8] 1550 veräusserten Joss und Jacob, der jüngste Sohn Jacob Breitschwerts, das zugehörige Nachbarhaus Nr. 17. 1574 schliesslich ging Nr. 19 von den Breitschwert an den Ratsschreiber Emanuel Ryhiner und dessen Frau Anna, die Tochter des Bürgermeisters Caspar Krug, über.[9]

Die repräsentative Wandmalerei

Durch den Kauf des Heims der Artistenfakultät verschaffte sich also die Kaufleutefamilie Breit-schwert 1529 ein repäsentatives Wohn- und Geschäftsdomizil. Das Haus könnte damals noch ein zur Strasse hin bis in die halbe Haustiefe offenes Erdgeschoss gehabt haben, wie es auch bei Zunfthäusern vorkam. Im ersten Stock lagen die schönsten Räume, und hier liessen die Breit-schwert den hinten anschliessenden Flügel, eine Laube, an den Wänden mit den erwähnten illusionistischen Dekorationen bemalen. Im selben Jahr wurde die Reformation in Basel vollzogen. Von einer reformatorischen Bilderfeindlichkeit ist hier jedoch nichts zu spüren, da die Breitschwert altgläubig blieben. Auch in und an anderen Privathäusern in Basel waren üppige Dekorationen üblich.[10]

Der gemeinsame Nenner dieser Dekors sind gemalte Säulen oder Pilaster als architektonischer Rahmen verschiedener Szenen. So auch in der Laube des Augustinerhofs: Mit einer Verschiebung der in der Architektur gemalten Raumecke wurde hier versucht, den Raum illusionistisch etwas zu verbreitern. Von den figürlichen Szenen ist als hervorragendste Darstellung jene einer Bürgersfrau erhalten. Nach ihrer Haltung könnte man sie als Dame des Hauses interpretieren. In weiteren Abschnitten der Wandmalerei folgen eine aus Gold getriebene Früchteschale und eine jüngere Frau mit gestreifter Haube, wohl eine Tochter oder Schwiegertochter.[11] Es handelt sich offenbar um die repräsentative Aufstellung der Familie vor einem Garten mit üppigem Blumenschmuck. Die Darstellung der Männer ist verloren.

Ein weiterer wichtiger Zeuge der Familie Breit-schwert im Augustinerhof ist ein innen an der Strassenfassade des ersten Stocks mit Schwarz und Rot hingekritzelter Rahmen, in dem zwei wappenartige Zeichen mit den Initialen ‹bb› und ‹ib› sitzen. Es sind zweifellos die Handelsmarken der zwei Breitschwert-Söhne Beat und Joseph. Die in einem Wohnraum des ersten Stocks nachlässig hingemalten Zeichen dürften bald von einem Täfer verdeckt worden sein. Ihre Überschrift in Griechisch lautet «ɢɴᴏᴛʜɪ ᴋᴀɪʀ(?)ᴏɴ»: Erkenne den günstigen Augenblick – ein sinniger Spruch für eine Kaufleutefamilie im allgemeinen und für deren Kauf des

Hauses im Moment der Reformation im besonderen: Die Breitschwert waren ja antireformatorisch gesinnt.

Konnektionen

Die Facultas artium, der Markgraf und die Breitschwert

Als Rektor der Universität amtete 1522 der Theologieprofessor Johannes Gebwiler. Dieses südbadische Patrizier- und Gelehrtengeschlecht mit Mitgliedern in landesherrlichen Stellungen hatte beste Beziehungen zum markgräflichen Adel. So erstaunt der Übergang des Badisch-markgräflichen Stadtsitzes an der Augustinergasse an die Universität Basel nicht: Gebwilers Beziehungen zum

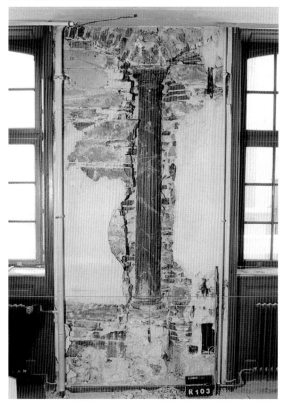

Kannellierte Fenstersäule im ersten Stock, aus dem Umbau Ende des 16. Jahrhunderts.

süddeutschen Landesherrn dürften dabei eine wesentliche Rolle gespielt haben.[12] Zudem waren die vormaligen Dekane der Artistenfakultät, Werner Schlierbach 1524/25 und Heinrich Rink 1525/26, auch Rektoren der Universität.[13]

Die Breitschwert verfügten um 1529 über keine direkten familiären Beziehungen zur Facultas artium oder der Universität, die sie leichter an das Haus an der Augustinergasse hätten herankommen lassen. Aber sie hatten ihre altgläubige Verwandtschaft in der Basler Elite bei den Bischoff, Iselin, Keller und Gallician, die in ministerialen, universitären und Druckerkreisen stark präsent waren. Der letzte vorreformatorische Rektor der Universität bis 1529, Sebastian Molitoris, war ein ausgewiesener Gegner der Reformation. Er dürfte die nicht mehr benötigten Gebäulichkeiten seiner Hohen Schule wenn schon an Oberschichtsangehörige verkauft haben, die seine religionspolitischen Ansichten teilten. Zudem waren die Breitschwert als begüterte Handelsfamilie dauernd und professionell im städtischen Immobilien- und Rentenmarkt aktiv, was ihnen die Möglichkeit gab, schnell auf freiwerdende Objekte wie dasjenige an der Augustinergasse zu reagieren.[14]

Ein Habitus setzt sich fort

Die weiteren Hausbewohner der Augustinergasse 19 verkörperten den städtisch-oberschichtlichen Habitus der Liegenschaft seit dem 16. Jahrhundert: Ratsschreiber Ryhiner, der Schwiegersohn des Bürgermeisters Krug, hatte sie dem Domstiftschaffner Schönauer als Dienstwohnung veräussert; das Politiker- und Offiziersgeschlecht Socin benutzte sie weiter. Ärzte und Professoren wie Jacob Hagenbach und Hans Heinrich Glaser[15] trugen die Tradition des Hauses ins 18. Jahrhundert, wo es wiederum einflussreichen Handelsfamilien wie den Eglinger, Bischoff-Merian, Burckhardt-Bischoff, Burckhardt-Keller und Burckhardt-Burckhardt diente. 1921 erwarb der Staat die Liegenschaft, zuerst als Kupferstichkabinett des Kunstmuseums. Ab 1936 diente sie teils der Schweizerischen Gesellschaft für Volkskunde, teils verschiedenen Universitätsseminaren.[16]

Im Bau schlug sich die Nutzung in einzelnen Änderungen und Anpassungen im Stil nieder: Im zweiten Stock wurden in Decken- und Wandsondierungen Dekorationsmalereien aus Spätrenaissance und Barock gefunden. Diese wurden in der Renovation nicht weiter freigelegt und die spätbarocken Gipsdecken wieder ergänzt, damit der heutige spätbarocke Stil des Hauses gewahrt werden kann.

Ein Eintrag in einem Kaufvertag von 1768 und Inventare der Einrichtung von 1777/81 verraten, dass das Haus kurz zuvor erneuert worden sein muss. Um 1765 wurde die heutige Fassade erstellt und das Innere zeitgemäss hergerichtet. Die Ergänzungen des späten 19. und des frühen 20. Jahrhunderts waren stilgetreu, das heisst der spätbarocke Charakter des Hauses mit seinen zwei Flügeln am hinteren Hof wurde weiter tradiert, was auch bei der jetzigen Renovation weitgehend geschehen ist.[17]

Dass der Augustinerhof nun wieder in Privatbesitz gelangt ist, setzt seine Geschichte als städtisch-repräsentativer Wohnbau logisch fort.

Anmerkungen

1 Bauherren waren M. und B. Suter, Architekt André M. Moser & Partner AG. Seitens der Archäologischen Bodenforschung betreute Guido Helmig die Ausgrabung, als örtlicher Ausgrabungsleiter war Udo Schön tätig. Von der Basler Denkmalpflege beriet Denkmalpfleger Alexander Schlatter den Umbau. Die Baugeschichtliche Untersuchung führte Daniel Reicke unter Mithilfe von Matthias Merki durch. Für die dendrochronologischen Untersuchungen wurde Raymond Kontic beigezogen.

2 Diese Befunde sind nicht Gegenstand dieses Berichts, sie sollen im Jahresbericht der Archäologischen Bodenforschung ausführlich dargestellt werden.

3 Sein Name bleibt unbekannt, weil in der Phase um 1530 kaum Maler mit ihrem Namen überliefert sind. Die fragmentarisch erhaltene Malerei konnte leider nicht restauriert und sichtbar belassen werden.

4 Staatsarchiv Basel-Stadt (StABS). Histor. Grundbuch Basel (HGB), Augustinergasse 19; Dendrochronolog.

Datierung durch die Basler Denkmalpflege (s. o.); die Dekane der Facultas artium in: Matrikel der Universität Basel (Matrikel), i. A. der Universität Basel hg. v. H.G. Wackernagel unter Mitarbeit von M. Sieber und H. Sutter, Bde. I–IV, Basel 1951–1975, Bd. I, S. 377; zu den ansteigenden Studentenzahlen der Artistenfakultät in den 1520er Jahren s. ebd., S. 350ff.

5 Zur reformationsbedingten Schliessung der Universität s. Martin Alioth/Ulrich Barth/Dorothee Huber, Basler Stadtgeschichte 2, Basel 1981, S. 50ff., 56ff., 62ff.; zur Handänderung 1529: HGB ebd.

6 HGB ebd., 1529.

7 Die Verflechtungen der Familie Breitschwert, die zeitweilige Aufgabe ihres Bürgerrechts und ihr sukzessiver Rückzug aus der Basler Politik deuten eindeutig

Gewändepfosten des ehemaligen Spätrenaissance-Portals im Erdgeschoss, am Sockel mit Diamantquadern.

auf ihre sog. Altgläubigkeit; StABS Privatarchive 355 (genealog. Notizen v. Arnold Lotz) Verz. C, Heft 53 (LOTZ).

8 ... für fast denselben Betrag, den der Augustinerhof gekostet hatte (gemäss Kauf von 1522, Summe von 1529 unbekannt); HGB Heuberg 21, 1530; ebd. Augustinergasse 19, 1529; StABS Gerichtsarchiv B 25, fol. 188v.

9 HGB ebd. 1550, 1574; LOTZ C 53 (Breitschwert), -427 (Ryhiner).

10 Stellvertretend darf an das 1522 kunstvoll von Hans Holbein d. J. bemalte Haus zum Tanz am Basler Fischmarkt erinnert werden oder an die 1565 datierte Dekoration im Innern und an der Fassade des Spalenhofs am Spalenberg.

11 1529/30 lebten folgende Frauen in der Grossfamilie Breitschwert: Agnes, Tochter des bischöflichen Kanzlers Jodocus Keller, die zweite Frau des Vaters Jacob Breitschwert († ca. 1530/31); Barbara, seine Tochter († 1564); Elisabeth, Tochter des Papierers Hans Gallician des Rats, Frau des Beat Breitschwert; und Margret Frygysen († nach 1555), Frau des Joss Breitschwert; LOTZ C 53.

12 Matrikel, Bd. I, S. 78f., Nr. 31; Gebwilers Bruder Petermann, Dr. iur., war markgräflich-badischer Kanzler und Landschreiber zu Rötteln; Felix Platter, Tagebuch, i. A. der Historischen und Antiquarischen Gesellschaft zu Basel hg. von Valentin Lötscher, Basler Chroniken 10, S. 114, Anm. 514.

13 Schlierbach: Matrikel I, 153, N.12; 357; Rinck: Matrikel I, 181, N.3; 359.

14 LOTZ C 53; Hans Füglister, Handwerksregiment. Untersuchungen und Materialien zur sozialen und politischen Struktur der Stadt Basel in der ersten Hälfte des 16. Jahrhunderts, S. 99; Molitoris (Müller): Matrikel I, S. 364.

15 Hagenbach: LOTZ C 199; Glaser: Sohn des Glasmalers und Kupferstechers, des Autors der bekannten Kostümfolge; Alfred R. Weber, Was man trug anno 1634. Die Basler Kostümfolge von Hans Heinrich Glaser, Basel 1993, S. 9 passim.

16 HGB Augustinergasse 19, 1574–1885 resp. 20. Jh.

17 Ebd.; StABS Bau CC 155 (1936–43).

Geschichte

Viele Wege
führten über Basel *Guido Helmig*

Ausgrabungen im Antikenmuseum

Ausgrabungen im Vorfeld der Bauarbeiten für den unterirdischen Ägyptensaal
im Hof der alten ‹Domprobstey› förderten interessante Funde zutage:
Spuren einer – bisher nur vermuteten – Römerstrasse
und der Besiedlung von frührömischer Zeit bis in das 2. Jahrhundert n. Chr.

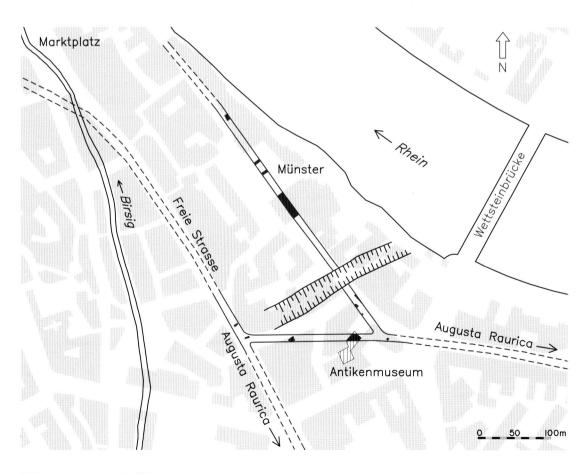

Der neu erschlossene Verlauf der Römerstrassen mit der Verzweigung im Vorfeld des Basler Münsterhügels. Hier lag der früh- bis mittelkaiserzeitliche ‹vicus›. Die Fläche des neuen Ägyptensaales des Antikenmuseums ist schraffiert. (Massstab 1:5000)

Geschenke des Nils für Basel

‹Ägypten – Augenblicke der Ewigkeit› hiess der Titel einer Ausstellung im Antikenmuseum, die 1997 die beachtliche Zahl von 75 000 Besuchern mobilisieren konnte. Das nachhaltig grosse öffentliche Interesse an den Kunstobjekten dieser Hochkultur führte 1998 dazu, dass das Antikenmuseum und Sammlung Ludwig eine eigene, neue Abteilung für ägyptische Kunst einrichtete. Die Ausstellung, mit mehrheitlich aus privaten Händen akquirierten Exponaten, konnte um wichtige neue Objekte erweitert und – vorübergehend als Provisorium im grossen Kunstlichtsaal des Museums untergebracht – im August 1998 dem Publikum erneut gezeigt werden. Sie soll künftig in einem eigens dafür gebauten Ägyptensaal Platz finden. In grosszügiger Weise erklärte sich die damals eben aus der Taufe gehobene UBS bereit, die Kosten für die Erstellung eines geeigneten Raumes zu übernehmen. Die Sammlung wird in einem unterirdischen, rund 600 m² Fläche einnehmenden Saal ausgestellt werden, der das gesamte, bisher noch nicht unterkellerte Hofareal der alten ‹Domprobstey› umfasst.

Antiken in Basel – Basels Antike

Grössere Bauvorhaben in der Basler Innenstadt, insbesondere auf dem Münsterhügel und dessen Vorgelände, führen in aller Regel zur Aufdeckung archäologischer Relikte des alten und ältesten Basel. So ist es nicht verwunderlich, wenn vor dem Auffahren grosser Baumaschinen auch am St. Alban-Graben, auf dem Gelände des Antikenmuseums, zuerst noch andere Vertreter der Archäologenzunft am Werk waren: ein Team der baselstädtischen Archäologischen Bodenforschung.

Kelten und Römer haben auf dem Münsterhügel und seinem Vorgelände ihre Spuren hinterlassen, lange bevor sich im Mittelalter die Stadt Basel mit ihren Mauern um diese Siedlungszelle herum zu entwickeln begann. Es war und ist die Aufgabe der Kantonsarchäologie, zu ergründen und zu dokumentieren, was sich von dieser ‹Basler Antike› im Boden des Museumshofes erhalten hat. Im Zeitraum von März bis Oktober 1999 wurde deshalb auf dem Perimeter des neu zu erstellenden Ägyp-

tensaales der Hof des Antikenmuseums systematisch archäologisch ausgegraben. Seit November schachtet eine Bauunternehmung das nach der Ausgrabung noch verbliebene Erdreich in der Baugrube bis zur Solltiefe des neuen Saales maschinell aus. Im gleichen Zug müssen die Fundamentpartien der umliegenden Gebäude unterfangen werden. Auch diese Arbeiten werden von den Stadtarchäologen begleitet, konnten doch in der zur Verfügung stehenden Zeit, aber auch aus baustatischen Gründen, tiefer in die natürlichen Kiesschichten hinabreichende Gruben und antik verfüllte Schächte im Rahmen der ‹normalen› Ausgrabung nicht vollständig untersucht werden. Und gerade in diesen Gruben vermuten die Archäologen noch Relikte der frühesten römischen Besiedlung des Areals.

Lagerdorf, ‹vicus› oder bereits ‹colonia›?

Bekanntlich schloss ursprünglich ein in der Stadttopografie noch heute anhand der nördlichen Häuserzeile der Bäumleingasse erschliessbarer, parallel zur Strasse verlaufender Wehrgraben

Blick auf die Ausgrabung im Hof des Antikenmuseums.

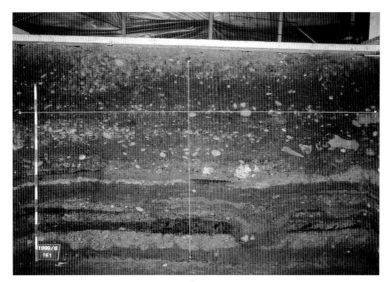

Ansicht eines Erdprofiles der Grabung ‹Ägyptensaal›. Lehmstriche, Brandschutt- und Planierschichten in dichter Abfolge zeugen von der intensiven Siedlungstätigkeit im römerzeitlichen ‹vicus›.

Blick auf einen freigelegten Ausschnitt der römischen Strassenkofferungen. Schwere Fuhrwerke haben darin markante Spurrillen hinterlassen.

zusammen mit dahinter aufgeworfener Wallanlage (‹murus gallicus›) die spätkeltische Siedlung auf dem Münsterhügel gegen Südosten ab. Touristen und andere Neugierige können, wenn sie heute vom Kunstmuseum herkommend durch die Rittergasse zum Münsterplatz schlendern, einen Blick auf die konservierten Reste dieser Anlage in den im ehemaligen Schulhof eingerichteten Schaukästen werfen.

Seit den ersten Untersuchungen Emil Vogts Ende der 1920er Jahre wissen wir auch, dass im Vorfeld dieser Befestigung Siedlungsspuren nachzuweisen sind, die bis in die früheste römische Kaiserzeit zurückreichen. 1987 ist beim Umbau der Deutschordenskapelle an der Rittergasse 29 ein Fundensemble aus einer Grube geborgen worden, das gar in den Zeitraum der Jahre 40 bis 20 v. Chr. zu datieren ist. Damit liegen nun auch ausserhalb des frührömischen Militärpostens, der inmitten der spätkeltischen Siedlung auf dem Münsterhügel eingerichtet worden war, römische Funde vor, die in vor- oder frühaugusteischer Zeit in den Boden gekommen sind. Was liegt näher, als diese Reste mit jener Colonia Raurica in Verbindung zu bringen, die hier zwar durch Munatius Plancus eingeleitet, aber erst in den Jahren vor Beginn unserer Zeitrechnung unter Kaiser Augustus 15 km weiter östlich von Basel bei Augst neu gegründet wurde?

Durch die Schenkungen von Peter und Irene Ludwig erfuhr das Antikenmuseum 1981 erstmals eine bedeutende Erweiterung seiner Sammlungen. Sie gipfelte darin, dass die beiden von Melchior Berri 1825 entworfenen Baukomplexe am St. Alban-Graben (Nummern 5 und 7) zusammen mit dem 1962 erbauten Oberlichtsaal zu einem neuen Museum vereinigt wurden. Nach vierjähriger Bauzeit wurde es 1988 wieder eröffnet. Im Rahmen der dadurch notwendig gewordenen Tiefbauarbeiten konnte die einzige im 19. Jahrhundert durch Baumassnahmen nicht vollends beeinträchtigte Zone zwischen den beiden klassizistischen Stadtpalais archäologisch untersucht werden. Damals wurden im nördlich daran angrenzenden Hof in schmalen Schnitten für die neue Kanalisation Gruben und

Siedlungsspuren konstatiert, welche eine intensive Nutzung des Areals während des 1. und 2. Jahrhunderts n. Chr. belegten. Diese Beobachtungen führten schliesslich, unter Einbezug zweier vor Ort konservierter römischer Kellerschächte, zur Einrichtung einer Informationsstelle zum römischen ‹vicus› von Basel im unterirdischen Verbindungstrakt der beiden Museumshäuser.

Viele Wege führ(t)en über Basel

Im Frühjahr 1999 wurden die ersten Grabungsflächen in der Südhälfte des lauschigen Hofes der alten ‹Domprobstey› angelegt, wo noch kurz zuvor unter einer mächtigen Linde das Plätschern des ‹Affenbrunnens› zu vernehmen war. Die archäologischen Untersuchungen zeitigten aber nur vergleichsweise karge Spuren römischer Siedlungsschichten und eines tiefen Schachtes, womöglich eines Sodbrunnens. Ganz anders erwies sich der Untergrund im nordöstlichen Hofareal. Hier traten bereits wenige Zentimeter unter dem modernen Mergelbelag des Hofes Kiesstraten ans Licht, die sich bei näherem Hinsehen als Kofferungen einer Römerstrasse entpuppten. Ihre Existenz war bisher nur vermutet worden. Der sorgfältig gereinigte Ausschnitt der Oberfläche liess denn auch bald deutlich die Fahrrinnen erkennen, welche schwere, von Ochsen gezogene Fuhrwerke hier einst beim Vorbeirollen hinterlassen hatten. Mit fortschreitender Grabung wurde die Breite der Strasse messbar: sie betrug in der maximalen Ausbauphase über 9 m! Keine steinernen Häuser, wohl aber Holz- und Fachwerkbauten mit Stroh- oder Schindeldächern hatten in frührömischer Zeit diese Strasse gesäumt, deren Oberfläche durch Aufbringen immer neuer Kiesaufschüttungen stetig aufgehöht worden war. Lehmestriche, Pfostengruben und Feuerstellen sowie ausgebreitete Mörtelgussbrocken von abgebrochenen Fussböden zeugten von der vergleichsweise schlichten Konstruktionsweise der Bauten. Reparatur- und Abbruchschichten, aber auch Lagen von Brandschutt kündeten von Schicksalsschlägen durch Zerstörungen und Feuersbrünste, welche verschiedentlich über die Bewohner hereingebrochen waren. Doch sind über den abgegange-

nen Hausgrundrissen sogleich wieder neue Bauten errichtet worden; immer nahezu auf denselben Baulinien. Es konnten schliesslich fünf Bauphasen unterschieden werden; die letzte mit gemauertem Steinsockel und Ziegelbedachung datiert in das 2. Jahrhundert. Hier bricht die Besiedlung abrupt ab, und das Terrain scheint im Vorfeld der in der zweiten Hälfte des 3. Jahrhunderts auf der Ruine des ‹murus gallicus› entstehenden Wehrmauer einplaniert worden zu sein.

Noch kann nicht abschliessend beurteilt werden, ob die in ihrer grössten Ausdehnung rund 13 m tiefe Bebauung ursprünglich als geschlossene Häuserzeile die Südflanke der Strasse säumte oder ob es sich um einzelne freistehende Bauten gehandelt hat. Die ältesten Siedlungsspuren entlang der zeitgenössischen, damals nur gerade etwa 1,5 m breiten Strasse datieren ins 3. Viertel des 1. Jahrhunderts v. Chr. Hierzu gehört auch der aus dem Strassenkies geborgene Sporn, den wohl ein Auxiliarreiter einer zeitweilig auf dem Münsterhügel stationierten Einheit verloren hatte.

Ein Hauptergebnis der jüngsten Grabungen ist die Erkenntnis, dass die vom Münsterhügel nach Südosten führende antike Strasse nicht wie bisher

Kleinfunde, die Geschichte machen:

Sporn eines Auxiliarreiters (Massstab 1:1) aus den ältesten Kiesstraten des neu entdeckten Strassenabschnittes.

Vorder- und Rückseite eines Denars des Julius Caesar, der bisher ersten in Basel gefundenen Münze Caesars! (Massstab 1:1)

angenommen in ungebrochener gerader Linie verlief, sondern offenbar südöstlich der jetzt untersuchten Fläche in jenen neu entdeckten Strassenzug einmündete, der von der Hangkante der Rheinhalde (St. Alban-Vorstadt) herkommend mitten durch das untersuchte Areal und weiter zum Mündungsbereich der Bäumleingasse in die Freie Strasse führte, um dann der Westflanke des Münsterhügels entlang zu streichen. Irgendwo im Bereich der unteren Talstadt überquerte die Strasse den Birsig an günstiger Stelle und führte am heutigen Spiegelhof vorbei wiederum an die Hangkante des Rheinufers, dem sie weiter in Richtung Elsass und Burgunderpforte folgte.

Ausblick

Die im Rahmen der Bauarbeiten der Wintermonate noch zu gewärtigenden archäologischen Aufschlüsse, die Überarbeitung der Grabungsdokumente und -pläne sowie die Inventarisation der Funde werden uns erlauben, ein differenziertes Bild dieser römischen Siedlungszelle im Vorfeld des Münsterhügels zu rekonstruieren.

Mit der permanenten Einrichtung der Abteilung für ägyptische Kunst und der Inszenierung ihrer Sammlungsobjekte erhalten die ‹Geschenke des Nils› in Basel den ihnen zustehenden würdigen Platz im Antikenmuseum – würdig nicht nur in Anbetracht des Stellenwerts dieser hochkarätigen Exponate, würdig auch, weil sie an einem Ort ausgestellt werden, der bei der Entwicklung unserer Stadt im wahrsten Sinne des Wortes ‹Geschichte gemacht› hat.

Von November 1999 bis März 2000 wartete das Antikenmuseum mit einer anderen Ausstellung auf, die von sich reden machte: ‹Syrien – Wiege der Kultur›. Mit Spannung wird man die Entwicklung verfolgen, ob damit der Anstoss für eine allfällige weitere Abteilung des Antikenmuseums zur Aufnahme von Kunstobjekten des Mittleren Ostens gegeben und der Weg zu einer nächsten Erweiterung des Museums vorgezeichnet wurde, die letztlich auch zur weiteren Erschliessung des römischen Basel führen könnte…

Basel und der Schwabenkrieg von 1499

Werner Meyer

In dem äusserst grausam geführten Krieg zwischen Österreich und den Eidgenossen im Jahre 1499 verhielt sich Basel trotz Schmeicheleien und Drohungen neutral. Der Friedensvertrag der streitenden Parteien, in Basels Mauern unterzeichnet, machte die Fadenscheinigkeit der Kriegsziele mehr als deutlich.

*Die ersam statt Basel halt
ein wisen rat
Der sich hier jnn kluog
gehalten hat.
Stillsitzende, dwedrem teil,
mit hilff an gesonnen,
Und yedem teil esszen und
tringken gonnen.*
Nicolaus Schradin[1]

Die Gesandtschaft des Königs von Frankreich reitet in Luzern ein. Am Stadttor über dem doppelten Luzerner Wappen der Schild mit dem Reichsadler.

(Alle Abbildungen in diesem Beitrag nach Holzschnitten in der Reimchronik des Nicolaus Schradin über den Schwabenkrieg, gedruckt zu Sursee, 1499)

Im Jahre 1999 jährte sich zum 500. Male jener blutige Konflikt, der auf der Linie Graubünden–Bodensee–Oberrhein ausgetragen wurde und bei den Eidgenossen als ‹Schwabenkrieg›, bei ihren rechtsrheinischen Gegnern als ‹Schweizerkrieg› bezeichnet wird. Die Stadt Basel verhielt sich damals neutral, was mit ein Grund dafür war, dass in ihren Mauern jene entscheidenden Verhandlungen stattfanden, die am 22. September 1499 mit einem allgemeinen Friedensvertrag abgeschlossen werden sollten.

Im 19. Jahrhundert ist das Kriegsjahr 1499 mit seinen Schlachten zum Thema der patriotischen Jubelfeiern geworden, wobei die Bündner vor allem der Calvenschlacht sowie ihres damals gefallenen Anführers

Benedetg Fontana gedachten und die Solothurner der vor ihrer Burg Dorneck ausgetragenen Schlacht bei Dornach.[2]

Nationalistische Blindheit und kleinstaatliche Selbstüberschätzung haben um 1900 zu ideologisch verzerrten Fehldeutungen des Kriegsgeschehens von 1499 geführt, die heute nicht mehr aufrechterhalten werden können. Nach zwei Weltkriegen lässt sich der Mythos (oder die Lüge) vom vaterländischen Heldentod nicht mehr verkünden, auch nicht im Rahmen von Gedenkfeiern.[3]

Hintergründe und Charakter des Krieges

Im eidgenössisch-österreichischen Grenzgebiet zwischen Basel und Graubünden hatte sich seit etwa 1490 eine Konfliktsituation aufgebaut, die immer mehr ausser Kontrolle geriet. Der habsburgisch-österreichische Dienstadel und die süddeutschen Städte, seit 1487 im Schwäbischen Bund vereint, lechzten nach Revanche für frühere Niederlagen. In Graubünden, im Thurgau und im Jura überschnitten sich eidgenössische und österreichische Territorialansprüche. Zwischen den Schweizer Söldnern und den deutschen Landsknechten entwickelte sich eine hasserfüllte Rivalität. Droh- und Spottworte sowie bewaffnete Zwischenfälle heizten die Stimmung an.

Dennoch wäre der Krieg letztlich vermeidbar gewesen, wenn er nicht Teil eines viel grösseren, gewissermassen europäischen Konfliktes geworden wäre: König Maximilian, Oberhaupt des Heiligen Römischen Reiches, war über die Eidgenossen verärgert, weil sie sich der von ihm verkündeten Reichsreform nicht anschliessen wollten. Aber dass er gegen sie im April, lange nach Beginn der Kampfhandlungen, den Reichskrieg ausrief, hatte einen anderen Grund.

König Ludwig XI. von Frankreich erhob Erbansprüche auf Mailand, das zum Reich gehörte und dessen Herzog mit Maximilian verschwägert war. Damit sich Ludwig des Herzogtums ungestört bemächtigen konnte, mussten Maximilians Truppen anderweitig beschäftigt werden, und dafür kam dem König von Frankreich der eidgenössisch-österreichische Krieg sehr gelegen.

In einem Vertrag versprach er den Eidgenossen Geld und nochmals Geld, aber auch Wirtschaftsprivilegien und Gunstbezeugungen für die Zeit, so lange ihr Krieg gegen Österreich währte.[4] Die eidgenössische Obrigkeit liess sich kaufen, und diese Haltung nahm Maximilian übel, obgleich die Schweizer stets betonten, gegen das Reich keinen Krieg führen zu wollen.

Der leidenschaftliche Hass, mit dem der Krieg auf beiden Seiten ausgetragen wurde, erfüllte die Kampfhandlungen mit einer Grausamkeit, die sich bis zu gotteslästerlicher Schändlichkeit steigern konnte. Dazwischen gab es aber immer wieder Szenen der Ritterlichkeit, die sich an den brauchtümlichen, ungeschriebenen Spielregeln der spätmittelalterlichen Kriegführung orientierten.

In den grossen Schlachten (z. B. Frastenz bei Feldkirch, Calven im Val Müstair, Dornach) erlitten die in geschlossenen Reihen kämpfenden Verbände hohe Verluste durch die leichte Feldartillerie. Am schlimmsten aber erging es geschlagenen Truppen, die auf der Flucht rücksichtslos niedergemacht wurden.

Schreckliche Verwüstungen brachten die gegenseitigen Raub- und Plünderzüge, wobei die eingebrachte Beute nicht nur der Bereicherung diente, sondern auch als Siegessymbol galt. Eroberte Fahnen wurden von den Eidgenossen als Opfergaben in den Kirchen aufgehängt. Insgesamt haben die Eidgenossen mehr Schläge ausgeteilt als eingesteckt. Da aber keine Partei über klar definierte Kriegsziele verfügte, erwies es sich als unmöglich, eine militärische Entscheidung herbeizuführen, so dass eine Beilegung des letztlich irrationalen Konfliktes nur über Verhandlungen erfolgen konnte.

Das Kriegsgeschehen im Basler Raum

Als in den ersten Januartagen des Jahres 1499 der Kriegsausbruch im Bündner Münstertal erfolgte, war aufgrund der Bündnisverhältnisse und der allgemeinen Kriegsbegeisterung mit einer raschen Ausweitung der Kampfhandlungen zu rechnen. Die Stadt Basel war zwar gewillt, im Konflikt neutral zu bleiben, ‹stille zu sitzen›, wie man damals sagte. Dennoch traf sie Kriegsvorbereitungen, um sich vor

Übergriffen zu schützen, denn sie lag mit ihrem Untertanenland im Baselbiet in einer gefährlichen Zwickmühle. Tatsächlich sollten sich während der ganzen Kriegsdauer Kampfhandlungen immer wieder in ihrer nächsten Umgebung ereignen, wiederholt sogar auf ihrem eigenen, für neutral erklärten Territorium.

Auf eidgenössischer Seite waren es die Solothurner, die ihr Hoheitsgebiet am Juranordfuss gerne nicht nur auf Kosten der Herrschaft Österreich, sondern auch der Stadt Basel erweitert hätten. In den vergangenen Jahren war es deswegen mehrmals zu Auseinandersetzungen gekommen, was Basel 1499 zu erhöhter Wachsamkeit zwang. Von österreichischer Seite her war mit Einfällen ins Baselbiet zu rechnen, zumal der Krieg die alte Rivalität zwischen dem Baslerischen Liestal und dem österreichischen Rheinfelden wieder aufflammen liess.

Das Schlimmste blieb Basel allerdings erspart. Die zahlreichen räuberischen Streifzüge richteten ihre Verheerungen im Solothurner Schwarzbubenland, im österreichischen Sundgau und Fricktal an. Das Gefecht auf dem Bruderholz (22. März), in dem ein österreichischer Verband von einer eidgenössischen Schar in die Flucht geschlagen wurde, fand auf bischöflichem Boden statt. Ein Scharmützel direkt vor den Toren Basels bei Brüglingen bedeutete für Basel keine Gefahr, und auch die Schlacht bei Dornach (22. Juli), die den blutigen Höhepunkt des Krieges bildete, hatte für Basel keine unmittelbaren Folgen. Der monatelange Kleinkrieg im eidgenössisch-österreichischen Grenzgebiet bewirkte aber eine soziale und herrschaftliche Destabilisierung, unter deren Folgen die ganze Gegend noch jahrelang zu leiden hatte.

Basels Neutralität

Die politische Führung Basels scheint sich von Anfang an zur Neutralität entschlossen zu haben, auch wenn sie zunächst die Meinung der befreundeten Städte am Oberrhein (die sich schliesslich für Österreich entschieden) und die Angebote der Eidgenossen einholten, um Zeit zu gewinnen. Als dann die Kampfhandlungen am Oberrhein begannen, erklärte sich Basel gegenüber beiden Parteien für neutral und liess sich während des ganzen Krieges weder durch Schmeicheleien noch durch Versprechungen, geschweige denn durch Drohungen von dieser Haltung abbringen. Begrüsst wurde Basels Neutralität von den Kriegsparteien nicht, man zeigte aber doch Verständnis, und beide Parteien vermieden es, durch allzu forsches Drängen oder gar durch gewaltsame Überfälle die Stadt ins Lager des Gegners zu treiben. Die Neutralität bildete für Basel den einzigen Ausweg aus dem politischen Dilemma. Der ganze Lebensmittelhandel zwischen dem österreichischen Elsass und den eidgenössischen Landen lief über Basel und liess sich – zum Vorteil von allen – während des Krieges nur aufrecht erhalten, wenn die Stadt neutral blieb.

Schlacht auf dem Bruderholz (22. März 1499). Die Eidgenossen (mit dem Solothurner Banner) sind an den Kreuzen auf den Wämsern zu erkennen.

Aber nicht nur Geschäftssinn stand hinter dem Neutralitätsentscheid. Der Beitritt zu einer der beiden Parteien hätte Basel, die Stadt und die Landschaft, ins Chaos und Elend gestürzt. Basel wäre nicht in der Lage gewesen, sein Territorium gegen Plünderzüge, die so sehr den Charakter des Krieges prägten, wirksam zu schützen. Zudem war die Bevölkerung der Stadt politisch gespalten, so dass eine Parteinahme verheerende Folgen nach sich gezogen hätte. Verschärft wurden diese Spannungen innerhalb der Bürgerschaft durch die Flüchtlinge aus den Kampfgebieten.

Basel verhielt sich neutral, aber nicht isolationistisch. Die Stadt nahm Verwundete auf, sorgte für das Begräbnis von Gefallenen, hielt offenen Markt und duldete den Durchmarsch von Truppen, was damals nicht als neutralitätswidrig galt. Basel hätte mit eigenen militärischen Mitteln eine Durchquerung seines Territoriums ohnehin nicht verhindern können. Gegenüber den Liestalern und anderen Untertanen, die sich eidgenössischen Scharen anschlossen, drückte die Obrigkeit beide Augen zu. Basels Neutralität kam beiden Parteien zugute, doch dürften die Eidgenossen insgesamt mehr profitiert haben.

Der Friede von Basel

Im August 1499 stand fest, dass keine Partei die andere militärisch niederzuzwingen imstande war. Und da wegen der Vorgänge in der Lombardei – König Ludwig hatte Mailand eingenommen – Maximilian dringend freie Hand brauchte, allerdings ohne gegenüber den ‹Schweizer Bauern› das Gesicht zu verlieren, kam es zu Friedensverhandlungen in der neutral gebliebenen Stadt Basel, die den vornehmen Gesandtschaften standesgemässe Unterkünfte und Vergnügungen anzubieten imstande war.

Die Gespräche verliefen zunächst harzig. Es bedurfte der durch Geldzahlungen gestützten Diplomatie des Mailänder Gesandten, damit ein auf den 22. September datierter Friedensvertrag zustande kam.[5] Wie läppisch die Kriegsursachen tatsächlich gewesen sind, zeigt der Vertragsinhalt. Denn abgesehen von der Neuregelung der Herrschaftsrechte im Thurgau zu Gunsten der Eidgenossen wurde ganz einfach der Vorkriegszustand wiederhergestellt. Da Maximilian in der Urkunde nur als Oberhaupt des Hauses Österreich auftrat, blieben die strittigen Fragen zur Reichsreform unerwähnt. Dieses Ergebnis hätte man auch billiger haben können.

Die überschätzte Bedeutung des Krieges

Es ist verständlich, dass man im nachhinein, vor allem in dem von neuen politischen Ideen erfüllten 19. Jahrhundert, einem so dramatischen Krieg mit derart blutigen Schlachten einen tieferen Sinn oder eine höhere Bedeutung geben wollte. Um 1500 sah das anders aus: gekämpft wurde um Ehre, Prestige, Beute und aus Rachsucht. Die Eidgenossen

Abzug der Eidgenossen aus dem Sundgau. Im Hintergrund das von ihnen ausgeplünderte und in Brand gesteckte Dorf Habsheim.

spielten unter ihrer korrupten Oberschicht das Spiel des Königs von Frankreich – nicht zum letzten Mal in ihrer Geschichte. Völlig unhaltbar ist die These, die Eidgenossenschaft habe sich 1499 ‹faktisch› aus dem Heiligen Römischen Reich verabschiedet. Die Schweizer hatten sich stets vehement gegen den Gedanken gewehrt, mit dem Reich im Krieg zu liegen, und nach dem Friedensschluss fühlten sie sich wie eh und je stolz als Mitglieder dieses Heiligen Römischen Reiches. (Von einem ‹Deutschen Reich› darf erst ab 1871 gesprochen werden.)

Basels Eintritt in das eidgenössische Bündnissystem (1501) ist durch den Schwabenkrieg beschleunigt worden. Es waren aber vor allem die unsicheren Verhältnisse nach 1499, die Basel bewogen, sich in den Schutz und Schirm der Eidgenossen zu begeben.[6] An weitere Gründe werden wir uns im Jahre 2001 zu erinnern haben.

Anmerkungen

1 Nicolaus Schradin. Reimchronik des Schwabenkrieges von 1499, in: Der Geschichtsfreund, Bd. 4, 1894, S. 3ff. (Verse 1869–1872).

2 Constanz und Fritz Jecklin, Der Anteil Graubündens am Schwabenkrieg, Festschrift zur Calvenfeier, Davos 1899; Eugen Tararinoff, Die Beteiligung Solothurns bei Dornach, 22. Juli 1499, Solothurn 1899.

3 Zu dieser Problematik vgl. Werner Geiser (Hg.), Ereignis–Mythos–Deutung, 1444–1994 St. Jakob an der Birs, Basel 1994.

4 Vertrag abgedruckt in: Eidgenössische Abschiede, Bd. 3/1, Zürich 1858, S. 755f. (Beilage 34).

5 Vertrag mit Zusätzen abgedruckt in: Eidgenössische Abschiede, Bd. 3/1, Zürich 1858, S. 758f. (Beilage 35).

6 Basler Chroniken, Bd. 6, Leipzig 1902, S. 15f. (anonyme Chronik des Schwabenkrieges).

Literatur

Karl Mommsen, Eidgenossen, Kaiser und Reich. Studien zur Stellung der Eidgenossenschaft innerhalb des Heiligen Römischen Reiches, Basler Beiträge zur Geschichtswissenschaft, Bd. 72, Basel 1958.

Christian Padrutt, Staat und Krieg in alten Bünden. Geist und Werk der Zeiten, Bd. 11, Zürich 1965.

Peter Rück (Hg.), Die Eidgenossen und ihre Nachbarn, Marburg/L. 1991.

Michael Schmidt, Staat und Volk im alten Solothurn, Basler Beiträge zur Geschichtswissenschaft, Bd. 95, Basel 1964.

Claudius Sieber-Lehmann, Spätmittelalterlicher Nationalismus, Veröffentlichungen des Max-Planck-Institutes für Geschichte, Bd. 116, Göttingen 1995.

Thomas Platter

Thomas Platter, Hirtenknabe, später humanistischer Buchdrucker und Schulrektor in Basel, Vater des Mediziners Felix Platter, wurde 1499 geboren. Auch nach 500 Jahren ist er – vor allem seiner Lebensbeschreibung wegen – nicht in Vergessenheit geraten. Sein sozialer Aufstieg, sein kämpferisches Wesen, seine zeitweiligen Orientierungskrisen und seine Rolle als Ehemann und Vater machen ihn aus heutiger Sicht als ‹neuzeitliches› Individuum interessant, und die Schicksalsschläge, denen er ausgesetzt war, berühren uns. Eine kürzlich in Frankreich erschienene Biografie stiess denn auch auf grosses Echo. Der Historiker Thomas Maissen und Jules Grand, Rektor des Gymnasiums am Münsterplatz, stellen die aussergewöhnliche Persönlichkeit vor.
Red.

«Wie ist es miglich, das ich noch läb?» *Thomas Maissen*

Zum 500. Geburtstag von Thomas Platter

Weshalb ist Thomas Platter bis heute populär geblieben, und dies nicht nur an seiner Wirkstätte Basel, sondern auch im Ausland? Gewiss, ein 500. Geburtstag trägt zur Erinnerung bei, und ihm verdanken wir, dass Platters Lebensbeschreibung 1999 in drei Versionen neu aufgelegt wurde.[1]

Hans Bock d. Ä., Bildnis des Rektors Thomas Platter, 1581. Öl auf Leinwand, 60 x 44,5 cm. Öffentliche Kunstsammlung Basel, Kunstmuseum.

Schon einige Jahre vor dem Jubiläumsrummel hat einer der bekanntesten lebenden Historiker, der Franzose Emmanuel Le Roy Ladurie, dem Aufstieg des Hirtenknaben zum Schulrektor ein umfangreiches, wenn auch inhaltlich kaum originelles Buch gewidmet; auf Italienisch ist Platters Lebensbeschreibung vor kurzem gleich zweimal erschienen, und sie inspiriert die Forscher im englischen[2] und natürlich im deutschen Sprachraum.[3] Solche Studien haben gezeigt, dass Platter nicht einfach spontan und ‹naiv›, wie oft geglaubt wurde, in wenigen Tagen «von jugend uff min läben beschriben», sondern ein wohlkonzipiertes Werk verfasst hat. Gefährdung, Unrast und Ungewissheit in der Jugend kontrastieren mit Erfolg, Anerkennung und abgeklärter Weisheit im Alter; dazwischen aber liegt, als Lebens- und Zeitenwende, die Reformation und mit ihr das Deutungsmuster, das Platters Autobiographie ordnet: die Prädestinationslehre.

Ein mehrdeutiges Buch

Diese Interpretation ist bestimmt noch gegenwärtig, als die Lebensbeschreibung 1718 paraphrasiert und 1724 im Originaltext erstmals gedruckt wird, bezeichnenderweise im frühaufklärerischen, zwinglianischen Zürich: ein Modell, zugleich der individuellen Lebensgestaltung als auch des reformierten Gottvertrauens. Bis dahin hat Platter ein ruhiges Nachleben geführt: Er ist kein führender, schon zu Lebzeiten international wahrgenommener Humanist, sondern ein wackerer Autodidakt und Schulmeister, eine Lokalgrösse. Ohne die Lebensbeschreibung wäre Thomas Platter längst vergessen, ein Eintrag allenfalls in der Geschichte des Gymnasiums am Münsterberg. Und damit stellt sich erneut die Frage nach Platters bleibender Popularität. Die Anschaulichkeit, der flüssige

Stil, die Kürze des Buches haben ihren Teil daran, doch sie erklären den Erfolg noch nicht. Die Lebensbeschreibung ist, wie jedes gute literarische Werk, mehrdeutig, interpretier- und damit auch wandelbar: Der moderne Leser liest sie anders als die Zürcher von 1712 oder, hundert Jahre später, Goethe, und doch haben alle ihren – unterschiedlichen – Gewinn. Der reformatorische, der fromme, der individualistische, der naive, der echte, der aufmüpfige, der erfolgreiche Thomas Platter – sie alle kann der jeweilige Zeitgeist in seinen Erinnerungen finden und in ihnen sich spiegeln.

Autograph der Lebensbeschreibung, erste Seite.

«... durch sinen engell behuottet»

Diese Offenheit für viele Deutungen entspringt dem Staunen: «Wie ist es miglich, das ich noch läb, stan oder gan kan, so ein lange zyt, und han nie kein glid brochen noch schädlich versert? Do hatt mich gott durch sinen engell behuottet.»[4] Gewiss gibt Platter eine Antwort auf diese Frage, die, gegen Schluss des Buches gestellt, dessen Motto sein könnte; aber da Gottes Ratschluss unergründlich ist, kann er wohl Zuversicht für das Jenseits spenden, nicht aber Gewissheit über das Diesseitige. So bleibt die Lebensbeschreibung ein Suchen, der Versuch, Ordnung in ein langes Leben zu bringen, das so oft abrupt hätte beendet werden können, wie dies bei vielen anderen Zeitgenossen und nicht zuletzt bei den drei eigenen, laut beklagten Töchtern der Fall ist. Die Gefahren sind stets gegenwärtig und anschaulich: die ewige «Pestelentz», wilde Tiere und steile Berge mit Irrwegen, kochende Milch, Unwetter und Schnee, prügelnde Lehrer, böse Gefährten, rachsüchtige Bestohlene, Hunger, Arbeit und Entsagung, die Andersgläubigen in der Reformation.

«Mins ellentz ein anfang»

Elend beginnt sein Leben, denn Thomas hat «kein frowen milch gsogen»; der Mutter, einem «gar ruch wib», schmerzen die Brüste zu stark, und der Vater stirbt so früh, dass sich der Sohn seiner nicht entsinnen kann. All diesen Bedrohungen irdischer Existenz kann man nicht entkommen, wohl aber ein Gegengewicht ausbilden, im Sinne des Wortes: Bildung hier, Gefahren dort, das sind die Pole, zwischen denen Platter – wenigstens nachträglich – sein Leben situiert. Nicht dass ihm hilfsbereite, trostspendende und geliebte Mitmenschen fehlen: die Münchner Metzgerin, die Ulmer Sattlerin, seine Frau, Anna Dietschi, die in einer nicht immer einfachen Ehe ihm gleichwertig gegenübersteht, und die Kinder, vor allem Felix, der Stolz und Adressat des alten Platter – Felix, der glückliche und der glückbringende. Ohne sie alle würde es nicht gehen oder wenn, dann nur viel schlechter; doch das wird gleichsam vorausgesetzt, gilt für andere, Frühere auch.

«Truckte biecher»

Was für den armen Hirtenknaben aus Grächen völlig neuartige Möglichkeiten für Karriere und Selbstvergewisserung eröffnet, sind intensivierter Schulbetrieb und «truckte biecher», denen er in «bsundrer liebin» anhängt.[5] Als Scholar zieht der Jüngling abenteuerlich nach Sachsen und Schlesien; mit achtzehn Jahren fühlt er sich in Schlettstadt beim Humanisten Sapidus erstmals in einer Schule, «do mich duocht, das recht zuo gieng». In Zürich, beim Zwinglianer Oswald Myconius, wird das Latein perfektioniert und der Autodidakt schon bald nächtelang mit «graeca lingwa» und Hebräisch «iämerlich gemartret». «Studierren oder sterben», so formuliert Platter die Alternative, die er sich gestellt habe: Bildung, um den Bedrohungen nicht zu unterliegen – die letzte, aus dem väterlichen Erbe gesparte Krone wechselt die Hand für eine hebräische Bibel.

Stilisierter Bildersturm

Der christliche Humanismus in der Nachfolge von Erasmus gebärt die Zürcher Reformation: Die Suche nach den reinen Ursprüngen christlicher Gemeinschaft in den Urtexten der Bibel wie den Kirchenvätern motivieren Zwinglis Wirken. Derselbe Zwingli treibt dem jungen Platter nach einer bangen Orientierungskrise den Wunsch aus, Priester zu werden, und Myconius, der spätere Basler Kirchenvorsteher, vermittelt ihm die eigene Magd zur Frau. Die Walliser Verwandten bedauern es – die Hoffnungen und Investitionen in eine Klerikerkarriere sind enttäuscht. Einen anderen Erfolg wird später die ähnlich motivierte und kostspielige Investition in den eigenen Sohn Felix haben: Die Ehrenstellung des berühmten Arztes befriedigt den Vater zutiefst.

Platter selbst stilisiert die Hinwendung zur Reformation in der wohl bekanntesten Szene seines Buchs als Bildersturm: Er verheizt heimlich eine Holzstatue des heiligen Johannes, um das Fraumünster für eine Predigt Zwinglis etwas aufzuwärmen. «Jögli, nun buck dich, du muost in den offen», lässt er den «Götzen» mit einem entliehenen Zitat wissen.[6]

Gottes Gnade

Doch es fehlt die datierbare reformatorische ‹Wende›, vielmehr sucht Platter in einem längeren Prozess in einer oft ebenso unsicheren Umgebung seinen Weg. Noch sind die Grenzen fliessend: Auf Zwinglis Zürich folgt die Reise in die altgläubige Walliser Heimat, ein Dienstverhältnis beim vertriebenen Basler Bischof im Jura unterbricht das Wirken am Rheinknie. Auch die berufliche Laufbahn ist ein Suchen: Seiler, Korrektor, Drucker (von Calvins epochaler ‹Institutio›, 1536), Lehrer und dann 37 knapp geschilderte Jahre Leiter des Basler

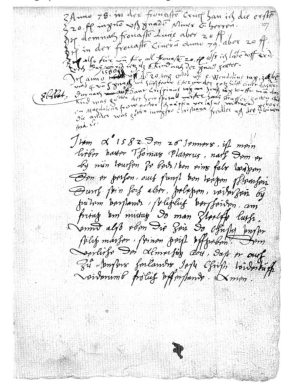

Autograph der Lebensbeschreibung, letzte Seite.

Gymnasiums. «Lieber, werdet schuolmeister!» haben einflussreiche humanistische Freunde den Zögernden ermuntert – Gottes Hilfe und die eigene Schaffenskraft führen zum Ziel.[7]

Wie das Bibelwort, die ‹sola scriptura›, im Disput mit Walliser Alt- und Autoritätsgläubigen half, so verschanzt sich Platter auf Burg mit Homer, Vergil und Cicero gegen den Neid der scholastischen Basler Universität, die solche «höchre autores» der Propädeutik nicht zugestehen will. Kann er vor Rat und Stadt gegen die Professoren bestehen, «ein frembder, der kein gradum hatt»? «Wen den niemand by mier will stan, so weiß ich, das ich ein rechte sach han ... so will ich den lieben gott bitten, er welle by mier stan, und den erwarten, wie es gan welle.»[8] Sein Schöpfer steht ihm bei, schenkt ihm in später zweiter Ehe noch sechs Kinder und hilft auch bei riskanten Hauskäufen. Beim dritten ermuntert ihn der Bürgermeister: «Kouffs; der gott, der dier die zwei wird helffen zalen, wirt dier ouch helffen das drit zalen.»[9] So kommt es, und der entsprechende Dank spricht noch aus dem ‹Beschluss› des Texts, wenige Jahre bevor ein gnädiger Schöpfer ihn 1582 von der «ewigen Pyn» erlöst: «Dise ding alle wellest, lieber sun Felix, erkennen und bekennen, diers selbs nüt zuoschriben, sunder gott alein lob und eer veriächen [bekennen] din läben lang; so wirst erlangen das ewig läben.»[10]

Anmerkungen

1 Thomas Platter, Lebensbeschreibung, hg. v. Alfred Hartmann, Nachwort Holger Jacob-Friesen, Basel 1999 (Zitate aus dieser Ausgabe); ders., Geisshirt, Seiler, Professor, Buchdrucker, Rektor. Ein Lebensbild aus dem Jahrhundert der Reformation, St. Gallen 1999; ders., Lebenserinnerungen, Basel 1999.

2 Emmanuel Le Roy Ladurie, Eine Welt im Umbruch. Der Aufstieg der Familie Platter im Zeitalter der Renaissance und Reformation, Stuttgart 1998; siehe auch die Ausführungen zu Platter bei Theodore K. Rabb, Renaissance Lives. Portraits of an Age, New York 1993, S. 74–92, und Steven Ozmnet, ‹Die Reformation als intellektuelle Revolution›, in: Peter Blickle et al. (Hg.), Zwingli und Europa, Göttingen 1985, S. 27–45.

3 Stephan Pastenaci, Erzählform und Persönlichkeitsdarstellung in deutschsprachigen Autobiographien des 16. Jahrhunderts. Ein Beitrag zur Historischen Psychologie, Trier 1993; Hans Rudolf Velten, Das selbst geschriebene Leben. Eine Studie zur deutschen Autobiographie im 16. Jahrhundert, Heidelberg 1995; Peter Müller, ‹Ein «schuolmeister» erzählt seine Lebensgeschichte. Thomas Platters Autobiographie – neu gelesen›, in: Basler Zeitschrift für Geschichte und Altertumskunde 95 (1995), S. 43–55.

4 Thomas Platter, Lebensbeschreibung, S. 142.

5 Ebd., S. 79.

6 Ebd., S. 62.

7 Ebd., S. 130.

8 Ebd., S. 135.

9 Ebd., S. 126.

10 Ebd., S. 142.

Thomas Platter –
eine Integrationsfigur? *Jules Grand*

**500 Jahre ist es her, dass Thomas Platter in Grächen geboren wurde.
Von diesem aussergewöhnlichen Mann, den wir in Basel 1999 ehrten,
sind für unsere Stadt und für ihr Geistesleben wegweisende Impulse ausgegangen.
Ist er auch für die heutige Jugend noch aktuell?**

Nicht zuletzt kann man die Bedeutung von Persönlichkeiten messen an ihrer Zeitresistenz. Für Thomas Platter gilt das in der Forschung lange umstrittene Geburtsdatum von 1499 mittlerweile als weitgehend gesichert. Zwar wissen viele Einwohner Basels wenig über ihn, doch verbinden sie mit seinem Namen eine wichtige Persönlichkeit, ohne genau benennen zu können, worin seine Leistungen bestanden.

Platters Bedeutung ist nicht so einfach an einzelnen Taten oder gar Schriften festzumachen. Ausser seiner Lebensbeschreibung, die er für seinen Sohn Felix, den Stadtarzt, niederschrieb – ein genialer Gedanke, so etwas Unübliches zu tun –, hat er kaum Bleibendes hinterlassen. Seine Wirkung geht aus von dem Ganzen eines Lebens, das sich wie eine spannende Abenteuergeschichte liest.

Vom Geissbub zum Gelehrten

Kaum geboren, verlor er den Vater. Die Mutter, die sich nicht herzlich zu ihren wahrscheinlich vielen Kindern hingezogen fühlte, sah er nur gelegentlich. Wie ein Verdingbub wurde er von einer Verwandten zur anderen verschoben und wuchs in Armut auf. Mit acht Jahren hütete er auf der Alp bis zu achtzig Geissen, kam des öftern ohne Schuhe nach Hause, da er sie im Schnee verloren hatte. Eine kurze Zeit versuchte ein Vetter, ihm die Schrift mit der Prügelmethode beizubringen. Doch was Thomas damals wirklich konnte, war: gezielt Steine werfen.

Dies kam ihm bei der nächsten Etappe seines Lebens zugute. Er zog – wahrscheinlich erst elfjährig – weg in bessere Lande. Er durchstreifte die Schweiz und Deutschland bis nach Schlesien, bettelnd, stehlend, singend, irgendwie sich durchschlagend. Mit gezielten Steinwürfen konnte man Gänse erlegen, zur Beute eilen und sie unter dem Rock verstecken. Sein Geist war wach und interessiert. Die Thematik des Jahrhunderts war die Spannung zwischen traditionellem

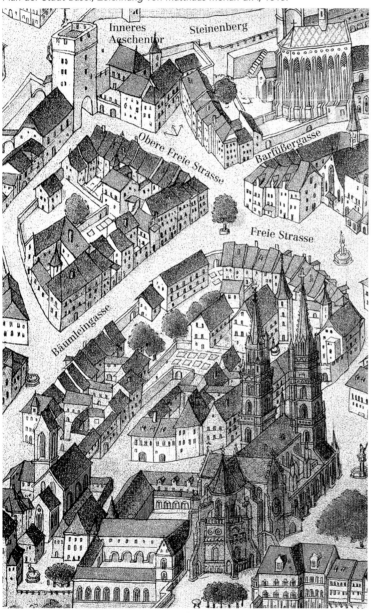

Die drei Häuser Thomas Platters an der Oberen Freien Strasse (v.l.): ‹Klein-Rothenfluh›, ‹Gross-Rothenfluh›, ‹Zum Gejägd›. Ausschnitt aus dem Merian-Plan der Stadt Basel, Zeichnung von Matthäus Merian d. Ä, 1615.

Inneres
Aeschentor

Steinenberg

Obere Freie Strasse

Barfüßergasse

Freie Strasse

Bäumleingasse

Glauben und Reform; die Sprache das Latein. Der Weg zu einer tieferen Auseinandersetzung führte über die Schule. Thomas sparte sich Schulgeld vom Munde ab, um einige Wochen im schlesischen Breslau, ein bisschen in München, Dresden oder andern Städten und später in Schlettstadt in eine Schule zu gehen. Die Schweizer profitierten in jener Zeit immerhin vom Erbarmen, das man überall hatte mit ihnen – denn Marignano war eben erst vorbei. In Passau liessen ihn die Wachen nicht durch. Er hatte keine Schuhe, nur zerschlissene Strümpfe, und die Strassen waren vereist. Für die Geschichtsschreibung sind solche Episoden insofern wertvoll, da man kaum Bücher vor 1800 kennt, die etwas über das Leben von Kindern aussagen.

Die über zehnjährige Wanderschaft endet in Zürich beim Zwinglianer Myconius, wo er seine spätere Frau, Anna Dietschi, findet, wo er lernt, dass man sich Latein, Griechisch und Hebräisch auch über die Grammatik aneignen kann und nicht nur über das Auswendiglernen von Texten, wo er einen Beruf erlernt, nämlich das Handwerk des Seilers, wo er mit Zwingli in Berührung kommt und somit mit dem Kern der zeitaktuellen Problemstellung. Zur Disputation überbrachte der kleinwüchsige Platter, in einem Heuwagen versteckt, dem reformierten Kontaktmann Zwinglis Briefe nach Baden.

Sechsundzwanzigjährig kommt er nach Basel, arbeitet bei Stähelin als Seiler und darf – trotz seiner ärmlich bizarren Kleidung – eine Stunde Hebräisch vor 18 Schülern aus den gehobenen Ständen unterrichten. Die Lehrtätigkeit bleibt ihm. Ab 1531 unterrichtet er regelmässig am Gymnasium, dem späteren Humanistischen Gymnasium, und am Pädagogium, der Ober- und Vorstufe zur Universität. Das Leben blieb weiterhin bewegt. Er war beim ersten Kappelerkrieg dabei, er erlebte die Pestzeiten, vor denen er jeweils aus Basel floh, meist nach Liestal. Die Pest raffte ihm alle Kinder hinweg, ausser seinen Sohn Felix.

Als des Schreibens und Lesens Kundiger kam er in Kontakt mit der Druckerei, wurde selber Drucker, wohl weil sich damit recht Geld verdienen liess. Er gab schliesslich 24 signierte Drucke heraus, dreimal das Neue Testament und die Erstausgabe von Calvins ‹Christianae religionis institutio›, die zu Weltruhm gelangte. Ein weiterer Welterfolg war Vesals ‹De humani corporis fabrica›. Vesal, der bahnbrechende Erneuerer in der Anatomie, wurde seinem Sohn Felix zur beruflichen Leitfigur.

Rektor ‹auf Burg›

Man wollte schliesslich den Humanisten Thomas Platter als Rektor des Gymnasiums, obwohl er sich nie einem Abschlussexamen gestellt hatte. Bedingung war, dass er die Druckerei aufgabe. Vier Jahre dauerten die Verhandlungen. Man gestand ihm schliesslich den hohen Lohn von 200 Gulden zu, 100 für ihn und 100 für seine drei Provisoren. Er führte sofort eine Reform durch mit seiner neuen ‹Ordnung der Schull auf Burg›. Die dreistufige Lateinpaukerschule wurde zu einem vierstufigen Gymnasium humanistischer Prägung.

Zu Hause trugen er und seine Frau die Schulden ab, die sie für den Kauf eines Doppelhauses an der Oberen Freien Strasse gemacht hatten. Bis zu vierzig Kostgänger versorgte Anna Dietschi täglich, um mitzuhelfen. Viele waren Studenten aus dem Wallis. Seinen Sohn schickte er mehrere Jahre an die beste damalige Universität für Medizin, nach Montpellier. Felix avancierte später zum Stadtarzt und wurde wohlhabend.

Nochmals stürzte sich Platter in Schulden. Er kaufte draussen auf dem Land das Weiherhaus oder Schlösschen in Gundeldingen. Der Walliser Bauer Platter bewirtschaftete das Land, trieb Viehzucht und stellte Wein her als Ausgleich zur Stubenhockerei auf dem Rektorat, wie er sich ausdrückte.

Er war 72jährig, als seine Gemahlin starb. Sein einziges nicht von der Pest weggerafftes Kind, Felix, konnte keine Nachkommen haben. Also heiratete Thomas noch einmal, und die noch nicht 30jährige Esther Gross gebar in der Folge sechs Kinder. Fünf von ihnen starben – auch sie an der Pest. Nur Sohn Thomas, in der Forschung auch als Thomas II bezeichnet, überlebte. Wie sein Halbbruder Felix ging er nach Montpellier und wurde Stadtarzt. Welches Feuer brannte wohl in Thomas

Platter, dass ihn in seinem langen Leben die Pest nie traf? Er starb fast 83jährig nach kurzer Krankheit.

Für die Nachkommen

Insgesamt war er 37 Jahre Lehrer und Rektor gewesen. Und einige Jahre vor dem Tod hatte er den aussergewöhnlichen Einfall, für seinen schon erwachsenen Sohn Felix die Lebenserinnerungen aufzuschreiben. Sie wurden eine Fundgrube für die Historiker, da diese Beschreibungen so viel über die Dinge des Alltags mitteilen.

Nach Rousseaus Welterfolg mit seinen ‹Confessions› hat Stendhal wenige Jahrzehnte später im ‹Henri Brulard› darauf hingewiesen, dass die Rückbesinnung auf ein Leben immer schon eine Entstellung, eine Fiktion, ein Roman ist. Heute lesen wir Platters ‹Roman› als Beschreibung eines sozialen Aufstiegs oder aus Interesse am Zeitkolorit. Für ihn hingegen bedeutete seine Lebensbeschreibung Bekenntnis und Darstellung, wie Gott sein Leben geleitet, geführt und aufgefangen hat. Diesen Leitgedanken wollte er seinem Sohn mitgeben.

Die Thomas Platter Haus-Stiftung beging den 500. Geburtstag mit einem Symposion, wo man sich erneut über diesen unerschrockenen Selfmade-Humanisten Gedanken machte. Ausstellungen in der Crédit Suisse an der Freien Strasse und im Papiermuseum sollten ihn einem weiteren Publikum näherbringen. Das Gymnasium am Münsterplatz unternahm mit seinen Klassen eine Sternwanderung nach Grächen. Die Grächener Jugend kam für ein verlängertes Wochenende nach Basel zum Thomas Platter-Schulfest. Das Radio DRS las aus der ‹Lebensbeschreibung›, die der Schwabe-Verlag in einem Nachdruck neu herausgegeben hat. Der GS-Verlag legte die Lebenserinnerungen in einer sprachlich modernisierten Ausgabe auf mit Beiträgen zu Thomas Platter als Drucker und zur Geschichte des Thomas Platter-Hauses. Sie war die Grundlage für alle Aktivitäten im Jubiläumsjahr. Zahlreiche weitere Anlässe in kleinerem Rahmen wiesen auf das Ereignis hin.

Man ehrte damit jemanden, der vor einem halben Jahrtausend durch tatkräftigen Mut und unerschütterlichen Lebenswillen zu Wissen, Weisheit und Ansehen gelangte. Thomas Platter ist eine so faszinierende Figur, dass der Geschichtsprofessor Emmanuel Le Roy Ladurie vom Collège de France das Wissen um ihn und seine Zeit nacherzählte in einem Buch, das in Frankreich zum Bestseller wurde … Könnte Platter, der Zuwanderer in Basel, der soziale Aufsteiger, der Vielinteressierte, für die heutige Jugend eine Integrationsfigur sein?

Geben wir uns einer Fantasie hin: Der Walliser Dialekt seiner Lebensbeschreibung ist nicht einfach lesbar. Man könnte Jugendliche aber auf das Werk hinführen mit einem Cartoon-Band, die einzelnen Lebensabschnitte in Kapitel unterteilt, von einem Cartoonisten dargestellt, wobei die Historiker die Zeichnungen auf zeitgemässe Kleidung, Häuser, Gegenstände zu prüfen hätten.

Die zwei mittleren Gundeldinger Schlösser; links der Mitte Thomas Platters Landgut. Lavierte Federzeichnung von Emanuel Büchel, 1752. Öffentliche Kunstsammlung Basel, Kupferstichkabinett.

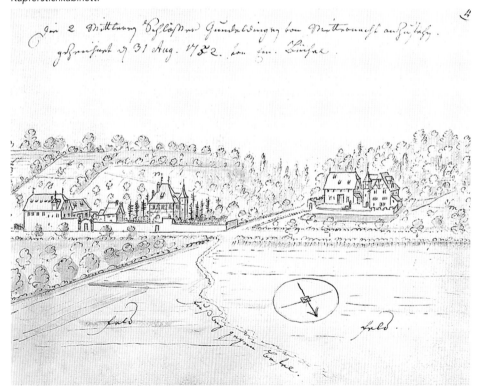

A walk on the wild side *Pascale Meyer*

Jugendszenen in der Schweiz von den 30er Jahren bis heute

Jugendkultur ist Protestkultur, die die unterschiedlichsten und vielfältigsten Formen annehmen kann, die manchmal laut und schreierisch, bizarr und schrill ist, manchmal aber auch subtil und listig. Vom 16. Oktober 1998 bis zum 28. Februar 1999 war ‹a walk on the wild side›, die Sonderausstellung des Stapferhauses Lenzburg, in Liestal zu Gast.

Die Halbstarken der wilden Sechziger.

Das Kantonsmuseum Baselland konnte dank der Räume im gegenüberliegenden Amtshaus den notwendigen Platz schaffen, um diese einzigartige Ausstellung über die Jugendszenen in der Schweiz von den 30er Jahren bis heute auch in der Nordwestschweiz zeigen zu können.

In den Büros des Amtshauses, in denen in früheren Zeiten die Kriminalpolizei untergebracht war, durften die Besucherinnen und Besucher eintauchen in die verschiedenen Jugendszenen, in Räume, die mit typischen Interieurs, mit Gegenständen, Kleidung, Musik und Videos ausgestattet waren.

Das zahlreich erschienene Publikum lohnte den Aufwand: Über 13 000 Personen liessen sich in der zuvor in Lenzburg und Bern mit grossem Erfolg gezeigten Sonderausstellung an

die eigene Szenenzugehörigkeit und an (frühere) Ideale erinnern.

Jugendkultur

«Jugendliche fordern autonomes Kulturzentrum in der Kantonshauptstadt Liestal» – diese Schlagzeile stammt nicht etwa von 1968 oder von 1980, sondern war in der Basler Zeitung im Februar 1999 zu lesen. Aufmerksame Zeitgenossen mutet diese Zeitungsmeldung fast anachronistisch an, haben sie sich doch langsam daran gewöhnt, unter der Rubrik ‹Jugend› Meldungen über Rekordbeteiligung an der Berliner Loveparade oder über die Partyszenen in Zürich zu finden. Jugendliche, so suggerieren es die Medien, sind heute damit beschäftigt, auf Technopartys zu tanzen, Ecstasy zu schlucken oder Diesel-Jeans zu kaufen. Kurzum: Jugendkultur der 90er Jahre habe vor allem mit der Suche nach grenzenlosem Fun und dem Ausleben eines hemmungslosen Hedonismus in der Masse zu tun.

Die Ausstellung ‹a walk on the wild side› verfiel nicht der Versuchung, dieses Bild korrigieren oder rechtfertigen zu wollen.

Die Ausstellungsmacher enthielten sich bewusst möglicher Kommentare und Werturteile, die so manches trendige Magazin oder auch wissenschaftliche Untersuchungen zieren. Ein Urteil blieb den Besucherinnen und Besuchern überlassen, die sich mit den Bildern, mit den Stilmerkmalen und den Ausdrucksmitteln von Jugendszenen in den vergangenen siebzig Jahren auseinandersetzen konnten.

Die Ausstellung war so aufgebaut, dass dem historischen Rückblick auf die verschiedenen Jugendszenen der Ein- und Ausblick auf die aktuellen Szenen folgte. Durch das Nebeneinander dieser Szenen wurde deutlich erkennbar, dass die vielfältigen Stile und Ausdrucksformen heute – im ‹Supermarkt der Stile› – immer wieder neue, eigenständige und nicht minder kreative Formen von ‹Jugendkulturen› hervorbringen.

Die Ausstellung wurde auf die spontan entstehenden, die unorganisierten Jugendszenen beschränkt, da sie es sind, die die Bedürfnisse einer neuen Generation direkt und ungefiltert zum Ausdruck bringen. Zudem artikulieren Jugendliche, so der Ausstellungsmacher Beat Hächler, was von einer Mehrheit diffus als ‹Zeitgeist› wahrgenommen wird. Aus ihren Bedürfnissen wie auch aus den Reaktionen der Erwachsenen-Gesellschaft lassen sich wertvolle Informationen herauslesen über die herrschenden Konventionen und verbindlichen Mentalitäten.

Stationen der Ausstellung

Der ‹walk› begann in der Zeit des Swing (30/40er Jahre), als der Jazz von Jugendlichen gutbürgerlicher Kreise als ihre neue Musik entdeckt wurde und sie damit die ‹Erwachsenenwelt› aufschreckten.

Die Halbstarken, eine Bezeichnung, die seit dem gleichnamigen deutschen Film von 1954 kursierte, trugen in den frühen 6oer Jahren erstmals Jeans mit Nieten, Stiefel und lange Haare. Ihre bewusste Abwendung von den noch starren Normen, ihr lässiges, sogenannt unsittliches Auftreten war provokativ.

1968 tauchten die Hippies in der Schweiz auf, konsumierten Drogen und propagierten neue, kollektive Lebensformen. Untrennbar damit verbunden war auch der politische Protest, der in amerikanischen, französischen und deutschen Städten von Studentinnen und Studenten artikuliert wurde und der ab 1968 die Schweizer Städte aufrüttelte.

In Zürich forderten Jugendliche das leerstehende Globus-Provisorium als ihr autonomes kulturelles Zentrum; es ist die Forderung nach selbstverwalteten Freiräumen, die bis heute nie verstummt ist. Im Frühling 1968 kam es in Zürich zu heftigen Zusammenstössen der Jugendlichen mit der Polizei. Solche Konfrontationen fanden in den folgenden Jahren immer wieder statt; die Polizei bediente sich zunehmend brutalerer Methoden (Tränengas, Gummigeschosse).

Konkreter Anlass für die sogenannten Jugendunruhen, die ab 1980/81 die grossen Schweizer Städte heimsuchten, war die Renovation des Zürcher Opernhauses, die 60 Millionen Franken gekostet hat. Sie löste erneut die Forderung nach autonomen Jugendzentren (AJZ) aus – zuerst in Zürich, später auch in Basel. Die Schweiz wurde in den 8oer Jahren als kalte und lebensfeindliche Gesellschaft wahrgenommen («Nieder mit dem Packeis»), und mit viel Fantasie und Humor taten die ‹Bewegten› öffentlich ihre Unzufriedenheit kund. Vertretern der Autonomen Szene, ‹verkleidet› als Herr und Frau Müller, gelang es beispielsweise, in der Fernseh-Sendung ‹CH-Magazin› vom 15. Juli 1980 dank ihres Rollenspiels die Diskussion zum Erliegen zu bringen.

Lokale Ergänzungen

Als lokale Sonderfälle mit überregionaler Bedeutung wurden in der Ausstellung ergänzend die Besetzung des Geländes des geplanten Atomkraftwerkes Kaiseraugst AG und die Auseinandersetzungen rund um die alte Stadtgärtnerei (ASG) behandelt.

Ist die Geschichte der Anti-AKW-Bewegung aus der Sicht der Protestierenden eine Erfolgsgeschichte, so kann dies im Fall der ASG nicht gesagt werden – auch wenn aus dieser Bewegung weitere hervorgingen, die neue Orte in der Stadt ‹besetzten› und bespielten (Schlotterbeck, Warteck).

Auf dem Gelände der alten Stadtgärtnerei entwickelten sich von 1986 bis 1988 kreative Formen kultureller Aktivitäten; Glashäuser wurden zu Spielstätten für Musik- und Theateraufführungen. Die Nutzung des Geländes war aber zeitlich befristet, die Stadt plante einen Grünpark, der auf eine Initiative der PdA Basel zurückging. Eine im Juni 1987 eingereichte neue Initiative forderte nun aber einen Kultur- und Naturpark. Mit knapper Mehrheit wurde diese Initiative abgelehnt. Anfang Juni 1988 wurde das Gelände «offen und gewaltfrei» besetzt. Am 21. Juni räumte die Polizei das Gelände und zerstörte die Glashäuser.

Der zwanzig Jahre dauernde Widerstand gegen das geplante Atomkraftwerk in Kaiseraugst führte hingegen letzten Endes zum Ziel. Die Hartnäckigkeit grosser Bevölkerungskreise (darunter vieler Jugendlicher), von PolitikerInnen und Organisationen (wie z.B. der Gewaltfreien Aktion Kaiseraugst (GAK)), die immer wieder stattfindenden (friedlichen) Geländebesetzungen (erstmals Dezember 1973), die grossen Demonstrationen, Ostermärsche und Stromzahlungsboykotte hatten schliesslich Erfolg. 1989 erklärte der Bundesrat den Verzicht auf das AKW – der Betreiberin mussten 350 Millionen Franken Entschädigung bezahlt werden.

Zeitzeugen
Begleitend zur Ausstellung führten Journalisten der Basler Zeitung Gespräche mit einigen Persönlichkeiten, die verschiedene Jugendszenen aktiv miterlebt hatten.

Der 1977 errichtete Info-Pavillon zum AKW Kaiseraugst wird 1979 durch einen Sprengstoffanschlag zur Ruine.

‹Cheese› Burckhardt beispielsweise, früherer Basler Regierungsrat und passionierter Jazzmusiker, berichtete über die Swing-Zeit der 40er Jahre: «Natürlich habe man versucht, sich vom ‹Establishment›, wie man heute sagen würde, zu unterscheiden, sich auch leicht abzugrenzen. Diese Abgrenzung aber beschränkte sich auf das Tragen von etwas längeren Kitteln und mehr noch auf den Gang, den man sich anzueignen versuchte, den Gang der Schwarzen, elegant und leicht provozierend-lässig.» (Basler Zeitung, 19.12.98). Noch keine Rede ist da von politischem Protest, allenfalls war ein «gesellschaftliches Aufmucken» zu spüren.

Carl Laszlo, ein knapp dem Konzentrationslager Auschwitz entkommener Ungar, der seit 1945 in Basel lebt, berichtete vom Aufkommen und der Bedeutung des Existenzialismus in den 50er und seinen Folgen für die 60er Jahre. 1968 brachen die Gegensätze zwischen den Existenzialisten und den Kommunisten auf, die Politische Revolution brach aus. Laszlo über sich selbst: «Ich war über alles ein begeisterter Hippie: Popmusik war mein Hauptinteresse». In dieser (seiner) Welt hätten Existenzialismus, Kommunismus, Studentenrevolten keine grosse Rolle gespielt. Die Hippiebewegung hingegen sei eine echte Revolution gewesen, die den Menschen verwandelt hat. «Das, was die Surrealisten und Existenzialisten wünschten, aber viel zu intellektuell waren, um das auch zu leben, haben die Hippies getan. Eine der Grundlagen für dieses Leben war die Musik. Für mich ist eine Bewegung verdächtig, wo Musik keine Rolle spielt.» (Basler

Ab 1986 Raum für Film, Theater, Begegnungen: die Alte Stadtgärtnerei. Zwei Jahre ist das Leben Traum ...

Zeitung, 21.1.99). Auf das Ende von Bewegungen angesprochen, meinte er, dass die Kommerzialisierung deren Untergang bedeutete.

Zu einem ähnlichen Schluss gelangt auch Stephan Laur, ehemaliger Punk, der heute als Filmemacher in Basel lebt. Ende der 70er Jahre begann er damit, Schallplatten zu suchen und in Kleinbasler Kneipen den mitgebrachten Schnaps ins Coca Cola zu schütten. Schlägereien blieben nicht aus, «wobei es zum Martyrium des Punk gehörte, dass man eher Prügel bezog als austeilte». Bald tauchte in Boutiquen Punk-Bekleidung auf – korrupt, meinten die Punk-Pioniere, «gekaufter Siff ist kein Siff». Doch was ist ein Punk? Dazu Stephan Laur: «Punk ist die wandelnde Frustration einer desillusionierten Gesellschaft. Eine Gegenbewegung

zu den Hippies, die die Punks heftig ablehnten, da diese zwar neue Werte forderten, doch in den Grundzügen mit der hiesigen Gesellschaft im Einklang lebten. Punks hingegen verstanden sich als Feinde einer Gesellschaft, deren Probleme tagtäglich über sie hineinbrachen.» (Basler Zeitung, 29.12.99)

Keineswegs mehr als Feinde der Gesellschaft betrachten sich die Hip-Hopper. Black Tiger, einer der versiertesten Basler Rapper, hält die Hip-Hop-Botschaft zwar für gesellschaftskritisch, im Tenor aber aufbauend und eher (lokal)patriotisch. Er legt jedoch Wert auf die Wurzeln: «Wenn du die afroamerikanische Kultur nicht kennst, kannst du Hip-Hop nicht wirklich verstehen – daran kann man rütteln wie man will – die Impulse kommen im

Im Juni 1988 räumt die Polizei das Gelände und zerstört die Glashäuser.

Hip-Hop von der schwarzen Kultur.» Und es handelt sich – dessen sind sich die Hip-Hopper sehr bewusst – um die US-Ghettokultur, die im Rap und Hip-Hop ihre Kritik an den Lebensumständen zum Ausdruck bringt. (Basler Zeitung, 2.2.99)

Formen des Protestes

Swing, Hippie, Punk, Hip-Hop – so unterschiedlich diese vier Beispiele von ‹Szene› sind, etwas ist ihnen allen gemeinsam: die Musik.

Die Musik ist tragendes und verbindendes Element fast jeder Jugendszene; sie war und ist das Vehikel, das Lebensgefühl und -haltung vermitteln und übermitteln kann. Punk beispielsweise hat Un-Formen, Un-Musik entwickelt, um zu provozieren und zu protestieren. «Schlecht geschrummeltes

Raver an der Streetparade in Zürich. 1992 waren es knapp zweitausend Besucher, vier Jahre später kamen 400 000.

schnelles Chaos» (so Stephan Laur) und Lautstärke genügten, um in weiten (bürgerlichen) Kreisen helles Entsetzen auszulösen.

Das Protestpotential erschöpft sich jedoch längst nicht im jeweiligen musikalischen Stil. Jugendkultur ist Protestkultur, die die unterschiedlichsten und vielfältigsten Formen annehmen kann, die manchmal laut und schreierisch, bizarr und schrill ist, manchmal aber auch subtil und listig.

Falsch wäre allerdings die Schlussfolgerung, dass Gesellschaftsveränderung die Aufgabe der Jugend sein könne. Hinter dieser Erwartungshaltung verbirgt sich ein «überbordender Jugendmythos»*, und der Begriff ‹Jugend› kann zu einer Chiffre werden, mit der Nutzniesser hausieren gehen.

Jugendkultur(en) 1998/1999

Jugendkultur hat unterschiedliche Gesichter – das belegen zwei Beispiele aus Liestal.

Sprayer: Drei Grafitti-Künstler haben eine düstere Passage besprayt. Das Kaufhaus Manor gab ihnen den Auftrag zur Verschönerung des Küffigässli. Mit illegalen nächtlichen Sprayaktionen haben die drei Sprayer, laut einer Zeitungsmeldung, nichts (mehr) am Hut. (Basler Zeitung, 23.5.99)

Häuserbesetzung: Die Gruppe für ein ‹soziokulturelles Zentrum in Liestal› fordert autonome Räume, die sie für die Umsetzung ihrer künstlerischen Ideen nutzen kann. Die Schülerin Salome Steinmann aus Buus ist überzeugt davon, dass viele Jugendliche nicht genügend Möglichkeiten haben, ihren Talenten und Bedürfnissen Audruck zu verleihen. (Basellandschaftliche Zeitung, 26.7.99)

Anmerkung

*   Siehe dazu: Jürgen Reulecke, ‹Jugend – Entdeckung oder Erfindung›, in: Schock und Schöpfung. Jugendästhetik im 20. Jahrhundert, hg.v. Deutscher Werkbund e.V. und Württembergischer Kunstverein, Stuttgart 1986.

Literatur

Katalog zur Ausstellung: ‹a walk on the wild side. Jugendszenen in der Schweiz von den 30er Jahren bis heute›, hg.v. Stapferhaus Lenzburg, Zürich 1997.

Sport

Genau so war's! *Peter Herzog*

Abschied vom ‹Joggeli›

Im gleissenden Scheinwerferlicht: das unwirklich leuchtende Grün des Rasens. Viel Rot und Blau. Spezielle Duftmischung und hoher Lärmpegel, Gesang und Sprechchöre. Die Bühne: das ‹Joggeli›, seine Charakteristika und wechselnden Funktionen. Olymp der Fussballgötter, Wallfahrtsort der Basler Fussballgläubigen, jahrelang schier uneinnehmbare Festung des FCB, zeitweise Kuriositäten- und Lachkabinett, Ort der Glückseligkeit, der Hoffnung, auch tiefer Verzweiflung.

Das ‹Joggeli›, Stätte unzähliger Erinnerungen: Frankreich gegen den Fussballzwerg Schweiz mit ‹Seppe› Hügi und Weber. Ein der Schweiz wohlgesinnter Zauberer, der die Schweizer inspiriert und es ausgerechnet den Baslern Weber und Hügi erlaubt, fünf, respektive ein Tor zum 6:2-Sieg beizutragen. Hügi geht dann doch nicht zu Real Madrid. Wenige Jahre später sehe ich ihn, auf einer Leiter stehend, wie er die Buchstaben ‹FC Basel 1893› über dem Tribüneneingang zum Trainingsgelände verkommenen Landhofs mit einer gräulich-braunen Sauce anpinselt. Weber stirbt bald nach dem Triumph über Frankreich.

Dann die Ära Benthaus mit ihren Cupsiegen und Meistertiteln. Für Basel zieht der Ausnahmekönner ‹Karli› Odermatt die Fäden im Mittelfeld. Eine Zeit, in der Gastmannschaften schon beim Betreten des Rasens wussten, dass sie das Spiel verlieren würden. Die Frage war nur noch, wie hoch.

Die ganze Stadt sitzt oder steht im ‹Joggeli›, zum Beispiel beim unvergesslich grandiosen Cupfinal gegen Lugano: 55 000 Zuschauer singen und klatschen neunzig Minuten lang. Menschenmassen im Glück, schwebend auf einer Wolke von Grillwurst- und Stumpenduft. Eine Explosion von Emotionen und Raketen. Niemals danach habe ich in Basel wieder einen derartigen Ausbruch völlig unschweizerischer Lebensfreude erlebt.

Auch Galavorstellungen haben ein Ende. Präsidenten, Trainer und sogenannte ‹Spielmacher› geben sich in unregelmässigem, aber schnellem Rhythmus die Klinke in die Hand. Der Abstieg ist die logische Folge der Konzeptlosigkeit.

Erinnerung an jene tristen Jahre: ‹Karli› Odermatt, das lebende Denkmal, kommentiert als Zuschauer von der Tribüne herab fassungslos die erbärmlichen Leistungen seiner Nachfolger. Die Fans fullen das ‹Joggeli› immer noch. Sie singen inzwischen: «Nie mee, nie mee Nati B» und opfern den Fussballgöttern rote Fackeln, so lange, bis diese ihr Flehen erhören und die Mannschaft wieder aufsteigt. Doch erneut folgen Jahre des Mittelmasses. Das ‹Joggeli› wird sich oft über seinen FCB gewundert und geärgert haben.

Nun sind Kräne, Lastwagen und furchterregende Bagger daran, respektlos diesen Basler Fussball-Gral niederzureissen. Dort, ganz oben an einem Träger des schon abgedeckten Tribünendachs, hängt ein letzter Lautsprecher. Daraus glaube ich Rehoreks Stimme zu vernehmen: «Nummer neun: Seppe Hügi. Nummer zehn: Karli Odermatt.» Und aus der Muttenzerkurve: «Na na na na – na na na na – hee hee hee, FCB.»

Möge der Geist des alten ‹Joggeli› auch im neuen Stadion Einzug halten und weiterleben!

Fasnacht

Mer paggen us!

Felix Rudolf von Rohr

Fasnacht 1999

Unter dem Motto ‹Mer paggen us!› wurde an der Fasnacht 1999 eine erfreulich bunte Palette von lokalen bis zu globalen Themen ans Licht gezogen: von der Kleinbasler ‹Bären-Gesellschaft› über die Expo.01 zum Rummel rund um die Jahrtausendwende, vom Bären-Maskottchen der BVB über die Gen-Technologie zur Internet-Surferei ...

‹Mer paggen us!›, von Walter Lienert gestaltete Plakette.

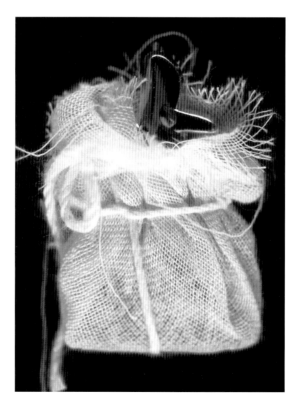

Acht Monate vor der Fasnacht, im Juni 1998, stand das Fasnachts-Comité wie gewohnt vor der delikaten Aufgabe, die Plakette fürs kommende Jahr zu bestimmen. Delikat deshalb, weil noch niemand so lange vor den grossen Basler Feiertagen wissen kann, was noch alles geschehen wird und welche Thematik übers Jahr noch präsent genug sein kann, um als ‹Motto› bestehen zu können. 59 Damen und Herren beteiligten sich mit 86 Entwürfen am traditionellen offenen Gestaltungswettbewerb. In der Überzeugung, dass die bevorstehende, damals noch wenigen bewusste Aktion des international bekannten Künstlerpaars Christo und Jeanne-Claude in der Fondation Beyeler ein omnipräsentes Thema werden sollte, fiel der Entscheid auf dieses Sujet und auf den Entwurf von Walter Lienert, dem damit bereits zum sechsten Mal ein künstlerischer Volltreffer gelang. Die Tatsache, dass die Aktion der über hundert mit Stoff verhüllten Bäume in Riehen abrupt und für viele Besucher viel zu rasch wieder abgebrochen wurde, passte dann hervorragend zum Motto ‹Mer paggen us!›.

Nach den Plaketten und Mottos der Vorjahre, die sich sehr stark mit der unsicheren wirtschaftlichen Grosswetterlage befassten, wurde mit dem 1999er Slogan wieder einmal der Sinn und Zweck der Fasnacht generell angesprochen: Nach einem langen grauen Alltags-Jahr wird während 72 Stunden ‹ausgepackt› und in allen Fazetten der Fasnacht über all das hergezogen, was schief gelaufen ist, für Spott gesorgt und die Basler bewegt, geärgert oder vielleicht auch gefreut hat.

Die Fasnacht – eine ‹Insider›-Veranstaltung?

Ein altes Dauerthema – ja fast ein Glaubenskrieg – ist die Frage, ob unsere Fasnacht ein Familienfest von Baslern für Basler sein soll oder ob wir uns auch für Gäste aus nah und fern öffnen wollen. Tatsache ist, dass sich immer mehr Besucherinnen und Besucher für unser Brauchtum interessieren. Weshalb denn nicht? Wir Bebbi pilgern ja auch an die Escalade in Genf, zum Chienbäse-Umzug in Liestal, zum Zibelemärit in Bern oder gar zum Sächsilüte in Zürich – ganz zu schweigen von den in der heutigen Zeit immer näher rückenden Volksfesten im Ausland. Unsere Zurückhaltung bringt es jedoch mit sich, dass oft noch recht seltsame Vorstellungen über unsere Rituale und Traditionen die Runde machen. Wir zitieren aus einem Prospekt der Deutschen Bahn, mit dem unlängst für den Besuch des ‹Baseler Morgestraichs› geworben wurde (wohlverstanden: nicht etwa in den fernen neuen Bundesländern, sondern im benachbarten Baden-Württemberg): «Vor der Kulisse der Baseler Altstadt zieht frühmorgens ein Fackelzug mit grotesken und phantasievollen Holzmasken, begleitet von Flöten- und Schellenklängen, durch die nächtlichen Gassen. Schliesslich kündigt sich mit Böllerschüssen auf dem Rhein der ‹Wilde Mann› an, der mit dem Vogel ‹Gryff› tanzend den Winter austreibt.» Kein Wunder also, dass unser Verkehrsbüro ‹Basel Tourismus› seit Jahren mit Anfragen aus aller Welt überhäuft wird, welche die Lachmuskeln der Basler ‹Insider› ordentlich strapazieren: Was kosten die Eintrittskarten zu den Tribünenplätzen? Wo kann man sich zur Teilnahme an den Umzügen anmelden? Welches sind die Kriterien für die Prämie-

rungen? Nach und nach wächst auch bei den eingefleischten Traditionalisten das Verständnis für einen pfleglicheren Umgang mit ‹Fremden›, denn – Hand aufs Herz – für wen zelebrieren wir insbesondere unsere Nachmittage, wenn nicht für die Hunderttausenden von Zuschauerinnen und Zuschauern? Und ist es dabei nicht auch im eigenen Interesse, dass die Nicht-Fasnächtler einigermassen über die Eigenheiten unserer Gepflogenheiten Bescheid wissen?

Einen bemerkenswerten Beitrag zu diesen Informationen hat das Museum der Kulturen im Jahr 1999 mit seiner Sonderausstellung ‹Basler Fasnacht – Menschen hinter Masken› geleistet. In einer kompakten Präsentation gelang es Dominik Wunderlin und Urs Ramseyer, die Ursprünge und die Entwicklung der Fasnacht im 20. Jahrhundert allgemeinverständlich und didaktisch attraktiv darzustellen: das Trommeln und Pfeifen, die Guggemusiken, die Schnitzelbänke und das Verseschmieden, die darstellende Kunst in Kostümen, Larven, Laternen und ganzen Zügen, die Bühnenveranstaltungen und auch die längst verschwundenen Maskenbälle. Der Ausstellung an der Augustinergasse war ein grosser Publikumserfolg beschieden, bot sie doch eine willkommene Gelegenheit, nicht nur auswärtigen Gästen, sondern auch dem hoffnungsvollen Nachwuchs unsere grosse Liebe näherzubringen und nicht zuletzt auch in alten Reminiszenzen zu schwelgen. Nach einer einmaligen Verlängerung der Ausstellung verschwanden aber die unzähligen Museumsstücke und Leihgaben im Dezember wieder in der allegorischen ‹Scharadenkiste›, wie die Fasnacht selber nach den drei Tagen jeweils auch. Dennoch, oder gerade deshalb, hat diese Präsentation einmal mehr den alten Wunsch nach einer permanenten Fasnachtsausstellung in Basel wieder wachgerufen.

Natürlich ist die Fasnacht auch während der übrigen Monate Gegenstand vieler Aktivitäten. Sie muss ja vor- und nachbereitet, immer wieder neu gestaltet und gelegentlich auch der Zeit angepasst werden. Das Schnitzelbank-Comité hat im Sinne einer Akquisitions-Aktion nicht nur zum Mitmachen ermuntert, sondern auch in speziellen Anlässen gleich Anleitungen zum Verseschmieden und zur Sujetauswahl angeboten. Der Erfolg blieb nicht aus, fanden sich doch wiederum neue Bänggler-Gruppierungen, und auch die Qualität der Verse und Vorträge hat sich in der Folge verbessert. Ebenso hat sich das Fasnachts-Comité neues einfallen lassen: Nach der bestens eingeführten Aktion ‹Die erschti Lektion›, mit der nach der Fasnacht zum Erlernen des Trommelns und Pfeifens animiert wird, wurden nun auch Kurse angeboten, um die Kunst des Larven-Herstellens und des Laternen-Malens zu vermitteln. Besonders beschäftigt haben das Comité auch Sicherheitsfragen rund um den Cortège. In Absprachen mit Tierschutz- und Veterinärkreisen wurden Regeln bezüglich des Einsatzes von Pferden erarbeitet. Die Teilnahme der Wagencliquen wurde einmal mehr unter die Lupe genommen. Auch hier haben sich Vorschriften und Restriktionen aufgedrängt, so ungern dies gesehen wird an der Fasnacht, die zu Recht in erster Linie ein unorganisiertes ‹Naturereignis› bleiben soll.

Ein kleines, aber bemerkenswertes Evenement darf schliesslich noch erwähnt werden. Mit der Berufung von Corina Christen, einer der hervorragendsten Schnitzelbänklerinnen der letzten Jahre, hat das Fasnachts-Comité seine bald neunzigjährige Männerbastion selbst gesprengt. Die Fasnacht passt sich – wenn auch langsam – doch immer wieder der Zeit an …

Die drei Tage im Februar
In einer Flut von vorfasnächtlichen Bühnen-Produktionen konnte man sich nach oder zum Teil schon vor Weihnachten einstimmen. Die älteste Vorfasnachts-Veranstaltung, das Zofinger Conzärtli der Studentenverbindung Zofingia, mit seinen vielfach internen Sujets über und für den Basler ‹Daig›, ist jung und attraktiv wie eh und je. Die Räppli-Serenade, die alle zwei Jahre im St. Johann über die Bühne geht, ergänzte die Fasnachtsstimmung in ihrer Schau wieder mit den Elsässer Kabarettisten Roger Siffer und Huguette Dreikaus. Das Mimösli im Häbse-Theater musste mit zusätzlichen Nachtvorstellungen ‹gestreckt› werden, um den Publikumsandrang zu bewältigen. Die intime Stu-

bete im Kleintheater Tabourettli erinnerte Nostalgiker einmal mehr an die erfolgreichen Serien des Pfyfferli und der Basler Revuen im Theater Fauteuil. Und schliesslich schrieben die guten alten Grossveranstaltungen, die Monstre-Trommelkonzerte (seit 1906) und das Glaibasler Charivari (seit 1976) mitsamt seinem Kinder-Charivari in Form eines Fasnachtsmärchens, ihre Geschichte mit unvermindertem Erfolg weiter.

Wir wollen nichts beschönigen: Die Fasnacht vom 22. bis 24. Februar 1999 war für einmal so recht verregnet. Das wird aber bei uns ignoriert, und auch dieser Jahrgang wird als rundum gelungene, schöne Fasnacht in Erinnerung bleiben. Dazu der statistische Beweis: An den Nachmittagen wurden gut 12 000 Aktive registriert – um genau zu sein: 1,7 Prozent mehr als im Vorjahr. In 488 angemeldeten Gruppierungen (und weiteren 48 ‹wilden›) zählte das Comité rund 3500 Fasnächtlerinnen und Fasnächtler mit Piccolos, 2000 mit Trommeln und 2000 in Guggemusiken. 202 Laternen konnten bestaunt werden, 306 verschiedene Zeedel wurden verteilt. Über 60 Schnitzelbank-Gruppen, organisiert in fünf verschiedenen Bänggler-Gesellschaften, zogen durch die Basler Beizen. Einmal mehr waren keine nennenswerten Zwischenfälle zu verzeichnen, wofür den diskret im Hintergrund wirkenden Kräften – Polizei, Feuerwehr, Sanität, Verkehrsbetriebe, Verkehrskadetten und zahlreiche freiwillige Helfer des Comités – ein grosser Dank gebührt.

Zu den Sujets 1999
Den traditionsreichen Männerbastionen der zunftähnlichen drei Kleinbasler Ehrengesellschaften ist Konkurrenz entstanden: Als provokative Demonstration wurde 1998 eine ‹Bären-Gesellschaft› gegründet, was viel zu reden gab und auch zu einem dominierenden Sujet an der Fasnacht 1999 wurde. Zu einem anderen dankbaren Thema wurde der Rummel (oder der Kommerz) um die Endzeitstimmung und die esoterische Hochkonjunktur zur bevorstehenden ‹Jahrtausendwende› mit all den selbsternannten Gurus bis hin zum Dauerbrenner ‹Uriella›. Ein weiterer Spitzenreiter der

1999er Sujets war der Doping-Skandal an der vergangenen Tour de France. Im Mittelfeld der ausgespielten Sujets lagen die Aktion der Papiermaché-Kühe, mit welcher die Stadt Zürich eine Touristenattraktion durchführte, die Performance der verhüllten Bäume von Christo und Jeanne-Claude in Riehen, die ‹blauen Aktien› der Swisscom, die Werbe-Aktionen für Basel, eine gewisse allgemeine Ratlosigkeit zu Basels Zukunft und Bedeutung, die Bemühungen um eine saubere Stadt Basel ‹Drägg ewägg›, aber natürlich – wie jedes Jahr – auch die Basler Fasnacht selbst und insbesondere das Fasnachts-Comité. Im weiteren war eine erfreulich phantasievolle breite Auswahl an Sujets zu beobachten, welche sich von lokalen Basler Vorfällen und Trends über nationale Ereignisse bis zu internationalen Themen und Zeiterscheinungen erstreckte. Als Beispiele seien erwähnt: Mobbing bei der Polizei, das bevorstehende Jubiläum des Zoologischen Gartens, das Basler Tram ganz allgemein und mit seinem neuen Maskottchen ‹BV-Bär›, das Puppenhausmuseum, der Fed-Cup, den wir uns in Basel entgehen liessen, die Pannen rund um die Schweizer Landesausstellung Expo.01, die Anti-Fett-Pille ‹Xenical›, Nachwirkungen der UBS-Fusion, die neuerliche Sissi-Welle, Gen-Technologie, Golf-Mode, Internet-Surfer oder Sammelklagen. Gelegentlich durfte auch die Potenz-Pille ‹Viagra› für ein paar Witze herhalten. Wenig Beachtung schenkten die Fasnächtler der Sexaffäre des US-Präsidenten, was ihnen durchaus zur Ehre gereicht, gehört doch die ‹Sauglogge› einfach nicht an unsere Fasnacht.

Basler Fasnacht – für viele die drei schönsten Tage im Jahr.

Gereimtes über Ungereimtes

300 Zeedel und 60 Schnitzelbankgruppierungen: Es fällt schwer, aus dem riesigen Tummelfeld der gereimten Fasnachtsliteratur eine Auswahl zu treffen. Wir versuchen es trotzdem. Was das Baseldeutsch betrifft, so geben wir wie gewonnt Originalzitate wieder – mit Ausnahme der Korrekturen einiger Tippfehler …

Zuerst zum grossen Thema des zu Ende gehenden Jahrtausends:

Nur will jetz s Joorduusig keert
isch die ganzi Wält versteert.
Me kennti maine, bi uns unde
haig ebber d Zyt grad ney erfunde.
‹Wachet uff und leend eych saage,
die letschti Stund het gly scho gschlaage.
Denn wird zersteert mit Fyr und Schwärt
unseri Wält, dä Sindehärd.
Drenned eych vo Gäld und Hab,
s nitzt eych nyt me dert im Grab.
Spändet uns, mir finde s gail
und garantiere s Seelehail.›
So riere d Seggte d Wärbedrummle,
sueche Dummi und beschummle
jeede mit vyyl Hokus-Pokus
und d Moral blybt uff em Lokus.
Zeedel Alti Stainlemer Jungi Garde

Goldig, aber dekadänt
Simmer am Johrdausig-Änd!
Laternenvers Junteressli

Und das Millenniums-Sujet wird geschickt mit jenem Sujet zusammengehängt, das uns wohl noch tausend weitere Jahre beschäftigen wird: den Basler Fussballern:

S wär schad wenn s neye Joggeli stoot
und d Wält nochhär grad untergoot.
Laternenvers Schnurebegge

Dr FCB-Umzug goht vo statte
vom Joggeli uff d Schitzematte,

hoffentlig duet s au ebbis nitze,
und us de ‹Joggeli› wärde Schitze.
Schnitzelbank Pierrot

Die Bären waren in diesem Jahr allgegenwärtig – sei es wegen der neuen alternativen Bärengesellschaft im Kleinbasel oder wegen des kitschigen Maskottchens der Basler Strassenbahnen:

D Bääregsellschaft syg historisch
nur glaubt kai Knoche ass das wohr isch.
Laternenvers Olympia Alte Garde

Mir hän dä Bär zer Kenntnis gno.
Verlang nit no, er gfall is;
Mir wänn en aber läbe lo.
Mir sinn jo nit im Wallis.
Zeedel Olympia Alte Garde

Wie wär s mit ere ‹Schällezumft›,
sy wär fir d Drämmlifiehrer:
Schälle, statt brämse mit Vernumft,
im Ainser und im Vierer.
E Zumftdier hän sy schliesslig au,
dä glatti BeVauBär.
Zem Faarstil basst zwor besser d Sau,
doch die git nit vyyl här.
Zeedel die Antygge

Dr Waagefiehrer Haiggi Hayer
funggt dr Laitstell us sym Zwaier:
Y kumm am Baanhoof nimm vom Flägg,
d Schiine sinn voll Bääredrägg.
Schnitzelbank Gluggersegg

Kurz und prägnant zum Kunstereignis der verhüllten Bäume, das durch sein abruptes Ende allenthalben für Ärger sorgte:

Au ych ha die verhillte Bäum welle gseh,
bi uff Rieche gfahre und s Unggligg isch gscheh:
Bi dr Parkplatzsuechi han y e Runde drillt –
in däre Zyt hänn si d Bäum scho wider enthillt.
Schnitzelbank Fäärimaa

Die farbige Kieh z Ziiri sinn wirgglig sauglatt
sinn luschtig und schön – im Kontrascht zue dr
Stadt
drum sin si jo aagschrubt, boden eebe
ich wüsst au nit, was die sunscht in Ziiri kennt
heebe.
Schnitzelbank Fäärimaa

*Auf nationaler Ebene hat die Landesausstellung
Expo.01 – oder .02 – oder gar nicht? – für Schlagzeilen gesorgt:*

Ich ha e Froog wo my unter de Neegel brennt
wie goots jetz wytter mit dr EXPO und dr Fendt
denn nach dr Pipi ka nur aini no die Stell ha
aini wo Wunder wirggt und das wär d Uriella.
Schnitzelbank dr Schorsch

*Und, wollte da nicht Herr Piccard mit seinem
Ballon das Reich der Mitte überfahren?*

Hoffedlig bringt is dä Piccard mit sym bleede
Balloon
nit mit China in e bränzligi Situation.
Das China, das isch e Milliarde-Macht;
wenn doo e Sammelglaag käämt, denn guet Nacht!
Schnitzelbank Betty & Bossi

*Wenn wir schon beim Sport sind: Doping-Skandale
füllten auch im vergangenen Jahr die Gazetten:*

E Bobsleighfahrer, ganz e myyse,
sufft, dass sich d Yse nit veryyse,
us dr Fläsche in sym Kittel
e halbe Liter Froschtschutzmittel.
Dr Zülle schifft vor luter Droge
finffarbig, wien e Räägebooge.
Zeedel Die Primidoofe

*Wenn es auch um die Probleme rund um Raubgold
und Sammelklagen ein wenig ruhiger geworden ist
– das Thema wird uns noch weiter beschäftigen:*

In der Pause stoot dr Hansli uf e Stuehl
und rieft: ‹Mit pfallt das nümm, das is e Saich, die
Suel›.
Är ziet e Blatt zem Schuelsagg us und gläbbts an
d Schyybe:
‹Das is e Sammelklaag. Miend nur no untersryybe.›
Schnitzelbank Singvogel

Nach em Raubgold, das isch jetz eso,
solls der Raubkunscht au an Krage go.
Ich klag jetz y, du kaschs nit fasse,
y will s Raubgäld zrugg vo der Kranggekasse.
Schnitzelbank dr Batzeglemmer

*Ein Beispiel, wie man mit einem delikaten Thema
auch subtil umgehen kann:*

Wenn ych esoo wär wie dr Bill,
und d Frau nit esoo, wien ych s gärn will,
suecht ych mir au statt dr Hillary
e Monica, aber e bitz e stillery.
Schnitzelbank Pierrot

*Zum exklusiven Sujet der kommerziellen Reakti-
vierung der Kaiserin Sissi zum Thema ‹Son e
S(ch)issi›:*

Z Wien duet me d Kaisergrotte mischte,
holt d Sissi uus dr Mottekischte.
Doch hesch nit lang druff warte miesse,
kasch si uff andri Arte gniesse,
denn me verkauft, s isch wunderbaar
(und glyy scho isch dä Blunder raar),
e Sissi-Eel, zem d Schaiche baade,
e Sissi-Stai bi waiche Waade.
Diäät, zem z diggi Gstalte rette
und Sissi-Milch, zem d Falte glette.
Trotz Sissi-Schuum fir wyssi Bysser,
sinn d Bysser vo dr Sissi wysser.
Zeedel VKB

*Und schliesslich noch eine Horror-Vision der Basler
Fasnacht. In diesem Zeedel wird wieder einmal die
wohl schwierigste Art des ‹Värslibrinzle›, nämlich
der Schüttelreim, meisterhaft zelebriert:*

Scho tschiengge fremdi Muggegaischter
im Schlepptau vo de Guggemaischter
uus Schangnau-Wescht im Rolle-Dusch
und bringe mit e dolle Rusch.
Me gseet dno koo e Schääsebogg,
druff jääst e rääse Bääseschogg;
im Kaare, wenn s no bunter kunnt,
do hogge Kölner kunterbunt
mit Naarekappe, bleede Rääre,
wo iiri Büttereede blääre.
S git Wääge, wo in Wäägestette
vor ihrer Baiz uff Stääge wette:
Me kennt, wenn d Wintersinger Rammle,
sich deert fir d Fasnacht Ringer sammle
und denne z Ziiri-Schwamedinge
dr Spreier geege Dame schwinge,

dr Bummel uff Minusio fiehre
und zletscht in Basel fusioniere.
Dr Cortège goht bis Rieche Gränze,
s Stoggige, drum grieche Ränze,
wo vorne schwäri Drummle bample,
mit Pfyffer, wo statt bummle drample,
und gehn in d Gnelle d Gwelle wääle,
well sy sich nimme welle gwääle,
und lande im e myyse Grotto;
deert gilt fir d Fasnacht s Gryyse-Motto:
Wenn ebber Bryys und Gäld verweert,
isch das in unsrer Wält verkehrt,
und machsch im beschte Fall prosit,
git s au im Baizesaal Profit.
Zeedel Schnooggekerzli Alti Garde

Zwischendurch müssen auch die Stärksten sich stärken.

Basler Fasnacht im Museum   *Dominik Wunderlin*

‹Basler Fasnacht – Menschen hinter Masken›.
Mehr als neun Monate lang konnte man 1999 die ‹schönsten drei Tage› geniessen:
vom 18. Februar bis zum 5. Dezember in der vielbeachteten Sonderausstellung
des Museums der Kulturen.
Der Erfolg könnte Ansporn sein, der Basler Fasnacht im Museum
einen festen Platz einzuräumen.

Museumsreif, nein museumsreif sei die Basler Fasnacht keineswegs, resümierte die ‹National-Zeitung› wenige Tage nach der Fasnacht 1967. Der Grund für diese Feststellung lag in einer zuvor geführten öffentlichen Debatte, ob in der Stadt ein Fasnachtsmuseum eingerichtet werden sollte – ein Thema, das selbstverständlich auch an der Fasnacht selbst Beachtung fand. Und deutlich war die Abfuhr, der ‹Zugzeedel› der Spezi-Clique resümierte sie mit folgenden Zeilen:

Mr sage dr's jetz dyttlig: «Los,
e Basler Fasnacht gheert uff
d'Stross
und het – kasch deybele und
flueche –
imme Museum gar nytt
z'sueche!

Schon 1963 war ‹e Bebbi-Fasnachts-Museum› ein Fasnachtssujet gewesen. Es zeigte sich, dass sogar innerhalb derselben Clique die Meinung geteilt sein konnte. Während der Stamm der Fasnachtsgesellschaft Gundeli nichts von einem ‹Musée Carneval› hielt («Aex mir sin drgege»), sprach sich die ‹Jungi Gundeli› dafür aus:

Aexgyysi – mir hän nit gärn
Krach
mir mechte gärn – vo eltere Heere
die alt-guet Fasnacht leere. (...)
Und drum mues eifach – nunde-
fahne
das Fasnachts-Museum – trotz-
däm ane!!

Seitdem ist viel Wasser den Rhein hinunter geflossen, und immer wieder einmal tauchte das Thema auf: Von Ende Oktober 1967 bis Januar 1968 fand im Volkskundemuseum – aus Anlass der Basler Tagung des Tübinger Arbeitskreises für Fasnachtsforschung – eine vielbeachtete Ausstellung zur ‹Basler Fasnacht› statt. Auch in der im Frühling 1968 eröffneten Schau ‹Schweizerische Volkskunst›, die zusammen mit Pro Helvetia verwirklicht wurde und zuvor in München, Nürnberg und Darmstadt zu sehen war, fand sie gebührend Würdigung. 1987 wurden Basler Larven aus den eigenen Beständen in Kombination mit Fotografien von Rolf Jeck gezeigt.

Das Volkskundemuseum widmete ab 1953 dem europäischen Maskenbrauchtum einen ganzen Saal und erwies dort mit einigen repräsentativen Gegenständen auch der hiesigen Fasnacht Reverenz. Wer indes mehr Basler Fasnachtsluft schnuppern wollte und will, der lenkt seit November 1990 seine Schritte ins Ortsmuseum Binningen, wo im Dachgeschoss ‹Basler Künstlerlarven 1925–1984 aus dem Atelier Ad. Tschudin› (Sammlung Ruth Eidenbenz-Tschudin) zu bewundern sind.

Die Sonderaustellung 1999

Das Projekt einer vollständigen Neugestaltung des vorerwähnten Maskensaals im nunmehrigen ‹Museum der Kulturen Basel› wurde zum Anlass genommen, die grosse Sonderausstellung ‹Basler Fasnacht – Menschen hinter Masken› auszurichten. Als Hauptsponsor fand sich die Basler Kantonalbank. Sie feierte 1999 ihr 100jähriges Bestehen und machte mit ihrer Unterstützung der Basler Bevölkerung ein ganz besonderes Geschenk. Finanzielle Beiträge leisteten auch der Kanton Basel-Landschaft (aus der Kulturpauschale) und die GGG. Zusammen mit den ordentlichen Mitteln ermöglichten diese Zuwendungen eine Schau, die sich würdig an die legendäre Ausstellung von 1945 in der Kunsthalle anfügte, welche seinerzeit im sech-sten fasnachtslosen Jahr vom Fasnachts-Comité veranstaltet wurde.

Im Bewusstsein, dass eine Ausstellung zur Basler Fasnacht stets nur ein unvollständiges Abbild dieses städtischen Volksfestes sein kann, wurde die Aufgabe angegangen. Es entstand eine Präsentation, welche dem einheimischen und dem fremden Besucher einen facettenreichen Einblick in das Basler Narrentreiben vermittelte. Anhand vieler Originaldokumente, teilweise Leihgaben aus privatem und öffentlichem Besitz, erfuhr man viel über das Werden und Wesen dieses Festes und das einheimische Kunstschaffen.

Ein Junteressli und zwei Grossvergrösserungen von Fotografien des deutschen Top-Fotografen Dieter Blum empfingen die Besucherinnen und

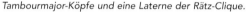

Tambourmajor-Köpfe und eine Laterne der Rätz-Clique.

Besucher im Erdgeschoss. Eine Auswahl weiterer Bilder von Dieter Blum, der zusammen mit den Ausstellungsmachern Urs Ramseyer und Dominik Wunderlin auch für die einzigartige Begleitpublikation verantwortlich zeichnete, begleiteten sie zu den Ausstellungsräumen im 2. Stock. Hier wurde man im Vorraum von einigen älteren Tambourmajor-Köpfen und von der Laterne der Rätz-Clique aus dem Jahre 1927 begrüsst. Den Hauptraum beherrschten über dreissig Maskierte, vom Hippie über den Mönch, die alte Tante, den Harlekin, den Tour-de-France-Radfahrer bis zum Lälli-Tambourmajor aus dem Jahre 1939. Rund um diese Figuren, welche sich auf überdimensionierten Räppli-Stükken – dem konsequent eingesetzten Gestaltungsmittel – träumerisch bewegten, wurden verschiedene Themen der Basler Fasnacht behandelt: hier in geraffter Darstellung die historische Entwicklung der Umzugsfasnacht, dort die Entstehung einer Fasnachtsplakette und an einem dritten Ort die verschiedenen traditionellen und auch die (noch) weniger traditionellen Speisen der Fasnachtszeit.

Breiteren Raum nahm die typische Fasnachtsmusik ein. Der Besucher konnte sich hier vertraut machen mit dem heiligen Ernst des Trommelns und Pfeifens und dem musikalischen Erbe militärischer Traditionen. Neben einigen historischen Trommeln und Pfeifen waren auch die Produktionsschritte der beiden heute wichtigsten Musikinstrumente unserer Fasnacht zu sehen.

Die Guggenmusiken und die Laternen verfügten je über ein eigenes Kabinett. Als Prunkstücke gab

Larve ‹dr Stadtindianer› der Clique ‹d Kuttlebutzer›.

es zwei gut erhaltene Laternenseiten aus der Zeit um 1880, die Zugslaterne der CCB von 1920 sowie eine Zyschtigsziigli-Laterne von Niklaus Stoecklin von 1956 zu bewundern.

Eine weitere Abteilung gewährte Einblick in die hohe Kunst der Kostüm- und Larvenmacherei und machte deutlich, dass gute Einfälle bei der Larvengestaltung kein neues Phänomen sind. Ein besonderer Leckerbissen waren hier die skurrilen Köpfe von Jean Tinguely, Christoph Gloor und Max Kämpf sowie der von Joseph Beuys 1978 für die ‹Alti Richtig› zum Sujet ‹Feuerstätte 2› geschaffene ‹Kunstbetrachter›.

Auch die Fasnachtsliteratur, die Schnitzelbänke und die einst hohe Zeit der Maskenbälle erfuhren

die ihnen zustehende Würdigung, die zugleich auch eine Hommage an die Basler Plakatgrafiker war.

Um dem Ausstellungsbesucher die besondere Entwicklung unserer städtischen Fasnacht noch auf eine andere Art vor Augen zu führen, gab es am Ende des Rundganges einen abgedunkelten Sektor, wo ausgewählte Objekte und eine Lichtinstallation zum fasnächtlichen Feuerbrauchtum der Regio Basiliensis zu sehen waren, unter anderem auch einige typische Maskengestalten aus dem schwäbisch-alemannischen Fasnachtsgeschehen.

Auf dem ganzen Gang durch die Ausstellung kamen nicht nur die Augen, sondern auch das Gehör auf die Rechnung: An zwei Stationen konnte man über Kopfhörer Trommler- und Pfeifermelo-

Cortège und Guggemusik – Blick in die Ausstellung.

dien und Schnitzelbänkler geniessen, zudem wurden die Ausstellungsräume in unterschiedlichen Intervallen durch fasnächtliche Klänge und Strassengeräusche beschallt.

Fast während der ganzen Zeit der grossen Sonderausstellung, die vom 18. Februar bis zum 5. Dezember 1999 dauerte, ergänzten im 1. Stock zwei kleinere Sonderausstellungen das Projekt in sinnvoller Weise: Zuerst wurden in einer Retrospektive 18 Laternenseiten sowie Skizzen und Kohlenstiftentwürfe gezeigt. Sie gaben einen Überblick über das Schaffen des Laternenmalers Ernst Rudin, der zwischen 1954 und 1988 ausschliesslich die Zugslaternen der Rumpel-Clique malte und sich durch seinen Bilderbuch-Stil einen grossen Beliebtheitsgrad erwarb. Danach machte die Ausstellung ‹Imaacharen – Masken am Rande der Sahara› in fantastischen Fotografien von Andri Pol mit einem südmarokkanischen, hierzulande bislang weitestgehend unbekannten Maskenbrauch vertraut.

Selbstverständlich wurde die grosse Sonderausstellung ‹Basler Fasnacht – Menschen hinter Masken› durch Begleit-Veranstaltungen ergänzt. Neben normalen Führungen (auch viele für Fasnachtsgesellschaften), wo das Museumsteam auf wertvollste Weise von BaselTourismus unterstützt wurde, fanden thematische Führungen statt wie spezielle Ausstellungsgespräche zur Fasnachtsmusik, Kurzführungen über die einzelnen Maskentypen oder zu ausgewählten Masken anderer Kulturen unserer Erde. Auf dem Programm standen auch Referate von Fasnachtsinsidern, packende Gespräche mit dem Laternenmaler, dem Larvenkünstler und dem Plakettenproduzenten, Besuche in einem Cliquenlokal, in der traditionsreichen Verleihfirma Kostüm Kaiser und in der alten Larvenmanufaktur Magne sowie in auswärtigen Fasnachtsmuseen. Ausserdem gab es eine Anzahl von Kinderworkshops. Sie alle stiessen auf grosses Interesse.

Die gewonnenen Erfahrungen sind sehr wertvoll und zeigten, dass die Akzeptanz für eine Präsentation der Basler Fasnacht in einem Museum grösser geworden ist. Für das Museum der Kulturen ist dies ein weiterer Ansporn für sein längst erklärtes Vorhaben, in der neuen Dauerausstellung über das europäische Maskenbrauchtum der Basler Fasnacht den ihr gebührenden Platz einzuräumen und damit Einheimischen und Fremden ganzjährig einen Zugang zu diesem städtischen Brauchphänomen zu bieten.

Literatur

Dieter Blum/Urs Ramseyer/Dominik Wunderlin, Basler Fasnacht – Menschen hinter Masken. Basel 1999.

50 Jahre
‹Fasnachtsgsellschaft Gundeli› *Markus Breisinger*

**Für einige die erste, für andere die siebte, die zehnte, die zwanzigste …
Für zwei aber ist es die fünfzigste ‹Gundeli›-Fasnacht: für Paul Weber, den Initianten
der ‹Gundeldinger-Clique›, und für Werner Gallusser, den Mitbegründer.**

Fasnachtsmittwoch, halb neun Uhr abends: 220 von insgesamt über 250 Aktivmitgliedern stehen bei der Migros Kirschgarten bereit und warten auf das Kommando des Tambourmajors. Alle freuen sich auf den bevorstehenden, gemeinsamen Abmarsch und den letzten Abschnitt dieser Jubiläumsfasnacht. Die Jüngsten sind fein säuberlich eingereiht und zwischen die ‹Alten› gepackt. Paul Weber und Werner Gallusser erfasst ein ganz besonderes Gefühl. Sie sind stolz auf diesen Riesenharst. Beide gehören jetzt zu den ‹Gundeli-Gniessern›, der 1982 gegründeten Alten Garde. Seit 50 Jahren sind sie dabei – und haben keine einzige Fasnacht ‹verpasst›.

Der Anfang – eine Vision
Schon von früher Jugend an war Pauli Weber von der Fasnacht fasziniert, obwohl er nicht in einer Fasnächtlerfamilie aufwuchs. Anfang der 30er Jahre bestanden jedoch für einen Knirps kaum Möglichkeiten, in einer Clique Fasnacht zu machen, schon gar nicht im Gundeldinger-Quartier. Nach Kriegsende, als der Fasnacht wieder Leben eingehaucht wurde, bedauerte Pauli Weber, dass das mittlerweile grosse Gundeli über keine eigene Fasnachtsgesellschaft verfügte, wie dies in einigen anderen Stadtquartieren der Fall war.

So erliess er im Februar 1949 in seiner ‹Gundeldinger Chronik› einen ersten Aufruf, in dem er sein Bedauern darüber öffentlich ausdrückte. Er forderte einen ‹Morgestraich im Quartier›. Doch nur einige wenige, zu wenige, meldeten sich, so dass er im Mai nachdoppelte mit den Worten: «Achtung! Achtung! Gundeli Clique 1950 – Die nächste Fasnacht soll eine neue Clique aufweisen, und zwar wird sie über die Peter-Merian-Brücke zur Innenstadt marschieren. Es soll die Gundeldinger-Clique sein.»

Dieser zweite Aufruf fuhr ein. Am Donnerstag, den 7. Juli 1949 trafen sich 18 Personen im Sitzungszimmer des Gundeldinger-Casinos. Schon eine halbe Stunde später war die Gundeliclique gegründet, und Pauli Webers Bubentraum ging in Erfüllung.

Die Clique wurde explizit als eine der Gundeldinger Quartierbevölkerung dienende Fasnachtsgesellschaft ins Leben gerufen. Nur das Fasnachts-Comité wollte nicht zur Kenntnis nehmen, dass es sich nicht um eine Abspaltung von anderen Gesellschaften handelte, wie dies in jenen Jahren oft der Fall war. Die seinerzeit neu eingeführte Regel, wonach eine Clique sich drei Jahre bewähren musste, bevor sie in den Genuss von Subventionen kam, gab entsprechenden Zündstoff. «Wo isch dr alti Fasnachtsgaischt?» hiess dann auch das erste Sujet, und dem Comité wurde gehörig die Meinung gesagt.

8 Pfeifer, darunter der bekannte Komponist Karli Roth und der junge Hans Schneider, der 25 Jahre als Instruktor die musikalischen Geschicke der Gesellschaft ganz entscheidend mitprägte, 6 Tambouren, unter ihnen Werner Gallusser, ein stolzer Vortrab mit Vorreitern, unter anderen der immer noch aktive Albi Keller, und ein pferdebespannter Wagen, auf dem der Gründungsvater Pauli Weber sass, präsentierten sich den Zuschauern. Selbstverständlich fehlten weder Laterne, Tambourmajor noch Zeedel.

Die ‹Gundeli› im Quartier

Es war von Anfang an das erklärte Ziel der Gründer, eine Trommel- und Pfeiferschule ins Leben zu rufen, die der Gesellschaft die Möglichkeit gab, den Mitgliedernachschub aus der Quartierbevölkerung zu gewährleisten. Zwischen 1950 und 1977 organisierte die Gundeli Keruus-Bälle im Gundeldinger-Casino, das in den ersten 25 Jahren die Drehscheibe, der Mittelpunkt des Gesellschaftslebens der Clique bildete.

Mit der Eröffnung des Cliquenkellers im Dezember 1974 verlagerte sich der Schwerpunkt des Zusammenseins ins Thiersteinerschulhaus, wo seit der Gründung die Übungsstunden stattfinden – und zwar bis heute für alle Gruppierungen jeweils am Freitag. Dies ist wohl ein Hauptgrund für den guten Zusammenhalt und die Tatsache, dass trotz der Grösse immer noch jeder jeden kennt.

Die Junge Garde

Schon das Reglement will, dass zu einem Stammverein eine Junge Garde gehören soll. Sie wurde 1952 gegründet und ist dank besonderer Pflege und Zuwendung das eigentliche Herzstück der Gesellschaft. Ausgezeichnete Trommel- und Pfeiferkurse sowie eine fürsorgliche Betreuung und Führung garantieren dem Stammverein Nachwuchs. Über zwei Drittel der Stamm-Fasnächtler haben irgendwann einmal die interne Schulbank gedrückt. Und gut zwei Drittel der jungen Fasnächtlerinnen und Fasnächtler wohnen im Gundeldinger-Quartier.

Gundeli-Märsche, Uraufführungen und Drummeli-auftritte

Märsche wie d Brite (1963), dr Naarebaschi (1971) vom damals noch aktiven Gundelianer René Brielmann und dr Rossignol (1974) von Hans Schneider markieren den ‹Gundeli-Stil› und machen die ohnehin schon durch Pfeiferkönige und mehrere Gruppensiege am Brysdrummlen und -pfyffe bekannte Gundeli zum Mass der Dinge. Insgesamt 29mal erkämpfte sich ein Gundeli-Pfeifer oder eine Gundeli-Pfeifergruppe den ersten Platz an diesem Wettbewerb.

1978 stellte die Gundeli die Strassenfassung des von George Gruntz komponierten ‹Nunnefirzli› vor – für damalige Verhältnisse exotische Fasnachtsmusik, insbesondere für einen Stammverein. Zwei Jahre später wartete sie mit einer weiteren Première auf: Der heute stadtbekannte ‹Altfrangg› wurde auf der Drummelibühne zum besten gegeben und garantierte für nachhaltigen Erfolg. Weitere ‹Gundeli-Kompositionen› folgten mit dem Irländer, Dante Schuggi, Fyyrhernli, Rhysprung (von Thomas Heid) und Hornpipes. ‹S Fudiweggli› von Profimusiker George Gruntz wird als Jubiläumsmarsch in die Gundeli-Geschichte eingehen.

Die ‹Gundeli-Gniesser›

Unkompliziert, aber professionell, vorausschauend und schnell hat die von der Stamm-Generalversammlung im Frühjahr 1982 eingesetzte Kommission die Gründung einer Alten Garde vorbereitet. Schon am 19. November des gleichen Jahres konnte im Beisein der Gründungsgotte Rita Andermann und Götti Ruedi Walter die gediegene Tauffeier der Gundeli-Gniesser abgehalten werden.

In Charivari, aber mit einheitlichen Larven präsentierte sich der erste ‹Gniesser›-Zug an der Fasnacht 1983 mit 7 Vorträblern, 17 Pfeifern, 7 Tambouren und einem Tambourmajor.

Grosser Wert wird der Erhaltung des Kontaktes zum Stammverein beigemessen. Gemeinsame Übungsabende mit anschliessendem Hock im Cliquenkeller, Ständeli und alle zwei Jahre ein Herbstbummel sorgen dafür, dass in der zum Grossverein angewachsenen Clique niemand ins Abseits gerät.

Von der Männergesellschaft zur gemischten Grossfamilie

An der Gründungsversammlung war das Thema Frauen ein heiss diskutiertes Traktandum gewesen. Damals wurde «auf Grund schlechter Erfahrungen» von anderen Cliquen auf die Aufnahme von Frauen verzichtet. Sie gründeten 1978 ihre eigene Clique, die Gundeli-Gumsle. 45 Jahre dauerte es, bis aus dem reinen Männerbund eine partnerschaftliche Gesellschaft wurde. 1994 stimmte dann nach langer Vorbereitungszeit die Generalversammlung aller Gruppierungen einer Fusion zu.

Das Jubeljahr

Verschiedene Aktivitäten haben das Jubeljahr zu einem erinnerungswürdigen Teil der Cliquengeschichte gemacht. Veranstaltungen, an denen alle Gruppierungen beteiligt waren, wie ein Wandertag mit Grillplausch, ein Sponsorenlauf und die gelungene Hauptfeier im Restaurant Mittenza sind ebenso bleibende Erinnerungen wie das von den Cliquenkünstlern Pitt Rüegger und Markus Weber gemeinsam geschaffene Jubiläumsbild und das Jubiläumsbuch.

Die Fasnachtsgesellschaft Gundeli steht auf vielen und vor allem gesunden Füssen und ist weder aus dem Quartierleben im Gundeli noch aus der Basler Fasnachtsszene wegzudenken. Das im Buchhandel erhältliche, von Werner Gallusser, Fritz Egger und Markus Weber verfasste Jubiläumsbuch ‹Fasnachtsgesellschaft Gundeli 1949–1999›, welchem die im Text zitierten Stellen entnommen sind, vermittelt in Geschichten und Berichten die bereichernde Vielfalt dieses Gesellschaftslebens.

Chronik

Chronik 1999

zusammengestellt von Paul Roniger

Januar	**1.**	Universität	Die neue Personalordnung der Universität schafft den Beamtenstatus ab und ersetzt ihn durch öffentlich-rechtliche Anstellungen.
	4.	Regierungsrat	Der Regierungsrat verleiht den Basler Verkehrs-Betrieben und den Schweizer Bundesbahnen auf Kantonsboden die Verfolgungs- und Verzeigungszuständigkeit.
		Amt für Umwelt und Energie	Unter der interimistischen Leitung von *Germain Della Bianca* nimmt das neue Amt für Umwelt und Energie (AUE) seinen Betrieb auf; es umfasst das bisherige Gewässerschutzamt, die Koordinationsstelle für Umweltschutz und die Abteilung Energie.
	5.	Wetter	In Basel werden frühlingshafte Temperaturen bis 15 Grad Celsius gemessen.
	9.	Zolli	Mit der Geburt des Giraffenmädchens ‹Wari› und des Gorillabuben ‹Joas› kann der Zolli am gleichen Tag zweifachen Nachwuchs vermelden.
	10.	Swiss Coin	Im Stadtcasino findet an diesem Wochenende eines der grössten europäischen Computerspielturniere statt, an welchem fast 200 junge Leute aus 7 Ländern teilnehmen.
	11.	Sportler des Jahres	An der von *Erziehungsdirektor Stefan Cornaz* vorgenommenen Sportlerauszeichnung gelangt der Tennissport zweimal zu Ehren: bei den Damen wie im Vorjahr durch *Patty Schnyder* und bei den Herren durch *Roger Federer*. Den Mannschaftspreis dürfen die Wasserfahrer *André* und *Valerio Stalder* vom Rhein-Club Breite entgegennehmen.
		Messe Basel plus	*Baudirektorin Barbara Schneider* und *Wiso-Vorsteher Regierungsrat Ralph Lewin* stellen an einer Medienkonferenz das neue Messeplatz-Konzept vor, welches als herausragende Projekte einen Messeturm und eine Tramschlaufe am Badischen Bahnhof vorsieht.
		Kabelfernsehen	Nach diplomatischer Intervention auf eidgenössischer Ebene schafft die Balcab die technischen Voraussetzungen dafür, dass – ohne Aufgabe eines bestehenden Senders – drei türkische Fernsehkanäle Aufnahme ins Basler Kabelnetz finden.
	12.	Kleinbasler ‹Bären-Tag›	Die letztes Jahr ins Leben gerufene Kleinbasler ‹Gesellschaft zum Bären› führt, ausgehend vom Matthäusplatz und endend im Restaurant Schwarzer Bären an der Rheingasse, ihren ersten ‹Bären-Tag› durch, dessen Höhepunkte ‹Bärentänze› in drei Kleinbasler Schulhöfen und ein gutbesuchtes ‹Bäre-Mähli› in der Reithalle der Kaserne bilden.

Skyline im Klein-basel:
Am 11. Januar wird das neue Messeplatz-Konzept der Öffentlichkeit vorgestellt.

13.	Offene Kirche Elisabethen	Zum 100. Male findet in der Offenen Kirche Elisabethen das 1995 von der Christoph Merian Stiftung initiierte und von Mitgliedern der Musik-Akademie bestrittene Mittwoch-Mittag-Konzert statt.
	Vogel Gryff	In der Nacht gefallener Schnee bildet im Rebhaus-Jahr die winterlich-verzauberte Kulisse zum Kleinbasler Ehrentag mit *Botschafter Thomas Borer* als Ehrengast am Gryffe-Mähli, wo der Vorsitzende Meister ein Bekenntnis zum Schweizer Milizsystem und zur Jugend ablegt.
	Musical Theater Basel	Neustart vor vollbesetzten Rängen im Musical Theater Basel mit erfolgreicher Premiere der ‹West Side Story›.
14.	EuroAirport	Nach fast vierstündiger Debatte gibt der Baselbieter Landrat den basellandschaftlichen Investitionsanteil von 33 Mio. Franken für den Ausbau des EuroAirport Basel–Mulhouse–Freiburg frei.
15.	Zolli	Die drei von der Migros Basel dem Zolli zu seinem 125-Jahr-Jubiläum geschenkten Jungelefanten Maya, Rosy und Yoga treffen gesund in Basel ein.
	Projekt Nikt@bas	Schlüsselübergabe durch *Erziehungsdirektor Stefan Cornaz* und Vernissage des Nikt@bas-Projekts der Universität Basel, mit dessen Realisierung bis Ende 2000 jedem Basler Schulhaus der Zugang zu Multimedia und Internet ermöglicht wird.

| | Schauspielhaus | Gründung der ‹Stiftung Schauspielhaus Ladies First›, die es sich zum Ziel gesetzt hat, den Privatfinanzierungsanteil zum Bau des neuen Schauspielhauses auf dem Ganthaus-Areal beizubringen. |

16. † † *Prof. Dr. theol. Oscar Cullmann* (96), protestantischer Basler Theologe, 1938–1972 Lehrer an der Universität Basel, 1968 Rektor, weltweit einer der bedeutendsten Theologen des Jahrhunderts.

18. ‹Juden in Basel› Vernissage der Schrift ‹Juden in Basel› im Jüdischen Museum. Das Werk von *Prof. Heiko Haumann* soll der Judenfeindlichkeit entgegenwirken und ist auch zur Lektüre an den Mittelschulen der beiden Basler Halbkantone vorgesehen.

19. Messe Basel Für das Geschäftsjahr 1997/98 meldet die Messe Basel einen Rekordumsatz von 141 Mio. Franken: Trotz weniger Messen konnten mehr Aussteller und Besucher angelockt werden.

100 Jahre Basler Kantonalbank Am 26. Januar 1899 per Gesetz vom Grossen Rat ins Leben gerufen, feiert die Basler Kantonalbank mit einem Jubiläumsanlass im Festsaal der Messe Basel im Beisein von *Bundesrat Kaspar Villiger* und 650 weiteren Gästen ihr 100jähriges Bestehen.

20. Tinguely in Leipzig Im Bahnhof von Leipzig wird der ‹Grosse Luminator› enthüllt, der seit 1991 die Basler Bahnhofshalle schmückte und nun für zwei Jahre an die Stadt an der Pleisse ausgeliehen wurde.

EuroAirport Eine Woche nach dem Baselbieter Entscheid sagt auch der Basler Grosse Rat, mit 69 gegen 33 Stimmen, Ja zum Kantonsbeitrag von 38,3 Mio. Franken für den Ausbau des EuroAirport Basel–Mulhouse–Freiburg.

Grosser Rat Das Parlament wählt *Justizdirektor Hans Martin Tschudi* an die Spitze der Regierung und *Erziehungsdirektor Stefan Cornaz* zu seinem Stellvertreter. Grossratspräsident wird *Rudolf Grüninger* (FDP), Statthalter *Markus Ritter* (Grüne/Basta).

Chicago Jazz Club Mit dem Chicago Jazz Club öffnet im Keller des Hotels Hilton das erste Basler Lokal für traditionellen Jazz seine Pforten.

22. World Money Fair Als ‹Münzenbörse› 1972 ins Leben gerufen, präsentiert sich die heute beginnende Weltmesse für Numismatik und Goldhandel unter dem neuen Namen ‹World Money Fair›.

23. Brysdrummlen und -pfyffe Die Trommelkönige 1999 heissen *Alain Martin* bei den Alten und *Lukas Minder* bei den Jungen; bei den Pfeifern holen sich *Cathrin Cattelan* bei den Alten und *Christelle Palma* bei den Jungen die Krone.

24. Film-auszeichnung In Los Angeles wird der vom Basler *Arthur Cohn* produzierte Film ‹Central Station› als bester fremdsprachiger Film mit dem ‹Golden Globe Award› ausgezeichnet.

		Ferienmesse	Die dreitägige, von 385 Ausstellern gestaltete 13. Basler Ferienmesse hat rund 30 000 Besucher angelockt.
	25.	Theater Basel	Der Verwaltungsrat der Theater Basel verlängert einstimmig den Vertrag von *Theaterdirektor Michael Schindhelm* um drei weitere Jahre.
		Feierliche Ehrung	Mit einer Feierstunde ehrt der Regierungsrat in corpore den im Dezember vergangenen Jahres zum Präsidenten des Bundesgerichts gewählten Basler *Martin Schubarth*.
		Grosser Rat	Mit grossem Mehr befürwortet der Grosse Rat, beim Souverän eine Totalrevision der Kantonsverfassung zu beantragen.
		Wirtschaft	Der Basler *Alex Krauer* wird für vier weitere Jahre als VR-Präsident der UBS bestätigt.

Februar	**2.**	Swissbau 99	Wahrzeichen des heute beginnenden, von rund tausend Ausstellern beschickten wichtigsten Informationsforums des Schweizer Baumarkts ist der ‹Eyecatcher›, ein aus neuartigen Werkstoffen konstruiertes fünfstöckiges Gebäude mit Visionen für das Bauen im 21. Jahrhundert.
		Regierungsrat	Der Regierungsrat entnimmt dem Fonds für kantonale arbeitsmarktliche Massnahmen 9 Mio. Franken zur Finanzierung der Beschäftigung Arbeitsloser, die keine Entschädigungsansprüche mehr haben.
	3.	175 Jahre Anatomisches Museum	Als Lehrsammlung für die Anatomische Anstalt 1824 von Prof. Carl Gustav Jung ins Leben gerufen, legt das Anatomische Museum zu seinem 125jährigen Bestehen erstmals einen Museumsführer für die breite Öffentlichkeit vor.
	7.	Abstimmungs-Wochenende	Die kantonale Initiative ‹Umverteilung des Reichtums statt Erwerbslosigkeit› wird mit 78,2% Nein-Stimmen verworfen; bei den vier eidgenössischen Vorlagen liegt Basel-Stadt mit einem klaren Ja sowohl zur ‹Verfassungsänderung für die Wählbarkeit in den Bundesrat› als auch zur Transplantationsmedizin und einer knappen Annahme des Raumplanungsgesetzes im Bundestrend; die Vorlage ‹Wohneigentum für alle› dagegen wird mit weit deutlicherem Nein abgelehnt.
	9.	Wetter	Fast 30 Zentimeter Neuschnee, seit 13 Jahren die grösste in einem Tag gefallene Schneemenge, legen in Basel den Individualverkehr lahm und sorgen auch bei den öffentlichen Verkehrsmitteln für erhebliche Störungen.
	10.	BVB	Ohne Opposition genehmigt das Parlament zwei von der Regierung beantragte Kredite von insgesamt 23,46 Mio. Franken für Anschaffungen der Basler Verkehrsbetriebe, worunter zur Hauptsache 34 neue Niederflur-Autobusse.

11.	British Swiss Chamber of Commerce	Die 1920 gegründete ‹British Swiss Chamber of Commerce›, 1963 nach Zürich verlegt, eröffnet in Basel wieder eine Geschäftsstelle.
	†	† *Hans Fischer* (84), 1957–1980 Kantonaler Fachinspektor für das Turnen an den Primar- und Sonderschulen, Dozent am Institut für Sport der Universität; beeinflusste über Region und Land hinaus die Entwicklung des Schulsports.
12.	Musiklokal Atlantis	Mit Hunderten von geladenen Gästen und viel Showprominenz feiern die neuen Pächter *Simon Lutz* und *Jeannette Born* das ganze Wochenende über die Wiedereröffnung des traditionellen Musiklokals am Klosterberg.
16.	Regierungsrat	Für Bauvorhaben in den Bereichen Kultur, Sport, Schulen, Universität und Gesundheitswesen gibt der Regierungsrat gebundene Ausgaben von insgesamt rund 25 Mio. Franken frei.
18.	Wirtschaft	Die Aktionäre der Danzas AG stimmen der Aufhebung von Aktienübertragungs-Beschränkungen zu und ermöglichen so die Übernahme des Basler Speditions- und Logistikkonzerns durch die Deutsche Post AG. Der Hauptsitz bleibt in Basel.
	Nordtangente	Dreieinhalb Jahre nach Baubeginn wird der Durchstich in der 650 Meter langen Tunnelröhre zwischen dem Bahnhof St. Johann und dem Areal Rosenau gefeiert.

Auf Grossbasler Seite Schritt für Schritt in Richtung Frankreich – die Tunnelröhre St. Johann/Rosenau beim Durchstich.

		Fasnachts-ausstellung	Vier Tage vor dem Morgestraich findet, in Anwesenheit von *Regierungsrat Jörg Schild*, im Museum der Kulturen die Vernissage der Ausstellung ‹Basler Fasnacht – Menschen hinter Masken› statt.
	19.	Zolli	Überraschend stirbt die erst 22jährige Mahari, das jüngste geburtsfähige Elefanten-weibchen.
	21.	FC Basel	In einem Auswärtsspiel unterliegt der FC Basel dem B-Ligisten Stade Nyonnais nach Penaltyschiessen und scheidet damit aus dem Schweizer Cup aus.
	24.	Fasnacht	Entgegen dem Motto ‹Mer paggen us› stand die Basler Fasnacht 1999 eher im Zeichen des ‹Einpackens›: Regenschauer am Morgestraich, nur gelegentliche Aufhellungen am Dienstag und dann wieder Nässe mit Schneefall am Mittwoch machten den Regenschutz zum unentbehrlichen Requisit.
		Messe Basel	Die Messe Basel teilt mit, dass sie auf die vorgesehene Durchführung einer als ‹Teach + Learn 2000› bezeichneten Konkurrenzveranstaltung zur nach Zürich verlegten ‹Worlddidac› verzichtet.
März	**5.**	Muba 99	*Bundesrat Kaspar Villiger* eröffnet die grösste Publikumsmesse der Schweiz, in welche die Wohnmesse ‹Wohnsinn› und die Gartenmesse ‹Gardena 99› eingegliedert sind.
		Regio TriRhena	Der Rat der 1995 gegründeten trinationalen oberrheinischen Begegnungsplattform erhält mit dem Basler Juristen *Dr. Peter Gloor* erstmals einen Schweizer Präsidenten.
	6.	FC Basel	Mit einem 1:0-Sieg über Xamax Neuchâtel auf der Schützenmatte, wo während des Neubaus des St. Jakob-Parks die Heimspiele ausgetragen werden, startet der FC Basel in die Finalrunde der Nationalliga A.
	9.	Regierungsrat	Im Rahmen verschiedener Aktivitäten des Kulturaustauschs ‹Ciao Basilea–Ticino› und zu Ehren des Tessins, Gastkanton an der Muba, empfängt der Regierungsrat im Rathaus eine 50köpfige Tessiner Delegation.
	13.	Trinationales Umwelt-zentrum	In Weil a/Rh. wird, in Anwesenheit der Basler *Regierungsrätin Barbara Schneider* und der Vizepräsidentin des Oberrheinrates, *Rita Schiavi Schäppi*, das Trinationale Umwelt-zentrum eröffnet, an welchem Persönlichkeiten aus den Bereichen Ökologie, Politik und Wirtschaft der Regio beteiligt sind mit dem Ziel, gemeinsam Lösungen für Umwelt-probleme zu suchen.
	15.	Entomologie-Tagung	Ab heute tagen im Naturhistorischen Museum für eine Woche 550 Insektenforscher aus der ganzen Welt.

	EuroAirport	Mit 2714 gültigen (von insgesamt 3098 eingereichten) Unterschriften kommt gegen den baselstädtischen Investitionsbeitrag zum Flughafen-Ausbau das Referendum zustande.
18.	Staatsrechnung 1998	Mit einem Fehlbetrag von nur 33,6 Mio. Franken statt der budgetierten 300 Mio. schliesst die Staatsrechnung 1998 mit dem geringsten Defizit der neunziger Jahre.
	Historisches Museum	Das Historische Museum präsentiert einen um 1480 in Basel hergestellten Wirkteppich, den es bei einer Auktion in Paris für 870 000 Franken erwerben konnte.

Der nach 500 Jahren an den Ort seiner Entstehung zurückgekehrte Wirkteppich.

	Auszeichnung	In Würdigung ihrer aussergewöhnlichen wissenschaftlichen und klinischen Verdienste um die Logopädie wird *Susanne Codoni*, die Leiterin des Logopädischen Dienstes Basel, als erste Schweizerin zum Ehrenmitglied der Deutschen Gesellschaft für Sprach- und Stimmheilkunde ernannt.
	Management-Symposium	*Bundesrat Pascal Couchepin* eröffnet im Kongresszentrum das mit vielen hochkarätigen Referentinnen und Referenten besetzte dritte Management-Symposium.
20.	Erlen-Verein	An seiner Generalversammlung teilt der Erlen-Verein mit, dass grosszügige Legate den Bau eines neuen Affenhauses in den Langen Erlen ermöglichen.
	Grösstes Osternest	Auf dem Marktplatz wird, initiiert vom Warenhaus Globus, der Pro Innerstadt und andern Sponsoren, ein Riesen-Osternest aufgebaut, welches mit seinem Durchmesser von 11,78 Meter Eingang ins Guinness-Buch der Rekorde findet.

		Basler Münster	Nach über zweieinhalbjähriger Bauzeit ist die Innenrestaurierung abgeschlossen; mit einem Festgottesdienst wird das Basler Münster wieder der Öffentlichkeit zugänglich gemacht.
	26.	Messe Basel	Mit einem kurzen Einweihungsakt und einem anschliessenden Volksfest wird die neue Halle 1 der Messe Basel am Riehenring offiziell eröffnet.
		Staatsbesuch aus China	Im Verlauf seines offiziellen Staatsbesuchs in der Schweiz trifft der Präsident der Volksrepublik China, *Jiang Zemin*, in Begleitung von *Bundespräsidentin Ruth Dreifuss* in Basel ein, wo er auf dem EuroAirport von *Regierungspräsident Hans Martin Tschudi* empfangen und zu einem Galadiner ins Hotel Drei Könige geleitet wird.
		IG Tambouren- und Pfyffer- gruppen	Um ihren Wünschen besser Gehör zu verschaffen, gründen Vertreter 33 kleinerer Fasnachtsgruppierungen die ‹Interessengemeinschaft Tambouren- und Pfyffergruppen Basel›.
	30.	Regierungsrat	Der Regierungsrat verlängert die Zulassungsbeschränkungen für das Studium der Humanmedizin an der Universität um ein weiteres Jahr, ausserdem bewilligt er als Soforthilfe für den Kosovo eine Spende von 200 000 Franken.
	31.	Oberrhein- konferenz	Eine von *Regierungspräsident Hans Martin Tschudi* angeführte Regierungsdelegation verabschiedet den zurückgetretenen Regierungspräsidenten von Südbaden, *Conrad Schröder*, und empfängt dessen Nachfolger *Sven von Ungern-Sternberg* und den elsässischen Regionalpräfekten, *Philipp Marland,* zu ihren Antrittsbesuchen.
April	**1.**	Herz- transplantation	In den ersten Morgenstunden geht nach fünfstündiger Operation am Kantonsspital Basel unter der Leitung des Herzchirurgen *Dr. Hans-Reinhard Zerkowski* die erste Basler Herztransplantation erfolgreich zu Ende.
	5.	†	† *a.o. Prof. Dr. theol. Werner Bieder* (88), mit seiner ganz auf die biblische Botschaft zentrierten Theologie schwergewichtig als Missionswissenschafter und als Publizist sowie im Dienste der Basler Mission tätig, erhielt 1971 den Wissenschaftspreis der Stadt Basel.
	6.	†	† *Prof. Dr. med. Fritz Koller* (93), 1962 auf den Lehrstuhl für Innere Medizin an der Universität und als Chefarzt der ersten medizinischen Klinik ans Kantonsspital Basel berufen, 1967 Dekan der Medizinischen Fakultät, 1970–1976 Vorsteher des damals neu gegründeten medizinischen Departementes; nahm in der Schweiz die ersten Knochenmarktransplantationen vor und galt weltweit als Pionier auf dem Gebiet der Blutgerinnung.
	8.	Grenzpolizei	An einer Pressekonferenz präsentiert *Regierungsrat Jörg Schild* den neuen Chef der Grenzpolizei, *Francis Steinbrunner*, der die Nachfolge des pensionierten *Peter Auf der Mauer* antritt.

9.	†	† *Dieter Fringeli* (56), aus Nunningen (SO) stammender Lyriker, früher Feuilletonist der ‹Basler Nachrichten›, setzte sich stark für vergessene und ausgegrenzte Schweizer Autorinnen und Autoren ein und gehörte zu den bedeutenden Schriftstellern unserer Region.
	Performance-Index-Festival	Das Architekturmuseum und das im früheren Basler Hauptgebäude der Schweizerischen Volksbank eröffnete neue Kulturzentrum ‹Unternehmen Mitte› stellen Performern aus der ganzen Welt für einen Tag ihre Räumlichkeiten zur Verfügung.
11.	Brückenschlag	Eine im November 1998 durch Zugsentgleisung im Kleinhüninger Rheinhafen beschädigte Brückenkonstruktion über die Wiese wird nach erfolgter Sanierung mit spektakulärem Hebevorgang wieder an ihren alten Standort gehievt.
12.	BVB	Nach 32 Jahren Unterbruch wird erstmals wieder eine BVB-Verbindung über die deutsche Grenze dem Verkehr übergeben: die Buslinie vom Claraplatz nach Weil-Haltingen.
13.	Rheinschiffahrt	Die Schweizerische Reederei und Neptun AG erzielte nach einigen Verlustjahren 1998 mit 957 000 Franken erstmals wieder einen Reingewinn.

Trotz strömenden Regens schauen am 11. April zahlreiche Zuschauer dem Brückenschlag über die Wiese zu.

14.	Basler Kantonalbank	Mit dem an der Generalversammlung der Partizipationsschein-Inhaber für das Jubiläumsjahr 1998 bekanntgegebenen Gewinnanstieg von über 21 Prozent weist die Basler Kantonalbank ihr bestes Geschäftsergebnis seit Bestehen aus.
	Grosser Rat	Das Parlament überweist eine Motion von *Roman Geeser* (FDP), die verfassungsmässigen und gesetzlichen Voraussetzungen für die Gründung eines aus den Kantonen Basel-Stadt und Baselland, dem solothurnischen Schwarzbubenland und dem aargauischen Fricktal zu bildenden ‹Kantons Nordwestschweiz› zu schaffen, stillschweigend an die Regierung; es bewilligt einen Finanzrahmen von 3 Mio. Franken für die im Zusammenhang mit der vorzeitigen Pensionierung von Lehrkräften entstehenden Kosten und 7,6 Mio. Franken für neue Software für die Energie- und Wasserrechnung der Industriellen Werke Basel.
	Parteien	Fünf der acht Grossrats-Abgeordneten der Schweizer Demokraten treten aus der Partei aus und bilden im Parlament unter der Bezeichnung ‹Starkes Basel› eine neue Fraktion.
	Schauspielhaus	Die ‹Stiftung Schauspielhaus Ladies First› gibt bekannt, dass für den geplanten Bau des neuen Schauspielhauses ein privater Finanzierungsanteil von 16 Mio. Franken zur Verfügung steht.
16.	Grün 99	In Anwesenheit von rund tausend prominenten Gästen, darunter fünf Basler Regierungsräte, angeführt von ihrem Präsidenten *Hans Martin Tschudi*, eröffnet der baden-württembergische *Ministerpräsident Erwin Teufel* in Weil am Rhein die vor den Toren Basels in trinationaler Zusammenarbeit gestaltete Landesgartenschau ‹Grün 99›, die bis zum 17. Oktober 1999 dauert.
	Tefaf	The European Fine Art Fair und die Messe Basel einigen sich darauf, dass die Tefaf inskünftig nur noch in Maastricht stattfindet und in Basel an deren Stelle eine eigene Kunst- und Antiquitätenmesse durchgeführt wird.
	†	*† Prof. Dr. Dr. h. c. Karl Schefold* (94), Ordinarius für Klassische Archäologie an der Universität Basel, Gründervater und 1961–1976 Kommissionsmitglied des Antikenmuseums Basel, Initiant der Freunde antiker Kunst; leitete zwischen 1962 und 1975 die Ausgrabungen der Schweizerischen Archäologischen Schule in Eritrea.
18.	Grün 99	Am ‹Basler Tag› der ‹Grün 99› nehmen *Regierungspräsident Hans Martin Tschudi* und der Oberbürgermeister von Weil am Rhein, *Peter Willmann*, die Einweihung des Regiowegs vor, der die Langen Erlen mit dem Gelände der Landesgartenschau in Weil am Rhein verbindet.
20.	Lohnhof	Im früheren Untersuchungsgefängnis Lohnhof ist ein Hotel- und Restaurationsbetrieb entstanden, der heute eröffnet wird.

21.	†	† *Tibor Pellmont* (84), über die Region hinaus bekannter Confiseur, der als langjähriger Präsident des Konditeur-Confiseurmeister-Vereins Basel und Umgebung und der EG-Confiseur sowie als Förderer des Nachwuchses massgebend zum ausgezeichneten Ruf der selbständigen Schweizer Konditorei-Confiserie-Geschäfte beitrug.
	Novartis	Wachablösung an der Generalversammlung der Novartis: Nach 40 Jahren im Dienste der Basler Chemie tritt *Alex Krauer* das Präsidium des Verwaltungsrates an *Daniel Vasella* ab, der weiterhin auch Vorsitzender der Geschäftsleitung bleibt.
	Basler Preis für Integration	Der von den Basler Kirchen, der Christoph Merian Stiftung und der Firma Novartis erstmals verliehene Basler Preis für Integration wird dem Team der Albanischen Beratungsstelle Basel überreicht.
23.	Natur-historisches Museum	Eröffnung einer bis Ende Jahr dauernden Sonderausstellung zum 150jährigen Bestehen des Berri-Baus an der Augustinergasse, welcher nebst dem Naturhistorischen Museum Teile des Museums der Kulturen beherbergt.
24.	Reinigungs-aktion	Die Basler Fluggesellschaft Crossair führt am Kleinbasler Rheinufer eine vielbeachtete Säuberung von Spray-Verunreinigungen durch; gleichzeitig sorgen private Kulturschaffende auf dem Theaterplatz für eine Reinigung der Serra-Plastik.
26.	Basler Sanität	*Sanitätsdirektorin Veronica Schaller* stellt an einer Medienorientierung das neue Leitungsteam der Basler Sanität mit *Kurt Förster* an der Spitze vor.
	Zentral-wäscherei	Mit einem Fest für die Angestellten wird das neue Produktionsgebäude der Zeba AG, der früheren ‹Zentralwäscherei›, an der Flughafenstrasse eingeweiht.
27.	Basel 99	Mit der Eröffnung der bis zum 6. Mai dauernden Weltmesse für Uhren und Schmuck durch *Bundesrat Pascal Couchepin* wird die neue Halle 1 der Messe Basel am Riehenring ihrer ersten Nutzung übergeben.
Mai **1.**	1.-Mai-Feier	Hauptrednerin vor rund 2500 Personen ist an der Kundgebung auf dem Marktplatz die Präsidentin der Sozialdemokratischen Partei der Schweiz, *Ursula Koch*.
3.	Grosser Bau-auftrag	Batigroup, der grösste Schweizer Baukonzern, mit Sitz in Basel, erhält den Auftrag für den Bau der ‹Arteplages›-Ausstellungs-Plattformen an der Schweizerischen Landesausstellung Expo.01.
5.	Basler Komitee für den UNO-Beitritt	Unter Federführung der baselstädtischen *Nationalräte Johannes Randegger* und *Remo Gysin* tritt ein neu gegründetes, parteipolitisch breit abgestütztes ‹Basler Komitee für den UNO-Beitritt der Schweiz› an die Öffentlichkeit.

	Bundesrichter in Basel	Ziel des diesjährigen Jahresausflugs des Schweizerischen Bundesgerichts ist Basel, Heimat seines derzeitigen Präsidenten *Martin Schubarth*, wo die Teilnehmer im Rathaus von *Regierungspräsident Hans Martin Tschudi* empfangen werden.
6.	Ehren-Spalebärglemer	Das Sperber-Kollegium zeichnet den Basler *alt Bundesrat Hans-Peter Tschudi* mit dem Titel des Ehren-Spalebärglemer des Jahres 1999 aus.
7.	1. Basler Rockwoche	Das Musikrestaurant ‹Atlantis› steht ab heute für sechs Abende ganz im Zeichen der Rock-Musik: 12 lokale Bands bestreiten die erste Basler Rockwoche.
	Immofair	Zum zweiten Mal findet in einem Zelt auf dem Barfüsserplatz unter dem Patronat des Gewerbeverbandes, der Sektion Basel des Schweizerischen Immobilien-Treuhänder-Verbandes und des Hausbesitzer-Vereins Basel die dreitägige Immobilienmesse statt.
8.	Tag der Bürgergemeinde	An ihrem Tag der Offenen Tür verleiht die Basler Bürgergemeinde erstmals einen Preis für ehrenamtlichen Einsatz im Sozialbereich und zeichnet damit *Fleur Huber* aus, die sich seit über dreissig Jahren in den Dienst geistig behinderter Menschen stellt.
	‹Basel natürlich 1999›	Beginn verschiedener, auf den ganzen Monat Mai verteilter Veranstaltungen zum Thema Naturschutz, durchgeführt von einer aus der Pro Natura, dem Verein Ökostadt und dem WWF-Regionalverband zusammengesetzten Basler Arbeitsgruppe.
	25 Jahre ‹Spilkischte›	Mit einem Theaterfeuerwerk: ‹Feuer, Wasser und Posaunen› auf dem Theaterplatz beginnt heute zum 25jährigen Bestehen des Basler Vorstadt-Theaters Spilkischte eine Festwoche mit Werkschau, Gastspielen und einem Symposium.
9.	Zolli im Museum	Aus Anlass seines 125jährigen Bestehens stattet der Basler Zoo mit einer aus Kamelen, Lamas und Eseln bestehenden ‹Delegation› dem 25 Jahre älteren Naturhistorischen Museum einen Jubiläumsbesuch ab.
	140 Jahre Evangelische Stadtmission	Mit einem dreitägigen Quartierfest und abschliessendem Gottesdienst im St. Johanns-Park feiert die Evangelische Stadtmission ihr 140jähriges Bestehen.
10.	Staatsanleihe	Der Kanton Basel-Stadt begibt eine Obligationenanleihe von 200 Mio. Franken mit einer Laufzeit von 10 Jahren, die aufgrund ihres tiefen Zinses von 2,75 % dazu beitragen wird, die Belastungen in der Finanzrechnung niedrig zu halten.
	Patronatskomitee Kunstmuseum	Im Kunstmuseum finden sich 12 Basler Persönlichkeiten zur Gründung einer privaten Stiftung ein, die mit finanziellen Zuwendungen und persönlichen Initiativen dem Museum zu neuer Ausstrahlung verhelfen wollen.
	Hebel-Tag	Am Gedenktag für den Basler ‹Hausdichter› Johann Peter Hebel wird daran erinnert, dass die Denkmalbüste vor der Peterskirche vor genau hundert Jahren errichtet wurde.

Modell und Original: Nun können auch Sehbehinderte den Münsterhügel be-greifen.

11.	Basler Relief-Stadtplan	An der Ecke Reverenzgässlein/Oberer Rheinweg wird ein aus dem Ideenwettbewerb 1998 der Basler Kantonalbank hervorgegangenes 1:500-Tastmodell aus Bronze eingeweiht, welches Sehbehinderten die Ansicht des Grossbasler Rheinufers (be)greifbar machen soll.
12.	Jahrhundert-Hochwasser	Erstmals seit 1910 tritt – als Folge sintflutartiger Regenfälle in der ganzen Deutschschweiz und von Schmelzwasser aus den Alpen – der Rhein auf der Kleinbasler Seite über die Ufer und erreicht in der Nacht zum Auffahrtstag den höchsten seit dem Bau der Kembser Schleuse gemessenen Pegelstand von 8,25 Meter.
15.	Hohe Auszeichnung	Das Schauspieler-Ehepaar *Ruth Oswalt* und *Gerd Imbsweiler* wird als Mitbegründer und Leiter des Theater ‹Spilkischte› mit dem Hans Reinhart-Ring, der höchsten Auszeichnung im Schweizer Theaterleben, geehrt.
17.	FC Basel	Vor dem Finalrundenspiel gegen den FC Zürich wird bekannt, dass sich der FC Basel mit sofortiger Wirkung von seinem Trainer *Guy Mathez* trennt.
	Fasnachts-Comité	Das Fasnachts-Comité wählt mit *Corina Christen* erstmals eine Frau in sein Gremium.

*Am 12. Mai über-
flutet der zum
reissenden Strom
angeschwollene
Rhein die Klein-
basler Uferstras-
sen.*

Stromspar- bonus	Der Regierungsrat setzt das neue Basler Energiegesetz rückwirkend auf den 1.4.1999 in Kraft. Für 1998/99 kann jeder Basler Haushalt und Betrieb einen verbrauchsunab-hängigen Stromsparbonus beantragen, der aus den Erträgen einer Lenkungsabgabe finanziert wird.
‹Grosskanton Nordwest- schweiz›	Das Bundesamt für Statistik präsentiert eine Studie, welche eine Straffung der beste-henden 26 Kantone in 7 Grossregionen ins Auge fasst, was für die Kantone Basel-Stadt, Basel-Landschaft und Aargau den Zusammenschluss zu einem ‹Grosskanton Nordwest-schweiz› bedeuten würde.
Volks- abstimmung verschoben	Wegen einer falschen Fragestellung auf bereits versandten Stimmzetteln muss die für den 13.6. vorgesehene Kantonale Abstimmung über die PdA-Initiative für einen gerech-ten Teuerungsausgleich beim Staatspersonal verschoben werden.
Basler Gewerkschafts- bund	Die Delegierten des Basler Gewerkschaftsbundes wählen den ehemaligen Basler SP-Präsidenten *Roland Stark* zu ihrem neuen Vorsitzenden.

18. †

† *Dr. Margarete Pfister-Burkhalter* (96), erste vollamtlich tätige Basler Kunsthistori-kerin, 34 Jahre als wissenschaftliche Assistentin bei der Öffentlichen Kunstsammlung tätig; erwarb durch ihre Arbeiten weit über Basel hinaus hohes Ansehen.

20.	Grosser Rat	Einstimmig genehmigt der Grosse Rat ein für beide Halbkantone geltendes Submissionsgesetz, welches Auftragsvergabungen der öffentlichen Hand neu regelt, sowie ein neues Gesetz über die Jugendstrafrechtspflege.
	Sportkonzept	Gemäss Mitteilung des Erziehungsdepartements wird Basel-Stadt als erster Schweizer Kanton ein Sportkonzept mit staatlichen Rahmenbedingungen zur Förderung des Sports schaffen.
21.	Geldbusse für Roche	Der Basler Roche-Konzern bestätigt, für unerlaubte Preisabsprachen auf dem Vitaminmarkt von den US-Antitrust-Behörden zur Zahlung einer Busse von 750 Mio. Schweizerfranken verurteilt worden zu sein.
22.	Open-Air-Konzerte auf der Claramatte	Im Rahmen einer erstmaligen Open-Air-Konzertserie in einem Festzelt auf der Claramatte findet ein Gala-Abend mit Opernstars aus Italien begeisterte Aufnahme beim Publikum.
25.	Jahrhundert-Hochwasser	Der vor 14 Tagen ausgelöste Hochwasser-Katastrophenalarm, welcher zahlreiche Sondereinsätze von Polizei, Feuerwehr, Zivilschutz und weiterer Dienste notwendig machte, kann aufgehoben werden.
26.	†	† *Prof. Dr. h.c. mult. Paul Sacher* (93), Musiker und Dirigent, Roche-Grossaktionär, Förderer zeitgenössischer und alter Musik, Mäzen, dessen aussergewöhnlicher Grosszügigkeit Basels Kulturleben vieles zu verdanken hat, unter anderem das zum 100-Jahr-Jubiläum der Roche eröffnete Museum Jean Tinguely.
	Zolli	Als neuester männlicher Spross der Basler Schimpansenfamilie erblickt Wakili das Licht der Welt.
27.	†	† *Max Alt* (87), hauptberuflich im Baugewerbe, daneben über 40 Jahre als Sportjournalist tätig, wo er sich vor allem im Fussball- und Radsport einen beinahe legendären Namen schuf.
29.	900 Jahre Schweizer Johanniter	Mit einem Festgottesdienst im Basler Münster feiern die Schweizer Johanniter das 900jährige Bestehen ihres ‹Ordens des Heiligen Johannes vom Spital zu Jerusalem›.
	‹Flugzug›	Ab heute verfügt Basel mit dem ‹Flugzug› über eine Bahn-Direktverbindung zum Flughafen Kloten.
	Jugend-zentrum Dalbeloch	Unter dem Vorbehalt einer späteren Überbauung übergibt *Regierungspräsident Hans Martin Tschudi* den Treffpunkt des Vereins Jugendzentrum im Dalbeloch seiner Bestimmung.
31.	FC Basel	Als Nachfolger von *Guy Mathez* wird *Christian Gross* offiziell als neuer Trainer des FC Basel vorgestellt.

Juni	**2.**	Gratis- Stadtvelos	Ab heute stehen an vier Standorten der Stadt zweihundert City-Bikes für Erkundungs-fahrten kostenlos zur Verfügung. Dank dieser vom privaten Verein ‹Basel rollt› durch Werbeeinnahmen finanzierten Aktion finden 32 Asylsuchende Beschäftigung.
		FC Basel	Mit einem 1:1-Unentschieden gegen den FC Luzern schliesst der FC Basel die Final-runde der Schweizer Fussballmeisterschaft im 5. Rang ab, der besten Klassierung seit 1990.
	3.	100 Jahre Basler Staats-archiv	Mit einem Festakt im Grossratssaal in Anwesenheit von *alt Bundesrat Hans-Peter Tschudi* und der Regierungsmitglieder *Ralph Lewin* und *Veronica Schaller* gedenkt das Staatsarchiv Basel-Stadt, nach soeben abgeschlossener Gebäude-Aussenrenovation, seines 100jährigen Bestehens.
	5.	50 Jahre Rheumaliga beider Basel	Mit praktischen Demonstrationen im Felix Platter-Spital, denen eine Jubiläumsfeier und diverse Vorträge vorangingen, feiert die Rheumaliga beider Basel ihr 50jähriges Bestehen.
		‹Startup›	Die Universität und die Fachhochschule beider Basel stellen an einer Informations-tagung ein gemeinsames Weiterbildungs- und Begleitungsangebot vor für Personen, die sich für die Gründung eines eigenen Unternehmens interessieren.

Ein Blick ins jung-gebliebene 100jährige Basler Staatsarchiv.

	100 Jahre Ran-gierpersonal-Verband Basel	In Anwesenheit von *Regierungspräsident Hans Martin Tschudi* feiert das Basler Rangierpersonal das 100-Jahr-Jubiläum seines Verbandes mit einem Volksfest auf dem Areal des Bahnhofs St. Johann.
6.	Ciao Basilea–Ticino	Der im März gestartete Kulturaustausch ‹Ciao Basilea–Ticino› wird mit einem dreitägigen Volksfest auf dem Barfüsser- und dem Münsterplatz abgeschlossen.
	140 Jahre Basler Kolpingfamilie	Mit einem von *Domherr* und *Gesellenpräses Andreas Cavelti* zelebrierten Festgottesdienst in der Clarakirche und einem musikalisch umrahmten Festmahl in der Burgvogtei gedenkt die Basler Kolpingfamilie ihrer vor 140 Jahren erfolgten Gründung.
8.	Polizei	Die im neuen Polizeigesetz vorgesehenen Namensschilder für das uniformierte Basler Polizeikorps werden der Öffentlichkeit vorgestellt.
	Fürsorgeamt	Als Nachfolger des nach 41 Jahren in den Ruhestand getretenen *Rudolf Michel* wählt der Bürgerrat *Rolf Maegli* zum neuen Vorsteher des Fürsorgeamtes der Stadt Basel
9.	Grosser Rat	Der Grosse Rat bewilligt Rahmenkredite von 38 Mio. Franken für die Erweiterung der Fernwärme-, Erdgas- und Wasserversorgung, 6,5 Mio. für die Sicherheitsanlagen der Strafanstalt Bostadel und einen Beitrag von 8 Mio. Franken an den Bau des Alters- und Pflegeheims Holbeinhof und beschliesst die Aufhebung der kantonalen Billettsteuer.
10.	Crossair	Der Verwaltungsrat der Basler Fluggesellschaft Crossair beschliesst, durch Investition von 7,6 Mia. Franken für den Kauf von 75 neuen Maschinen längerfristig den grössten Teil seiner Flotte durch den brasilianischen Flugzeughersteller Embraer umrüsten zu lassen.
	Universität	Abschiedsvorlesung von *Gilbert Thiel*, Professor für Nieren- und Transplantationsmedizin, unter dessen Leitung in den vergangenen 33 Jahren 1210 Nierenverpflanzungen vorgenommen worden sind.
	Seltener Fischfang	Bei einer Kontrolle der Kantonalen Fischereiaufsicht in der Fischtreppe beim Kraftwerk Birsfelden wird erstmals nach 41 Jahren im Rhein bei Basel wieder ein Lachs gefangen. (Nach einer von Berner Zoologen durchgeführten genetischen Untersuchung entpuppt sich der 41,5 Zentimeter grosse Fisch namens ‹Erich› im Dezember 1999 als See- bzw. Meerforelle.)
13.	Abstimmungs-wochenende	Das lokale Hauptinteresse dieses Abstimmungswochenendes gilt den Vorlagen über die Investitionsbeiträge der Kantone Basel-Stadt und Baselland an den Ausbau des Euro-Airport Basel–Mulhouse–Freiburg, welche vom Souverän – in der Stadt überraschend klar mit Zweidrittelmehrheit – gutgeheissen werden. Bei den eidgenössischen Vorlagen sagt auch Basel-Stadt Ja zum Asylgesetz (70,3 %), zu den dringlichen Massnahmen im Asyl- und Ausländerbereich (70,6 %) und zur ärztlichen Verschreibung von Heroin (69,3 %) und lehnt sowohl die Mutterschaftsversicherung (56,5 %) als auch die vierte IV-Revision (65,8 %) ab.

	Bürger- gemeinderat	Die Wahlen in den 40köpfigen Bürgergemeinderat bestätigen das bisherige Kräfte-verhältnis mit 21 Sitzen für die Bürgerlichen und ‹Rechtsaussen-Parteien› und 19 Sitzen für die ‹vereinigte› Linke.
14.	Vollkanton BS/BL	Einer im Auftrag des Regionaljournals Basel vom SRG Forschungsinstitut durchgeführ-ten Umfrage zufolge befürworten derzeit 78 % der Befragten in Basel-Stadt eine Wiedervereinigung mit dem Landkanton.
	BVB	An der Orientierung über den BVB-Geschäftsbericht 1998 gibt *Regierungsrat Ralph Lewin* eine markante Reduktion des BVB-Defizits auf 17 Mio. Franken bekannt.
15.	Institut für Immunologie	Ein mit vier Nobelpreisträgern besetztes internationales Advisory Board stellt dem seit 28 Jahren tätigen Basler Institut für Immunologie für seine Arbeitsqualität Höchstnoten aus.
	Art Basel	Mit der Vorbesichtigung ‹First Choice› und der traditionellen Vernissage wird die 30. Ausgabe der internationalen Kunstmesse eröffnet, an welcher 271 Galerien aus aller Welt rund 5000 Werke von über 100 Künstlerinnen und Künstlern präsentieren.
16.	Grosser Rat	Mit grossem Mehr wird das Museumsgesetz gutgeheissen, welches für die fünf staat-lichen Museen dank einem Globalbudget mehrjährige Ankaufskredite ermöglicht.
17.	Rheinschiffahrt	Nach fünfwöchiger Hochwasser-Sperrung wird die Strecke zwischen Mittlerer Brücke und den Baselbieter Rheinhäfen für die Rheinschiffahrt wieder freigegeben; auch das Baden im Rhein ist wieder erlaubt.
18.	Lützelhof	*Baudirektorin Barbara Schneider* übergibt den Feuerwehr-Neubau im Lützelhof seiner Bestimmung.
	Antrittsbesuch	Der erste Besuch des neuen *Schweizer Aussenministers, Bundesrat Joseph Deiss*, in Basel gilt der Generalversammlung der Schweizerischen Gesellschaft für Chemische Industrie.
	EuroAirport	Fünf Tage nach dem positiven Volksentscheid zum Ausbau des Flughafens erfolgt in Anwesenheit von *Regierungsrat Ralph Lewin* die Grundsteinlegung.
19.	600 Jahre ‹Vorstadt-gesellschaft zur Krähe›	Mit einem öffentlichen Fest rund ums Spalentor begeht die 1399 für den Weckdienst und die Verteidigung der Spalenvorstadt ins Leben gerufene Gesellschaft ‹zur Krähe› ihr 600-Jahr-Jubiläum.
	Botschafter-empfang	Die Basler Regierung empfängt die Botschafter von Ecuador, Marokko, Brasilien, Mexico und Kanada im Rathaus und führt die Diplomaten mit dem Feuerlöschboot ‹Christophorus› zum Dreiländereck.

	100 Jahre IWB	Aus Anlass ihres 100jährigen Bestehens laden die Industriellen Werke Basel die Bevölkerung zum Besuch eines ab heute bis zum 24. Juni im Innenhof des Hauptsitzes an der Margarethenstrasse zur Aufführung gelangenden Musicals mit dem Titel ‹Energy Dream› ein.
20.	ArtZappening	Nach einem im Rahmen der 30. Art Basel stattgefundenen Bazar mit anschliessender ‹Kulturnacht› folgen am frühen Sonntagmorgen Hunderte von Baslerinnen und Baslern dem Aufruf des New Yorker Fotografen *Spencer Tunick*, sich im Rahmen einer Kunst-Aktion nackt auf dem Boden liegend fotografieren zu lassen.
	Staatsanwaltschaft	Hausdurchsuchung bei der mit klinischen Versuchen beschäftigten Basler Firma VanTX Research AG; ihr werden Verstösse gegen die internationalen Richtlinien für ‹good clinical practice› vorgeworfen.
23.	Regierungsrat	Der Regierungsrat gibt grünes Licht für die Zusammenlegung des Gesundheitsamtes, des Amtes für Alterspflege und des Schulärztlichen Dienstes zu den ‹Gesundheitsdiensten Basel›.
	Werkstadt Basel	*Regierungsrat Ueli Vischer*, Präsident des Lenkungsausschusses, legt als Ergebnis des Dialogprozesses ‹Werkstadt Basel› ein ‹Aktionsprogramm Stadtentwicklung› vor mit 195 Projekten in den Bereichen Wohnen, Umfeld, Verkehr, Soziales und Bildung.
	‹Basel 2001›	Die vier Regierungsräte *Andreas Koellreuther* und *Peter Schmid*, Baselland, sowie *Hans Martin Tschudi* und *Stefan Cornaz*, Basel-Stadt, präsentieren das auf 12,6 Mio. Franken veranschlagte partnerschaftliche Projekt ‹Basel 2001› mit Aktivitäten zu ‹500 Jahre Basel›, ‹Expo.01› und ‹Basler Kulturmonat›.
28.	BVB	Umfassende Geleise-Erneuerungen, zuerst an der Falknerstrasse und später auch an der Greifengasse, verunmöglichen ab heute bis gegen Ende August den Tramverkehr durch die Innenstadt und haben zahlreiche Linien-Umleitungen zur Folge.
	Umschlagbahnhof Basel–Weil am Rhein	In Anwesenheit des deutschen *Bundesverkehrsministers Franz Müntefering* und des baselstädtischen *Regierungspräsidenten Hans Martin Tschudi* wird der neue Umschlagbahnhof Basel–Weil am Rhein der Deutschen Bahn offiziell in Betrieb genommen.
	Josefsklinik	Entgegen entsprechender Beschlüsse der Regierungen von Basel-Stadt und Baselland verfügt der Bundesrat den Verbleib der Josefsklinik auf der Spitalliste.
29.	Goldenes Priesterjubiläum	*Robert Füglister*, Pfarrer der Römisch-Katholischen Pfarrei St. Marien und seit über 20 Jahren Präsident der Aeneas-Silvius-Stiftung, begeht das Jubiläum seines 50jährigen Priesterdienstes.
30.	Scientology Kirche	Eine von der Scientology-Organisation der Schweiz gegen die baselstädtische Regelung über aggressives Anwerben durch Sekten von Personen auf öffentlichen Strassen eingereichte staatsrechtliche Beschwerde wird vom Bundesgericht abgelehnt.

Die kleine und die grosse Welt der Eisenbahn: Am 28. Juni wird der Umschlagbahnhof Basel–Weil am Rhein eröffnet.

Juli	**1.**	Trinationaler Museumspass	Im November 1998 von der Oberrhein-Konferenz beschlossen, tritt heute der trinationale Museumspass in Kraft, der für über 120 Museen in den schweizerischen, deutschen und französischen Teilen der Regio und benachbarter Gebiete gültig ist.
		Regierungsrat/ PMD	Das Polizei- und Militärdepartement schafft die Stelle eines Informationsbeauftragten, zu welchem der Regierungsrat *Klaus Mannhart* ernennt.
		Behinderten-Transporte	Die ‹Koordinationsstelle Fahrten für Behinderte beider Basel› (KBB) teilt mit, dass ab heute die 33er Taxi AG mit der Durchführung subventionierter Behindertentransporte beauftragt sei und der Verein Tixi-Taxi aufgelöst werde.

| EuroAirport | Ab heute ist innerhalb der Europäischen Union der Verkauf zollfreier Waren untersagt. Bei Flügen, die auf der Schweizer Seite des trinationalen EuroAirport abgewickelt werden und schweizerischem Verkehrsrecht unterstehen, können jedoch Duty-free-Produkte weiterhin angeboten werden. |

3. 125 Jahre Zolli — Am 3. Juli 1874 wurde der Zoologische Garten Basel eröffnet. Mit einem zweitägigen Fest auf dem gesamten Zolli-Areal, während dem Eintrittspreise wie vor 125 Jahren gelten, wird dieser Anlass gebührend gefeiert.

Dreirosen-brücke — Im Hinblick auf den für die Nordtangente nötigen neuen Brückenschlag wird die Dreirosenbrücke um 15 Meter rheinaufwärts verschoben; ein 13stündiges, von vielen Schaulustigen verfolgtes Prozedere, welches lautlos und ohne Zwischenfall abläuft.

Logistisch, technisch und organisatorisch ein Meisterwerk ist die Verschiebung der Dreirosenbrücke am 3. Juni (unten rechts die Brücke von Grossbasler Seite aus).

	Wirtschaft	Die Euro Re Corporation, eine Tochtergesellschaft der US Re Corporation, gibt die Verlegung ihres europäischen Hauptsitzes von Kopenhagen nach Basel bekannt.
8.	Historisches Museum	Im Verlauf einer spannenden Auktion bei ‹Christie's› in London gelingt es dem Historischen Museum Basel, den seit Jahren begehrten Ehrenbecher des Basler Seidenhändlers und Ratsherrn Andreas Ryff für 1,15 Mio. Franken zu erwerben.
14.	Universität	In Ausführung seines Beschränkungs-Beschlusses vom 30.3. legt der Regierungsrat die Studienkapazität für die Medizinische Fakultät für das Jahr 2000/01 auf 158 Studienplätze fest.
	Regierungsrat	Für bauliche Erneuerungsmassnahmen in der St. Jakob-Sporthalle bewilligt der Regierungsrat einen Projektierungs- und Baukredit von knapp einer halben Million Franken.
	Forum für Neue Medien	Basler Regierung und Christoph Merian Stiftung geben bekannt, dass im Atelierhaus der Stiftung am St. Alban-Rheinweg 64 ein ‹Forum für neue Medien› eingerichtet wird. Gleichzeitig soll das Festival für Film, Video und neue Medien (VIPER) von Luzern nach Basel verlegt werden.
19.	Hotellerie-Bündnis	Als historisches Ereignis bezeichnet der Präsident des Basler Hotelier-Vereins (BHV), *Alby Geyer*, den im Rahmen eines Sonderstatuts erfolgten Mitgliederanschluss von fünfzehn südbadischen Hoteliers.
31.	Fête des Vignerons	Bereits zum fünften Mal führen je zwölf Basler Tambouren und Pfeifer, diesmal unter Leitung von ‹Commandant› *Peter Pardey*, die Ehrengarde der ‹Cents Suisses› an und eröffnen damit die Festlichkeiten der nur alle zweiundzwanzig Jahre stattfindenden Fête des Vignerons in Vevey.

‹Commandant› Peter Pardey (links) führt die Basler Tambouren und Pfeifer durch Vevey, aufmerksam beobachtet von einer Gruppe zeitgenössischen Militärs.

August	2.	†	† *Marcus Diener* (81), international bekannter Basler Architekt, machte sich seit der Gründung seines eigenen Büros 1942 durch Schaffung vieler markanter Bauwerke auch über die Region hinaus einen Namen.
		Expo.01	Das ‹Comité Stratégique› der Expo.01 gibt die Entlassung der Generaldirektorin, der Baslerin Jacqueline Fendt, bekannt.
	10.	Rhein-schwimmen	Unsicheres Wetter und starker Wind halten viele von der Teilnahme am Basler Rhein-schwimmen ab.
		Zivil- und Appellations-gericht	Basels erste Gerichtspräsidentin, *Cathérine Geigy-Werthemann*, 1982–87 Vorsitzende des Zivil- und danach des Appellationsgerichts, tritt in den Ruhestand. Ihr Nachfolger ist *Dieter Moor* (FDP), der an der Spitze des Zivilgerichts von *Heiner Wohlfart* (FDP) abgelöst wird.
	11.	Sonnen-finsternis	Trotz zunächst recht unsicherer Wetterlage wird die über die Mittagszeit eintretende partielle Sonnenfinsternis auch in Basel für unzählige Menschen zu einem unvergesslichen Naturerlebnis.

Bevor der Mond-schatten sie am 11. August be-deckt (oben), werfen Hunderte von Neugierigen einen letzten Blick auf die Sonne.

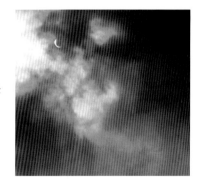

	Stellwerk SBB	Fertigstellung des neuen, von den Architekten *Herzog & de Meuron* konzipierten monumentalen Zentralstellwerks bei der Münchensteinerbrücke, welches durch seinen Kupfermantel skulpturale Präsenz ausstrahlt.
12.	Ganthaus	Letzte Versteigerung im 1892 eröffneten Basler Ganthaus an der Steinentorstrasse, das dem Bau des neuen Schauspielhauses weichen muss.
13.	Em Bebbi sy Jazz	Dem traditionellen Basler Jazz-Happening – mit 68 Orchestern und über 500 Musikerinnen und Musikern an insgesamt 25 Spielorten der Stadt – ist wiederum ein Grosserfolg beschieden.
14.	St. Jakob-Park	Eine beachtliche ‹Fan-Gemeinde› versieht rund 6000 Bausteine mit persönlichen Widmungen und gibt der in ein Volksfest ausmündenden Grundsteinlegung zum neuen Stadion das Gepräge.
15.	†	† *Donald Brun* (90), national angesehener und auch international bekannter Grafiker, der in rund fünf Jahrzehnten freiberuflichen Schaffens die Plakatkunst in der Schweiz massgebend beeinflusst hat.

Fünfzig Jahre lang hat Donald Brun die Plakatkunst in der Schweiz geprägt.

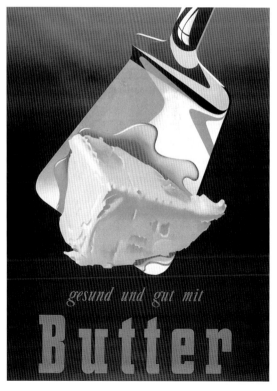

16.	Medien	Der Verwaltungsrat der Basler Zeitung gibt bekannt, dass *Peter Sigrist*, der langjährige Leiter und Delegierte der Basler Mediengruppe, per 1.9. vorzeitig in den Ruhestand treten wird.
18.	BVB	Die BVB präsentieren den ersten von insgesamt 34 Niederflurbussen und geben sich gleichzeitig mit einem modern gestylten Baslerstab auf mintgrünem Untergrund ein neues Erscheinungsbild.
	Regierungsrat	Der Regierungsrat beschliesst, die Jazzschule Basel in die Musik-Akademie der Stadt Basel zu integrieren.
19.	3. Raid Suisse–Paris	Nach vielbeachteter Innenstadt-Parade am Vortag starten rund zweihundert Oldtimer zum dritten historischen Autorallye nach Paris.
	†	† *Guido Bagutti* (67), durch seine mannigfachen Tätigkeiten in verschiedenen Quartierinstitutionen bekannt, mehrere Jahre Mitglied des Grossen Rates, zuerst für den Landesring, dann für die FDP.
21.	Dance-Party der Superlative	Gegen zehntausend Jugendliche finden sich auf sieben Tanzflächen im Gartenbad St.Jakob zu einem gigantischen Licht- und Musikspektakel ein, welches wegen Lärmimmissionen auf Kritik stösst.
24.	SUN21	Mit der ‹2. Internationalen Woche für eine nachhaltige Energiezukunft› beginnt heute auch die Zweitauflage der internationalen Solar- und Energiemesse SUN21.
	Musik-Akademie	Der Regierungsrat spricht dem Konservatorium und der Schola Cantorum Basiliensis den Status einer dritten Musik-Fachhochschule der Schweiz zu.
25.	Messe Basel	Nach zwei Jahren interimistischer Führungstätigkeit wird *Jürg Böhni* vom Verwaltungsrat offiziell zum Vorsitzenden der Geschäftsleitung der Messe Basel gewählt.
	Rehab	Ehemalige und jetzige Patienten nehmen den Spatenstich vor für das neue Rehabilitationszentrum für Querschnittgelähmte und Hirnverletzte auf dem Milchsuppenareal, welches 2001 bezugsbereit sein wird.
27.	175 Jahre Basler Gesangverein	Mit einem Festakt im Stadtcasino startet der 1824 gegründete Basler Gesangverein die Feierlichkeiten zu seinem 175-Jahr-Jubiläum.
28.	Tauchturm	In einem Parkhaus auf dem Dreispitzareal wird der zwanzig Meter hohe und 700 000 Liter fassende erste Tauchturm der Schweiz eröffnet, welcher der Ausbildung von Sporttauchern und im Notfall auch als Löschwasser-Reserve dient.
29.	Drämmlifescht Gryffegass	Zum Abschluss der Bauarbeiten an den Geleiseanlagen in der Greifengasse findet ein kleines Volksfest mit rund einem Dutzend Oldtimer-Tramwagen als Beizen statt.

30.	Cartoon-Ehrenmedaille	Der in Basel wohnhafte Karikaturist *Jürg Spahr* alias JÜSP erhält am holländischen Cartoonfestival den ‹Ton Smits Erepenning›, europaweit eine der höchsten Cartoon-Auszeichnungen.
	‹Theater des Jahres 1999›	Bereits in seiner ersten Saison wird das unter der Leitung von *Stefan Bachmann* stehende Basler Schauspiel von den Kritikerinnen und Kritikern des deutschsprachigen Raums zum ‹Theater des Jahres 1999› gekürt.

September	**3.**	Welt in Basel	Mit einer Schlussveranstaltung auf dem Kasernenareal geht die seit 1991 regelmässig durchgeführte Studienwoche für Schülerinnen und Schüler ‹Welt in Basel› zu Ende, welche rund 850 Jugendlichen aus der Nordwestschweiz in dreissig Workshops praktische Erfahrungen in verschiedensten Wissensgebieten vermitteln konnte.
	6.	Trudi Gerster 80	Der Schweiz bekannteste Märchenerzählerin, 1968–1980 als eine der ersten Grossrätinnen dem Basler Parlament angehörend, feiert ihren achtzigsten Geburtstag.
	7.	Bürgergemeinde	In seiner konstituierenden Sitzung wählt der Bürgergemeinderat *Helen Schai* (CVP) zur Präsidentin und *Walter Herrmann* (DSP) zum Statthalter. Mit der Wahl von *Bernadette Herzog* in den Bürgerrat ist auch die SP wieder in der Exekutive vertreten.
	8.	Grosser Rat	Einstimmig genehmigt der Grosse Rat den Einsatz von ‹Finanzderivaten›, sofern diese einwandfrei der Risikoverminderung von Anlagen dienen. Mit Krediten von insgesamt 350 000 Franken für den Kulturbereich ermöglicht er den Transfer des internationalen Festivals für Film, Video und neue Medien (VIPER) von Luzern nach Basel.
	9.	9.9.99	Auch in Basel erlebt das Zivilstandsamt am 9.9.99 einen besonderen Andrang: Es werden nicht weniger als 38 Paare getraut.
		50 Jahre Flughafenvertrag	Im Hotel Drei Könige feiert der Verwaltungsrat des EuroAirport den 50. Jahrestag der Unterzeichnung des schweizerisch-französischen Staatsvertrags, Grundlage des heute noch weltweit einzigen binationalen Flughafens.
	10.	Basler Integrationsleitbild	Im Rathaus stellen die *Regierungsräte Jörg Schild* und *Ralph Lewin* das neue Basler Integrationsleitbild vor, welches zu einer besseren Eingliederung der ausländischen Wohnbevölkerung führen soll.
	11.	500 Jahre Thomas Platter	Zusammen mit der Stadt Basel feiert eine 160köpfige Delegation aus der Ferienregion Grächen-St. Niklaus den 500. Geburtstag des 1499 dort geborenen Humanisten Thomas Platter, der fast vierzig Jahre lang in Basel wirkte.
		Oberrheintag	Mit einem Dreiländerlauf, an dem über 500 Personen teilnehmen, und einer trinationalen Aktion ‹Tag des Offenen Denkmals› steht der diesjährige Oberrheintag im Zeichen der Verbindung von Sport und Kultur.

| 50 Jahre Gundeli-Clique | Mit einem Cortège und anschliessendem Gala-Abend in Muttenz feiert die Gundeli-Clique ihr 50jähriges Bestehen. |

13. Ausstellung ‹Körperwelten›

Vernissage der Ausstellung ‹Körperwelten›, die in der Halle 5 der Messe Basel mit einer spektakulären Präsentation von präparierten menschlichen Plastinaten bis Ende November der Öffentlichkeit aufwartet.

Schon vor ihrer Basler Eröffnung löste die Ausstellung ‹Körperwelten› heftige, ethisch motivierte Kontroversen aus.

Budget 2000

Das von *Finanzdirektor Ueli Vischer* vorgestellte Budget liegt mit einem Fehlbetrag von 95,2 Mio. Franken in der Zielrichtung des Sanierungsprogramms ‹Haushalt 2000›, welches für das nächste Jahr eine Defizitreduktion auf unter 100 Mio. Franken anstrebt.

14. Internationale MS-Woche

Bundesrat Pascal Couchepin eröffnet im Kongresszentrum die erste internationale MS-Woche, durchgeführt von der ihr 40jähriges Bestehen feiernden Schweizer MS-Gesellschaft.

Kirchensynoden

Zwei Kirchensynoden bestimmen ihre Spitzen neu: Bei der Römisch-Katholischen Kirche wird *Rico Jenny*, bei der Evangelisch-reformierten Kirche *Hansjörg Kundert* Präsident.

17.	†	† *Prof. Dr. Charles M. Steinberg* (67), Gründungsmitglied des Basler Instituts für Immunologie; trug in seiner 27jähriger Tätigkeit wesentlich zum hohen internationalen Ansehen des Instituts bei, von dessen Mitarbeitern zwei mit dem Nobelpreis geehrt wurden.
	100 Jahre Hotel Rochat	Mit einer grossen Jubiläumsfeier in Anwesenheit von *Regierungspräsident Hans Martin Tschudi* begeht das 1899 von der Gesellschaft zum Blaukreuzhaus gegründete alkoholfreie Hotel Rochat am Petersgraben sein 100jähriges Bestehen.
21.	†	† *Herbert Leupin* (83), Plakatkünstler, Maler, Grafiker und Texter, einer der bedeutendsten Werbegrafiker des 20. Jahrhunderts, Pionier der sogenannten ‹Basler Schule›.
	Orbit 99	Eröffnung der bis zum 25.9. dauernden grössten Computer-Messe der Schweiz durch *Bundesrat Kaspar Villiger.*
	Gewerbetag 1999	Der Gewerbeverband Basel-Stadt führt seine diesjährige Delegiertenversammlung an einem ungewöhnlichen Ort durch: in der Säulenhalle eines Tunnelabschnitts der Nordtangente.

Zwei Plakate von Herbert Leupin – einer der bedeutendsten Werbegrafiker des 20. Jahrhunderts.

23.	FC Basel	Mit einem 2:1-Auswärtssieg gegen Neuchâtel-Xamax übernimmt der FC Basel erstmals wieder seit 19 Jahren die Tabellenspitze der Fussball-Nationalliga A.	
	Zolli	Die Gorilladame Goma, 1959 im Basler Zolli als erstes Gorillakind in einem europäischen Zoo geboren, ist heute vierzig Jahre alt.	
26.	Basler Frieden 1499	Mit einer Feier in der Aula der Universität wird des in Basel geschlossenen Friedens gedacht, welcher – zwei Monate nach der Schlacht bei Dornach – am 22. September 1499 den Schwabenkrieg beendete.	
28.	Wirtschaft	Die in Basel domizilierte und in Muttenz produzierende Firma Bertrams AG muss um Nachlassstundung ersuchen, was zum Verlust von 180 Arbeitsplätzen führt.	
	Wissenschafts-preis	Der Regierungsrat verleiht den Wissenschaftspreis 1999 an *PD Dr. nat. oec. Beatrice Weder de Mauro* für ihre international beachtete Forschungsarbeit zu Wirtschaftsentwicklung, Staatsverschuldung und Korruption.	
29.	Kinder-Ferienstadt	Die seit elf Jahren jeden Sommer im Dalbeloch eingerichtete ‹Kinder-Ferienstadt› schlägt erstmals auch während der Herbstferien ihre Zelte auf, und zwar auf dem Kasernenareal im Kleinbasel.	
30.	European Geothermal Conference	Gegen zweihundert Experten aus Wissenschaft, Wirtschaft, Forschung und Politik haben sich zur heute im Kongresszentrum zu Ende gehenden Konferenz über die Nutzung der Erdwärme als Energieträger zusammengefunden.	

Oktober	**1.**	Amt für Umwelt und Energie	Als neuer Leiter des Amtes für Umwelt und Energie tritt *Dr. iur. Jürg Hofer* die Nachfolge von *Germain Della Bianca* an, der per Ende 1999 in Pension geht.
	5.	Schenkung	Die Kunstmäzenin *Maja Oeri* ermöglicht der Stadt Basel durch grosszügige Schenkung den Kauf der Liegenschaft der Schweizerischen Nationalbank, welche dem Kunstmuseum als Verwaltungsgebäude und zusätzlicher Ausstellungsraum dienen wird.
	7.	Wirtschaft	Die Kompressorenfabrik Sulzer-Burckhardt gibt ihren Basler Firmensitz auf, wodurch bis Ende 2000 rund 300 Arbeitsplätze verloren gehen.
	9.	Swiss Indoors	In der ausverkauften St. Jakobshalle geht die dreissigste Durchführung des internationalen ATP-Tennisturniers mit dem Sieg des nicht gesetzten Slowaken *Karol Kucera* zu Ende, der in einem erstmals durch Tiebreak entschiedenen Final den Vorjahressieger *Tim Henman* bezwingt.
	12.	40 Jahre Ilmac	An der heute eröffneten, bereits zum vierzigsten Male stattfindenden Basler Chemiemesse Ilmac 99 stellen 527 Aussteller auf 16 500 m² ihre Produkte zur Schau.

	FC Basel	Mit *Gisela Oeri*, der Gründerin und Direktorin des Basler Puppenhausmuseums, nimmt erstmals eine Frau Einsitz in den Vorstand des FC Basel.
13.	Ehrenvolle Wahl	Der gegenwärtige Leiter der internationalen Kunstmesse ‹Art Basel›, *Lorenzo H. Rudolf*, wird zum neuen Direktor der Frankfurter Buchmesse gewählt.
	Grosser Rat	Mit grosser Mehrheit gegen 8 Stimmen genehmigt der Grosse Rat die Umwandlung der Genossenschaft Schweizer Mustermesse in eine AG.
	Theater Basel	Der Direktor und Chefchoreograph des Basler Tanztheaters, *Joachim Schlömer*, gibt bekannt, dass er seinen bis Ende der Spielzeit 2000/01 laufenden Vertrag nicht mehr erneuert.
	Empfang im Rathaus	Mit dem Empfang der diesjährigen Hans-Reinhart-Ring-Preisträger *Ruth Oswald* und *Gerd Imbsweiler* vom Vorstadttheater ‹Spilkischte› und einer von *Roger Brennwald* angeführten Swiss-Indoors-Delegation ehrt der Regierungsrat Kultur und Sport in gleicher Weise.
15.	70 Jahre Basler Markthalle	Auf den Tag genau vor siebzig Jahren nahm im gerade fertiggestellten Kuppelbau der Basler Markthalle der Grossmarkt für Frischobst und -gemüse seinen Betrieb auf.
17.	Grün 99	Die heute zu Ende gehende trinationale Landesgartenschau ‹Grün 99› in Weil am Rhein ist in der ganzen Region auf grosses Interesse gestossen. Der grenzüberschreitende ‹Landschaftsgürtel Wiese› bleibt als Naherholungsgebiet erhalten.
18.	Schönbein-Gedenkfeier	Jubiläumsfeier und Vernissage einer Sonderausstellung im Naturhistorischen Museum zu Ehren des vor 200 Jahren geborenen Christian Friedrich Schönbein, Entdecker des Ozons, der vierzig Jahre lang als Professor für Chemie und Physik an der hiesigen Universität lehrte.
19.	ETH-Studio	Auf Initiative der vier Basler Architekten und Professoren *Roger Diener, Jacques Herzog, Pierre de Meuron* und *Marcel Marti* wird an der Margarethenstrasse 75 ein durch die Eidgenössische Technische Hochschule Zürich finanziertes, dezentrales ETH-Ausbildungsstudio eröffnet.
20.	Grosser Rat	Die von der Sanitätsdirektion angeregte und vom Regierungsrat genehmigte Vorlage, das Kantonsspital in eine öffentlich-rechtliche Institution umzuwandeln, wird vom Parlament mit 58 zu 50 Stimmen an die Regierung zurückgewiesen.
21.	Zolli	In der Nacht auf heute kommt ein 50 kg schweres Flusspferd-Baby im Wasser zur Welt.
22.	‹Baumpflege-tag 99›	Im UBS-Ausbildungszentrum nehmen auf Einladung der Basler Stadtgärtnerei rund 200 Fachleute am ersten schweizerischen ‹Baumpflegetag› teil.

Kreischen, Heulen, Lachen – der ‹Freifall-Turm› auf der Herbstmesse zieht alle in seinen Bann.

23.	Basler Herbstmesse	Wahrzeichen der heute eingeläuteten Basler Herbstmesse ist ein fünfzig Meter hoher ‹Freifall-Turm›.

75 Jahre Zentrum für Zahnmedizin

Das 1924 am Petersplatz 14 gegründete Zentrum für Zahnmedizin der Universität feiert mit einem Festakt sein 75jähriges Bestehen, in der Zuversicht, eine 1997 erwogene Schliessung der Institution abwenden zu können.

24. National- und Ständeratswahlen

Nach intensiv geführtem Wahlkampf erreicht bei einer Wahlbeteiligung von rund 48% die in Basel erstmals angetretene Schweizerische Volkspartei (SVP) auf Anhieb einen Stimmenanteil von 13,6% und mit dem politisch bisher unbekannten Arzt *Dr. Jean-Henri Dunant* völlig überraschend einen Nationalratssitz. Der Sitzgewinn geht auf Kosten der Linken, wo die bisherige, für das grün-feministische Bündnis kandidierende SP-Vertreterin *Margrith von Felten*, ausscheidet. Die seinerzeit für *Helmut Hubacher* (SP) nachgerückte *Christine Keller* muss ihrer Parteikollegin *Anita Fetz* weichen. Im Nationalrat verbleiben die bisherigen Bürgerlichen *Christoph Eymann* (LDP) und *Johannes Randegger* (FDP) und die beiden SP-Vertreter *Remo Gysin* und *Ruedi Rechsteiner*. Ungefährdet erfolgt auch die Wiederwahl von *Gian-Reto Plattner* (SP) in den Ständerat. Gesamtschweizerisch wird die SVP zur zweitstärksten Kraft im Parlament.

27. Hochschule für Chinesische Medizin

An einer Pressekonferenz teilt die Schmerzklinik Kirschgarten mit, dass sie – als Lehrkrankenhaus des China Medical College in Taipeh – die erste Europäische Hochschule für Akupunktur, Heilkräuterlehre und Chinesische Medizin einrichtet.

M-Parc Dreispitz

Nach siebenmonatiger Bauzeit eröffnet die Migros Basel am Nordeck des Dreispitz-Areals das grösste Fachmarktzentrum der Schweiz.

November	**1.**	Verfassungsrat	Aus den am 24.10. stattgefundenen, aber erst heute ausgezählten Wahlen in den Basler Verfassungsrat geht die SP mit einem Wähleranteil von 28,26% und 21 der insgesamt 60 Sitze als stärkste Fraktion hervor, gefolgt von der LDP (inkl. Dorfvereinigung Bettingen) mit 8, der CVP mit 7, der FDP und SVP mit je 6, des grün-feministischen Bündnisses mit 5, der DSP mit 3, der VEW und den Schweizer Demokraten mit je 2 Sitzen.
	2.	Kantonspolizei	Der Regierungsrat wählt *Bruno Schwizer*, unter Beförderung zum Major, zum neuen Sicherheitschef der Basler Kantonspolizei.
	3.	Antiken-museum	Grosse Vernissage im Stadtcasino für die Ausstellung ‹Syrien – Wiege der Kultur›, welche im Antikenmuseum und Sammlung Ludwig mit über 400 erlesenen Objekten einen Einblick in eine der bedeutendsten Epochen der Menschheitsgeschichte bietet.
	4.	Industrielle Werke Basel	Auf dem Areal des Werkhofs in Kleinhüningen nehmen die IWB ein für knapp 19 Mio. Franken errichtetes neues Zentrallager in Betrieb.
		Innovations-preis beider Basel	Die Basler Softwarefirma Open Mind Systems AG und die in Novaggio (TI) domizilierte, in der Bauwirtschaft tätige Cocoon Vision AG werden gemeinsam mit dem Innovationspreis beider Basel für 1999 ausgezeichnet.
	5.	Wirtschaft	Ein durch aussergerichtliche Einigung beendeter Streit um illegale Vitamin-Preisabsprachen auf dem US-Markt kostet den Basler Pharmakonzern Roche insgesamt 1,75 Mia. Franken.
	8.	Bundesrats-besuch	Bei ihrem ersten öffentlichen Auftritt in Basel spricht *Bundesrätin Ruth Metzler* in der Aula der Universität vor zahlreichem Publikum und viel Prominenz zum Thema ‹Grenzüberschreitende Zusammenarbeit im Polizeibereich›.
		Regierungs-rats-Rücktritt	Aus gesundheitlichen Gründen kann *Erziehungsdirektor Stefan Cornaz* ab sofort sein Amt nicht mehr weiterführen; er gibt seinen vorzeitigen Rücktritt auf Ende 1999 bekannt.
	10.	Grosser Rat	Der Grosse Rat schafft den Beamtenstatus für die Staatsbediensteten ab; sie werden inskünftig beidseitig kündbare, öffentlich-rechtliche Anstellungsverträge erhalten. Ohne Gegenstimme wird sodann *Andreas Nabholz* für weitere sechs Jahre als Basler Ombudsman bestätigt.
	11.	Art Basel	Die Messe Basel gibt die Ernennung von *Samuel Keller* zum neuen Leiter der Kunstmesse Art Basel bekannt. Er tritt die Nachfolge des an die Frankfurter Buchmesse berufenen *Lorenzo A. Rudolf* an.
	12.	Cultura	Als Nachfolgemesse der Tefaf, die sich im Frühjahr aus Basel zurückgezogen hat, wird die neue, 9 Tage dauernde internationale Kunst- und Antiquitätenmesse Cultura ‹The World Art + Antiques Fair› mit einer privaten Vernissage eröffnet.

	Wirtschaft	Der Bahnkonzern ADtranz orientiert über die Schliessung des Werkes Pratteln per Mitte 2001. Damit werden der Region 475 Arbeitsplätze verloren gehen.
13.	75 Jahre Basler Polizeimännerchor	Mit einem Galakonzert in der Martinskirche feiert der Basler Polizeimännerchor sein 75-Jahr-Jubiläum.
14.	100 Jahre Akademisches Orchester Basel	Eine Jubiläumsmatinée, an welcher u.a. das Orchesterwerk ‹Tinguely› vom Schweizer Komponisten Valentino Ragni uraufgeführt wird, markiert das 100jährige Bestehen des Akademischen Orchesters Basel, dessen musikalischer Leiter, *Bruno Goetze*, sich an diesem Anlass, nach 42jähriger Stabführung, verabschiedet.
15.	Theater Basel	Am Prager Theaterfestival deutscher Sprache präsentiert sich, in Anwesenheit der drei Staatsoberhäupter von Tschechien, Deutschland und Österreich und von *Bundespräsidentin Ruth Dreifuss*, das Schauspielensemble der Theater Basel mit Hebbels ‹Maria Magdalene›.
16.	Neuer Kreiskommandant	Der Regierungsrat wählt, als Nachfolger von *Urs Rütti, Major Hans-Jürg Erni* zum neuen Abteilungsleiter Militär und Kreiskommandanten.
17.	†	† *Andreas L. Speiser* (74), langjähriges Mitglied der Kunstkommission der Öffentlichen Kunstsammlung Basel, Ehrenmitglied von Basel Tourismus/Verkehrsverein, als dessen Präsident (1977–1986) er die Basis für die heutige Organisationsstruktur schuf.
18.	Peter Merian Haus	Als erstes vollendetes Bauvorhaben des Bahnhofprojekts ‹Euroville› wird, in Anwesenheit von viel Prominenz, das durch seine türkisfarbene Glasfassade architektonisch auffallende Peter Merian Haus an der Nauenstrasse dem Betrieb übergeben.
19.	Igeho 99	Eröffnung der bis zum 24.11. dauernden 18. Internationalen Fachmesse für Gemeinschaftsgastronomie, Hotellerie und Restauration, die wie in den Vorjahren auch den ‹Salon Culinaire Mondial› mit seinen Kochwettbewerben einschliesst.
20.	Neuer Jugendsender	Start des von der SRG SSR Idée Suisse lancierten, von einem digitalisierten Studio in Basel aus betriebenen neuen Jugendradios ‹Virus›.
21.	†	† *Serge Lang* (79), in Riehen wohnhafter Sportjournalist, Begründer des Ski-Weltcups, war auch im Radsport in leitenden Funktionen tätig.
	Theaterpreis	Für Ruedi Häusermanns Stück und Inszenierung ‹Das Beste aus: Menschliches Versagen – Folge 1› erhält das Basler Theater erstmals den mit 100 000 Franken dotierten Bayerischen Theaterpreis.
22.	Jacqueline Spengler Stiftung	Die am 31. Januar verstorbene Jacqueline Spengler, Miterbin des Modehauses Spengler, hat ihr Vermögen von 25 Mio. Franken in Form einer Stiftung für gemeinnützige kulturelle und soziale Zwecke im Raume Basel hinterlassen.

26.	Dies academicus	Am Ehrentag der Basler Universität fordert *Rektor Ulrich Gäbler* in seiner ‹Die Universität ist keine Dressuranstalt› betitelten Ansprache die Aufwertung des Doktorats durch Prüfung der Kompetenz in mündlicher Verständigung. Mit Ehrendoktorwürden werden ausgezeichnet: von der Juristischen Fakultät *Prof. Dr. iur. Jutta Limbach*, Präsidentin des deutschen Bundesverfassungsgerichts in Karlsruhe, für ihr den Ideen der Gerechtigkeit verpflichtetes Engagement, das Recht in den Dienst des Menschen zu stellen; von der Philosophisch-Historischen Fakultät *Franz Larese*, Verleger und Galerist in St. Gallen, für seine hohen Verdienste um die Förderung des Kunstbuchs und der Buchkultur, und *Dr. phil. Peter Zürrer*, Lehrer und Sprachforscher in Zürich, für seine Sprachinselforschung am Beispiel der walserdeutschen Sprachminderheiten im italienischen Aostatal; von der Naturwissenschaftlichen Fakultät *Karl Zürcher*, ehemaliger Leiter des Coop-Zentrallager-Laboratoriums, für seine hervorragenden Leistungen zur Verbesserung und Neuentwicklung analytischer Methoden für die Lebensmittelkontrolle; von der Wirtschafts-Wissenschaftlichen Fakultät *Dr. oec. Henri B. Meier*, Finanzchef und Mitglied der Roche-Konzernleitung, für seine mit intellektuellem Scharfsinn und grosser Kreativität geschaffenen Finanzinnovationen, und *a.o. Prof. Beat Kappeler*, Publizist und Professor für Sozialpolitik, für die Verfassung zahlreicher origineller Bücher und Bilder zu aktuellen wirtschafts- und sozialpolitischen Fragen; von der Medizinischen Fakultät *Prof. Dr. med Rolf M. Zinkernagel*, 1996 Nobelpreisträger für Medizin und Physiologie, Direktor des Instituts für Experimentelle Immunologie an der Universität Zürich, für die durch seine gleichzeitige Tätigkeit in der biologischen Grundlagenforschung und in der medizinischen Praxis geschaffenen Erkenntnisse und Zusammenhänge; von der Theologischen Fakultät *Prof. Dr. phil. Hartmut Lehmann*, Direktor am Max Planck-Institut in Göttingen, für die durch seinen vergleichenden Zugang zur Geschichte erreichte Überwindung nationalistischer Wissenschaftstraditionen.
	Basler Psi-Tage	Hauptattraktion der diesjährigen Basler Psi-Tage ist der Auftritt des israelischen Parapsychologen und Esoterikers *Uri Geller*, der vor allem durch das psychokinetische Verbiegen von Löffeln weltweit für Aufsehen sorgt.
28.	Sport	Sieger und Siegerin der Elitekategorien am diesjährigen, mit 4292 Anmeldungen erneut Beteiligungsrekord aufweisenden 17. Basler Stadtlauf stammen wie im Vorjahr aus Kenya: *John Kandie* bei den Männern und wiederum *Leah Maloth* bei den Frauen.
30.	Musikpavillon ausgebrannt	In der Nacht auf heute fällt der 1901 errichtete Musikpavillon im Schützenmattpark infolge Brandstiftung den Flammen zum Opfer.
Dezember 1.	Kulturpreis	Im Restaurant Atlantis überreicht *Regierungspräsident Hans Martin Tschudi* den Kulturpreis der Stadt Basel zu gleichen Teilen an den Verleger *Urs Engeler* und den Musikvermittler *Werner X. Uehlinger*.

Der Musikpavillon im Schützenmatt-park nach dem Brand vom 30. November. Im Quartier stellt sich jetzt die Frage: Rekonstruktion oder Neubau?

2.	Verfassungsrat	In der Aula der Universität tritt der neugewählte Basler Verfassungsrat zu seiner Inaugurationssitzung zusammen.
	Neuer Agrokonzern	Novartis Basel gibt die Ausgliederung ihrer Agrodivision bekannt, welche mit dem Landwirtschaftssektor der britisch-schwedischen AstraZeneca zum weltgrössten Agrokonzern Syngenta, mit Sitz in Basel, fusioniert.
3.	Wehrpflicht-Entlassung	Mit dem traditionellen Schüblig-Bankett werden in den Hallen der Messe Basel 554 Männer und vier Frauen aus der Wehrpflicht verabschiedet.
6.	Nordtangente	Mit einem Eröffnungsakt wird als erster Abschnitt der Nordtangente die Tunnelverbindung von der Dreirosenbrücke zum Autobahnanschluss A2 dem Verkehr übergeben.
	Giftmüll-konferenz	Vertreter von 132 Vertragsstaaten der 1989 errichteten ‹Basler Konvention über die Kontrolle des grenzüberschreitenden Verkehrs mit Sonderabfällen und ihrer Beseitigung› treffen sich erneut in Basel, um während einer Woche das internationale Kontrollsystem zu beurteilen und über weitere Zukunftsmassnahmen zu verhandeln.
9.	37. Festival de Bâle	Im Rahmen des diesjährigen Seminars für Fernsehschaffende, Multimedia und Bildungsfernsehen wird der Basler Preis für das beste Schulfernsehprogramm der BBC Education für das Programm ‹Music File-Rhythm› verliehen.

	Grosser Rat	Der Grosse Rat bewilligt mit 58 gegen 21 Stimmen einen Kredit von 6,06 Mio. Franken für Sanierungs- und Umgestaltungsarbeiten am Friedhof Hörnli.
13.	Basler Münster	Die 1985 begonnene Fassadenrenovation des Basler Münsters ist abgeschlossen; die Restaurierung der Türme wird 2001 in Angriff genommen.
	Neurex	An einem zweitägigen Symposium in Basel wird ‹Neurex› ein trinationales Netzwerk geschaffen, welches die Zusammenarbeit und den Informationsaustausch zwischen den Forschungsstätten der Neurologie in Basel, Strassburg, Stuttgart und Freiburg i. Br. fördern soll.
14.	Justizdepartement	*Stefan Niklaus*, der Leiter der Abteilung Jugend, Familie + Prävention, hat seinen Rücktritt eingereicht und wird durch *Marc Flückiger*, bisher Stellenleiter Diakonie der Evangelisch-reformierten Kirche Basel-Stadt, ersetzt.
15.	Budget 2000	Das Parlament genehmigt oppositionslos das Budget 2000, welches – nach Neueinschätzung der Steuereinnahmen von Unternehmen – einen Fehlbetrag von 61 Mio. Franken aufweist, der damit im geforderten Zielbereich von unter 100 Mio. Franken liegt. Ohne Gegenstimme passieren auch die Globalbudgets der staatlichen Verwaltungsbetriebe.
16.	Grosser Rat	Mit grossem Mehr gegen 5 Stimmen bewilligt der Grosse Rat 30 Mio. Franken für den Ausbau der Messe Basel, heisst die Zonenzuweisung und spezielle Bauvorschriften für den geplanten Messeturm gut, stellt aber den Entscheid über die Tramführung im nördlichen Teil des Riehenrings zur Neuberatung im Frühjahr zurück. Einstimmig gutgeheissen werden Investitionen von 7 Mio. Franken. für Contracting-Projekte der IWB und 2,5 Mio. Franken für Stadtmarketing.
17.	Crossair	An einer Pressekonferenz bei der Sulzer Triebwerke AG Winterthur wird bekannt, dass die Basler Fluggesellschaft Crossair diesen Firmenzweig des Sulzer-Konzerns übernimmt und als Tochtergesellschaft unter dem neuen Namen ‹Crossarc› weiterführt.
20.	‹Basler Stern›	Diese Auszeichnung für Persönlichkeiten, deren Wirken über die Stadt Basel hinausstrahlt, wird für 1999 dem Gründer und Präsidenten des internationalen Tennisturniers ‹Swiss Indoors›, *Roger Brennwald*, verliehen.
21.	Energie-Kooperation	Die Industriellen Werke Basel teilen mit, dass sie zwecks noch besserer Energiebewirtschaftung mit dem Elektrizitätswerk Zürich und dem relativ neu in Europa tätigen Energiehandelsunternehmen ENRON eine Kooperation eingehen.
	Bankübernahme	Die Basler Kantonalbank gibt überraschend bekannt, dass sie die Mehrheit an der Coop-Bank erworben hat.

	Regierungsrat	Der Regierungsrat genehmigt die für ein Jahr geltenden Verträge zwischen den staatlichen und nichtstaatlichen Spitälern und dem Kantonalverband Basler Krankenversicherer, welche die Gesamtausgaben letzterer auf global 148 Mio. Franken limitieren.
22.	Pharmazie-Historisches Museum	Dank finanzieller Unterstützung durch die Mäzenin *Catherine Oeri* erhält das Pharmazie-Historische Museum der Universität einen Museumsshop, Sonderausstellungen und die Möglichkeit zu einem erweiterten pädagogischen Programm – und demzufolge auch ein neues Konzept.
23.	Wirtschaft	Im Hinblick auf den geplanten Bau eines neuen Hotels an der Schönaustrasse gibt die seit 1865 dort tätige Stahlbaufirma Preiswerk + Esser die Verlegung ihrer Produktion nach Pratteln bekannt.
26	Wetter	Orkanartige Stürme in der ganzen Schweiz verursachen auch in der Region Basel nebst Verkehrsbehinderungen und Stromunterbrüchen beträchtliche Sachschäden, welche die Gebäudeversicherung Basel für den Stadtkanton auf gut 10 Mio. Franken einschätzt.
27.	†	† *Prof. Hans Peter Doll* (74), leidenschaftlicher Theatermann, international geschätzter Intendant, führte das Basler Theater 1994 bis 1996 als interimistischer Direktor durch eine schwierige Übergangszeit.
	FC Basel	Der Trainer des FC Basel, *Christian Gross*, lehnt einen Wechsel zum Coach der Schweizer Nationalmannschaft ab und bleibt damit dem Stadtklub erhalten.
28.	Sport	Auch das 12. Internationale Damen-Volleyballturnier in der St. Jakobshalle konnte die Zuschauer wieder in Scharen mobilisieren; es endet mit dem Sieg der französischen Meistermannschaft Racing Club de Cannes.
	Basler Fasnacht	Mit einer Vernissage in der Safranzunft stellt das Fasnachts-Comité die Plakette zur Basler Fasnacht 2000 vor, welche im Bild eines um den Erdball wandernden ‹Schyssdrägggzyglis› das Motto ‹Mer kemme uff d Wält› zum Ausdruck bringt. Als Neuerungen sind zu vermerken ein zusätzlich in den Verkauf gelangendes, beidseitig geprägtes Gold-Medaillon und das modernisierte Comité-Logo.
31.	Stadtkommando	Nachfolger des auf den Jahreswechsel zurücktretenden Basler Stadtkommandanten *Oberst Andreas Burckhardt* wird dessen Stellvertreter, *Martin Batzer*.
	Jahrtausendwende ohne ‹Urschrey›	Im Gegensatz zu andern Schweizer Städten findet in Basel der Übergang ins neue Jahrtausend ohne grosse Festivitäten statt – dies nicht zuletzt, weil der von offizieller Seite als ‹Stadtbasler Millenniumsbeitrag› auf dem Marktplatz vorgesehene ‹Urschrey 2000›, ein ‹Piccolostreich mit Trommeltext›, mangels genügender Teilnahme von Tambouren und Pfeifern aus der Bevölkerung ins Wasser fällt. Einen feierlichen Jahresausklang bieten dagegen wie immer die gutbesuchten Konzerte des Sinfonieorchesters Basel im Theater Basel und des Basler Festival-Orchesters im Stadtcasino sowie die Turmbläser des Stadt-Posaunenchors auf dem Münsterplatz.

Rubriken

Premieren am Theater Basel im Kalenderjahr 1999

GB = Grosse Bühne
K   = Komödie
KB = Kleine Bühne
A   = Andere Spielorte
FGB = Foyer Grosse Bühne
FK = Foyer Komödie

U   = Uraufführung
SE = Schweizer Erstaufführung
DEA = Deutschspr. Erstaufführung

ML = Musikalische Leitung
I   = Inszenierung
BB = Bühnenbild
K   = Kostüme
Ch = Choreographie
Chor = Chorleitung

8.1. K *Quartett* von Heiner Müller
I: Werner Düggelin; BB und K: Raimund Bauer

15.1. GB *Kraanerg* von Jannis Xenakis/Joachim Schlömer
Ch: Joachim Schlömer; BB und K: Frank Leimbach

28.1. KB *Punch and Judy* von Harrison Birtwistle
ML: Jürg Henneberger; I: Markus Bothe; BB: Robert Schweer;
K: Silvia Raggi

18.2. GB *Merlin* von Tankred Dorst
I: Stefan Bachmann; BB: Hugo Gretler; K: Annabelle Witt;
Musik: Max Küng

7.3. A *Die lustige Witwe* von Franz Lehár
ML: Johannes Harneit; I und BB und K: Herbert Wernicke

12.3. K *Roberto Zucco* von Bernard-Marie Koltès
I: Barbara Frey; BB: Bettina Meyer; K: Anke Grot;
Live-Musik: Klaus Bösser-Ferrari

18.3. FGB *Verlust der Stille* (U) von Christian Zehnder
I: Christian Zehnder; BB und K: Esther Hottenrott;
Musik: Stimmhorn (Christian Zehnder, Balthasar Streiff)

24.3. KB *Karneval der Tiere* nach Camille Saint-Saëns
I und Ch: Norbert Steinwarz; ML: Johannes Schlaefli;
BB: Frank Leimbach; K: Frank Leimbach/Heinz Berner

25.3. GB *La Cenerentola* von Gioacchino Rossini
ML: Baldo Podic; I und BB und K: Nigel Lowery;
Chor: Henryk Polus

15.4. A *Kammertanzabend*
Ch: div. Mitglieder aus dem Tanztheater-Ensemble;
BB und K: Frank Leimbach; Musik: Ensemble Tetra Basel

16.4. K *Volksfeind* von Henrik Ibsen
I: Lars-Ole Walburg; BB: Ricarda Beilharz; K: Regine Standfuss

---

| 23.4. | KB | *Angriffe auf Anne* von Martin Crimp |
| | | I: Albrecht Hirche; BB: Alain Rappaport; K: Kathrin Krumbein |

2.5.	GB	*Der Rosenkavalier* von Richard Strauss
		ML: Julia Jones; I: Andreas Homoki; BB: Frank Philipp Schlössmann;
		K: Mechthild Seipel; Chor: Henryk Polus

| 14.5. | K | *Strike up the Band (Cheese!)* von George und Ira Gershwin |
| | | ML: Franz Wittenbrink; I: Stefan Bachmann; BB: Barbara Ehnes; K: Annabelle Witt |

| 21.5. | KB | *Letzte Lieder* (U) von Clemens Sienknecht |
| | | I: Clemens Sienknecht; BB und K: Ricarda Beilharz |

| 29.5. | FGB | *Snap-Shots* (U) von Stefan Pucher |
| | | I und BB: Stefan Pucher; K: Tina Klömpken; Ch: Meg Stuart |

10.9.	K	*Wahlverwandtschaften* nach Goethe
		in einer Fassung von Stefan Bachmann und Lars-Ole Walburg
		I: Stefan Bachmann; BB: Ricarda Beilharz; K: Janina Mendroch

| 11.9. | KB | *Effi Briest* nach Theodor Fontane |
| | | I und BB: Ricarda Beilharz; K: Janina Mendroch |

| 12.9. | GB | *Lohengrin* von Richard Wagner |
| | | ML: Julia Jones/Baldo Podic; I und BB und K: Nigel Lowery; Chor: Henryk Polus |

15.9.	KB	*Das Biest des Monsieur Racine* (U) von Thomas Hertel
		ML: Jürg Henneberger; I: Matthias Brenner; BB: Caroline Grobben; K: Ulrike Reinhard;
		Ch: Leta Davis

| 16.9. | GB | *La guerra d'Amore* Madrigale von Claudio Monteverdi |
| | | ML: René Jacobs; I und Ch: Joachim Schlömer; BB: Frank Leimbach; K: Gesine Völlm |

| 24.9. | K | *Der Kirschgarten* von Anton Tschechow |
| | | I: Stefan Pucher; BB: Katja Wetzel; K: Dorothea Scheiffarth; Musik: Stefan Pucher |

| 1.10. | KB | *Ich bin ja so allein* von und mit Jürg Kienberger |
| | | I: Jürg Kienberger; Musik: Jürg Kienberger |

| 3.10. | K | *Strike up the Band (Cheese!)* (WA) von George und Ira Gershwin |
| | | ML: Alexander Paeffgen; I: Stefan Bachmann; BB: Barbara Ehnes; K: Annabelle Witt |

| 15.10. | GB | *Ein Sommernachtstraum* von William Shakespeare |
| | | I: Stefan Bachmann; BB: Hugo Gretler; K: Annabelle Witt; Musik: Max Küng |

23.10.	GB	*The Unanswered Question* (WA) von Christoph Marthaler/Jürg Henneberger
		ML: Jürg Henneberger; I: Christoph Marthaler; BB und K: Anna Viebrock;
		Chor: Henryk Polus

10.11.	KB	*Bernarda Albas Haus* nach Federico García Lorca
		ML: Helmut Oehring und Iris ter Schiphorst; I und Ch: Joachim Schlömer;
		BB: Frank Leimbach; K: Gesine Völlm

| 19.11. | K | *Stiefel muss sterben* von Thomas Brasch nach August Kotzebue |
| | | I: Katharina Thalbach; BB: Momme Röhrbein; K: Angelika Rieck |

| 21.11. | GB | *La finta giardiniera* von Wolfgang Amadeus Mozart |
| | | ML: David Parry; I: Matthias Schönfeldt; BB und K: Bert Neumann |

| 4.12. | KB | *Die kleine Hexe* von Otfried Preussler |
| | | I: Sebastian Nübling; BB und K: Monika Vogt; Musik: Jürg Kienberger |

| 4.12. | K | *Burning alive* (U) von Desirée Meiser |
| | | I: Desirée Meiser; BB: Nives Widauer; K: Heinz Berner; Musik: Res Burri |

19.12.	GB	*Wo liegt die Stadt so wüste, die voll Volkes war*
		von Heinrich Schütz und Matthias Weckmann
		ML: Konrad Junghänel; I und BB und K: Herbert Wernicke

(Quelle: Theater Basel)

Ausstellungen in Basler Museen

Kulturgeschichte	
Antikenmuseum und Sammlung Ludwig	Ägyptische Kunst: Die neue Abteilung in provisorischer Aufstellung Basler Ausgrabungen in Petra/Jordanien. Kleine Präsentation des Projektes und der neuesten Ergebnisse Syrien – Wiege der Kultur
Skulpturhalle des Antikenmuseums	Antico-mix. Antike in Comics
Historisches Museum Basel: Barfüsserkirche	Wettstein – Die Schweiz und Europa 1648 Kinder-Mobile – mobile Kinder. Fahrzeuge für die Kleinen 1780–1910 Highlights kirchlicher Kunst neu präsentiert
Historisches Museum Basel: Haus zum Kirschgarten	Stoffdruck in Basel um 1800 Porzellan. Neueinrichtung der Dauerausstellung Spielzeugsammlung. Erweiterung der Dauerausstellung Bürger, Aussenseiter und Verlierer – Hieronymus Hess (1799–1850) beobachtet Pracht am Ende des Jahrhunderts: Damenmode von 1880 bis 1900
Museum Kleines Klingental	Kloster Klingental in Kleinbasel im Modell 1 : 100 Basler Münster Bilder
Öffentliche Bibliothek der Universität Basel	Thomas Mann – Der Zauberer Der Komponist Walter Müller von Kulm (1899–1967)
Schweizerisches Sportmuseum	Bilder und Objekte zur Sportgeschichte
Schweizerisches Pharmazie-Historisches Museum	Historische Apotheken, Medikamente, Keramik und Laborgeräte
Spielzeugmuseum, Dorf- und Rebbaumuseum Riehen	Das Wettsteinhaus und seine Bewohner: Von Johann Rudolf Wettstein bis Anna Catharina Heusler

Kunst und Gestaltung

Skulpturhalle des Antikenmuseums	Abwesenheit der Seele. Installation ‹Seele messen› von Monica Studer und Christoph vd Berg
Kunsthalle	Jahresausstellung 1998 ‹Skulptur und Installation› der Basler Künstlerinnen und Künstler Herbert Brandl, René Daniëls John Bock Christopher Wool Renée Levi Nach-Bild. Beispiele zur gegenwärtigen Malerei Qiu Shi-hua Candida Höfer, Henrik Håkansson Rémy Zaugg, Maurizio Cattelan Jahresausstellung 1999 ‹Zeichnung› der Basler Künstlerinnen und Künstler
Kunstmuseum der Öffentlichen Kunstsammlung Basel	Ins Licht gerückt IV: Was man selten ansieht: Rückseiten A Guest of Honor II: Manet Zola Cézanne. Das Porträt des modernen Literaten Zeichnungen von Arnold Böcklin Frühwerke von Dürer bis heute – Werke aus der Öffentlichen Kunstsammlung Basel Théophile A. Steinlen und Max Kämpf – Zeichungen und druckgraphische Werke aus der Schenkung Frank und Thérèse Weiss-Bleuel Zeichnungen von Jonathan Borofsky Dank an Dieter Koepplin. Zeichnungen und druckgraphische Werke
Museum für Gegenwartskunst der Öffentlichen Kunstsammlung Basel und der Emanuel Hoffmann-Stiftung	Carsten Höller – Neue Welt Joseph Beuys. Laboratorien der Imagination – 11 Vitrinen. Eine Dauerleihgabe aus Schweizer Privatbesitz White Fire – Flying Man. Amerikanische Kunst 1959 bis 1999 in Basel Daniela Keiser, Manor Kunstpreis Basel 1998 Birgit Kempker – Übung im Etrinken (forum 5) Mark Wallinger – Lost Horizon
Museum Jean Tinguely	Von Meisterhand: Zeichnungen, Partituren und Autographen aus der Morgan Library, New York Zwei Fotografen sehen Jean Tinguely: Peter Moeschlin, Hansjörg Stoecklin ‹Sali Sepi – di Jeannot›: Zeichnungen und Briefe VEHICULES: César – Tinguely Fotografen sehen Jean Tinguely: Pierre Descargues, Monique Jacot Tinguelys Spielmaschinen: Rotozaza I & II Les philosophes: Tinguelys Ahnengalerie Tinguely's Favorites: Yves Klein

Fondation Beyeler	Magie der Bäume
	FACE to FACE to cyberspace. Portraits von Cézanne, van Gogh, Matisse, Giacometti, Dubuffet, Bacon, Close, Gertsch, Trockel, Warhol u.a.
	Cézanne und die Moderne: Picasso, Braque, Léger, Mondrian, Klee, Matisse, Giacometti, Rothko, de Kooning, Kelly
Architekturmuseum	Mart Stam (1899–1986) Architekt – Visionär – Gestalter
	Abstimmen über Architektur – Schweizer Plakate
	Performance-Index. Internationale Performances
	Rudolf Schwarz (1897–1961). Architekt einer anderen Moderne
	Bräuning, Leu, Dürig. Ein Basler Architekturbüro
	Junge Basler Architekturbüros III: Carmen Quade, sab Architekten, Andreas Stöcklin
Ausstellungsraum Klingental	Weihnachtsausstellung ‹Wasser – Schnee – Eis›
	Hubert Dechant – Nicolas Jacques – Darko Vulic
	Barry Cotton – Christiane Maier – Nicole Schmölzer
	Figürlichkeit: Aldo Bonato – H.R. Fitze – Brigitte Ritter – Werner Ritter – Naomi Saroussi – Anne Smith
	Barbara Feuz – Folke Köbberling
	Christiane Camenisch – Judith Eckert – Andreas Frick – Sabine Hagmann
	Regula Hügli – Werner Merkofer
	Max Grauli, Christof Rösch, Markus Wirz
	Hans Peter – Edouard Stöcklin
	ZEIT Weihnachtsausstellung
Karikatur & Cartoon Museum Basel	Ab in den Raum! Cartoon-Objekte von Kamm, Maltry, Nydegger & Steger
	RauchZeichen – 101 satirische Werke von Hans-Georg Rauch
	Teatro dell'arte. Cartoons & Comics von Gradimir Smudja
Museum Kleines Klingental	Graphit – Gips – Bronze. Alexander Zschokke (1894–1981) Basler Bildhauer, Zeichner und Maler
Schule für Gestaltung Basel	Basler Plakatsammlung: Celestino Piatti – Plakate
	Sehsicht, Nahsicht, Tastlust. Buchgestaltung im Zeitalter der digitalen Medien
	Der Himmel auf Erden. Religiöse Motive in der Werbung
	Der Tod im Präsens. Der Bruderkrieg. Fotoausstellung
Kunst Raum Riehen	Christo und Jeanne-Claude: Realisierte Projekte
	Winterausstellung der Riehener und Bettinger Künstlerinnen und Künstler
	Cordelia von den Steinen
	Peter Stettler (9. Juli 1939 bis 9. Oktober 1998)
	Hendrikje Kühne – Beat Klein
	Hans Rudolf Fitze

Spielzeugmuseum, Dorf- und Rebbaumuseum Riehen	Memory. Begegnung mit Elisabeth S., geboren 1910. Installation von Sabine Hagmann und Daniel Hagmann

Naturwissenschaft und Technik

Naturhistorisches Museum	Die Tagebücher des Bruno Manser Pantanal fragil – Fifo Stricker Wirbellose Tiere (Dauerausstellung) 150 Jahre Berri-Bau High Moon – Nacht am Mittag. Eine Ausstellung zur Sonnenfinsternis Jagdgrund Jurameer – Die Versteinerungen des Enrico Romano Christian Friedrich Schönbein – ein Basler Forscher verändert die Welt
Anatomisches Museum	Herzklopfen – Vom Herzen und den Adern Beugen – Strecken – Drehen. Über die Gelenke des Menschen
Basler Papiermühle	Bücher und Holzschnitte – Hanns Studer Druck vor Gutenberg – Koreanische Druckkunst Thomas Platter – der Drucker. Ein Aufsteiger in einer Zeit des Umbruchs
Botanischer Garten der Universität Basel	Alles Tomato? Nutzen und Zierde der Nachtschattengewächse
Schweizerisches Feuerwehrmuseum	Entwicklung des Feuerlöschwesens

Völker- und Volkskunde

Museum der Kulturen Basel	Basler Fasnacht – Menschen hinter Masken Imaacharen – Masken am Rande der Sahara. Fotografien von Andri Pol Pyramiden und Pfahlbauten – 3000 Jahre Kulturentwicklung rund ums Mittelmeer ¡Feliz navidad! Krippen aus Spanien, Portugal und Lateinamerika
Jüdisches Museum der Schweiz	Tefillin – eingenähte Merkzettel Sternzeichen in der jüdischen Tradition
Puppenhausmuseum	Blech auf Rädern Antiker Weihnachtsschmuck

(Quelle: Erziehungsdepartement Basel-Stadt, Museumsdienste Basel)

Wahlen und Abstimmungen 1999

Eidgenössische Voksabstimmungen 1999 – Ergebnisse

Datum der Abstimmung	Vorlage	Kanton Basel-Stadt				Bund	
		Stimmbeteiligung in %	Ja	Nein	Annehmende Stimmen in %	Annehmende Stimmen in %	Annehmende Stände
13.6.1999	Asylgesetz	54	45 036	19 044	70,3	70,6	(23)*
13.6.1999	Massnahmen im Asyl- und Ausländerbereich	54	45 193	18 869	70,5	70,9	(23)*
13.6.1999	Ärztliche Verschreibung von Heroin	54,6	45 295	20 153	69,2	54,5	(14,5)*
13.6.1999	Änderung Bundesgesetz über die Invalidenversicherung	54,4	21 886	42 265	34,1	30,4	(0)*
13.6.1999	Bundesgesetz über die Mutterschaftsversicherung	54,7	28 678	37 259	43,5	39,9	(6)*

* kein Ständemehr erforderlich

Kantonale Volksabstimmungen 1999 – Ergebnisse

Datum der Abstimmung	Vorlage	Stimmbeteiligung in %	Ja	Nein	Annehmende Stimmen in %
13.6.1999	Investitionsbeitrag EuroAirport	53,3	39 069	22 667	63,3

(Quellen: Kantonsblatt Basel-Stadt, Basler Zeitung)

Wahlen des Bürgergemeinderats 1999 – Parteistärken und Sitze

Datum der Wahl: 13.6.1999

SP	LDP	FDP	CVP	DSP	Grüne Liste	SVP	VEW	Linke Liste	SD	Freiheitspartei	Starkes Basel
20,91	14,51	12,95	11,07	10,08	8,17	7,87	5,17	2,59	2,51	0,41	0,22
9	6	6	5	4	3	3	2	1	1	–	–

(Quelle: Bürgergemeinde Basel-Stadt)

Wahl eines Abgeordneten in den Ständerat 1999

Datum der Wahl: 24.10.1999   Wahlbeteiligung: 38,5%

1. Wahlgang	Prof. Dr. Gian-Reto Plattner	Peter M. Adam	andere
Stimmen:	33 385	9582	985

(Quelle: Kantonsblatt Basel-Stadt)

Erneuerungswahl von sechs Mitgliedern in den Nationalrat 1999 – Parteistärken und Sitze

Datum der Wahl: 24.10.1999   Wahlbeteiligung: 47,4%

SP	SVP	FDP	LDP	Bündnis	CVP	DSP	VEW	SD	Freisinnige	Humanisten	Starkes Basel
33,3	13,6	11,1	10,7	8,7	8,6	4,6	3,8	3,8	1,0	0,5	0,4
3	1	1	1	–	–	–	–	–	–	–	–

Gewählt:	Dr. rer. pol. Remo Gysin (SP)	Dr. rer. pol. Ruedi Rechsteiner (SP)	lic. iur. Anita Fetz (SP)	Dr. iur. Christoph Eymann (LDP)	Dr. chem. Johannes Randegger (FDP)	Dr. med. Jean Henri Dunant (SVP)
Stimmen:	22 453	22 137	20 458	14 112	13 065	7827

(Quellen: Kantonsblatt Basel-Stadt, Basler Zeitung)

Datum der Wahl: 24.10.1999

SP	LDP	CVP	SVP	FDP	Bünd-nis	DSP	VEW	SD	Dorfver. Bettin-gen	Zu-kunft Basel	Junges Basel	Regen-bogen	Starkes Basel
28,26	10,17	9,27	11,34	9,46	10,65	5,69	4,99	4,58	0,04	3,17	2,04	0,22	0,12
21	7	7	6	6	5	3	2	2	1	–	–	–	–

(Quellen: Kantonsblatt Basel-Stadt, Staatskanzlei Basel-Stadt)

EuroAirport Basel–Mulhouse–Freiburg

Der Baubeginn für den bisher grössten Ausbau seines Passagier-Terminals war für den EuroAirport das wichtigste Ereignis des Jahres 1999. Der Souverän der beiden Basel hatte den Finanzbeitrag an das Ausbauprogramm mit einer deutlichen Mehrheit gutgeheissen, woraus geschlossen werden kann, dass eine klare Mehrheit der Bevölkerung zum Flughafen der RegioTriRhena steht.

Der Passagierverkehr wuchs um 18% auf über 3,6 Mio. Passagiere. Das Angebot im Linien- und Ferienverkehr entspricht demnach den Bedürfnissen von Wirtschaft und Bevölkerung. Der lokale Quell- und Zielverkehr wuchs um 9% und betrug 85% des Gesamtaufkommens. Dass der Umsteigeverkehr um 22% zunahm, zeigt den Erfolg der Verkehrsdrehscheibe EuroCross, der sich im Reisebedürfnis eines zusammenwachsenden Europas begründet. Das Angebot garantiert eine wachsende Zahl an Verbindungen und Frequenzen und umfasst 63 Destinationen im öffentlichen Linienverkehr sowie 50 Ferienziele.

Nach einem ausgesprochen starken Wachstum im Jahr 1998 sank der Luftfrachtverkehr um 2% auf 112 752 Tonnen. Dies zeigt, dass dieser Verkehr sehr volatil ist und dass sich die Verlader primär an den günstigsten Verbindungen und Frachttarifen orientieren. Die Express- und Kurierdienste hingegen entwickelten sich mit 13% Wachstum positiv, wobei parallel dazu die LKW-Ersatzverkehre abnahmen. Das Frachtaufkommen am EuroAirport basiert demnach auf einem gesunden Grundstock lokaler Fracht – mehr als 50% der Tonnage oder 65% aller Sendungen sind lokale Fracht. In Zürich und gesamtschweizerisch ist dieser Anteil wesentlich kleiner.

(Quelle: EuroAirport Basel–Mulhouse–Freiburg)

Rheinhafen-Umschlag

Im Jahr 1999 wurden in den Rheinhäfen beider Basel 7 447 850 Tonnen Güter umgeschlagen. An diesem Ergebnis partizipierten die baselstädtischen Hafenanlagen mit 3 560 375 Tonnen, was einem Anteil von 47,8% entspricht (1998: 41,81%, 1997: 43,17%). Insgesamt war ein Rückgang um 660 897 Tonnen oder 8,2% zu verzeichnen (1998: –3,4%). Vor allem das extreme Hochwasser in den Monaten Mai und Juni wirkte sich negativ auf das Ergebnis aus, aber auch Minderimporte an flüssigen Treib- und Brennstoffen. Hiervon waren hauptsächlich die basellandschaftlichen Rheinhäfen betroffen, die einen um 17,6% geringeren Umschlag als im Vorjahr aufwiesen, während die baselstädtischen Rheinhäfen von grösseren Importen in den Bereichen Stahl und Zellulose profitierten, was zu einem Wachstum von 5% gegenüber dem Vorjahr führte.

(Quelle: Rheinschiffahrtsdirektion Basel)

Index der Konsumentenpreise

Der vom Statistischen Amt des Kantons Basel-Stadt ermittelte Basler Index der Konsumentenpreise stieg während des Jahres 1999 um 1,4% auf 105,6 Punkte (Mai 1993 = 100).

(Quelle: Statistisches Amt des Kantons Basel-Stadt)

Abbildungsnachweis

S. 13, 16/17, 22/23, 26/27, 30/31, 34/35, 38/39, 42/43 Crista Ziegler. S. 46, 47 Cristina Stotz. S. 61–64 Daniela Keiser. S. 66–71, 127, 174, 175, 180, 301, 307 Kurt Wyss. S. 79 Andreas F. Voegelin. S. 81, 82, 85 Urs Egger/GBI. S. 86 Doris Flubacher. S. 98, 257, 264, 265, 266, 267, 270, 273, 276, 294, 299, 306 Peter Armbuster. S. 90, 92, 93 Claudia Fäh. S. 95, 110, 111 Komafoto Hansjörg Walter. S. 98 HyperWerk. S. 103, 105, 107, 137, 139, 163, 165, 196, 197, 198 Armin Roth. S. 109 Thomas Kneubühler. S. 119, 123 Niggi Bräunung. S. 120, 121 Paul Sacher Stiftung. S. 122, 142, 305, 320 André Muelhaupt. S. 124 zVg. S. 126, 186, 187, 188, 189 Naas & Bisig. S. 128 zVg. S. 134, 136 Nachlass J. Spengler. S. 141, 316 Erwin Zbinden. S. 145 Felix Hoffmann. S. 146 Marc Eggimann. S. 147 r.Haas. S. 151, 152, 156 Birgit-Cathrin Maier. S. 154, 181, 185 Christian Schnur. S. 158 (1+2), 159 (o.) Staatsarchiv Basel-Stadt. S. 158 (3+4) Bundesamt für Landestopografie. S. 159 (u.) Beat Ernst. S. 161, 164 Walter Sütterlin. S. 162 Gerhard Sturm. S. 168 zVg. S. 169 Susann Moser-Ehinger. S. 171 (o.+u.), 172, 258, 259 Claude Giger. S. 176 (o.+u.), 177, 179 Messe Basel/W. Grieder. S. 182, 183, 184 Theater Basel/Sebastian Hoppe. S. 191, 192, 194 Kathrin Schulthess. S. 211–220 Renate Buser. S. 224 zVg. S. 225 Margerita Spillutini. S. 226 Ruedi Walti. S. 227 Urs Gramelsbacher. S. 228 Ueli Michel. S. 229, 230, 232, 233 Basler Denkmalpflege. S. 236, 237, 238 (o.+u.), 239 (o.+u.) Archäologische Bodenforschung Basel-Stadt. S. 241, 243, 244, 248, 249, 252 Öffentliche Bibliothek der Universität Basel. S. 247, 254 Öffentliche Kunstsammlung Basel/Martin Bühler. S. 255 Karlheinz Weinberger. S. 260 Julian Salinas. S. 263, 268 Werner Film. S. 278, 279, 280 Museum der Kulturen/Peter Horner. S. 287, 298 Nicole Zimmer. S. 290 Pino Covino. S. 292 Historisches Museum Basel/Maurice Babey. S. 308 Matthias Geering. S. 309, 313 Basler Plakatsammlung. S. 312 zVg.

Überblick Wohnbevölkerung

Jahr	Kantons-bürger	Übrige Schweizer	Ausländer	Stadt Basel	Riehen	Bettingen	Männlich	Weiblich	Kanton BS
Mittlere Zahlen									
1990	78181	74731	44710	176412	20118	1092	93687	103935	197622
1991	77195	74692	47205	177855	20122	1115	94508	104584	199092
1992	76420	74534	48827	178573	20086	1122	94625	105156	199781
1993	75544	74434	50175	178777	20238	1138	94632	105521	200153
1994	74647	74211	51210	178513	20403	1152	94491	105577	200068
1995	73576	73534	52063	177395	20616	1162	94130	105043	199173
1996	72420	72881	52720	175911	20946	1164	93578	104443	198021
1997	71457	72114	52401	173876	20935	1161	92546	103426	195972
1998	70420	71067	52213	171707	20817	1176	91587	102113	193700
1999*	69122	69841	52412	169466	20718	1191	90410	100965	191375
Zahlen am Jahresende									
1990	77632	74522	44265	175257	20071	1091	92399	104020	196419
1991	76773	74627	46694	176902	20076	1116	93229	104865	198094
1992	75852	74288	48316	177181	20154	1121	93374	105082	198456
1993	75054	74236	49896	177835	20200	1151	93740	105446	199186
1994	74072	73701	50956	177106	20461	1162	93548	105181	198729
1995	72916	73025	51861	175855	20788	1159	93172	104630	197802
1996	71885	72490	52114	174350	20986	1153	92599	103890	196489
1997	70816	71463	51974	172235	20858	1160	91597	102656	194253
1998	69879	70344	51898	170242	20694	1185	90822	101299	192121
1999*	68416	69212	52111	167913	20623	1203	89441	100298	189739

* provisorische Zahlen

(Quelle: Statistisches Amt des Kantons Basel-Stadt)

Monats- und Jahresmittelwerte der meteorologischen Elemente im Jahre 1999

	Januar	Februar	März	April	Mai	Juni	Juli
Temperatur in °C	+3,3	+1,3	+7,1	10,1	15,8	16,4	19,9
Monatsminimum absolut	−6,9	−14,5	−1,1	0,9	7,2	6,7	8,7
Monatsmaximum absolut	14,1	13,0	20,1	22,8	31,1	29,7	32,4
Anzahl Hitzetage	–	–	–	0	2	0	3
Anzahl Sommertage	–	–	0	0	7	6	19
Anzahl Frosttage	17	15	4	0	0	–	–
Anzahl Eistage	2	6	0	–	–	–	–
Luftdruck hPa	980,6	981,0	976,2	977,9	979,2	982,1	979,9
Luftdruck tiefster	964,6	956,4	956,7	959,0	968,1	972,2	971,3
Luftdruck höchster	997,4	1000,3	988,5	992,0	987,0	989,1	989,3
Niederschlag in mm	47,0	94,6	51,1	101,0	151,9	124,2	127,3
Anzahl Tage mind. 0,1 mm	11	19	15	19	17	17	13
Anzahl Tage mind. 0,3 mm	10	16	12	18	16	17	12
Anzahl Tage mind. 1,0 mm	9	13	7	14	14	15	9
Maximale Tagesmenge in mm	16,5	22,7	14,4	26,8	36,6	23,2	32,4
Tage mit Schneefall	3	10	3	4	–	–	–
Tage mit Schneedecke	4	11	0	0	–	–	–
Tage mit Reif	12	3	6	4	0	0	–
Tage mit Hagel	0	0	0	1	0	1	1
Tage mit Nahgewitter	0	0	0	3	1	2	5
Tage mit Gewitter, alle	0	0	0	7	6	6	9
Bewölkung in %	65	81	75	79	67	68	62
Helle Tage	3	1	3	0	2	3	4
Trübe Tage	14	19	19	17	13	14	12
Tage mit Nebel	2	3	2	2	0	0	1
Sonnenscheindauer in Std,	101,1	52,4	118,2	116,3	182,3	217,2	251,0
Globalstrahlung Wh/m^2	1114	1382	2475	3465	4618	5547	5326
Maximum Tag	2232	3493	4949	5474	7714	8151	7977
Feuchte %	79	82	73	71	73	68	69
Dampfdruck hPa	6,3	5,8	7,6	9,1	13,6	13,4	16,9
Schwüle Tage	–	–	–	–	1	2	12
Windgeschwindigkeit mittl. m/s	3,1	3,3	2,5	2,6	2,0	2,1	2,0
Windmaximum m/s	20,1	25,0	16,5	23,0	12,3	20,0	13,5
aus Richtung	WNW	WSW	SW	SSW	W	W	W

(Quelle: Lufthygieneamt beider Basel. Messpunkt: Margarethenhügel)

August	September	Oktober	November	Dezember	Summe	Mittel-wert	Extrem-wert	Abw. v. Mittel	Mittel 1961–90
19,1	17,5	10,4	+3,4	+3,4		10,64		+0,90	+9,74
9,6	10,5	0,4	−5,6	−6,9			−14,5	−1,6	−12,9
30,6	30,4	19,7	17,3	14,0			32,4	−1,1	33,5
1	1	0	–	–	7			−3	10
13	11	0	–	–	56			+6	50
–	–	0	13	12	61			−11	72
–	–	–	1	2	11			−3	14
977,9	976,9	980,9	984,3	978,2		979,6		+0,1	979,5
967,8	959,7	958,7	964,0	944,8			944,8		
984,1	988,0	991,3	995,9	992,5			1000,3		
106,1	102,9	99,4	62,5	118,4	1186,4			+398	788
17	15	11	14	22	190			+23	167
16	14	11	14	18	174			+23	151
13	10	9	10	14	137			+16	121
20,6	21,5	38,7	24,4	19,9			38,7		
–	–	0	6	9	35			+6	29
–	–	0	7	6	28			−2	30
–	0	1	8	8	42			−1	43
0	0	0	0	1	4			+2	2
2	1	0	0	1	15			+1	14
8	2	0	0	3	41			+3	38
69	61	71	72	83		71		+4	67
3	7	3	2	0	31			−11	42
11	12	16	17	21	185			+22	163
2	3	5	2	0	22			−12	34
201,8	175,9	120,8	72,8	49,5	1659,3			−20	1679
4315	3425	2087	1026	762		2962			
7026	5684	3590	2323	1934			8151		
74	76	81	84	83		76		−2	78
17,1	15,6	10,7	6,9	6,4		10,8		+0,7	10,1
13	2	–	–	–	30			+5	25
2,0	2,0	2,2	2,3	3,7		2,5		+0,1	2,4
20,0	14,6	15,3	13,0	30,3			30,3		
WSW	W	W	SW	W			W		

Autorinnen und Autoren in diesem Buch

Bruno Baur

Geboren 1955 in Sarmenstorf/AG. C-Maturität an der Kantonsschule Aarau, Zoologie-Studium an der Universität Zürich, 1980 Diplom, 1984 Dissertation. 1985–1988 Nachwuchsforscher an der Universität Uppsala/Schweden. 1988 Habilitation an der Universität Uppsala. 1988–1993 Assistent am Zoologischen Institut der Universität Basel. Seit 1995 Professor für Naturschutzbiologie und Leiter der Abteilung Biologie des Instituts für Natur-, Landschafts- und Umweltschutz (NLU) der Universität Basel.

Simon Baur

Geboren 1965 in Basel. Studium der Kunstwissenschaft in Basel und Berlin. Seit 1998 Arbeit an einem Forschungsprojekt über Kunst und Architektur. Mitarbeit bei verschiedenen Projekten im Kulturbereich, etwa für das Tanzbüro Basel.

Markus Breisinger

Geboren 1956. Schulen in Basel, Lehre als Speditionskaufmann. Betriebsökonom. Präsident der Fasnachtsgesellschaft Gundeli.

Andreas Breymaier

Geboren 1970. Studium der Theologie in Basel, Bern und Vancouver/Kanada. Anschliessend einjährige Ausbildung zum reformierten Pfarrer. Engagiert in der Jugend- und Quartierarbeit. Seit 1998 bei der Christoph Merian Stiftung, Abteilung Städtische Aufgaben.

Jürg Bürgi

Geboren 1943. Journalist BR. Verheiratet, zwei erwachsene Söhne. Aufgewachsen in Basel, Eidg. Matur am Realgymnasium, Studium der Germanistik, Geschichte und Philosophie, ohne Abschluss. Lebt und arbeitet in Basel und Prag. Ab 1972 Redaktor der National-Zeitung, Ressort Baselland. 1977–1999 Schweizer Korrespondent des Nachrichtenmagazins Der Spiegel. Mitgründer des Medienmagazins Klartext, Herausgeber und Mitautor von mehreren Buchpublikationen, vor allem zu medienpolitischen Themen. Seit 2000 freie publizistische Tätigkeit.

Thomas Bürgi

Geboren 1955, Bürger von Basel. Maturität am Gymnasium Münchenstein. Studium der Germanistik, Anglistik und Geschichte an der Universität Basel. Lizentiat 1981, 1982 Oberlehrerdiplom am Pädagogischen Institut Basel, 1995 Dissertation über den Schweizer Schriftsteller Robert Walser, 1978–1989 Lehrer an der Handelsschule des KV Baselland, 1989–1991 Inlandredaktor bei der Basler Zeitung, 1991–1996 Vorsteher des Amtes für Kultur und Sport des Kantons Solothurn und Leiter Schloss Waldegg, 1997–1999 Ressortleiter Schulen im Erziehungsdepartement des Kantons Basel-Stadt. Seit Mai 1999 Inhaber der Unternehmensberatung TBM Dr. Thomas Bürgi Management in Basel, Mitbegründer des IEM, Institute of Educational Management in Basel. Dozent an der Fachhochschule beider Basel, Departement Wirtschaft, sowie an der Swiss School of International Banking and Finance in Münchenstein.

Renate Buser	Geboren 1961 in Aarau. Ausbildung Lehramt für Bildende Kunst an der Schule für Gestaltung Basel und an der Kunstakademie Venedig. Seit 1990 freischaffende Künstlerin mit Schwerpunkt Fotografie. Auslandstipendien in Paris (Cité des Arts) und Montreal/Kanada (Internationale Austausch Ateliers Region Basel). Teilnahme an Ausstellungen im In- und Ausland, u. a. Deutschland, Kanada und Polen.
Dieter Eglin	Geboren 1968 in Basel, aufgewachsen und wohnhaft in Pratteln. Studium der Rechtswissenschaften an der Universität Basel, 1993 Lizentiat, 1996 Promotion zum Dr. iur. mit der Arbeit ‹Demokratie und Minderheiten›. 1997 Absolvierung juristischer Volontariate im Kanton Basel-Landschaft. Seit 1997 Geschäftsführer des Basler Volkswirtschaftsbundes, dem regionalen Dachverband der Arbeitgeber in Basel. Seit 1994 ordentlicher Richter am Bezirksgericht Liestal, seit 1996 Mitglied des Einwohnerrates Pratteln.
Beat Ernst	Geboren 1959 in Basel. C-Maturität am Gymnasium Münchenstein. Studium der Biologie an der Universität Basel, Diplom 1984. Assistenz am Pharmazeutischen Institut der Universität Basel bei Prof. Willi Schaffner. Ausbildung in Fotografie an der Schule für Gestaltung. Seit 1991 freischaffender Biologe und Fotograf in Basel. Zahlreiche Text- und Bildbeiträge für Firmen und Institutionen, Inhaber eines Bildarchives mit Nutzpflanzen.
Christian Felber	Geboren 1952 in Aarau. 1972–1979 Studium der Rechtswissenschaften an der Universität Bern; Abschluss als Fürsprecher. 1980–1988 Rechtskonsulent bei von Roll AG in Gerlafingen. 1989–1994 Leiter der Abteilung Liegenschaften der Patria Versicherungen in Basel. Seit 1994 Direktor der Christoph Merian Stiftung.
Marc Flückiger	Geboren 1955 in Aarau. Aufgewachsen und Schulen in Münchenstein/BL, Ausbildung und Abschluss in Sozialarbeit in Basel. 1981–1988 Aufbau des Vereins für Gassenarbeit ‹Schwarzer Peter›, Tätigkeit als Gassenarbeiter. Seit 1988 Leiter des Dienstes für Jugendfragen, ab 1994 Leiter der neuen Stelle für Diakonie der Evangelisch-reformierten Kirche Basel-Stadt. Verschiedene Mandate als Supervisor und Dozent im Bereich Jugend- und Drogenpolitik, seit 1986 Präsidien in verschiedenen sozialen Trägerschaften wie Aids-Hilfe beider Basel, Gassenküche, ‹Arbeitsgemeinschaft für aktuelle Jugendfragen› (AAJ) und Suchthilfe Region Basel (SRB), seit 1994 Mitglied des Grossen Rates des Kantons Basel-Stadt.
Rita Franceschini	Geboren 1958; PD Dr. phil. I, Sprachwissenschaftlerin. Studium der Romanistik und Germanistik an den Universitäten Zürich, Triest und Bielefeld, Doktorat 1992 in Zürich. 1993–1995 Lehrstuhl an der Universität Bergamo, 1995–1999 Habilitationsprojekt des Nationalfonds, 1997 Gastprofessur am Middlebury College (USA). Seit 1995 Dozentin am Romanistischen Seminar der Universität Basel und beteiligt am Programm ‹Allgemeine Sprachwissenschaft›.

Gerhard Gerster	Geboren 1959 in Deutschland. Abitur in Ulm. Studium der Evangelischen Theologie an den Universitäten Tübingen und Zürich, Examen 1988, Ordination 1990. 1990–1993 journalistische Tätigkeit beim Kirchenboten für den Kanton Zürich, danach freier Journalist für verschiedene Zeitungen und Zeitschriften in der Schweiz und Deutschland. 1994–1997 pfarramtliche Arbeit in Stadt und Kanton Zürich. 1997–1998 Ausbildung zum Kommunikationswirt. Seit 1997 Leiter des Amtes für Information und Medien der Evangelisch-reformierten Kirche Basel-Stadt.
Jules Grand	Geboren 1946 in Basel. Maturität am Humanistischen Gymnasium. Studium in Basel, Montpellier und Perugia. Promotion auf einem Zwischengebiet von Literatur und Psychologie. Lehrtätigkeit. Seit 1991 Rektor des Gymnasiums am Münsterplatz. Stiftungsratsmitglied der Stiftung Thomas Platter-Haus.
Rudolf Grüninger	Geboren 1944 als Basler Bürger in seiner Heimatstadt. Primarschule und Humanistisches Gymnasium in Basel. Studium der Rechte in Basel und München. 1968 juristisches Lizentiat. 1970 Doktorat. 1972 baselstädtisches Anwaltspatent. 1973–1981 Leiter der Finanzabteilung der Vormundschaftsbehörde Basel. Seit 1981 Basler Bürgerratsschreiber und Leiter der Zentralverwaltung der Bürgergemeinde der Stadt Basel. Vizepräsident des Schweizerischen Verbandes der Bürgergemeinden und Korporationen. Seit 1992 Mitglied und 1999/2000 Präsident des Grossen Rates des Kantons Basel-Stadt.
Daniel Hagmann	Geboren 1966 in Hilden/BRD, aufgewachsen in Bremgarten/BE und Lommiswil/SO. Maturität an der Kantonsschule Solothurn. Studium an der Universität Basel (Geschichte und Germanistik), 1993 Lizentiat, 1998 Dissertation über ‹Grenzen der Heimat. Territoriale Identitäten im Laufental›. Während und nach dem Studium Ausstellungen in (Regional)Museen. Seit 1995 Mitarbeiter der Forschungsstelle Baselbieter Geschichte. Koordinator des historischen Projekts ‹Alles bleibt anders› in ‹Basel 2001›.
Peter Hagmann	Geboren 1950 in Basel. Maturität am Humanistischen Gymnasium, Ausbildung zum Organisten und Studium der Musikwissenschaft an der Universität Basel, 1982 Promotion. 1982–1988 Musikreferent an der Universitätsbibliothek Basel. Ab 1972 Musikkritiker bei der ‹National-Zeitung›/‹Basler Zeitung›, seit 1989 Musikredaktor der ‹Neuen Zürcher Zeitung›.
Guido Helmig	Geboren 1951 in Basel. Schulen in Riehen und Basel. Matura. Studium der Ur- und Frühgeschichte, Ethnologie und Somatischen Anthropologie an der Universität Basel. 1978 Lizentiat. Seit 1977 wissenschaftlicher Mitarbeiter bei der Archäologischen Bodenforschung Basel-Stadt. Seit 1982 wissenschaftlicher Adjunkt und Stellvertreter des Kantonsarchäologen.
Peter Herzog	Geboren 1948 in Basel. Schulen und Jurastudium in Basel. Arbeitet als Jurist, Kunstexperte und Fotosammler in Basel, Mitarbeit an mehreren Publikationen und Ausstellungen.

Martina Hügli	Geboren 1969 in Olten/SO. Studium der Slavistik, Germanistik und Philosophie in Zürich, Moskau und Stanford (USA). 1994 Lizentiat, 1995 MA in Los Angeles (UCLA). Seit 1995 Lektorin in Basel. Schriftstellerische Tätigkeit. Verschiedene Stipendien und Auszeichnungen (u. a. Stipendium des Berliner Senats im Literarischen Kolloquium Berlin 1997/98, Werkjahrpreis des Kantons Solothurn 1998). 1998 erschien der Gedichtband ‹Nicht gegen uns selbst immun›.
Daniela Keiser	Geboren 1963 in Neuhausen am Rheinfall. Lebt und arbeitet in Basel und Zürich. 1998 ausgezeichnet mit dem MANOR-Kunstpreis. Verschiedene Ausstellungen im In- und Ausland, u. a. ‹Gute Reise› (Steirischer Herbst '98, 1998 Graz), ‹Stadt im Sommer› (Stampa Basel, 1998), ‹Young – Neue Fotografie in der Schweizer Kunst› (Fotomuseum Winterthur, 1999), ‹Gute Reise› (Museum für Gegenwartskunst, Basel 1999). Publikationen u. a.: ‹Lilien Chrysanthemen Gerbera› (Collection Cahiers d'Artistes, hg. von der Stiftung Pro Helvetia, Zürich 1997); ‹Gute Reise› (hg. vom Museum für Gegenwartskunst, Basel 1999).
Thomas Kessler	Geboren 1959 in Meyriez/FR. Aufgewachsen und Schulen in Zürich. Landwirtschaftliche Berufslehre, 1979 Landwirte-Diplom. 1979–1982 Ausbildung zum Agro-Ingenieur, Weiterbildung am Schweizerischen Tropeninstitut in den Fachgebieten Wirtschaft und Ethnologie. 1985–1991 Lehrtätigkeit an verschiedenen Hoch- und Mittelschulen. 1991 Drogendelegierter des Kantons Basel-Stadt, seit 1994 Leiter der Abteilung Koordination Drogenfragen.
Friederike Kretzen	Geboren 1956 in Leverkusen. Lebt als freie Autorin in Basel. Zuletzt erschien von ihr ‹Ich bin ein Hügel›. Arbeitet auch als Literaturkritikerin und Dozentin für Theorie und Schreiben an der Hochschule für Kunst und Gestaltung und der ETH Zürich.
Max Küng	Geboren 1969 in Maisprach/BL. Ringier Journalistenschule. Arbeit für diverse Zeitungen und Heftchen. Heute Kolumnist des Tages-Anzeiger Magazins. Als Diskjockey tätig, unter anderem für Stefan Bachmanns Produktionen ‹Merlin› sowie ‹Ein Sommernachtstraum› am Theater Basel. Lebt und arbeitet mit seiner Frau und seinem Sohn im St. Johannsquartier.
Stephan Lichtenhahn	Geboren 1963 in Chur, Bürger von Basel. Schulen mit Abschluss der DMS 4 und Buchhändlerlehre in Basel. Ab 1986 journalistisch tätig, zuerst teilzeitlich, ab 1989 hauptberuflich. Zehn Jahre als Journalist bei einem Pressebüro in Allschwil für verschiedene Medien tätig, unter anderem ab 1989 Berichterstattung aus dem Bürgergemeinderat für die Basellandschaftliche Zeitung. Seit 1999 selbständiger Journalist und Hausmann. Verheiratet, Vater eines Sohnes.
Jan Lurvink	Geboren 1965, aufgewachsen in Wallbach (AG), wohnhaft in Basel. 1984 Matura am Gymnasium Münchenstein. 1987/88 Abschluss des Orgel- und des Klavierstudiums am Konservatorium Basel. Organist auf dem Friedhof Basel am Hörnli und an der Christuskirche in Allschwil-Schönenbuch. 1998 erschien ein erster Roman ‹Windladen›.

Thomas Maissen

Geboren 1962 in Zürich. Humanistisches Gymnasium in Basel. Studium in Basel und Rom (Geschichte, Latein, Philosophie), Lizentiat 1989. Weitere Studien und Forschungen in Neapel, Paris, Florenz und Venedig, Promotion 1993 (‹Von der Legende zum Modell. Das Interesse für die französische Vergangenheit während der italienischen Renaissance›, Basel 1994). Assistent in Potsdam, seit 1996 Mitarbeiter der Neuen Zürcher Zeitung. Zahlreiche Bücher und Artikel, gegenwärtig Habilitationsprojekt: Frühneuzeitlicher Republikanismus in der Eidgenossenschaft.

Pascale Meyer

Geboren 1961 in Zürich. Studium der Geschichte, Soziologie und der Deutschen Literatur an der Universität Basel. 1987 Lizentiat. 1992–1994 Nachdiplomstudium der Museologie an der Universität Basel. Ab 1991 wissenschaftliche Mitarbeiterin, seit 1999 Leiterin des Kantonsmuseums Baselland.

Werner Meyer

Geboren 1937 in Basel. Maturität am Humanistischen Gymnasium. Studium an der Universität Basel in den Fächern Geschichte, Germanistik und Lateinische Philologie (Mittellehrerabschluss), ferner Volkskunde (Promotion) 1970 Habilitation, seit 1989 Ordinarius für Allgemeine und Schweizer Geschichte des Mittelalters. 1977 Verleihung des Wissenschaftspreises der Stadt Basel.

Hansueli W. Moser-Ehinger

Geboren 1933 in Basel. Maturität am Humanistischen Gymnasium, Philologie-Studien an der Universität Basel. Journalistische Tätigkeit (u. a. 1963–1972 Redaktion der AZ Abend-Zeitung Basel, 1972–1982 Regionalredaktion Basel der Schweizerischen Depeschenagentur, freie journalistische Tätigkeit), seit 1991 geschäftsführendes Vorstandsmitglied der Schweizerischen Gesellschaft für Theaterkultur; gemeinsam mit Susann Moser-Ehinger Herausgeber, Redaktor und Produzent verschiedener Publikationen im Bereich Theater.

Niklaus Nidecker

Geboren 1949 in Holland. Aufgewachsen im Kleinbasel. Medizinstudium an der Universität Basel. Dr. med. FMH. Eigene allgemeinmedizinische Praxis in Erlach/BE. Seit 1995 Verwaltungsratspräsident der Brauerei Fischerstube AG, Basel.

Tonio Passlick

Geboren 1955 in Hamburg. Seit 1986 Kulturamtsleiter in Weil am Rhein; Musiker, Redakteur, Herausgeber des Jahrbuchs und des Stadtmagazins Weil am Rhein; Verfasser des Bildbandes ‹Alte Fotografien – Weil, Haltingen, Märkt, Ötlingen›; bei der Landesgartenschau ‹Grün 99› verantwortlich für Veranstaltungen und Kunstkonzeption.

Lilian Pfaff

Geboren 1971 in Lindau (D). Studium der Kunstgeschichte und Geschichte an den Universitäten Hamburg und Basel. Magister 1998. Nachdiplomstudium Geschichte und Theorie der Architektur an der ETH Zürich. Während des Studiums journalistische Tätigkeit beim NDR/Hamburg und bei der Deutschen Bauzeitung, Basler Zeitung und Basellandschaftlichen Zeitung. Seit 1999 wissenschaftliche Mitarbeiterin im Architekturmuseum und Künstlerische Koordinatorin der ‹Internationalen Austausch Ateliers Region Basel›.

Xaver Pfister	Geboren 1947 in Basel. Maturität am Humanistischen Gymnasium in Basel. Studium der Theologie in Luzern, Freiburg i. Br. und Paris. Anschliessend Promotion. Leiter der katholischen Erwachsenenbildung sowie Informationsbeauftragter der Römisch-Katholischen Kirche. Co-Dekanatsleiter. Verheiratet, vier Kinder.
Daniel Reicke	Geboren 1953 in Uppsala/Schweden. Studium der Kunstwissenschaft, Geschichte und Klassischen Archäologie an den Universitäten Basel und Zürich, 1987 Doktorat. Seit 1982 Wissenschaftlicher Leiter der Baugeschichtlichen Untersuchungen der Basler Denkmalpflege.
Christine Richard	Geboren 1954 in Chemnitz/Sachsen. Abitur in Rottweil, Studium der Germanistik, Geschichte und politischen Wissenschaften in Freiburg/Br. Erstes und zweites Staatsexamen, Lehrerin am Fürstenberg-Gymnasium in Donaueschingen, daneben Mitarbeiterin der Badischen Zeitung und der ‹Deutschen Bühne›. Seit zehn Jahren Theater- und Tanzkritikerin bei der Basler Zeitung, Schweiz-Korrespondentin der Fachzeitschrift ‹Theater heute›; seit 1996 Redaktorin im Feuilleton der Basler Zeitung, seit 1998 Mitglied der Jury des Berliner Theatertreffens.
Paul Roniger	Geboren 1940 in Basel. Daselbst alle Schule durchlaufen. ‹Allround-Banking›-Ausbildung und Kadermitglied bei der Bank Sarasin und der Schweizerischen Volksbank, später Credit Suisse, 1986–1998 Leiter der Stadtfiliale Basel-Gundeldingen. Ehrenmitglied der IG Gundeldingen. Vorstandsmitglied der Knabenmusik Basel. ‹Värslibrinzler› und Textdichter für verschiedene Vorfasnachtsveranstaltungen. Mitglied ‹Wurzengraber› und E. E. Zunft zu Hausgenossen. Seit 1998 Chronist des Basler Stadtbuchs.
Sybille Roter	Geboren 1961 in Pegnitz/Bayern. Studium der Kunstgeschichte und Theaterwissenschaft in Saarbrücken, Rom und München. 1989–1991 journalistische Ausbildung bei Tageszeitungen, Radio- und Fernsehanstalten in Deutschland. 1993–1996 Studium an der Videofachklasse der Schule für Gestaltung in Basel. Seit 1992 freie Redakteurin bei ‹Musik & Theater›, Zürich.
Felix Rudolf von Rohr	Geboren 1944 in Basel. Schulen und kaufmännische Lehre in Basel. 1968–1997 beim Bankverein, seit 1998 bei der Bank Sarasin tätig. 12 Jahre Mitglied des Grossen Rates, 1986/87 als dessen Präsident. Statthalter E. E. Zunft zum Schlüssel. Seit 1987 im Fasnachts-Comité.
Hansueli Scheidegger	Geboren 1953, aufgewachsen in Langenthal. Ökonomiestudium an der Universität Basel, 1980 Lizentiat mit Schwerpunkt Wirtschaftstheorie und Ökonomie der Entwicklungsländer. Während des Studiums Dozent für Wirtschaftskunde an der Schule für Sozialarbeit, Basel. Zweitausbildung und Beschäftigung als Chemikant bei der Ciba-Geigy, Basel. Ab 1990 Sekretär der Gewerkschaft Bau & Holz, seit 1995 Regio-Sekretär der Gewerkschaft Bau & Industrie Nordwestschweiz.

Samuel Schüpbach-Guggenbühl	Geboren 1963 in Basel. B-Maturität. Studium der Geschichte und Italianistik an der Universität Basel, in Florenz und Siena, 1991 Lizentiat. 1988–1992 Erarbeitung historischer Ausstellungen. 1992–1995 Unterricht an der Berufsmittelschule Basel. 1993–1996 Wissenschaftlicher Mitarbeiter der Zentrale der Universitätsverwaltung Basel, Doktorand. 1996–1999 Dissertation im Fach Geschichte an den Universitäten Basel und Harvard. 1998/99 freier Mitarbeiter des Historischen Museums Basel. 1999 Promotion.
Dominique Spirgi	Geboren 1960 in Basel. Schauspielausbildung in München. 1985–1993 Redaktor bei der Basler AZ. 1993–1996 journalistische Tätigkeit für Schweizer Radio DRS und diverse Zeitungen und Zeitschriften. 1996–1998 Leiter Öffentlichkeit am Theater Basel. Seit 1998 als Mitinhaber des Medienbüros in.f.a.m. in Basel wieder journalistisch tätig.
Robert Stalder	Geboren 1940 in Biel. Primarlehrer in Biel. Texter bei GGK Basel; später Geschäftsführer GGK Basel. Mitinhaber Stalder & Suter AG. Seit 1989 Robert Stalder Werbeagentur. Kolumnen für verschiedene Zeitungen und Zeitschriften.
Cristina Stotz	Geboren 1948, aufgewachsen im Leimental. Ausbildung zur Pimarlehrerin in musikalischer Grunderziehung und Keramik. Seit 1989 Unterrichts-, Betreuungs- und Lehrtätigkeiten an den Primar-Tagesschulen Basel-Stadt, verschiedene quartierbezogene Arbeiten sozialer, kultureller und ökologischer Art in Kleinhünigen. Drei erwachsene Kinder.
Reinhardt Stumm	Geboren 1930 in Berlin. Erlebte Krieg und Kriegsende in Österreich als Gymnasiast, erhielt 1948 als Gärtnerlehrling in Osterode am Harz zur Währungsreform 40 DM Startgeld, die sein Lehrmeister ihm nicht ausbezahlte. Dieses Geld fehlt ihm trotz aller Bankverbindungen bis heute. Kam 1954 nach Basel, um dreissig Jahre später Feuilletonchef der Basler Zeitung und gleich anschliessend Pensionär zu werden, was er vorläufig noch ist.
Raphael Suter	Geboren 1961 in Sursee/LU. A-Maturität an der Kantonsschule. Studium an der Universität Basel in den Fächern Klassische Archäologie, Kunstgeschichte und Ägyptologie. Lizentiat 1990. Während des Studiums journalistische Tätigkeit bei veschiedenen Tageszeitungen. 1987–1990 Reporter bei der Basler Zeitung; seit 1991 Redaktor im Ressort Basel-Stadt.
Martin Vosseler	Geboren 1948 in Basel. 1955–1959 Primarschule, 1959–1967 Humanistisches Gymnasium, 1967–1974 Medizinstudium in Basel. 1976 Promotion. 1974–1979 Assistenzarzt am Kantonsspital Basel (FMH Innere Medizin), 1980–1982 Research Fellow (Division of Primary Care and Family Medicine) an der Harvard Medical School, Boston/Mass. (USA). 1982–1994 Praxis für Innere Medizin und Psychotherapie in Basel. Seit 1992 Wohnsitz in Elm/GR. 1981 Initiant der ‹ÄrztInnen für Soziale Verantwortung› (Schweizer Sektion der Internationalen Ärzte zur Verhütung eines Atomkriegs), 1986 Ärzteaktion ‹Luft ist Leben›, 1992 SONNEschweiz, 1997 SUN21.

Lutz Windhöfel	Geboren 1954 in Wuppertal-Elberfeld. Studium der Kunstgeschichte und der politischen Geschichte in Heidelberg und Basel. 1989 Promotion. 1980–1993 Tätigkeit im Theater (Basler Theater), einem Museum (Museum für Gestaltung, Basel) und bei einer Zeitung (Bündner Zeitung, Chur). Arbeitet als Publizist und Kritiker. Lebt in Basel.
Peter Wittwer	Geboren 1958 in Münchenstein. B-Maturität am Realgymnasium Basel, Studium an der Universität Basel in Germanistik, Philosophie und Geschichte, 1985 Lizentiat phil. I. Auslandsaufenthalt in Nord- und Zentralamerika, danach freier Journalist und redaktioneller Mitarbeiter unter anderem bei der Nordschweiz und der Basellandschaftlichen Zeitung, seit 1988 Redaktor der Basler Zeitung (zunächst Ressort Baselland und Gemeinden, seit Ende 1999 Ressort Feuilleton).
David Wohnlich	Geboren 1953 in Basel. Nach dem Musikstudium Komponist, Lehrer und Publizist. Freier Mitarbeiter bei verschiedenen Printmedien und bei Radio DRS 2.
Dominik Wunderlin	Geboren 1953 in Liestal/BL. Gymnasium in Liestal und Basel (B-Maturität). Studium an der Universität Basel in den Fächern Volkskunde, Geschichte und Geographie. Lizentiat 1982. Während und nach dem Studium tätig als wissenschaftlicher Mitarbeiter verschiedener Museen und als Journalist, bis 1986 Redaktor der Volksstimme in Sissach/BL. Seit 1986 Konservator am Museum der Kulturen (vormals Museum für Völkerkunde und Schweizerisches Museum für Volkskunde), Leiter der Abteilung Europa. Zahlreiche Veröffentlichungen in Zeitschriften und Büchern.
Crista Ziegler	Geboren 1965 im Kanton Thurgau, lebt in Basel. Kunstausbildung in Basel und New York in Bildhauerei und Fotografie. Zahlreiche Projekt-, Einzel- und Gruppenausstellungen. Internationale Stipendienaufenthalte, u. a. New York (Kunstgewerbeschule Basel, 1991), Moskau (Internationale Austausch Ateliers Region Basel, 1993) und Paris (Cité Internationale des Arts, 1997/98).

Alphabetisches Inhaltsverzeichnis